尋道

先 秦 政 法 理 論 芻 議

張偉仁 ——————◦—————— 著

中華書局

責任編輯：黃杰華
封面設計：簡雋盈
排版：陳美連
印務：劉漢舉

尋道：先秦政法理論芻議

□
作者
張偉仁

□
出版
中華書局（香港）有限公司
香港北角英皇道499號北角工業大廈1樓B
電話：(852)2137 2338 傳真：(852)2713 8202
電子郵件：Info@chunghwabook.com.hk
網址：http://www.chunghwabook.com.hk

□
發行
香港聯合書刊物流有限公司
香港新界荃灣德士古道220-248號荃灣工業中心16樓
電話：(852)2150 2100　傳真：(852)2407 3062
電子郵件：info@suplogistics.com.hk

□
印刷
美雅印刷製本有限公司
香港觀塘榮業街6號海濱工業大廈4樓A室

□
版次
2023年2月初版
© 2023中華書局（香港）有限公司

□
規格
16開（230mm x 170mm）

□
ISBN：978-988-8808-60-1

獻給我的父親母親
以及彷徨於歧途的人們

目錄

一 序 一

　　我幼年受長輩們教導一舉一動的規矩，在私塾時聆聽老師講述經史裏的道理，進大學後誦讀了憲法、民法、刑法、行政法、訴訟法等等的條文，出國進修又學習了若干英美和歐陸的法律，五花八門，活剝生吞，將頭腦變成了一個雜亂的大倉庫。有時靜下來想想，不禁會問為什麼要學習這麼多種類的規範，尤其是法律？它這麼繁瑣，卻不免掛一漏萬，並且又常常互相齟齬。事實上社會裏絕大多數的人都不懂法律，為什麼要許多人花許多時間、精神和資源去學習它？它與其它規範有什麼不同？它是怎麼來的──自然而然的？神定的？人為的？如果是人為的，是誰訂立的？他或他們是怎麼取得立法權的？他或他們應該具備什麼資格？應該依照什麼程序來立法？法律應該有些什麼形式的和實質的條件？法律能自行證明其正當性嗎？如果需要憑藉外在的準則，這準則是什麼？其目的是什麼──社會的安寧秩序，公平正義，或者是另一套價值？此一準則有具體確切的內容和意義嗎？或者可能會因時因地而不同？法律是否合乎此一準則應由誰來判斷？他或他們應有什麼資格，應該依據什麼程序？倘若一條法律被判斷為不正當，應該怎麼辦？倘若並無不當但與已存的其他種類規範（道德、習慣、教義和科學定律等等）或人情、理則、時勢相悖，該怎麼辦？法律不可能周全，對於未受其制約，而於社會有相當影響之事，立法者有何對策？法律既是一種人為的規範，人們不可能自然知曉，必需經過教導才能了解，應該由誰以什麼方法去做此工作？

這種教導工作的功能有多大？人有多少可變性？除此之外還有什麼辦法可以來使人們遵守法律──誘之以利？禁之以害？倘若這些方法都未盡有效，有人因為不知而犯法，或知之而故犯，造成了社會糾紛甚至動亂，應該由誰來加以處理？必需是司法官吏嗎？或者也可以是調停、仲裁人員？他們是怎麼產生的？應該具有什麼資格？在處理糾紛事件之時，第一步應該要發現事實，為此應該遵循什麼程序，使用什麼方法？知情之人是否有作證的義務？他們可否拒絕？可否被強迫（特別是暴力的迫害──刑訊）？證據的可信性如何確定？取得證據後的一步是引用規範來判別行為的是非，如果需依據法律而沒有確切的法條可以援用，司法者該怎麼辦？他們可以援用相近的條文或其他的規範嗎？無論是援引明確的條文或用其他的辦法來處理，他們應該追尋的是什麼目標──是客觀絕對的公平正義嗎？是否也該顧到當事人的特殊現況和背景，相關之人的利害及社會較大範圍、較長時期的導向和發展？如果因此而使同類的案件受到不同的處分，是否可以接受？倘若法律有明確的條文，但是它初訂之時與適用之時的社會情勢和人們的價值觀念有了重大差異，司法者將何適何從？倘若法律與現時的政策有異，他們將怎麼辦？他們與立法者和行政者之間應有怎樣的關係？他們對於民眾的意向應如何反應？他們的判斷如果違反了法律，或者被認為不合乎公平正義，或者與道德習慣或其他規範相悖，該怎麼辦？

以上所說的是一些所謂「法理」的基本問題。大多法律院系都開設「法理學」這門課，若干基礎法課程也涉及這些問題，因為都是學法之人應該注意的。但是我讀這些課程的教科書和上課聽講之時，發現只有西方人對這些問題的意見被提出來討論。這一點使我十分納悶，難道中國人都不思考這些問題嗎？然而我卻依稀記得在我讀過的若干中國古籍中，有不少關於這些問題的片段，特別是許多與它們有

關，而涉及更深的哲理問題的意見和爭辯，例如人為什麼需要社會規
範？人與人之間，特別是個人與社會權威者之間，應該有什麼關係？
社會應該有什麼功能和目的？個人應該有什麼目的？與萬物相比，人
的存在有什麼特別的意義？為什麼中國先哲對這些問題的意見和爭
辯，在法學界極少有人提出來探究？當然，法學是一種複雜的學問，
有理論和實務兩面。在世事紛繁之時，人們大多注重在實務上，尤其
在近代中國，因為遭遇了一二百年東西霸國的侵略凌辱，大多數人明
顯地喪失了對固有文化的信心，一味要求西化，而且特別注重其實務
上的表現。但是我覺得以上提出的那些法理和哲理的問題極為重要。
如果沒有合乎情理的答案，一個國家便陷入艱險之途，處處都是岔口
陷阱，使人們疑懼猜忌，畏怯不前，社會徬徨爭鬥，內亂不息。如果
能有合乎情理的答案，一個國家便像一條四通八達的康莊大道，可以
讓人們放心邁步，發揮各人的潛能，追求自己的目標，讓社會和諧合
作去實現共同的理想。中國前人，特別是先秦諸子，對尋求此道作了
極大的努力，其見解的精到之處頗能彌補西學之缺失。我有感於此，
決定將一些想法寫出來。

　　我常常想的是多年來研讀一些傳世古籍裏的理論。先秦時期因
為種種特殊因素，促成了所謂百家爭鳴的現象，許多智者對紛亂的時
局提出了他們的看法和做法，大多由弟子們記錄成為其言行集，出現
了若干版本，互有出入。此外也有一部分是本人親自寫成的，但因輾
轉鈔寫，也有若干版本，多少有些不同。自從秦代禁書之後再出現的
版本則更難斷定其真確程度，所以秦後乃興起了「漢學」來探究其
「原文」。但如韓非所說，他當時之人要辯證上古之人的「真偽」已
無可能，因而後世考據之作汗牛充棟，莫衷一是。但是由於若干外在
的原因，到了魏晉之後出現了所謂的「傳世之本」，大致為一般學者
接受，對中國有關治世的思想產生了普遍、久遠的影響，只在個人修

為之道方面稍多異趣。近代因地下考古而發現了若干秦漢古籍，其中有些與傳世之本有些參差，值得注意。但是這些古籍也是鈔本，很難說是「原作」，此外是否還有其他鈔本與之有異，尚未可知。更重要的是這些鈔本已經埋沒了兩千餘年，其說既無人引述，對人們的思想可以說並無影響。因此之故，我想談的中國傳統思想，僅以傳世的幾本公認為重要的典籍為基礎，包括《論語》、《老子》、《莊子》、《墨子》、《孟子》、《荀子》、《商君書》、《韓非子》。此八書當然並非孔、老等人的遺墨，也不可能是他們思想的全部（以孔子而言，據說他以「六經」為教材講學，他的思想應該不止於《論語》所錄，此外的經典如《左傳》、《國語》、《禮記》中也記載了他的許多言行，但是那也都是後人的闡述），其他標以七子之名的書，也大多如此。所以這八部書只可以說大致代表了八種重要思想的要旨，它們各有豐富複雜的淵源，並非全由某人原創，然而確實是中國政法思想的中堅，所以我將它們稱為「八典」，將孔子、老子、墨子、莊子、孟子、荀子、商鞅、韓非稱為「八哲」，在此下諸章內常常稱某人如何說，嚴格一點應該說某「典」裏如何說，但因「八典」與「八哲」畢竟有關，我姑且如此陳述，只是為了簡便，希望讀者能夠諒解。

總之，我想寫的只是我讀「八典」後對中國傳統政法思想的一些心得。因為它們都顯示出一種尋求長治久安之道的努力，所以名此書為《尋道》。然而由於上述的一些原因，「八典」並沒有平鋪直敘地將此「道」陳述出來，我需要花許多時間將它們反覆細讀，摘出相關之點編纂起來，顯出一個可能的理論體系——先找出其前提假設，然後探索其推理脈絡，以達到其所趨的短程目標和終極理想。此一結果當然只是我的管見，不敢認定就是「八哲」想尋之「道」。我冒昧寫出來，只是野叟獻曝。

此外先秦還有許多其他「家」，包括後世所稱的黃老、陰陽、五

行、縱橫、兵、農等,也都在「尋道」,但是因為主其說者雖多而留下的著述不如「八典」完整,其中有一些吉光片羽,頗足珍貴,但是零落散亂,難以推究其理論體系,我沒有能力加以討論。

先秦距今已遠,為什麼當時百家鳴?對於他們的時代背景應有一點了解,為此我寫了一章「引言」。依據《書》、《詩》、《左傳》、《國語》、《史記》等書和一些近世考古所得的資料粗略地陳述了八哲之前及當時的世情。[1] 其下我寫了八章析述「八典」,先說了「八哲」的生平,[2] 因為八典畢竟與他們有關,涉及他們的事跡的資料對於了解「八典」多少有些幫助。然後我將「八典」內容的理絡析述出來,並且稍加詮釋。為了避免所言失據,所以盡量地引用「八典」原文,但沒有標明版本,只註出其篇章,在本書之末也沒有附一「徵引書目」,列出各種版本及注釋之作,以免繁瑣。

最後,我從一個學習法理者的觀點指出了「八典」的若干貢獻(包括若干原創性的以及一些將已經存在,但是不很確切明白的意見和理論,加以釐清的),也提出了一些問題,有的是當時之人已曾注意到的,有的是後代之人難免追問的,希望能引起讀者的深思。

近人在討論中國問題時,常常與外國同類問題作比較。的確,中外有許多共同的問題,有相似或相異的回應,各與其社會、政治、經濟、文化因素有關。我雖然常常思考這些問題,但是對外國的許多因素了解不夠,[3] 所以在詮釋「八典」時,不敢將它們與外國經典裏

---

1 關於上古至秦的情事,這些書籍內所記常有齟齬,與後世出土的古籍如《竹書紀年》更多矛盾,我沒有能力討論,僅依據這些資料陳述了一些常識。

2 關於「八哲」的生平,我的陳述主要以《史記》為據,並非全信其說,只因其他資料不多,蒐集不易,而且對於了解諸人的學術思想也無大補。

3 我在外國就學時不免會將西方的理論與中國的並提,常常被師友指出我對西方的了解太膚淺狹窄,後來我讀一些西方著作中對中西文化所作比較,也覺得猶如以管窺豹,所以我深似為戒。

的異同片段妄作「比較研究」，只能對一些明顯的大問題，做一些原則性的討論。

　　此書原是我在台大教中國法制史的一部分講義，僅僅摘錄了「八典」的若干章句，後經西南政法大學的陳金全教授加上了一些註釋，由北京人民出版社出版為《先秦政法理論》。在歐美講述中國法文化之時，我將它譯成了英文，並作了一些詮釋，由 Edinburg University Press 於 2016 出版為 *In Search of the Way: Legal Philosophy of the Classic Chinese Thinkers*。若干讀者有見於目前很少人討論中國傳統法理，現代人閱讀古書又感困難，認為應將這書翻譯為中文，其中有幾位並曾嘗試譯了一些，未竟其事。我考慮了他們的建議之後，決定自己來做，但是不作翻譯，因為用中文寫給熟悉中國文史之人看，對於涉及的複雜背景可以略為點明而不必詳述，而對於「八典」及其他經史資料的文義，則可以多一點推究。此外因為我認為「八典」裏的理論對處理現世的問題仍有幫助，所以又說了一些極為粗淺的想法，結果使這個中文本的內容比英文本的稍為寬廣。

　　中國政法思想博大精深，我簡略地觸及其皮毛，已花了許多歲月。在此期間我的師長很多，其中對我影響最大的是蘇州私塾的啟蒙師戴慈雨舉人，台大的陳顧遠、戴炎輝、薩孟武、孔德成、毛子水等教授，耶魯及哈佛大學教法理、法史的 Professors Harold D. Lasswell, Lon L. Fuller, Samuel E. Thorne，中研院史語所的陳槃、屈萬里、王叔岷等前輩。他們幫助我對中西文化得到了較多的了解。後來在寫作此書時，許多師友對於我所持的觀點和引用的資料做了很多批評和指正，其中中研院的丁邦新、台灣清華大學的梅廣、哈佛的 William P. Alford、中國藝術研究院的的梁治平、北京大學的陳鼓應、香港大學的陳弘毅、浙江大學的金敏、濟南大學的李燕和三聯的馮金紅等所做的尤其重要。荀子說：「非我而是者，是吾師也。」我接受了他們的

意見，十分感激。然而此書所涉較廣，不免仍有若干錯誤，當然應由我自己負責。我先後講課之時有許多人士包括港大的 Alison Conner, UCLA 的 Benjamin Elman, Harvard 的 Jerome Cohen, Yale 的 Beatrice Bartlett, Institute for Advanced Study 的 Nicola Di Cosmo, College de France 的 Pierre-Etienne Will, Leuven 的 Jacques Henri Herbots、清華的王振民、北大的李貴連、西南政法的陳金全、浙大的周生春、蘇大的艾永明等給了我很大的協助和啟發。此外還有不少聽眾提出的問題使我受益匪淺，因為人數眾多無法一一致謝，希望他們會覺得能夠透過幫助我而幫助了一些讀者見到中國傳統政法思想的一斑，因而可能對中國傳統文化發生了較大的興趣，甚至進一步協力去尋找國家社會「長治久安之道」，是一件值得欣慰的事。

最後我要說一下我的父母和內子對我的影響。我父母生於清末民初，歷經戰亂，顛沛流離，一直清貧自守，未嘗圖名逐利。他們教育子女強調要自立，但不可獨善。我將此語銘記在心，努力自勉，因而也會想到若干較大的，關涉社會國家的問題，因為能力薄弱，不能有什麼作為，僅僅將不斷思索後稍有所得的一些粗淺想法，寫成了這本書，獻給他們以及同處於此亂世的人們。

內子汪瑩是我台大法律系的學妹，至美後改習影視，後以此為業，頗多創作。她又愛好文學及音樂，善作詩詞、歌曲，可謂多才多藝。更可貴的是她端方剛毅、浩然豁達，不受瑣務、俗見所羈，而敏於求知、善於理事。每次我告訴她一點自己的看法，她便指出可以從另一些角度去看，使我一再「自訟」，去除了許多偏頗之誤。我退休之後，她為我於山旁林邊置一書室，草木深邃，隔絕塵煙。我在此幽靜安適的環境裏思考、寫作，*In Search of the Way* 及此書便是在此完成的。

－ 引 言 －

　　身處亂世之人，大多只是默默地忍受，只有很少數的會企圖尋找一條出路。本書要討論的八位先哲──李聃、孔丘、莊周、墨翟、孟軻、荀卿、公孫鞅、韓非──便屬於後一類。

　　他們所處的是怎樣的時代？很惡劣嗎？其前曾經比較好嗎？假如是，怎麼變壞了？他們建議了什麼辦法來撥亂返治？在二千多年之後，我們該怎樣看待他們的建議？我們是否能看到他們的處境與我們目前情況的異同，並且從他們那裏學到什麼？

　　為了回答前三個問題，我將在此對中國先秦的社會、經濟、政治、思想之中與八哲的理論有密切關係的部分，作一簡述。其次的八章，將試圖回答其餘的問題。

八哲以前的社會情況

　　八哲中孔子生於魯襄公二十二年（西元前551年），韓非死於秦王嬴政十四年（西元前233年），前後三百一十八年。老子約為孔子同輩，其他諸人都介於此三百年間。這個時代的確與以往不同。在遠古之時，人們的生活是怎樣的？八位先哲曾提出了一些不同的想像──有的將它描述成仙境，有的將它形容為苦海──但是都同意在他們之前某一時期開始，社會逐漸發生了重大變化。究竟始於何時，諸說不一，但是他們知道比較確切的應該是商周時代，特別是東周以後，那

時社會動亂劇烈，同時出現了大小政治集團內部及其間的鬥爭，普遍的經濟變革，新興的社會階層和許多因應的思想。

古代人們以宗族組成政治集團，稱之為邦，為數甚多而各邦人數有限，所佔土地不大，地廣人稀，交涉衝突較少，各邦之主權勢有限，所以可能有選賢禪讓之事。後來因需集合很多人力抗拒天災，產生了若干英雄領袖，其中以治理洪水功績卓著的禹受人崇敬而被推為諸邦共主，其子孫承其餘緒，續在此位數百年，以其威望及武力拘束其他小邦，史稱為夏朝。及其威望武力衰微，新興大邦商取而代之，成為共主約六百年，史稱商朝，後又因同一緣故而為周所取代。

周在伐商之前，便因一再征服較小之邦而壯大。伐商之時也集合了許多盟邦才能得逞，之後繼續建軍西六師、成周八師，用來鎮壓殷商遺民，並且討伐不服周朝統治的小邦及蠻夷。但是周初君臣已經了解單憑武力不足長治久安，因而產生了一些新的觀念，採取了若干新的辦法來維持其國家，包括一些新的規範和制度。

在觀念上，古人相信鬼、神、天、命。在聽說西伯周文王戡滅了商的屬邦黎而將進攻殷都之時，商王紂似乎漫不在意地說：「我生不有命在天？」但是當時人們已有「天命不常」的認識，周人乃倡言天命實依人事而定，只有良好德行之人才可獲得天命成為天下共主。他們在伐商之前宣傳此說，一方面誇張商紂的污德惡行，另一方面強調數代周君的美德懿行，用來支持其起兵的正當性，號召盟邦助戰，鼓動商民叛亂。在其革命成功之後，仍一再告誡周朝君臣以「俊德」治天下，不僅要照拂周邦百姓，並且要安撫商朝遺民及其他各邦眾庶。

在制度和規範上，周初的經濟沿襲商代仍重於農耕，由政府將土地分予人民耕作，由他們提供生活資料給統治者。改革較多的是在政治方面。周初將姬姓親屬及參與反商革命的功臣封為諸侯，駐於

各處重鎮，以控制當地的人民。此外又建立了一個新的制度——「宗法」——將周室王族分為數支，以武王的嫡長子孫一支為「大宗」，世世繼承王位；以族內其他各支為「小宗」，使其嫡長子孫繼承諸侯爵位。「小宗」的庶子可以在周朝或諸侯之邦任卿、大夫等職，由周王或諸侯賜給土地人民，其嫡長子孫也可能世襲其職；其他諸子沒有此種待遇，但是也屬貴族，享受若干逐世遞減的特權，也可能擔任政府的職務。這些周室的子孫形成了一個龐大的、層層相屬的統治階級，所以有「普天之下莫非王土，率土之濱莫非王臣」之說。此說有些誇張，因為當時還有一些與周室宗族無關的邦，如楚、越，以及夏商的後裔，但是周室常和它們的貴族通婚結為姻戚，所以不久之後周室與它們的統治階層聯結成了一個父子、兄弟、叔侄、舅甥、祖孫的集團。因為都是親戚，都有一些親情，這種關係與周之前各邦獨立，僅由夏、商大國憑其勢力加以統制的關係，顯然不同。

　　但是親戚之間也可能利害相異，未必能和諧相處，所以周室又制定了一套新的，主要適用於大宗、小宗之間的規範——「禮」。後代思想家說禮之本在「理」，也可以基於習慣，但是最初的禮是祭師們創作出來祭祀神、鬼（祖先）的儀式。人們在某些場合對某些人表示崇敬，也自然地仿用某種儀式。周代統治階層既然大多是親戚，所以祭祀共同祖先的儀式便很容易地被他們了解並接受。周室有鑑於此，便將舊有用於廟堂之上祭祀鬼神的一些禮節，作了若干修改，用於朝廷集會及君臣交往上，使得各人皆以莊敬親愛的心情相待，一舉一動皆合乎此情，而產生了和諧肅穆的氣氛，融洽合理的關係，使得此一集團的內部得以平穩，對外有效統治各地人民。在各種禮儀之中，周人特別注重喪禮，因為它可以使參與者追思親人。死者如係祭者的長輩，更可以觸發其血脈相連之情，而加強其命運共同之感，由此而引申出來的許多規範，對於一個宗族，尤其是一個統治集團而

言，非常重要。

　　周朝的這些新的制度和規範顯然甚為有效，所以能使西周三百多年大致安定，在黃河、長江流域逐漸形成了一個比較緊密一致的體系。因為周圍有許多與封建宗法無關而不行其禮的「夷狄」，此體系處於其中，所以產生了「中國」這個除了地域性之外，更具政治性和文化性的觀念。

　　但是，周朝的這些制度和規範除了在設計上有一些缺點，實踐時又產生了不少舛誤。設計上的缺點在於宗法只是政策性的措施，就親屬之間的輩分和年齡而言，大、小宗自始即不盡合理（如成王以侄而為大宗，周公以叔而為小宗），數傳之後，自然參差愈多，勉強使長老服從幼小，當然不合人情。實踐時的舛誤出於大宗之主未必皆賢，但因擁有權勢，就不免濫用，最顯著的實例是濫用武力。對於不順從的諸侯和蠻夷，周王常加鎮壓，而付出很大的代價，例如周昭王南征溺於漢水而喪其六師，穆王西征用兵頻仍而所獲極微，宣王北伐盡失自南方徵來之軍。這些戰爭造成了周室財政和經濟上的困難。厲王時開始壟斷山澤以專其利，宣王編查丁數而課以賦役，加重剝削人民，但是都無法重建周室的實力。

　　更嚴重的問題是周室愚蠢地損傷了宗法——厲王對於諸侯不知親親相待，宣王拒斥魯武公長子括而立其次子戲為懿公，違反了嫡長繼承之制，其後幽王更對此制直接破壞，廢其正妻申后及太子宜臼而立其姬褒姒及庶子伯服，結果諸侯不服，幽王被犬戎所殺。

　　在直接破壞宗法之前，周王已率先廢棄了若干與之相關之禮，例如宣王之時政務廢弛，停止了以往在「千畝」舉行的「親耕」。此事看來只是一個儀式，但卻有重大的實質意義，表示周王領導諸侯及人民共同致力於當時最重要的生產工作，以此典範團結整個政治體制。此禮一廢，社會便因內聚力被忽視而逐步分崩離析，其他諸禮的

意義乃逐漸消減，無法作為人們的行為規範。

在軍力和經濟的衰敗以及宗法和禮的破壞之後，接着產生了觀念上的改變。西周初期所倡之「德」特別強調統治階層克己、親親、愛民、惜物；後來由於周王及諸侯醉於權勢，驕縱放肆，以「德」治國的現念乃逐漸消失，所以有穆王遨遊，訂定呂刑以制民；厲王專利監謗；宣王料民；幽王以烽火戲弄諸侯等事。君不惜臣，民不敬上，眾叛親離，西周乃亡。

▌ 八哲的時代 ▌

周幽王被殺，子宜臼由諸侯護奔洛陽，即位為平王，成立東周，傳二十五世，歷五百十五年。其前段（西元前 770-746）因有孔子《春秋》一書傳述其事，後人遂稱之為「春秋」時期；其後段（西元前 475-221）因列國紛戰，故稱「戰國」時期。在此二時期周室的實力大減，所立的封建、宗法及禮，受到更嚴重的破壞；新的軍事形勢、政治結構、經濟組織、社會階層和思想觀念加速形成，對舊有的種種產生了翻天覆地的改革，對將來的一切引發了長久持續的影響。

春秋戰國時期的變化是西周沒落的深刻化，但是有一點不同，此時的主導者不是周王而是諸侯，因為周室東遷依賴東方諸侯的支持，周室失去了西部土地人民，被困於洛陽周圍諸邦之中，若干邊地之邦卻能繼續擴展，因此諸侯乃逐漸囂張，不聽周命。平王之時周、鄭交惡，竟致兩國交換王子、公子作為人質以維持和平。桓王之時鄭國軍隊竟搶奪周及其與國的秋麥，桓王出兵伐鄭而大敗，肩上中箭，此事不僅破壞了封建君臣的關係，而且同族交戰（鄭是周宣王所封其弟之國，與周是同宗）違背了宗法的精神和原則。

此後乃江河日下，諸侯相繼欺凌周室，也互相爭戰。在春秋

二百四十二年中，大戰共一百二十五次，結果使初期尚存的二百餘個封國被併為十餘個。在這些戰爭中有少數是由特別強大的諸侯（「五霸」）假天子之名而進行的，號稱為尊王、攘夷，但是大多另有用意，例如齊桓公因其妾蔡姬盪舟，使其受恐而遷之返國，而蔡國竟將她別嫁，桓公乃依管仲之議攻楚，責其包茅不入貢周室，在赴楚途中先行侵蔡而潰之。這類假公濟私之舉，雖然可笑、可鄙，但是齊桓公竟能集結了宋、衛、鄭、許、曹等諸侯一起出征，這種「征伐自諸侯出」實是「天下無道」的徵兆，無怪楚子問齊桓公：「君處北海，寡人處南海，風馬牛不相及」，不知何故來犯。桓公乃罷兵結盟而返，勞師動眾實如兒戲。

　　在這樣的情勢裏，用來支持封建宗法之禮當然愈來愈受忽視。春秋早年有些貴族還在小處上守禮，例如桓王被射中肩之後，鄭莊公阻止其軍逐王，並於當晚派使慰問。周襄王二十二年（西元前638年）宋、楚交戰於泓水之濱，宋軍已成戰陣，而楚軍尚未完全渡河，宋襄公二次阻止宋軍襲擊，認為這麼做不合古禮，所以堅持要等楚軍上岸才戰，結果大敗，他自己受傷而亡。又如周簡王十一年（西元前575年）晉、楚於鄢陵交戰，晉將郤至三次與楚共王相遇，都跳下戰車脫去頭盔快步隨着楚王之車向他致敬，不敢與戰。楚王也於當晚遣使送禮致候。在外交場合，諸侯及使臣相處皆飲酒賦詩，彬彬有禮。但是這種種都是小節，在重要的關鍵上，諸侯往往罔顧大禮，例如周初規定每五年諸侯覲見周王一次，而在《春秋》所記二百三十二年內，魯君覲王僅僅三次，而且也不赴周祭祖。魯桓公的後裔竟將祖廟設於私家，孔子之時魯卿季孫竟僭用周王祭祖的「八佾」歌舞，都是違反宗法之禮的極端惡例。

　　禮制既壞，封建宗法所定的上下階層失去了行為的準則，又因年代久遠，宗族之間的親親之情已淡薄若無，所以不僅諸侯因利害而

戰，各邦內部卿大夫也與諸侯爭權。春秋之時諸侯殺大夫者四十七。晉獻公在位之時（西元前 676-651）殺盡了晉國公族各支家主，並放逐了他自己的幾個兒子。此外大夫弒君者三十六，卿大夫自相殘殺者不計其數。最後政權竟被卿大夫（如齊之田氏及晉之韓、趙、魏）篡奪，或被「陪臣」（卿大夫的家臣，如魯之陽貨）控制，封建與宗法乃徹底崩潰。此後倖存的諸侯完全喪失了親親的心態，赤裸裸地以暴力相拼。

以前邦際之間的戰爭雙方軍力不過戰車數十，由諸侯或卿大夫親自率領交鋒數日，便告結束，有如君子比武，所以還講禮節；後來出現了若干「千乘之國」，每輛戰車配「國人」（國都之內及其近郊的自由民）三四十為戰士，又徵用郊外「野人」為步卒，為數更多，交戰之時動輒出兵數萬，例如東周末（西元前 251 年）燕國以六十萬人攻趙，秦統一之前（西元前 223 年）用兵八十萬攻楚。戰爭的時間也大大延長，趙國攻伐北方小國中山，自武靈王二十六年（西元前 300 年）起圍其都城五年有餘。

戰爭的目的已不在懲戒對方，而在奪取其土地人民，甚至滅其國家，所以殘暴特甚，如孟子所說「爭地以戰殺人盈野，爭城以戰殺人盈城」。果然，秦昭襄王十五年（西元前 292 年）與韓、魏作戰，殲二國之軍二十四萬人；三十二年後（西元前 260 年）秦師坑趙卒四十萬人於長平。各國諸侯皆如落阱虎狼，必需作困獸鬥以求自存，而受難的則是千萬無辜的人民。

在這一過程裏，除了諸侯之國和卿大夫之家被毀損消滅，以及各地人民被剝削喪亡之外，還引起了許多社會上的變化，最顯而易見的是經濟組織，其次是社會結構。就前者而言，中國在農業興起後人民多靠耕作為生，但在初期人民雖然與土地密切結合，卻並沒有將土地視為己有，因為他們的生命和生活皆受執政者掌控，這些執政者也

掌控了人民所居之地，將其一部分配給若干男丁，由其耕作以維持其一家人的生活，及其年老，便由執政者收回另行分配，此外又將另一部分交由若干受田者合作墾殖，以其產物供給執政者享用。這便是傳說中的「井田」之制。[1]

　　無論用何種方式分配已有的土地，因為人口的增長，經過數代之後，受配之人愈多，每人所得愈少，到了春秋後期，許多諸侯卿大夫的後裔已經無地無民而降在皂隸，或淪在田畝，成了政府的小吏或農夫。依照宗法而繼承大宗小宗主幹之人，雖然保有了較大的土地，但因其生活奢縱，加上內外爭鬥，他們得不敷出，必須另外設法來壓榨人民，收取較多的賦稅。周定王十五年（西元前594年）魯國開始「稅畝」，將都邑近郊的「國人」實際耕作之地按其面積徵收其生產所得幾分之幾以供政府之用。三年之後又「作丘甲」，規定邦內每一地區增加軍賦若干。周敬王三十七年（西元前483年）又「用田賦」，增收遠郊「野人」的賦稅。

　　因為一地的生產力有限，增加賦稅仍不足用，所以諸侯又鼓勵人民開墾境外荒地。這些人民有的來自卿大夫的封邑，但是開墾所得之地不再分配給卿大夫而由諸侯委任官吏直接管理。此一做法大大地增加了諸侯的收入，使他們能夠對內制服卿大夫，對外從事邦際戰爭。此時人們學會了製造鐵器，使得墾荒及耕耘的工作發展較速，逐漸使農產稍有剩餘，於是有些人力便從土地上釋放出來從事工商行業，不少人在工地及作坊專門生產軍械、工具和日用器皿，另有少數為貴族們製作一些靈巧的玩物而得到報酬或給養。《韓非子》裏所述

1　這些都是臆想之說，問題甚多，其中之一是受田之農年老失田，假如其子未得受田，該老農及其家人如何生活？假如將其田授與其子，該田是否成為家族之產？「井田」之說規定八家先事公田後及其私，其難實施，至為易見。

一位自稱能在荊棘之端雕刻一隻獼猴的匠人，便是一個可笑之例。

　　這種變化自然地引發了社會因職業而生的分化。此前的人只分兩類，一類是統治者，包括各階層的貴族和一批為他們管事之人；一類是靠農耕及手藝為生的勞動者。以孟子的話說，前者依賴後者的供養，是「食於人者」；後者供養前者而受其控制、指使，是「食人者」。到了此時農工仍屬一類，依舊從事生產自給並供養「食於人」的統治者。但因分工日細，生產有餘，為了溝通有無，商業乃日趨必要，從事之人也逐漸增加，產生了一群非農非工的商賈，他們不事生產和製造，既不自食所產，也不直接「食人」供養統治者，而是取一地之餘補他地之不足，趁機買賤賣貴，因而獲利，成了另一職業群體，其中有些不僅致富而且參與公務，例如孔子的一位高足子貢便曾「結駟連騎，束帛之幣以聘享諸侯」；鄭國商人弦高曾以私財犒賞秦師而免鄭被侵；越國大臣范蠡於助越滅吳之後從商，三獲千金散以濟貧；戰國末年陽翟大賈呂不韋出資扶植秦國王孫子楚成為秦王，後被其子贏政任命為相國。這些人都為時人尊重，但是大多數的商人只是將本求利，無視於社會大眾的福祉，因此引起了一般人對他們的嫉妒和許多主張嚴屬控制人民的執政者對他們的歧視。管仲曾下令「定民之居，成民之事」，規定商人處於固定的「市井」。商君說，商人「天下一宅而圜身資」（視天下為家而將其財產隨身攜帶遊賈各地），政府很難加以控制，所以更進一步制定了一系列的抑商政策，包括「廢逆旅」，使旅遊商人在途中難尋食宿之地，但是未能阻止商業的發展和商人的興起。

　　此外另一個新的群體──「士」也在此時興起。早期的士可能是對於各朝政權的建立曾有一些貢獻，而被吸收入其政治、軍事制度，擔任基層文武職務之人。他們既非民生物資的生產者（農、工），也不是這些物質的運輸銷售者（商賈），只能為貴族服務或受僱於政府

為小吏。後來又有一些沒落貴族的子孫也加了此一行列，他們雖然已沒有封地、權勢，但是還保有受教育的傳統。在周代，這種教育通稱為「六藝」，包括禮、樂、書、御、射、數。學得精到的人之中有些擅長行動的，憑其勇力和豪情成為了「俠士」。他們往往蔑視權威，非議成規，而自行其是。莊子所描繪的盜跖便是一例。《史記》〈刺客列傳〉所載諸人亦屬此類。他們慷慨激昂，扶弱抗暴的行為，經過美化而受到被壓迫者的讚揚和尊敬，而掌握權勢之人，大都排斥他們為盜賊、莠民，其理甚為易見。

另一批人受了教育而長於禮樂書數的人，好學慎思，但是別無專長，又不屑從事農工商業，只能講授知識維生，是為「文士」或「儒士」（以現在的話說，就是「知識分子」）。其中特別傑出的，將其所學所思組成了若干理論系統後，受人信奉，建立了儒、道、墨、法、兵、農、名、縱橫、陰陽等「家」，在春秋時期已漸漸受到重視，孔子便是一個顯著的例子；不少孔門弟子曾任政府職務。到了戰國時期這類人更受執政者的青睞。齊桓公在都城稷門之外建了「稷下學宮」，招致士人而尊顯之。其後威王、宣王更為擴充，邀請「文學遊說之士」數十百人，皆賜府第，為上大夫。當時名士孟子、告子、慎到、荀子等皆在其列，稱為「稷下先生」。他們在此「不治而議」，研討哲理、政治、經濟、軍事、外交、名辯、五行等等學問，各有傑出的貢獻，在此停留一段時間之後，往往周遊列國，參與重要政務，有些甚至位至卿相。

為什麼到了春秋中葉及戰國時期知識分子會如此興起而受到時人的尊敬？主要因為此時邦際及各邦內部的鬥爭日益尖銳，原有的世職官僚大多昏庸腐化，所以參與鬥爭的各方皆需知識分子的援助，而他們也已對於時勢有了更深的了解，並想出了許多高明的策略。這些事實大大地提高了他們的身價和自尊。他們已不再是一般人的教師，

不像孔子當年熙熙惶惶到處求職，而以邦君的指導者自居，要求實行其主張了。

上述各項政治、經濟和社會的變化，自然也引發了人們思想和行為的變化。許多人開始思考人應該怎麼生活。為什麼人可以有不同的身份地位，而過着不同的生活。古人大多迷信鬼神及為其領袖的「天」，認為人世一切都由祂們決定，人只能認「命」，視為當然而絕對遵從，不作他想。但是人們逐漸從生活經驗中發展出了一些是非善惡的觀念，而對這種迷信開始懷疑。《詩經》裏已有許多篇章記載人們覺得上天不公，使善人不得好報，惡人不得懲罰。衣食不足，辛勞終身的農民，更質問為什麼貴族們四肢不勤而能過着奢華的生活，因而將此輩比作「碩鼠」，斥責他們吞食莊稼。若干統治階層之人也說「天道遠，人道邇」，強調人們無法依賴天道，而要憑自己的努力來決定事情的成敗。基於此一理論，有些開明的貴族們甚至提出「民為神之主」的說法。

這些思想當然減損了人們對於鬼神，及其所支持的傳統行為規範「禮」的敬畏，因而影響了他們的行為。表現得最明顯的是貴族的舉措——因為封建宗法制度自身的缺點，逐漸失去了它尊祖敬宗的意義，用來維繫它的禮遂被濫用，如魯國的季孫氏不過是一諸侯之下的卿士，竟然敢「八佾舞於庭」，使孔子說「是可忍，孰不可忍」。表現在一般人民日常生活中的是不究「禮」的意義，以為只是揖讓進退，交換禮物而已，因而使孔子大為感嘆說：「禮云禮云，玉帛云乎哉！」因為各種傳統規範及其具體的實踐方式逐漸失去作用，人們普遍地失去了導向，其行為變得狂亂不羈，除了追尋一己的利益外，對他人及社會全無顧慮和責任之心。

總之，東周的確是一個大變動的時代。西周建立的宗法、封建制度逐步分崩離析；貴族之間因血緣、姻戚關係而自然存在的情誼完

全喪失；社會規範受到嚴重破壞。天下騷動，陷入了韓非所稱的「大
爭之世」。

▎各國執政者對時局的反應 ▎

「大爭之世」的情勢使時人極為惶恐，各國的執政者都想要找尋
一條出路，希望能保全他們的權勢，甚至使之增加。為此目的，他們
都知道除了茁壯自己的實力之外，還需要樹立一套新規範，確定一個
新的秩序。他們想到的是先重建舊制，然後使它脫胎換骨，讓自己取
代式微的周王而稱霸。這樣做的第一個成功者是齊桓公。首先，他與
執政大臣管仲將齊國人民依其職業及居所嚴格地組織成了一個強大緊
密的戰鬥體，然後領導了多國聯軍抵制中國周圍蠻夷的侵略，仲裁了
諸侯間的糾紛，鎮壓了不服他指使的貴族們。在其成功之後曾九次召
集諸侯聚會立盟，約定新的準則。其中於周襄王二年在葵丘所定的較
為詳細，盟辭開頭強調「凡我同盟之人，既盟之後，言歸於好」。其
後包括了以下諸點：

（一）誅不孝，無易樹子（不得改變已經確立的宗子），無以妾
為妻；

（二）尊賢，育才，以彰有德；

（三）敬老，慈幼，無忘賓旅；

（四）士無世官（不准士人取得世襲的官位），官事無攝（一官
不得兼職），取士必得（用士必須得其賢能者，不論其出身），無專
殺大夫（諸侯不得因其私怒而擅殺大夫）；

（五）無曲防（不可變更堤防，使邦際河川阻塞或改道），無遏
糴（不可阻遏糧食出售與鄰邦），無有封而不告（不得因私恩擅自封
建附庸而不告於周室及盟主）。

　　齊桓公這些作為都是假借了周王的名義或聲稱衛護周室利益而行之，上述盟辭也在支持周代的封建和宗法制度。在葵丘之盟後，周王為了酬謝他，稱他為伯父，傳諭他不必行叩拜之禮，而他仍一再謙退而行禮如故。這只是一幕好戲，目的是便於他挾天子以令諸侯。事實上，當他稱霸之時曾消滅了小國三十多個，大大地破壞了封建制度。後來晉文公也曾尊王攘夷，盟役諸侯，成功之後便自行請「隧」（周王葬禮之一）用於其死後。這是將自己比擬成天子，嚴重地破壞了宗法制度。在這些霸主引導之下，其他諸邦亦起效尤，普遍地破壞了支持封建宗法的規範「禮」。

　　另有一些人覺得「禮」不足救時，而想用另一套規範「法」來濟急。他們的做法是將「法」公佈出來使人們得知其詳，然後由政府率先遵行以示信於民。鄭國的執政子產便是第一個這麼做的人。他在周景王九年（西元前536年）將鄭國的「刑書」鑄在一個銅鼎上，在當時是一創舉。晉國的大臣叔向大不以為然，寫了一封長信指出其誤，子產只回了一封短簡表示受教和無奈。這兩封信在中國傳統法制的發展上有重大的意義，所以我將《左傳》所載之文轉錄於此，並且多花一點筆墨加以分析：

　　　　始吾〔叔向〕有虞於子〔子產〕，今則已矣。昔先王議事以制，不為刑辟，懼民之有爭心也；猶不可禁禦，是故閑之以義、糾之以政、行之以禮、守之以信、奉之以仁、制為祿位以勸其從、嚴斷刑罰以威其淫；懼其未也，故誨之以忠、聳之以行、教之以務、使之以和、臨之以敬、涖之以強、斷之以剛；猶求聖哲之上、明察之官、忠信之長、慈惠之師，民於是乎可任使也，而不生禍亂。民知有辟，則不忌於上；並有爭心，以徵於書，而徼倖以成之，弗可為矣。

夏有亂政而作禹刑，商有亂政而作湯刑，周有亂政而
作九刑。三辟之興，皆叔世也。今吾子相鄭國，作封洫、
立謗政、制參辟、鑄刑書，將以靖民，不亦難乎？《詩》
曰：「儀式刑文王之德，日靖四方。」又曰：「儀刑文王，萬
邦作孚。」如是，何辟之有？民知爭端矣，將棄禮而徵於
書，錐刀之末，將盡爭之，亂獄滋豐，賄賂並行。終子之
世，鄭其敗乎！肸聞之「國將亡，必多制」，其此之謂乎？

〔子產〕復書曰：「若吾子之言。僑不才，不能及子孫，
吾以救世也。既不承命，敢忘大惠！」

依照叔向之說，古代聖王怕人民以爭奪之心相處，所以定立了
道義的規範來加以防禦，設立了正當的政令來加以糾察，制定了各種
獎勵和懲罰的辦法來加以誘導和嚇阻，不但諄諄教誨，並且以身作則
來領先遵行，又尋求了聰明、正直、慈惠之人來執行這些規範和政
令，遇到了糾紛就「議事以制，不為刑辟」（考慮了各種相關的事實
情理而加以判斷，不在事先預定一套法則來機械地加以引用），才能
使當事人心順意服而甘願遵從判決行事，不再發生禍亂。倘若統治者
廢棄了古代聖王的做法而行亂政，人民就不遵從長上，國家就墜入衰
亂，統治者不得不加強使用刑罰法則來管制人民，所以夏商周三代的
後期（「叔世」）都曾訂定這種罰則。

叔向所說的「禹刑」、「湯刑」、「九刑」現已難知其詳，但是可
以推定在文字使用較廣之後，政府事務大多均有紀錄。法律乃重要政
令，應當很早便已成文。《尚書》內提到周穆王命呂侯「訓夏贖刑」，
《韓非子》內稱「殷之法，棄灰於公道者斷其手」，《左傳》內提到周
「九刑」，似指當時諸刑文字尚存。統治者要使政令能為人民遵守，
當然需將其內容傳佈於眾。《周官》裏稱大宰、大司徒、大司馬、大

司寇等皆於每年正月之吉日公佈其治、教、政、刑諸象之法於邦國都鄙，懸之於象魏，使萬民觀之。此書非作於周代，這些敘述很難置信。但在這些敘述之後，又稱各主官之副貳屬員皆以口語「施教」於民，則頗近常情。所以到了西周之時，法令大約雖已形諸文字，但並未普遍供人閱讀。司法官吏可能還只是依其所知法令大意，而自行處理實際事務。這種做法可以容許他們斟酌個案相關的各種情事及規範，相當有彈性地作成裁決，而不僅僅適用法令的文字，這便是叔向所說的「議事以制，不為刑辟」。

這種做法顯然到了春秋之時還很流行。周景王四年（西元前 541），子產處理鄭國二個貴族爭妻一案便是一例。[2] 但是他一定於事後感到這種辦法既費事又不夠明確，不能用於人民之間眾多的爭訟而作成易於被人接受的裁決，所以才於五年後有「鑄刑書」之舉。此舉最明顯的用意是使刑法鑄於銅器上，可以比書寫在竹帛上更確實、長久地保存。此器鑄成之後應當不會藏於官府，因為這樣除了保存之外沒有什麼意義。比較合理的是將它置於公共場地，便於人民有目共睹，一則使他們知道刑法有固定明確的內容，二則表示政府將與人民一樣遵守此法，不作任意的變更。這兩點正是叔向指出的公佈刑法具體內容並機械地加以施行的缺點。子產顯然並非不知此理，事實上他大約對叔向所說的許多原則都有同感，所以他沒作答辯，只謙稱自己無能，並簡單地說他是為了「救世」。

為什麼子產說要「救世」？此語對當時之鄭而言並非虛辭，因為它是一個夾在齊、宋、晉、楚列強之間的小邦，時時有被侵略、瓜分

2　《左傳》昭公元年記載鄭徐吾犯之妹美，已受公孫楚之聘，公孫黑又加強聘，欲殺公孫楚，而被擊傷。子產審理此案，因公孫黑族尊勢盛，乃説二人各有其理而公孫楚「幼賤有罪」，判以放逐出國避禍，使其免受公孫黑日後報復，用心可謂良苦。

的危險。子產身為國相，其焦慮可以想見。但是為什麼他認為鑄刑書並公諸於民是一個救急的辦法？大約他以為當時宗法已被破壞，以此為據的「禮」也失去了其約束人們行為的力量，鄭國亟需一整套廣泛有效的新規範，而當時並沒有一個社會權威能夠做到，他只得盡速頒佈一些可以使用政府權力施行的法令。但是這麼做還不夠，因為政府的實力有限，他必需取得人民的信賴和支持，而他又沒有充分的時間去教育人民，所以他採取了一個巧妙的做法——鑄刑書，並將它陳列出來，以達成上述教育並取信於民的兩個目的。他不可能不知道成文的法令可能掛一漏萬，而且未必合理，會引起爭議，但是總比讓人民矇在鼓裏，覺得執政者任意處斷以致心懷不平好一些。顯然他的辦法是被鄭國人民接受了，促成他們的團結，使其國家撐過了一段艱難的時期。事實上他執政二十多年間，鄭國不僅國內大致安定，並且在國際上獲得了相當的尊敬，與叔向的預料相反。造成此一結果的原因是他們二人對於當時社會情況看法不同。他們都深知當時的動亂，必需加以處理。非暴力的處理社會動亂的辦法向來有兩種：一是由社會中的智者追究問題的根源，找出人們懷疑及厭棄舊有制度及規範的原因，進而重建一套新的制度和規範，並耐心地教育人民，使他們了解其意義和精神，然後自動地服從並遵行。另一個辦法是以由掌握權勢之人以強硬的手段去推行一套制度和規範來尋求快速的效果。這兩種辦法不僅分別表現在叔向和子產往返的信件裏，也顯示於後世儒法二家的思想中，成了兩家爭議的焦點，所以十分值得注意。

　　僅就理論而言，叔向之說自較妥善，但是要實行此說，需要兩個條件：第一，推行者要有極高的智慧、品格、決心和適當的地位；第二，他們要有很長久的時間來從容地去逐步推進。在現實的情勢裏，如果執政者面臨着嚴重的問題必需緊急處理，便只有採取子產的辦法來「救世」了。這一點，叔向和以後的儒家都未能掌握，所以其

說很少在亂世被採用；而子產的辦法不僅立竿見影，挽救了鄭國於一時，而且旋即為許多國家遵行。五十年後在周敬王八年（西元前512），叔向的本國晉也鑄了「刑鼎」，去救燃眉之急。

然而將刑法鑄在鼎上並公佈出來並不難，難的是為了什麼目的，處在什麼基礎上，依照什麼原則去立法、司法？子產對此顯然曾有深思，並作出了若干很好的決定。他的立法目的主要在於改善人們的生活和人際關係。在開始施行時有許多人因守舊而反對他，甚至希望他早死。這些人常在當時的「鄉校」議論時政，有一位大臣問子產可否將鄉校關掉。他回答說：這些人早晚在那裏討論我的政策，他們贊同的我便去施行，他們厭惡的我便去改善。他們是我的導師，我怎麼可以將他們的鄉校關掉？在他執政三年之後，人們翻過來稱讚他，說他改善了鄭國的經濟和教育，因而擔憂在他去世之後無人能夠來繼承他的德政。人民這種態度的變更，就是因為子產能依照人民的需要立法、司法，並且能尊重人民的意見，隨時改進，所以得到良好的結果。其後別國的執政者紛紛仿效，却未必都能做得像他那麼妥當。晉國所鑄的刑鼎便有些問題，孔子得知此事並且顯然在分析了這個新刑法之後，提出了兩點非議：

第一，晉國初封之君唐叔虞（周成王之弟）原有受自周王室的「法度」，其後歷代貴族官員遵守此法治國，使人民都尊敬他們而循規蹈矩。這種能使貴賤不變其職守和行為的辦法，就是適當之「度」。春秋時晉文公成為霸主，又曾重新宣明唐叔之法；現在晉國拋棄了這種法度而鑄了刑鼎，人民只注意在鼎上的條文，怎麼會再尊重貴族？貴族除了這些條文之外還有什麼可以用來治理人民？貴賤之間沒有了等級，社會秩序將如何維持？第二，刑鼎上的法令是晉文公後期由執政者范宣子訂定的。當時晉政已經紛亂，用那時的法令實非妥當。顯然，孔子並不像叔向那麼輕視法令，一味強調道德仁

義；他所說的「法度」包括了周初的「法」和許多處理各類事務的準則「度」。這些法度雖然並沒有明確地宣示於一般不識文字的民眾，但卻是貴族教育的一部分，是他們清楚了解的，因此可以由他們來施行，這是他們的重要職責。假如這種詳密精細的法度不再受到重視，貴族們還有什麼職責？人們以為除了鼎上的條文之外沒有其它的行為準則可循，怎麼會再聽從貴族們的意見？何況鼎上之法本來就不健全，國家當然就難以治理了。

所以歸結起來看，孔子和叔向的意見基本上是相同的，那就是政府制定的法令之上還應該有一套高層的規範。他們也都指出這套規範需要適當的人來施行，如果沒有這樣的人，社會便無法安寧。在這一點上孔子比叔向更為強調。問題是他們心目中的高層規範以周初封建和宗法為基礎，在這些制度式微之後，他們還想使之恢復，而春秋戰國之時，由於情勢的變遷，一般人已不同意這種想法，也沒有時間去慢慢重建一套高層規範的新基礎，而且大多數國家的統治者對於人民的需要和高層規範都沒有正確的認識，一般人民更是茫然不知所措。此一形勢激起了知識分子追尋一條出路的志向。他們了解為了防止人們盲目摸索和放肆濫行，必需由他們建議一套比較具體的規範來指導並約制人們的行為。

這套規範該以什麼為基礎？該由誰，用什麼方式來施行它？八哲曾提出了一些答案。關於規範的基礎，有的主張將原有的禮去蕪存菁，改變成一種合乎理性和時宜的準則；有的強調基於「天志」的政令；有的支持由執政者所制定的法條；有的因為懷疑人的能力，所以認為不必再做任何努力，而應該廢棄文明，回歸到萬物的自然狀態，遵循「自然律」。關於規範的施行，有的強調用教育來潛移默化；有的認為要借宗教信仰、鬼神之力的協助；有的主張由政府的賞罰來強力推行；主張回歸自然的相信自然律會「自然」地運作，不必也不可

由任何人來施行。

　　規範的基礎、目的、制訂、施行、功能、效力等，可以因時因地而異，所以現代的人不可能完全接受八典的內容，但是在仔細研讀之後，可以見到它們對許多世間最基本深奧的法理、哲理問題提出了不少卓越的意見，如能與現時常見的一些意見相比較，並加深思，應當可以產生一些新的看法，為今日世界尋找出比較妥當的治平之道。我寫作本書就是希望為此工作提供一些微薄的幫助。

《論語》

▌ 孔子 ▌

　　有關孔子生平的資料流傳頗多。茲據《史記》〈孔子世家〉及《論語》、《左傳》等書記其梗概如下。

　　孔子名丘字仲尼，遠祖是殷朝的遺民，入周居於宋，曾任官職。六世祖孔父嘉因政爭被殺，其後避於魯。他生於周靈王二十一年（西元前551年），三歲喪父。少年時貧困，做過許多雜事幫助家計，稍長曾在魯卿季氏之家做過管理倉庫和牧場的小吏，都能稱職。後來他自稱「吾少也賤，故多能鄙事」。〈子罕〉他好學，自己說「十五而志於學」，〈為政〉又說「十室之邑必有忠信如丘者焉，不如丘之好學也」。〈公冶長〉他特別好學「禮」，兒時嬉戲「常陳俎豆，設禮容」，十七歲時便被魯大夫孟釐子稱讚為「年少好禮」，後來更是「入太廟，每事問」。〈八佾〉但是他所學的不止於禮，而是凡有所不知，便不斷求教，所以他說自己「非生而知之者。好古，敏以求之者也」。〈述而〉衛國的公孫朝問子貢誰是孔子的教師。子貢說「文、武之道未墜於地，在人，賢者識其大者，不賢者識其小者，莫不有文、武之道焉。夫子焉不學，而亦何常師之有？」〈子張〉孔子自己說「三人行，必有我師焉。擇其善者而從之，其不善者而改之。」〈述而〉

　　因為他好學，所以知識廣博。人們時而遇到稀見的事物（如吳

伐越所得的「大骨」、隼鳥自北方帶來的「肅慎之矢」），向他請教，他都能一一說出其由來、典故。大約因此之故，很早就有人拜他為師。他說「自行束脩以上，吾未嘗無誨焉」。〈述而〉他在三十歲左右，學生多了，有的出身貴族之家（如魯國的孟懿子），可以付出較為豐厚的束脩，使他有了相當的收入，不必寄人籬下，依靠做許多「鄙事」為生。大約這就是他所說「三十而立」〈為政〉的意思。然而此時他對某些問題尚感困惑，所以去請教於若干前輩，包括李聃（問禮）、郯子（問官）、師襄子（學琴），到了四十歲左右才能「不惑」。〈為政〉再經過了多年教學相長，到了五十歲左右他說已「知天命」，〈為政〉但是對「天命」沒有詳細說明。此外他對於「怪、力、亂、神」等難以稽考的話題也不願談。〈述而〉這就是他強調的「知之為知之，不知為不知」。〈為政〉

　　孔子治學並不只是研究抽象的哲理，而是為了經世濟民，但是一直沒有致用的機會，自然不免感到抑鬱。到了五十歲時，魯國季氏家臣公山弗擾佔據了費邑叛變，使人召孔子為助。孔子想去，子路聽了很不高興地說「末之也已，何必公山氏之之也！」孔子說「夫召我者而豈徒哉？如有用我者，吾其為東周乎。」[1]〈陽貨〉但是他最後並沒有去，大約知道公山弗擾不足成事吧。一年之後魯定公任命孔子為中都宰，在職一年，政績很好，次年升任魯國小司寇，不久又升任司寇。此年魯定公與齊景公相會於夾谷，孔子陪往為禮相。齊景公幾次企圖戲弄折辱魯定公，都被孔子據禮拒斥，使齊景公不得不依禮相待，並且於會後歸還了以前侵佔魯國的若干田地，其後又曾屢次向孔

1　周初建都於豐鎬，稱為「宗周」。周公另以洛陽為中心另建一都，以統治新征服的殷及其屬國，稱為「成周」，因在宗周之東，所以又稱「東周」，在此指像周公所建的那樣偉大的政治體制。

子問政，學到了許多大道理，所以想以尼谿之田作為孔子的封地，但因當時齊國大臣晏嬰認為孔子並無實際治國之才，以致齊景公不能重用他。

因為他在夾谷之會的成就，孔子贏得了魯君和執政者的信任，在魯定公十四年（西元前 496 年）代理宰相之事，政績斐然，便想進一步實現他的理想。當時魯國三桓（魯桓公的三個孫子——孟孫、叔孫、季孫）的封邑各有巨大的都城，積聚了眾多的人民和軍備，對魯國君主產生了很大的威脅。孔子想墮毀這三個都城，沒有成功，[2] 引起了三桓的猜忌，因而失去了魯君的尊重。齊國趁機派了女樂到魯引誘其君臣怠棄政務，孔子只好離職去魯。在此後十四年間帶領了若干弟子周遊衛、陳、宋、曹、鄭、蔡等國，尋找工作機會，但是都未能如願。他五十八歲（西元前 494 年）時晉國趙簡子家臣佛肸佔據了中牟地方叛亂，使人召他為助，他又想去，子路又抗議道以前聽您說曾經親身做壞事的人所據之地，正人君子是不能去的，現在佛肸佔據了中牟叛亂而您要去，是什麼緣故？孔子說「然，有是言也。不曰堅乎，磨而不磷；不曰白乎，涅而不緇。吾豈匏瓜哉，焉能繫而不食？」〈陽貨〉由此以及其前他想去幫助公山弗擾之事，可見他經國濟民的願望之切，但是後來他聽說趙簡子枉殺賢人竇鳴犢、舜華，就決定不去晉國了。

孔子周遊各處期間許多人來向他請教各種問題，若干國君曾經想用他為政，都因為該國權臣（包括齊國的晏嬰和楚國的令尹子西）的阻撓而沒有成功。有幾次他和弟子們曾經陷於困境，甚至絕糧。但

2　依據周代封建制度，邦國之卿大夫皆受封地，內有都邑。魯桓公之後孟孫、叔孫、季孫歷世為卿。孟孫之都「成」、叔孫之都「郈」、季孫之都「費」，皆巨大逾制，內貯甲兵，足以為亂。《史記》〈孔子世家〉載魯定公十三年（西元前 497 年）夏，孔子言於定公曰：「臣無藏甲，大夫無百雉之成。」使仲由為季氏宰，將墮三都。叔孫氏先墮郈。費人叛，與叔孫攻魯敗，費被墮。孟孫與魯戰，魯不克，成乃不墮。

是他並不氣餒退縮，依舊繼續不斷地追尋他的理想，並且在十分不利的情況下，從容地弦歌習禮，甚至保持了一分自嘲的幽默，聽人說他因與弟子相失，纍纍若喪家之狗，就欣然笑着說，是啊，是啊。這種修養和氣度非常人所能及。

以上這些經歷加深了孔子對人情世故的領悟，所以他說他「六十而耳順」。〈為政〉此語不易解，或許是表示他到了那年齡，聽到別人的話便能很快地推想到它背後的緣由，因而不會覺得它唐突無理，刺耳逆心了。無論如何，他到老年之時心境一定已很寧靜，所以在魯哀公十一年（西元前484年）他六十八歲回到魯國之後，雖然還偶而評論政事，指導某些從政的弟子，大部分時間都用在訂正歷代文化遺產，包括「詩」、「書」、「禮」、「樂」等等，只剩「易」尚未細研，所以他說「加我數年，五、十〔五或＋〕，以學易，可以無大過矣。」〈述而〉七十之後他已能自然地接受一切合理的傳統，因而可以「從心所欲不逾矩」，〈為政〉但是他已逐漸衰弱，曾說「甚矣，吾衰也！久矣，吾不復夢見周公。」〈述而〉大約是說已經不再能思考重要複雜的問題了。不幸在此之前他的夫人亓官氏、獨子孔鯉、愛徒顏回相繼去世；亦徒亦友的子路又在衛國被害。他哀痛之餘在魯哀公十六年（西元前479年）病故，享年七十三歲。綜觀其一生，可以說他一直在追問一個最基本的問題──人應該怎麼活着？一般人應該怎麼做？有較高才能的人該怎麼做？他努力思考之後提出了一系列的答案，並且自己盡力去求其實現。

《論語》

《論語》記錄了孔子和一些弟子及相關人士的言行，可以顯示出他的若干觀念和實踐。後人將傳聞編輯成書，到漢初已有若干抄本。

《漢書》〈藝文志〉稱有「古論」、「齊論」、「魯論」，而以安昌侯張禹的「魯論」行於世。歷代學者對其內容作了許多注釋，也提出了若干疑問，但是因為它大致陳述了一種周密、貫通的理論，對許多人生的問題提出了理性、精深的見解，所以是一部中國極重要的經典。然而它有一個明顯的問題：因為它是零星言行的記錄，不是專題的論著，雖曾由編纂者大致歸類，但是未加明確組合，全書就像一盤散珠，大多的讀者都會被其中似乎特別燦爛奪目的某些顆粒所吸引，而很難見到孔子理論的主旨和脈絡。在一般書籍而言，如果能先領悟作者的意圖，然後去探究他為了實現此意圖而提出的想法和辦法，便可以看出此書的理論的主旨和脈絡。孔子一生的意圖在於尋求如何使人們改善其生活，社會增進其功能。《論語》的主旨就在討論這些問題。大體而言，它們的答案決定於兩個因素，一是外在的，包括自然的環境和人世的情勢；一是內在的，包括個人的意願和智能。對於這些因素的認識決定了人對生命的意義和目標以及如何處理具體事件（如人與人、人與物、人與環境之間應有什麼關係；人們如何相互依存，如何構成群體；群體如何運作，如何處理共同及個別的事務和糾紛等等）的想法和辦法。孔子對於這些因素的認識，與當時一般人的觀念有異，因而提出了一些不同的處理具體事件的想法和辦法。以此為線索，將《論語》裏的「散珠」串聯起來，應該便可以將孔子的重要理論一以貫之，顯示出其主旨和脈絡。本文就企圖作此嘗試，希望能藉此將此理論在政法思想上的貢獻點明出來，也提出了幾個似乎是它遺留下的問題。

▌ 觀念 ▌

人的生活有多少可以自主，多少受制於外力？個人有多少能力

掌握自己的作為，決定自己的命運？在孔子之前雖然已經有許多人創造了可觀的文化，改進了人們的生活，但是多數人的觀念還是覺得人很渺小脆弱，對於自己的生活和生命能夠左右的極少，大部分都被一些外在的力量所控制，其中最明顯的是物理的環境，其次是其他的人，尤其是家族的長老。但是最受古人敬畏的是一種難以了解，不可預測，無法抗拒的力量，在暗中決定了人生的一切，包括己身的生死禍福、健康病痛以及外在的天象地貌、水旱災禍。因為一向受了長老的指導而生活，所以人相信長老死後成了「鬼」，仍然對他們有影響。「鬼」的世界也有階級，在上者為「神」，最高者為「天」。為了祈求祂們的指導庇佑，避免祂們的責難懲罰，人們造出了許多辦法來與祂們溝通，包括各種方式的祭祀和禱告。究竟要怎麼做才有效？《論語》裏有這樣一段對白：「季路問事鬼神，子曰未能事人，焉能事鬼？曰敢問死。曰未知生，焉知死？」〈先進〉粗看來子路的問題很唐突，所以孔子沒有直接答覆而駁了回去。其實子路的問題極為嚴肅、深奧，因為人生在世，須臾而逝，生命究竟有什麼意義？生活應該以什麼為目的？死亡為何不可避免？死後將又如何？如果變為鬼神，祂們與人有什麼關係？人應該如何對待祂們？這些問題是世上各大宗教最為關注的，孔子應該曾經想過，但是他沒有說出來，而強調應該先將人際關係做好。子路並沒有被輕易地打發，而追問如何看待一個無可避免之事——死亡（及其相關的許多問題）。孔子又避而不答，仍舊強調要先了解生命的意義和生活的目的，不要去空談死後之事。為什麼？首先因為這些問題沒有基於事實，可以驗證的答案，孔子曾說「知之為知之，不知為不知」，〈為政〉所以對於自己沒有確切知識之事不肯多說。其次涉及到一個意向的問題：大體而言，對自己沒有信心的人，處世會比較消極、退縮，認為自己無力去改變環境，只好聽由外力擺佈，因而相信各種外力。如何對待它們就成了一大問題，引起

許多人的臆想。其中對於知識缺乏忠誠的虛妄之輩，就發明了許多粗淺的迷信和玄妙的宗教；相對的，不肯自欺欺人的君子，對這些己所不知之事，「蓋闕如也」，不願多談。孔子顯然屬於這一類。然而他既不能確切談論死後之事，當然也不能否定鬼神的存在和力量，因此他對於人們祭祀鬼神，祈禱其庇佑，也不能反對，但是卻無法認真接受，所以他說「祭如在，祭神如神在」；〈八佾〉平常則要「敬鬼神而遠之」。〈雍也〉至於祈禱一事，尤其不必信其功效，因為如果一個人犯了過錯而不知自改，僅僅向鬼神祈求寬恕，於事無補；倘若希望鬼神代為補救，鬼神有知，必定會鄙棄不理，所以當王孫賈問「與其媚於奧，寧媚於灶何謂也？」孔子說「不然，獲罪於天，無所禱也。」〈八佾〉——犯了罪過，無論向「奧」或「灶」或任何哪個鬼神，做什麼祈禱，都沒有用。此外一些常有之事如疾病，孔子也認為不是禱於「上下神祇」就可以避免。所以有一次他生了比較重的病，子路請禱。孔子問「有諸？」子路答「有之，誄曰禱爾于上下神祇」。孔子說「丘之禱久矣。」〈述而〉意思是他自己這樣禱告已很久了，顯然沒有用。這種想法與古代傳統大異。除了子路說的「誄」辭之外，《尚書》〈金縢〉裏記載了周武王生病，周公為之祈禱而得免一事。如果屬實，孔子應該曾讀過，但是他顯然沒有覺得可以用在自己身上。

孔子雖然對於不可確知的神奇事物皆予存疑，但曾多次提到「天」或「命」，或合稱之為「天命」。他在匡地遇難時說「文王既沒，文不在茲乎？天之將喪斯文也，後死者不得與於斯文也；天之未喪斯文也，匡人其如予何？」〈子罕〉——他自以為是周文化的繼承人，如果「天」並不要滅絕這文化，匡人便不能加害於他。所以他似乎也和常人一樣，認為「天」是一個有意志、能作威作福的東西，文化的存亡由天決定，人的行為也會受天的賞罰。他被迫去見了衛靈公的夫人南子，子路很不高興，孔子發誓說「予所否者，天厭之！天厭之！」〔倚

若我做了不當的行為,「天」會處罰我]」。〈雍也〉但是在他之前,早有許多人已經發現「天」的意志不僅難以捉摸,而且「天」的作為往往不公平、不合情理。孔子似乎也有同感,所以他在顏淵死後,痛哭說「天喪予!天喪予!」〈先進〉似乎說「天」打擊了他,使他悲喪而無奈。

「命」似乎是另一個決定性的因素。它與「天」有些不同,不像「天」那樣有知覺,會回應人的行為,而是一成不變的。孔子的一個以德行著名的弟子伯牛生了一種不治之症,他十分感慨地說「亡之〔將去世了〕,命矣夫!斯人也而有斯疾也!斯人也而有斯疾也!」〈雍也〉又如子路為季孫工作時,同僚公伯寮在季孫處毀謗他。魯大夫子服景伯將此事告訴孔子,說他有能力可以處分公伯寮。孔子說「道之將行也與?命也;道之將廢也與?命也。公伯寮其如命何?」〈憲問〉有時他將「命」與「天」聯在一起,說他自己五十而知「天命」〈為政〉,又說君子「畏天命」。〈季氏〉

孔子真的相信「天」和「命」嗎?以上已經說到他不談「怪、力、亂、神」,不願臆想死後之事。「天」、「命」和鬼神不同嗎?中國古人似乎將「天」看作是至高無上的一種權威,「命」便是它所作的決定。孔子不迷信鬼神,但是屈從於「天命」,是否有些矛盾?他是一個宿命論者嗎?

真正的宿命論者相信人的一舉一動和一切的後果,都由「命」早就決定,因此人的希望、意志、計劃、勤惰都無關重要。孔子是這樣的人嗎?如前所述他自己在求知方面「學而不厭」,「發憤忘食」,到了五十還想要去學「易」,「不知老之將至」;〈述而〉在教育弟子方面他「誨人不倦」〈述而〉,「有教無類」;〈衛靈公〉對於執政者,他都強調要「正名」、「正己」、「正人」;〈子路〉在自己為政時不僅想要墮三都,

並且在陳成子弒齊簡公之後請求魯哀公出兵討伐。[3] 這些都是極困難
的事，有些甚至是不可能做到的，而他仍然去做，無怪石門的司門者
說他是「知其不可而為之者」。〈憲問〉這樣的人當然不能稱為宿命論
者，因為他對當時社會上的許多弊病感到不滿，想要加以改革，當然
不能相信一切都是「天」、「命」或任何外力預先決定的。

對於這種人的行為可以有一個比較合理的解釋：他們認為人可
以有自由意志，也有相當智能，雖然有限，但應竭力去實現其理想，
即使面對着極大的阻礙，也不輕易放棄。決定一事成敗的因素多少不
等，從事者能夠掌握的愈多，成功的機會就愈大；如果還是不能成
功，是因為還有一些因素未能掌握，只好承認自己能力不足了。孔子
對於這些還不能掌握的因素無以名之，勉強稱之為「天」，但是並非
認為「天」故意與人作對，所以他說自己「不怨天，不尤人，下學
而上達」，〈憲問〉意思是盡力去獲取最多的知識，以求通曉最高的道
理，不能成事只該歸咎於己，不怨恨上天，不責怪別人。這不是宿命
論，而是一種理性的對外在因素和自身條件的認識。有此認識之人，
便可心中坦然地接受自己努力而不成的後果，不推諉責任，不僅不消
極、悲觀，甚至進而更努力去掌握此前被忽略的因素，以求成功。這
種對於生命的積極、樂觀的態度，應該是對孔子所說「天、命」較佳
的解釋。他所說的「知天命」、〈為政〉「畏天命」，〈季氏〉就是知道對於
某些因素他還未能掌握而感到無奈與可畏。至於他在見了南子之後的
誓言和在顏淵死後的痛哭哀號，都只是一時情緒激動所致，不是他的
常態。

---

3 〈憲問〉記魯哀公十四年（西元前 481 年）齊國大夫陳成子弒齊簡公。孔子當時已經告老還
家，聽了此訊，便沐浴而朝，告於哀公曰：「陳恒弒其君，請討之。」公曰：「告夫三子〔三
桓〕。」孔子之三子告。三子曰不可。孔子曰：「以吾從大夫之後，不敢不告也。」

像孔子這樣的人顯然不多，然而世俗所說的「文明」都是他們努力創立的成果。後人常稱他們為「聖人」，是天生的；但是孔子不這麼想，他說人們「性相近也，習相遠也。唯上知與下愚不移」。〈陽貨〉除了一些極聰明與極愚昧的之外，絕大多數的人都因為受了不同的外來影響而變化，如果能知道「擇其善者而從之，其不善者而改之」，獲得了較多的知識，培養了較高的才能，加以極大的努力，就可以對「文明」有所貢獻。孔子在世之時，似乎已有人因其博學多智而以「聖人」視之。但是他說「若聖與仁，則吾豈敢。」而說自己「非生而知之者。好古，敏以求之者也。」〈述而〉由此可見他認為文明無需依賴「聖人」，「聖人」也不是天生而是一般人都可以憑其努力而成的。這種雖不否認「天」、「命」，而卻強調人該盡力爭取成就的想法是他的卓見，他的高足們都能領悟，如司馬牛因沒有兄弟而感到沮喪。子夏說「商聞之 [於孔子] 矣：死生有命，富貴在天。君子敬而無失，與人恭而有禮，四海之內，皆兄弟也。君子何患乎無兄弟也？」〈顏淵〉意謂有沒有親兄弟不是人能決定的，但是如果能妥善地與他人相處，天下之人皆可變得如兄弟一般。這種不賴天命而盡人力的想法後來成了儒家理論的重要一環。

簡而言之，孔子對於人有一些基本的看法、假設和期許。第一他看出人具有一些特殊的品賦，與其他生物不同，可以對自己的生活和命運有相當的掌控。第二他假設人的本質相「近」，但是除了「上知」與「下愚」之外，絕大多數都可以因不同的影響而變異。第三他期望人們能努力去增強自己的才能，開創自己想要的生活方式。

▌ 規範 ▌

人不該崇鬼神，信宿命，但是個人的謀生能力有限，怎麼才能

改善其生活？對於這個問題孔子提出了一系列的想法和做法。首先，因為個人必需與群體合作才能維生，而要這麼做，就必需遵守一套共同的規範。當時社會上已有許多規範，但是有的內涵不清，有的互相扦格。孔子花了許多功夫將它們分析了一番，排列出了一個高下的層次，供人在實踐時參考，以免迷惑彷徨。茲取其要略述於下。

「仁」、「愛」、「恕」

孔子很明顯地將「仁」列為最高的規範。「仁」是什麼？怎麼「為仁」？他的弟子說「子罕言利與命與仁」[4]，〈子罕〉但是《論語》裏卻記錄了許多他談「仁」以及他對弟子「問仁」所作的回答。其中有的話似乎只是強調「仁」的重要，如他說「人而不仁，如禮何？人而不仁，如樂何？」〈八佾〉「里仁為美。擇不處仁，焉得知？」〈里仁〉「唯仁者能好人，能惡人。」，〈里仁〉「君子無終食之間違仁，造次必於是，顛沛必於是」〈里仁〉「當仁不讓於師」；〈衛靈公〉有的話在於說明什麼行為是「不仁」或「近乎仁」，如「巧言令色，鮮矣仁。」〈學而〉、〈陽貨〉「剛毅、木訥，近仁」；〈子路〉有的話在於指出「仁者」的一些行為，如「仁者必有勇，勇者不必有仁。」〈憲問〉「仁者其言也訒。」〈顏淵〉「仁者不憂。」〈子罕〉「仁者樂山……仁者靜。」〈雍也〉「志士仁人，無求生以害仁，有殺身以成仁」。〈衛靈公〉

他與弟子的問答則對「仁」的意義以及如何「為仁」說得更多。例如樊遲三次問「仁」，孔子第一次說「居處恭，執事敬，與人忠」，〈子路〉第二次說「先難而後獲」，〈雍也〉第三次只說「愛人」。〈顏淵〉三句話都涉及律己、處事、待人等方面，但沒有細說。仲弓問「仁」，

4　孔子雖然極少談「利」，談「命」之例也不多，但是論語裏有一百多次討論「仁」，所以此語歷來有許多不同的解釋，都很勉強。

孔子說「己所不欲，勿施於人。」〈顏淵〉子貢問「有一言而可以終身行之者乎？」，孔子又說「己所不欲，勿施於人」，〈衛靈公〉又稱這麼做為「恕」，可見「仁」、「恕」有共同之處。子貢又問「如有博施於民而能濟眾，何如，可謂仁乎？」孔子說「何事於仁，必也聖乎！堯、舜其猶病諸！夫仁者，己欲立而立人，己欲達而達人。」〈雍也〉這些話指出了「仁」的真義就是「愛」與「恕」。有子體會了這個道理而引申出「孝、弟」為「仁之本」〈學而〉的見解——因為人最親近的莫過於父母、兄弟，能夠孝順父母，敬愛兄弟，便是「愛人」最基本的做法了。但是「愛」不該僅止於此，而應延伸至更多的人，然而也不可泛愛天下眾生，這一些是堯、舜都難做到的。孔子認為「愛人」只能做到合乎情理的程度。宰我問：如果說有人陷在井裏，「仁者」聽了該跳下去救嗎？孔子說「何為其然也？君子可逝也，不可陷也；可欺也，不可罔也」。〈雍也〉大意說君子可以被合乎常理的話所說動，但是不可能被虛妄之語所欺騙。[5] 他曾說仁人可以殺身以成仁，但是不會因為「愛人」而暴虎憑河去做不可能或無意之事，只能做到「己所不欲，勿施於人」，「己欲立而立人，己欲達而達人」。前者是消極的不去傷害別人，後者是積極地去幫助別人，但是都以自己所能做到的程度為準。簡單地說就是要待人如待己，將別人都當作像自己一樣的「人」來看待。這種行為很具體，而且不困難，如果「能近取譬 [能就近以自己為例]」然後推而及人，便「可謂仁之方也 [可以說是行仁的方法了]」。〈雍也〉

　　但是人們是否都有相同的好惡？依照孔子的觀察，人們「性相

5　《孟子》〈萬章上〉將此點講得更明白：有人送生魚給子產，子產使人將牠養在水池裏。該人卻將牠煮來吃了，然後對子產說「始舍之，圉圉焉，少則洋洋焉，攸然而逝。」子產說：「得其所哉！得其所哉！」孟子說：「故君子可欺以其方，難罔以非其道。」

近也，習相遠也」，所以大多數生活在近似的環境裏的人，都可以將
心比心（「恕」[如心]）來待己待人而做到「仁」，所以孔子說「仁遠
乎哉？我欲仁，斯仁至矣。」〈述而〉又一再地說「仁者不憂」，〈子罕〉、
〈憲問〉為什麼？因為依照這種方法去做，能做到多少就做多少，「內省
不疚」，〈顏淵〉便可以「不憂」了。

　　然而那只是理應如此，實際上「為仁」還須下一番功夫。首先因
為人的欲望往往非其能力所能滿足，勉強去做往往造成不良的後果，
所以人除了要努力去實現理想之外，還應該知道如何抑制過分的欲
望，這就是孔子說的「克己」。顏淵問仁，孔子說「克己復禮為仁」。
顏淵請問其目 [具體做法的細目]。孔子說「非禮勿視，非禮勿聽，非禮勿
言，非禮勿動。」〈顏淵〉

　　關於「禮」的意義和內容，將在下文討論，現在只簡單地說它
是一種規範，自古即已存在，到了周代已發展得很精緻、完備，成為
了人們（尤其是上層階級）一舉一動應該依據的準則。依此所作的行
為，優雅妥當，能夠顯示出個人的修養，並且促進人際的關係，所以
孔子說這是「為仁」的好辦法。

　　因為從內心出發，推己及人，以及依照已有的外在準則來克
己，都是個人自發的行為，所以孔子說「為仁由己」〈顏淵〉不須依賴
他人。但是克己並非易事，孔子說「回也，其心三月不違仁，其餘 [其
他的弟子] 則日月至焉而已矣 [偶而能做到而已]」〈雍也〉有人說冉雍（仲弓）「仁
而不佞 [沒有口才]」，孔子說「不知其仁也，焉用佞。」〈公冶長〉當孟武
伯問子路（仲由）、冉求（子有）公西赤（子華）是否「仁」，他說「由
也，千乘之國，可使治其賦也，不知其仁也……求也千室之邑、百
乘之家可使為之宰也，不知其仁也……赤也，束帶立於朝，可使與
賓客言也，不知其仁也」〈公冶長〉。原憲（子思）問「克、伐、怨、欲
不行焉，可以為仁矣？」孔子說「可以為難矣，仁則吾不知也。」〈憲問〉

子貢說「我不欲人之加諸我也，吾亦欲無加諸人。」孔子說「賜也，非爾所及也。」〈公冶長〉他認為弟子只有顏淵努力為「仁」，對於自己則說「若聖與仁，則吾豈敢」。至於一些名人，他極少以「仁」許之，如冉有問伯夷、叔齊是怎樣的人。孔子說他們「求仁而得仁」而無怨，是「古之賢人」，沒有說他們是「仁人」。〈述而〉子張問楚國的令尹子文「三仕為令尹，無喜色；三已之，無慍色。舊令尹之政必以告新令尹，何如？」孔子說「忠矣」。子張問「仁矣乎？」孔子說「未知。焉得仁〔這樣怎麼能算是「仁」〕？」子張又問崔杼殺了齊莊公之後陳文子放棄了財產離開了齊國，到了另一些邦國，發現其執政也如崔杼，就繼續流亡。他可以算是「仁」嗎？孔子說「清矣」，「未知。焉得仁？」〈公冶長〉

　　孔子明白稱道的「仁人」似乎只有兩位，一是子產，一是管仲。他曾對子張說「能行五者於天下，為仁矣」，進而說「五者」指「恭、寬、信、敏、惠。恭則不侮，寬則得眾，信則人任焉，敏則有功，惠則足以使人。」〈陽貨〉談到子產時說他「有君子之道四焉，其行己也恭，其事上也敬，其養民也惠，其使民也義」。〈公冶長〉可見他認為子產能「為仁」。子產拒絕毀鄉校，孔子聽說此事後說「以是觀之，人謂子產不仁，吾不信也。」《左傳》〈襄公三十一年〉子產卒，孔子流淚說「古之遺愛也。」〈憲問〉、《左傳》〈昭公二十一年〉

　　孔子曾說管仲不儉，不知禮，器小。〈八佾〉但是當子路、子貢說在齊桓公與公子糾爭奪君位而殺死了公子糾之後，公子糾的一個輔臣召忽盡忠而死，另一個輔臣管仲不僅不死而投降了桓公，做了他的首相，因而他們都批評管仲為「未仁」，孔子對子路說「桓公九合諸侯，不以兵車，管仲之力也。如其仁！如其仁！」又對子貢說「管仲相桓公，霸諸侯，一匡天下，民到於今受其賜。微管仲，吾其被髮左衽矣。豈若匹夫匹婦之為諒也，自經於溝瀆，而莫之知也。」〈憲問〉

　　由此可見孔子心目裏的「仁人」不是獨善其身，而是能有助於民族生存、文化延續發展的人。以此為標準，當然他自己也夠不上。大約因為他一方面將「仁」抬得這麼高，另一方面又強調「仁」是最基本的人與人相處之道，弟子們覺得難以掌握，一問再問，他的答覆仍很簡單，所以他們說他「罕言仁」，很少徹底地談仁。

「義」

　　做人要仁，「仁」重在推己及人，但是雖然人性相近，卻可能因學習而相遠，一己之是非好惡，未必為整個社會認同，所以在此之外應該還要有一個能為大眾可以接受的準則。孔子和許多人都稱之為「義」，但是都沒有做詳細的解釋。《論語》裏常將它與「利」和「得」並提，如「見利思義」；〈憲問〉「見得思義」；〈季氏〉「行義以達道」；〈季氏〉「不義而富且貴，於我如浮雲」。〈述而〉此外還一再強調「君子」與「義」及君民與「義」的關係，如「君子義以為上」；〈陽貨〉「君子喻於義，小人喻於利」；〈里仁〉「君子有勇而無義為亂，小人有勇而無義為盜」；〈陽貨〉「君子之於天下也，無適也，無莫也，義之與比」；〈里仁〉「君子之仕也，行其義也……不仕無義」；〈微子〉「上好義則民莫敢不服」〈子路〉等等。由此可知，孔子心目裏的「義」是一種重要的行為原則，似乎與今人所說的「正義」相似。什麼是「正義」？古今中外詮釋不一，但是都包括「正當」一義。什麼是「正當」當然也是一個問題，可能因時、因地、甚至因人而異，但是在一個比較安定的社會裏，同一時期，同一地區的人應該可以對什麼是「正當」有一個相近的認識。換句話說，一時一地的人可以有一套共同的「是非」。孔子所處的是一個動盪的時代，舊有的制度雖已搖搖欲墜，然而許多人仍想勉力挽救，他們的觀念還沒有嚴重的分化，孔子便是其中之一，大約因此之

故，他沒有探究「義」的內涵，也沒有討論如何去確定「義」的外延，而幾乎假設一般人都可以判斷「義」與「不義」。

因為「義」是在特定情況下用來判斷是非的準則，其適用範圍比較小，因此沒有「仁」那麼深廣的意義和崇高的位階。孔子曾說志士應該殺身成「仁」。至於見「義」不為，他只稱之為「無勇」，〈為政〉而「勇」在他看來並不是很高的一種「德」，詳見下述。

「直」

「直」可以有正直不欺、率直無隱等義。在較為簡單的層次上孔子也同意這種看法。當時有一個傳說：有人向微生高討一點醋，他不說自家沒有，而到鄰家討了一點轉給此人。孔子認為這是不對的，說「孰謂微生高直？」〈公冶長〉此外又有一種「以德報怨」之說，[6] 孔子反問「何以報德？」然後說應該「以直報怨，以德報德。」〈憲問〉他又說執政者應該「舉直錯諸枉」，以使枉者直。〈顏淵〉所以他並不反對正直不欺，但是他認為在某些情形之下強調率直無隱可能會流於膚淺，甚至產生意想不到的後果。最明顯的一個例子是楚國的一個地方官葉公告訴孔子說：葉地有一個這樣的人：他的父親偷了別人的羊，他便去告發、作證。言下顯然為其治績頗為自豪。孔子說「吾黨之直者異於是：父為子隱，子為父隱。直在其中矣。」〈子路〉此話不易懂。隱瞞他人的罪行，即使不是欺騙，也不能算是正直。孔子沒有明白說那是「直」，而說「直在其中矣」，很是玄妙，究竟是什麼意思？要回答這個問題，需要從很高的觀點來看這件事，並且探究它的背景和後果。父親犯了罪，如果由兒子去告發而受執政者嘉許，結果

6　這大約是古時就有的一種說法，道家便有此主張，見本書〈老子〉章。

必然破壞了父子之間自然的親密關係。如果有這種關係的人都不能相互信賴，而必須懷着猜忌之心相待，社會便喪失了內聚力，成了一盤散沙，分工合作皆不可能，而變得人人自危，不僅極端自私自利，而且可能任意誣陷他人。子貢說「惡訐以為直者」，〈陽貨〉便是指斥這種後果。此種情況在許多政權不穩，鼓勵告訐的國家都曾發生過，而得不到預期的效果，除了上述對於社會長遠的不良影響之外，在處理每件個案之時還會遇到極嚴重的困難，因為如果親密之人互相告訐，很可能只是各執一詞，別無他人可作佐證，使司法者無法作出不偏不倚的判決，這種程序法上的缺陷是法制的致命傷。孔子顯然顧慮到了這些社會和司法的問題而提出了他的主張，其用心和見解高遠正確，但是與常人之見不同，而他又是極其慎言之人，所以不說父子相容隱是「直」而說「直在其中」。換句話說，他的意思是：雖然這不是狹義的「直」，但是卻能真正保全社會安寧，這一點本來就應該是「直」的最終目的，所以說能這麼做，「直」便在其中了。

其次，有人認為堅守一定的原則，不受外在的因素所左右也是「直」。孔子不完全贊同。在他看來做什麼都要合乎禮，所以說「直而無禮則絞」。〈泰伯〉他認為在小事上堅持己見，不知禮讓，只是彆扭而已，實不足道；他又指出在大事上不顧情勢的差別，都像一支箭似的僵直，即使沒有被折斷，也於大局無補，只是守住了「小德」而已，所以他說「直哉史魚，邦有道如矢，邦無道如矢；君子哉蘧伯玉，邦有道則仕，邦無道則可卷而懷之」，〈衛靈公〉顯然認為蘧伯玉比史魚更值得稱讚，因為君子應以經世濟民為重，個人聲譽為輕，所以在可以「行道」之時、之地，就出任政府職務；在不能「行道」之時、之地，就退而守住自己的原則，其行為不是僵直不變的。此外孔子還引述了柳下惠的話釋明此理：柳下惠三次擔任「士師」[司法首長]，三次被黜，卻仍留在本國。有人問他為什麼不出走到別國去。他說「直

道而事人，焉往而不三黜？枉道而事人，何必去父母之邦？」〈微子〉。他不願以「枉道」為特定的執政者做事，所以甘願再三被黜，但是他還是希望能以「直道」為祖國做事，所以被黜之後並不出走，而又重新受任。這種不計個人榮辱而為國為民的心態是孔子所欽佩的，所以他說「君子之於天下也，無適〔敵〕也，無莫〔慕〕也」，而不僵直不變。至於該變與否，則在「義之與比」──無論做什麼，都要與「義」比對，如果相合便可以去做。

　　似乎是為了進一步闡明此理，孔子又提到了古代的一些名人的行為。他們之中有的「不降其志，不辱其身」，不屈從周政權，如伯夷、叔齊；有的雖然「降志辱身」而出仕，但是「言中倫，行中慮」，不離正道，如柳下惠、少連；有的不出仕而「隱居放言，身中清，廢〔發〕中權」，持身清正，言論合度，如虞仲、夷逸。孔子顯然認為他們都偏於固執，所以說「我則異於是，無可無不可。」〈微子〉此語當然不是說他對什麼事情都不辨善惡，不置可否，因為他曾說「仁者」應該「能好人，能惡人」。〈里仁〉他自己「惡夫佞者」，〈先進〉「惡紫之奪朱也，惡鄭聲之亂雅樂也，惡利口之覆邦家者，惡稱人之惡者，惡居下流而訕上者，惡勇而無禮者，惡果敢而窒者」。〈陽貨〉但是他認為對事的態度不應該僵化，而應該適應環境作合乎情理的調整──在外表上看來相同的行為，在不同的情況下，可能可以做或不可以做。所以他說君子對一切事情「無適無莫」，不存好惡之成見，而「義之與比」，考諸於義，唯義是從。這種順乎當然的態度，是孔子所贊同的。因為所謂「當然」因時、因地、因事而異，所以後人稱孔子為「時者」。

　　《論語》裏還記載了兩件很耐人尋味的事，皆見於〈陽貨〉。其一是「陽貨欲見孔子，孔子不見，歸孔子豚。孔子時其亡也，而往拜之。」其二是「孺悲欲見孔子，孔子辭以疾，將命者出戶，取瑟而

歌，使之聞之。」對於這兩件事，後人有許多說詞為孔子辯護，[7] 但是無論如何，在處理這兩事時孔子顯然並不率直。細讀《論語》可以得到一個比較容易接受的答覆：孔子認為規範有高下，「直」的位階並不很高。在某些情況下不必太重視，特別是為了遵循另一較高的規範，或者為了避免一種不願忍受的後果時，行為稍為曲折一些並無不可。

「信」

孔子常將「忠」與「信」聯在一起說，指誠摯不二。他單獨說「信」時，指執着地守住自己的話，以獲得他人的信賴。這是做人基本的原則，所以孔子「以四教：文、行、忠、信」。〈述而〉而將「信」看得比「文」重，說「弟子入則孝，出則悌，謹而信⋯⋯行有餘力，則以學文。」〈學而〉一般人如不受他人信賴，便難在社會上有所作為。孔子說「人而無信，不知其可也。大車無輗，小車無軏，其何以行之哉？」〈為政〉——他將「信」比作架在牛或馬肩上的輗，沒有此物便不能使牛馬拉車，以說明「信」的重要，因而說「言忠信，行篤敬，雖在蠻貊之邦，行矣；言不忠信，行不篤敬，雖州里，行乎哉？」〈衛靈公〉但是「信」在一般人的生活中雖然很重要，對於「士」而言，卻不是最高的德行，因為孔子對士有更高的期望，所以子貢問「何如斯可謂之士矣？」他說「行己有恥，使於四方，不辱君命。」子貢問其次，他說「宗族稱孝焉，鄉黨稱弟焉。」子貢又問其次，他說「言必信，行必果，硜硜然小人哉！亦可以為次矣。」〈子路〉

7　孟子曾為孔子不見陽貨辯護，見本書〈孟子〉章。對於孔子不見孺悲，後人說孺悲沒有依禮求見，不知何據。孟子說他自己對有些人不屑教誨，也是一種教誨之術，或許可以解釋孔子不願接見孺悲。此點亦見於該章。

然而對於一個負有政治責任的人而言，「信」的重要性卻極高。孔子說「道千乘之國，敬事而信。」〈學而〉子貢問政，孔子說「足食，足兵，民信之矣。」子貢說「必不得已而去，於斯三者何先？」孔子說「去兵」。子貢又說「必不得已而去，於斯二者何先？」孔子說「去食。自古皆有死，民無信不立。」〈顏淵〉為什麼「信」比國家的軍備，甚至人民的糧食還重要？因為一個政治制度必需人民的支持才能穩固，其程度由人民對為政者的信任而定。孔子說「信則人任焉」，〈陽貨〉「上好信則民莫敢不用情〔從實〕。」〈子路〉否則人民對執政者的作為難免懷疑，因而規避。子夏體會了此點，並加以引申說「君子信而後勞其民；未信，則以為厲己也。」〈子張〉——倘若人民不信任政府，將政令都看作是折磨他們的措施，這個國家內部便將發生大動亂，人民受到大苦難，比沒有國防，沒有糧食更嚴重。

「勇」

在不利的情況下，能夠冒險犯難，勇往向前，是一種多數人都認同的美德。但是孔子似乎提出了四個問題，一是為了什麼目的？二是可以預期什麼後果？三是以什麼方式去做？四是如何能獲得以上三個問題的答案？第一，他說「見義不為，無勇也」；〈為政〉「君子有勇而無義為亂，小人有勇而無義為盜 」；〈陽貨〉「好勇疾貧，亂也」。〈泰伯〉可見他認為「勇」應該以實現「義」為目的。他又說「仁者必有勇，勇者不必有仁」。〈憲問〉可見他認為「勇」是「仁」的一種屬性，見義勇為，也是為了求「仁」。第二，為了這個目的，「勇」不是奮不顧身，魯莽地去冒無謂之險，做不可能之事，而應該要計其後果，深謀熟慮之後才採取最適當的行動。孔子曾稱讚顏淵說「用之則行，捨之則藏，惟我與爾有是夫」，就是說在有用武之地時便盡力而為，否則就不勉強去做。子路以勇聞名，聽了很為不服，問孔子說「子行

三軍，則誰與？」言下之意是如果您帶領了軍隊去作戰，您要和誰一起去呢，應該和有勇之人吧？孔子不為所激，而說出了他的道理：「勇者不懼」，〈子罕〉、〈憲問〉然而不是魯莽，所以他說「暴虎憑河，死而無悔者，吾不與也。必也臨事而懼，好謀而成者也」。〈述而〉《史記》描述他去赴夾谷之會之前的準備和會場上的作為，大約就是他所說的真正的「勇」吧。第三，「勇」不僅不可出諸魯莽，孔子認為還要依「禮」。他說「勇而無禮則亂」，〈泰伯〉所以「惡勇而無禮者」。子貢接着說「惡不孫以為勇者」。〈陽貨〉第四，怎樣才能使「勇」有正當目的，合理的預期後果，而又能表現得合禮？孔子說「好勇不好學，其蔽也亂。」〈陽貨〉所以歸根結柢，又回到了他最基本的信念——正當的社會行為是靠學習而得的。

「忠」

「忠」指誠摯不二地用心，出言，待人，做事。孔子特別注重此一德性與「信」的關係。他一再說「主忠信」、〈學而〉、〈子罕〉、〈顏淵〉「言忠信」，〈衛靈公〉就是強調做人、說話要由衷信實，所以對朋友要「忠告而善道之，不可則止」，〈顏淵〉絕不可虛偽、應付、誤導、欺騙。他認為「與人忠」〈子路〉是「仁」的一種表現。他對曾參說「吾道一以貫之」，其他弟子問曾參這話是什麼意思。曾參說「夫子之道，忠恕而已矣」〈里仁〉。可見孔子對「忠」的了解是很廣博的，是人應該遵循的基本準則。但是一般人所說的「忠」往往僅指對待國家和君主的態度。孔子也說「臣事君以忠」，〈八佾〉但是他所說的不是盲目順從的愚忠，而是「以道事君，不可則止」，〈先進〉所以他稱讚蘧伯玉「邦有道則仕，邦無道則可卷而懷之」，〈衛靈公〉又說「寧武子邦有道則知 [展顯其才智] 邦無道則愚 [裝作愚昧]，其知可及也，其愚不可及也」。〈公冶長〉柳下惠為士師，因以直道事君而三黜，也是孔子所讚許的。魯季

孫氏要征伐顓臾，其家臣冉求、季路雖不贊成但仍屈從，受到孔子嚴厲的責備。[8]〈季氏〉子路未從政之時問如何事君，孔子說「勿欺也，而犯之」。〈憲問〉這才是真正的「忠」。

「孝」

　　一般人談「孝」，只指子女對待父母的德行，當然也可以擴充至其他長輩親屬，所以孔子說「宗族稱孝焉」也是「士」的一個表徵。因為「孝」可以相當自然地推廣到其他人際關係，有子說「孝弟也者，其為仁之本與！」〈學而〉大約就是引申這種想法。孔子談「孝」着重在子女的心意和中心達於面目的表情、語氣、動作，而不僅在其所作之事。子游問「孝」，孔子說「今之孝者，是謂能養。至於犬馬，皆能有養；不敬，何以別乎？」〈為政〉子夏問「孝」，孔子說「色難。有事，弟子服其勞；有酒食，先生 [長輩] 饌，曾是以為孝乎？」〈為政〉──同樣是供給父母長輩以食物，為他們服務，以不同的態度為之，可以使他們有極大不同的感受，要顧慮到他們的感受而做到和顏悅色，是很不容易的。[9]他又說「孝」不僅要重視父母生時的感受，還要在他們去世之後體會並尊重他們生前的作為。他一再說「父

8　文曰：季氏將伐顓臾。冉有、季路見於孔子曰：「季氏將有事於顓臾。」孔子曰：「求！無乃爾是過與？夫顓臾，昔者先王以為東蒙主，且在邦域之中矣，是社稷之臣也。何以伐為？」冉有曰：「夫子欲之，吾二臣者皆不欲也。」孔子曰：「求！周任有言曰：『陳力就列，不能者止。』危而不持，顛而不扶，則將焉用彼相矣？且爾言過矣。虎兕出於柙，龜玉毀於櫝中，是誰之過與？」冉有曰：「今夫顓臾，固而近於費。今不取，後世必為子孫憂。」孔子曰：「求！君子疾夫舍曰欲之而必為之辭。丘也聞有國有家者，不患寡而患不均，不患貧而患不安。蓋均無貧，和無寡，安無傾。夫如是，故遠人不服，則修文德以來之。既來之，則安之。今由與求也，相夫子，遠人不服而不能來也；邦分崩離析而不能守也。而謀動干戈於邦內。吾恐季孫之憂，不在顓臾，而在蕭牆之內也。」

9　《孟子》〈離婁上〉稱：「曾子養曾晢，必有酒肉。將徹，必請所與。問有餘，必曰『有』。曾晢死，曾元養曾子，必有酒肉。將徹，不請所與。問有餘，曰『亡矣』。將以復進也。此所謂養口體者也。若曾子，則可謂養志也。事親若曾子者，可也。」可以說是對此點的申論。

沒……三年無改於父之道，可謂孝矣。」〈學而〉、〈里仁〉——倘若一個
人在父親去世後三年服喪期內，就改變了他父親生前的所作所為，可
以想像大約他以前就不同意那些作為，只是忍受着而已。在孔子看來
這種做法是不對的。他說「事父母幾諫，見志不從，又敬不違，勞而
不怨」〈里仁〉——父母有過，子女應該婉言相勸，如果父母不聽，不
可悖逆，也不可憂而懷怨，而要更加恭敬（大約是為了使他們息怒，
然後再找機會進勸[10]）。

此外一般人說「孝」，只強調「順」。孟懿子問「孝」，孔子說「無
違」。樊遲問那是什麼意思。孔子說「生，事之以禮；死，葬之以禮，
祭之以禮」。〈為政〉所以孝並不是單純的服從，而是要依據「禮」去
對待父母。將孔子這兩個回答合起來說，就是不要明顯地違悖父母的
意向，但是在實際遵行之時，還是要做得合乎「禮」節才對。[11]

與「孝」相對應的是「慈」，是一般人認為父母對待子女的態度。
《論語》裏只提到一次：季康子問「使民敬忠以勸如之何？」，孔子
說「臨之以莊則敬，孝慈則忠，舉善而教不能則勸」，〈為政〉但是沒
有進一步說明「慈」的內涵和表現。大約因為絕大多數的父母都自然
地愛護子女，所以不必多說。當然這種常情也可以有例外，但是子女
之能存活、成長，必竟全憑父母之勞，而子女的報答不足於萬一，因
此很難明確要求父母應該如何對待子女。

「弟」

「弟」[悌] 指手足之間的情誼。孔子以「兄弟怡怡 [和睦相處]」〈子路〉
描述這種關係的正常狀態。他認為這種德行也可以擴充，所以說「弟

10　關於此點孟子有進一步的解釋，見本書〈孟子〉章。

11　關於此點孟子和荀子都有進一步的申論。詳見本書〈孟子〉、〈荀子〉二章。

子入則孝，出則弟」〈學而〉——在家對長輩盡孝；在社會上與大眾和睦相處，像兄弟一樣。當司馬牛沮喪地對子夏說「人皆有兄弟，我獨亡。」子夏將孔子的話告訴他，勸他恭己敬人，便可與天下之人為兄弟，已見前述。

「友」

「友」指朋友相處之道，《論語》裏曾多次談到它。朋友的關係是自由建立的，孔子曾一再說「毋友不如己者」，〈學而〉、〈子罕〉應該要「友直，友諒，友多聞」，而避免「友便辟，友善柔，友便佞」。〈季氏〉與友相處的首要原則是「信」，這是孔子一再強調的。曾子申述其意說他一日三度反省，其中之一是「與朋友交而不信乎？」〈學而〉但是互相信賴只是朋友關係的一種表現，許多人都認為朋友之間應該有無相通，苦樂與共。子路曾說「願車馬衣裘與朋友共，敝之而無憾。」〈公冶長〉但是在孔子看來這一點無關宏旨，重要的是「朋友切切，偲偲」〈子路〉——在學問上互相切磋，在「求仁」上互相輔助。曾子引申其意說「君子以文會友，以友輔仁」。〈顏淵〉但是朋友關係既是雙方情願而生的，不可以勉強，所以互相規勸、鼓勵，要有節制。子貢問「友」，孔子說「忠告而善道之，不可則止，毋自辱也。」〈顏淵〉子游領悟此意之後說「事君數 [屢加勸說] 斯辱矣；朋友數斯疏矣。」〈里仁〉因此朋友之交即使很近，仍要互敬。晏子「善與人交，久而敬之」〈公冶長〉很受孔子稱讚。

「禮」

以上所說的幾種「德」皆出於人的內心；以下幾種規範雖然或多或少也有「人性」的基礎，但是大致只是「人意」的產物。「禮」便

是最明顯的例子，它的起源應該是一種想要表示尊敬而做出來的一些特殊動作。古人畏懼鬼神，所以最先產生的「禮」皆與祭祀有關。由此引申而產生了對各種社會權威（父母、長輩、執政者等）表示敬意的「禮」。由此出發，對於其他值得尊敬的人也都尊敬，並且將心比心，顧慮到他人的感受，不讓自己過於放肆，而使其行為被他人樂於接受，因而產生了更多的「禮」，成為適用於一般人日常生活的許多方面的規範。

《論語》談「禮」，有幾點值得注意。第一，「禮」是一種由來已久的規範，至少在夏代便已相當周到了，後代雖因環境變遷而有差異，但其基本原則大致相同。孔子說「夏禮，吾能言之……殷禮吾能言之」，〈八佾〉又說「殷因於夏禮，所損益，可知也；周因於殷禮，所損益，可知也。其或繼周者，雖百世可知也。」〈為政〉可見他認為「禮」不只是一種時尚，而是有深固基礎的一種規範。

第二，「禮」的基本意義是恭敬。孔子說「恭近於禮」，〈學而〉但是「恭而無禮則勞」。〈泰伯〉「禮」是用來使恭敬美化，適度化的，所以不僅「恭而無禮則勞」，其他行為不經「禮」化，也都會出問題。所以孔子又說「慎而無禮則葸，勇而無禮則亂，直而無禮則絞」，〈泰伯〉君子要「博學於文，約之以禮」，〈雍也〉對於其一切行為都加以文飾，約制，才能至於妥善。

第三，「禮」有一個前提：行為者和行為都應該正當無邪。孔子說「君子義以為質，禮以行之」〈衛靈公〉又說「人而不仁，如禮何？」〈八佾〉（後文將談到「繪事後素」、「禮後」，就在說明此點。）

第四，「禮」的作用在節制，特別是個人的好惡，所以孔子強調「克己復禮」。〈顏淵〉其實人的一切行為也應該有節制。《論語》有「禮之用，和為貴……知和而和，不以禮節之，亦不可行也」〈學而〉一語，更將此點說得清楚了一些：「禮」不僅在美化行為，而且還要進

一步使社會和諧，為此目的，所有的人都需克己節制。此話雖然是有子所說，想來孔子也同意，所以他說一個好的統治組織「知及之，仁能守之，莊以蒞之，動之不以禮，未善也。」〈衞靈公〉

第五，「禮」的「文」與「約」兩項功能相比，「約」較為重要。有人問管仲是否知禮，孔子說「邦君樹塞門，管氏亦樹塞門；邦君為兩君之好，有反坫，管氏亦有反坫。管氏而知禮，孰不知禮？」〈八佾〉管仲為齊相而用國君之禮，文飾過當，不合分寸，所以被孔子譏刺。魯國季孫氏用天子之禮「八佾舞於庭」，更是僭越之至，所以孔子大嘆「是可忍也，孰不可忍也！」〈八佾〉

第六，「禮」雖然可能起於習慣，或由權威者制定，但是一定要基於情理。林放問「禮之本」。孔子說「大哉問！禮，與其奢也，寧儉；喪，與其易也 [熟習儀文]，寧戚。」〈八佾〉就是強調「禮」應基於情理。宰我說為父母服三年之喪太久了。孔子問他未滿三年就恢復平常的生活，他能安心嗎？他說能。孔子說你能，就那麼去做吧。宰我離出之後，孔子嘆道「予 [宰我名] 之不仁也！子生三年，然後免於父母之懷。夫三年之喪，天下之通喪也。予也，有三年之愛於其父母乎？！」〈陽貨〉此外孔子曾說「麻冕，禮也；今也純，儉。吾從眾」〈子罕〉──以前行禮之時要戴麻帽，後來因為棉帽比麻帽節儉，大家便改戴棉帽，孔子顯然認為這是合理的所以他便從眾而改戴棉帽。對於沒有情理的基礎而只是一套形式的行為，雖然當時的人也以為是「禮」，他極不認同而嘆道「禮云，禮云，玉帛云乎哉？！」〈陽貨〉

第七，「禮」設定了行為的分寸，有制約的功效，是對不當行為的初步防範。人能循禮，便不至於做出嚴重的傷害他人和社會的事，被認為是罪行，而需要刑罰來懲處。所以孔子說「禮樂不興則刑罰不中。」〈子路〉

第八，「禮」有相對性。常人相處，要講究禮尚往來。此前提到

陽貨趁孔子不在家時送去一隻熟豬，孔子也趁陽貨不在家時去回拜，
因為陽貨無禮在前，所以孔子也不必嚴格守禮於後。孔子說臣應「事
君盡禮」，君應「使臣以禮」。〈八佾〉當魯君於郊祭天地之後不依禮分
送祭肉給他（當時為大司寇攝相事是魯國大臣），他便棄職而去，可
見他認為君臣關係也有一種基於禮的相對性，一方失禮，他方便不必
再維持這種關係。[12] 此外執政者待人民也應依禮，人民才會服從。他
說「上好禮則民莫敢不敬」，〈子路〉「上好禮則民易使也」，〈憲問〉「道
之以德，齊之以禮」人民便「有恥且格」，〈為政〉如果執政者能「以
禮讓為國」，國家便不難治理。〈里仁〉「禮」既是個人律己、處世的準
則，也是從政、治國的規範，難怪孔子如此注重它。

「政」、「刑」

以上各種規範雖然對人的行為產生了大小不同的影響，但是大
體上都因為出自內心或由於日常教化，而顯得很「自然」，一般人便
不很意識到這些規範的存在和作用，大多數的人注意到的是政治權威
所制定的規範，《論語》裏稱之為「政」和「刑」。「政」指政策，孔
子說「政者正也」，〈顏淵〉可見他認為政策應以匡正人們的行為和社
會的習俗為目的，並非執政者任何主張都可以稱為「政」。他又強調
「政」不只是對一般人的要求，而是一切人，包括執政者在內，都應
該共同遵守的規範，所以他說「苟正其身矣，於從政乎何有，不能正
其身，如正人何？」，「其身正，不令而行；其身不正，雖令不從。」
〈子路〉

---

12 以上兩點孟子都有解釋。見本書〈孟子〉章。

「刑」與「型」二字古時通用，指典型、法則、刑罰。[13] 孔子說「君子懷刑」，〈里仁〉指的是前二義。刑罰自古有之，孔子之時鄭、晉等國並且已有成文的刑法，所以他說的「刑」多指刑罰，如「齊之以刑」，〈為政〉「邦無道免於刑戮」。〈公冶長〉值得注意的是他認為刑罰應「中」──適中、妥當，說「刑罰不中，則民無所錯手足。」〈子路〉他又說「道之以政，齊之以刑，民免而無恥；道之以德，齊之以禮，有恥且格」〈為政〉可見他認為與德、禮相比，政、刑是較為低階的規範。

「政」和「刑」有一個共同的缺點：它們完全是由掌握政權的人制定的。這些人良莠不齊，雖然其中有一些想將自己神化，但畢竟不是神，所立之規範就沒有先天的正當性；另外一些只是草莽英雄，或者是生在深宮，長於婦寺之手的愚蠢驕縱之輩，雖然知少識小，卻蠻橫自大，所立之規範當然更難有正當性。更重要的是無論良莠，掌權之人不可能見到當時及將來各種可能的問題，而一一為之預立準則，所以必定會有疏失，甚至難免矛盾。總之，這些人所立的規範，其內涵的正當性、周延性和統一性都可能有問題，其適用必定會遭遇到許多困難。孔子當然可以看出這些問題，所以將它們的位階放在出於人情、義理的各種規範之下，而沒有多加討論。

▋ 規範的學習 ▋

以上所列的各種規範都不存在於人們生而有之的本性裏，即使覺得好，仍須經過學習才能知道怎麼去遵行，所以孔子指出「好仁不好學，其蔽也愚；好知不好學，其蔽也蕩；好信不好學，其蔽也賊；

13　在《論語》裏「法」字只出現兩次。一：「法語之言」〈子罕〉，二：「審法度」〈堯曰〉。前者指以正道規勸的話；後者指度量，皆非法令。

好直不好學，其蔽也絞；好勇不好學，其蔽也亂；好剛不好學，其蔽也狂。」〈陽貨〉幸而一般人都有可塑性，有學習的可能。孔子說自己好學，隨時隨地都在學，猶恐不及，還怕遺忘，所以「時習之」，〈學而〉以致於「發憤忘食，樂以忘憂，不知老之將至」。〈述而〉

　　孔子所學非常廣泛。他說「三人行必有我師」，可見他認為許多人的經驗和智慧都值得學。他又說自己「少也賤，故多能鄙事」，學了許多一般生活較為寬裕的人不曾學習之事。他又說自己「好古」，學了許多古人留下的東西，如防風的大骨，肅慎的長矢，而最重要的是古代聖賢為人們設定的謀求妥善生活之道。子貢很清楚這一點，指出孔子所學的是「文、武〔周文王、武王〕之道」，因為此道涉及一種特殊的生活方式，使人有別於其他生物而生存繁衍。孔子顯然認為這種生活方式是有價值的，所以大小各點無所不學，並且更進一步，相信周初的統治者對於人生的重要問題，都經過詳細考慮之後才提出了他們的答案。後人不知參考這種長久累積下來的知識和智慧，徒然自行思索，往往是浪費時間。所以他說「思而不學則殆」。〈為政〉他又說自己曾經對某些問題「終日不食，終夜不寢，以思，無益；不如學也。」〈衛靈公〉前人的想法是否可以行於後世？他認為大致可以，因為人生在世遭遇到的問題大致相似，前人如已掌握其解決的要旨，後人只需在若干細節上加以調整就行了。所以子張問他能否推測將來的規範制度，他說「殷因於夏禮，所損益可知也。周因於殷禮，所損益可知也。其或繼周者，雖百世可知也。」〈為政〉

　　孔子自己博學多聞，但是他對於弟子們和執政者，沒有要求很多，而認為有些事情是不必去學的，一是農作，當樊遲請學稼、圃，他說他不如老農、老圃；一是戰術，當衛靈公問「陳〔陣〕」，他說「俎豆〔禮樂教化〕之事，則嘗聞之矣；軍旅之事，未之學也。」〈衛靈公〉為什麼農事不值得學？他並非鄙視它而是因為他希望弟子都能成為社會的

上層領導者，而樊遲志向過於狹小，所以他在樊遲走出去後說「小人哉樊須也！上好禮則民莫敢不敬，上好義則民莫敢不服，上好信則民莫敢不用情。夫如是則四方之民襁負其子而至矣。焉用稼？」〈子路〉至於為什麼軍事不必學，孔子沒有說明，可能因為他強調規範制度，認為如果一個國家有了好的規範制度，便自然強盛，不受外侮，所以就不必講究軍旅戰略了。

　　從以上兩段孔子的話裏可以看出，他認為有志於承擔重要社會責任的人應該學的主要是傳統的規範制度。但是從他其他的言論裏又可以發現他認為該學的是「文」。「文」是什麼？此字在《論語》裏有時用作形容詞，謂多采多姿（如「郁郁乎文哉」〈八佾〉）；有時用作動詞，謂修飾（如「文之以禮樂」〈憲問〉）；有時用作名詞，指曾被修飾而多采多姿的事物（如「文不在茲乎？」〈子罕〉）。孔子說「弟子入則孝，出則弟，謹而信，汎愛眾而親仁，行有餘力則以學文」〈學而〉意謂知道做正當的行為還不夠，還要使之「文」（美化），可見他所說的「文」兼指文飾及可以文飾事物的東西，與他所說行孝道者，應知「色難」（不該僅是奉養衣食，而還應該和言悅色而為之），以及他說的「繪事後素」〈八佾〉（詳見下文），都是同一道理。棘子成對此有疑問，說「君子質而已矣 [有好的「質」就可以了]，何以文為 [外表的「文」有什麼用]？」他所說的「質」指正當的行為，「文」指文飾。子貢聽了說「文猶質也，質猶文也，虎豹之鞟，猶犬羊之鞟」〈顏淵〉意思是「文」與「質」相附而存互為表裏，就像動物的皮，「文」是皮上的毛，「質」是毛下的皮。倘若沒有了毛，虎豹的皮便與犬馬的皮難以分別了。此語似強調「質」與「文」不能分離，是對孔子的話的推展。孔子只說二者分離會產生不良的效果——「質勝文則野 [質多於文的人會顯得粗野]，文勝質則史 [文多於質的人會顯得虛飾]。」所以他說要「文質彬彬 [相配]，然後君子 [才能稱得上是君子]。」〈雍也〉

　　要學得為人處世之道，而且做到「文質彬彬」，就要講究學的辦法。孔子指出為學之道第一在於尋求確切的知識，要做到「知之為知之，不知為不知」，〈為政〉不可「道聽而塗說〔聽了無據的傳聞，不加思索、求證，便任意轉述〕」。〈陽貨〉第二，學了之後要時時復習，要細細思考。學得了很多知識，但是沒有加以整理、思考，雜亂地堆着，結果仍舊是茫茫然，所以他說「學而不思則罔」。〈為政〉在整理、思考之後，能夠尋出一個頭緒，才算是學成，如能因而觸類旁通，當然更好。《論語》裏有一個例子：「子夏問曰巧笑倩兮，美目盼兮，素以為絢兮，何謂也？子曰繪事後素。曰禮後乎？子曰起予者商也，始可與言詩已矣。」[14]〈八佾〉這段對白的大意是子夏問一首古詩說畫一幅美女，要用白色來顯示其華麗，是什麼意思？孔子說繪畫的工作要在描出形象，着了別的彩色之後，才以白色的顏料填充其間。子夏說「禮」也是在決定一個行為之後，用來加以文飾的嗎？孔子聽了很高興地說子夏能夠引申他的話，因而可以一起來討論《詩》了。[15]他對於不能這麼做，

14　後人詮釋此段或云作畫應先擇潔淨之素材，然後從事。誠然，一般人作畫，所用無論絹、紙等材，很少選用已有深雜顏色的，因其不易顯著所繪，所以此釋並無深意。重要的是一般潔淨之材，仍不免有底色，故於所畫山水、花鳥、人物，除着以紅黃青綠諸色之外，又於其間布以白采，以去其底色，而突出其他諸色之艷。清人劉寶楠《論語正義》〈八佾〉廣集眾注而釋之，其文甚長，不必盡錄，僅撮數要點如下：「太素者質之始也，則素為質。後素者，繪之功也，則素為文」；「素，白，采也。後布之，為其易漬污也，惟不為眾采漬污，乃可成文」；「康成蓋目睹之，必非臆説」；「素以為絢，當是白采用為膏沐之飾，如後世所用素粉矣。絢有眾飾，而素則後加，故曰素以為絢」；「蓋婦人容貌，先加他飾，後加以素」；「詩所云素，猶之繪事亦後加素也」。除了這些註釋之外，試觀今存之古畫，無論其材質，底色皆已灰黃，而所繪人面、鷺鷥，荻花、白蘭等皆潔白而有別於底色，可見是畫成其形之後才行加上，至為明顯。

15　春秋之時的人常引用詩句，往往斷章取義，以表達一種意願或一些不宜或不必直説的想法。《左傳》裏有很多這種例子。要這麼做先要對詩句有深切的領悟，如僖公二十三年晉公子重耳流亡至秦，見秦公而賦「河水」（《詩經》〈邶風〉「新臺」中的一詩，有「燕婉之求」一語）暗示希望秦能助其復晉。秦公乃賦「六月」（《詩經》〈關風〉「七月」內有「玁狁孔熾，我是用急，王于出征，以匡王國 … 唯此六月，我服既成……王于出征，以佐天子」之語），暗示願意出兵幫助以平定晉國內亂。子夏説「禮後乎？」也表示他有一種領悟的能力，所以孔子説可以和他談詩了。

不能「舉一隅以三隅反」〈述而〉的人很感無奈，而對於能夠「聞一以知十」〈公冶長〉的顏回則大加讚賞，並且自嘆弗如。

為學除了要敏求、慎思、歸納出一個頭緒，演繹出一套體系之外，還有一點要注意的是不可固執偏見而能勇於改過。孔子教人「毋固」，〈子罕〉又一再強調「過則勿憚改」，「過而不改，是謂過矣」。〈學而〉、〈子罕〉〈子張〉裏弟子申述其意——子夏說「小人之過也必文〔掩飾〕」。子貢說「君子之過也，如日月之食焉：過也，人皆見之；更也，人皆仰之」。

為學不僅要講究方法，還要注意目的。孔子好學，但是並不強調為學問而學問，而是為了兩個實用目的以謀求個人妥善的生活和社會的持續的發展：一是修養個人的品行，是為「立己」；一是樹立社會的規範，是為「立人」。〈憲問〉裏有孔子與子路問的一段對話：「子路問君子，子曰修己以敬。曰，如斯而已乎？曰，修己以安人。曰，如是而已乎？曰，修己以安百姓。修己以安百姓，堯、舜其猶病諸！」可見孔子說的修身不是為了獨善其身。

談「修身」，就不得不談「人性」。如果人生來如何就一直如何，無可變易，就無「修養」之可能。孔子說人「性相近也，習相遠也」。可見他認為人性可以靠學習來改變的。他強調學傳統經典，因為它們所記的是從前人的經驗和智慧中提煉出來的為人處世原則。學得並奉行這些原則之後可以使人由一個生物個體（自然人）被規範而成為一個良好的社會成員（社會人），可以有效地立己，立人。

規範的施行

一般人們都應該學習、遵循規範。有一些人因為較高的才能和社會地位，不僅要將規範學得透徹並切實遵行以「立己」，並且應該

幫助他人這麼做以「立人」。在孔子心目裏這種人就是他那時代的「士」。其中特別傑出的被他稱為「成人」、「君子」，甚至「仁人」、「聖人」。他希望這些人能以很高的標準修身、待人、樹範、入仕、處事、施政。

　　士的修身與常人不同，主要在培養高遠的志向。孔子說「士志於道，而恥惡衣惡食者，未足與議也。」〈里仁〉又說「士而懷居，不足以為士矣。」〈憲問〉——士要立志尋道、行道，不可在意於衣食居室等等細事，所以他稱許子路說「衣敝縕袍，與衣狐貉者立，而不恥者，其由也與。不忮不求，何用不臧。」〈子罕〉對於顏淵的安貧樂道更是讚賞地說：「賢哉！回也。一簞食，一瓢飲，在陋巷，人不堪其憂;回也不改其樂。賢哉！回也。」〈雍也〉他又說自己「飯疏食，飲水，曲肱而枕之，樂亦在其中矣;不義而富且貴，於我如浮雲。」〈述而〉

　　士有了高遠的志向，能夠安貧樂道，不為富貴所誘，才能知所應為及不應為，其上者能「見危致命，見得思義」，〈子張〉不「求生以害仁」而能「殺身以成仁」;〈衛靈公〉其次者能「使於四方，不辱君命」;〈子路〉其次者能「行己有恥」、「質直而好義」〈顏淵〉以致「宗族稱孝」、「鄉黨稱弟」;〈子路〉再次者能「言必信，行必果」。〈子路〉最後一點雖然是拘謹的小節，卻是基本的士的行為準則。

　　「成人」指具有特殊技能而又有良好教養之人。孔子說「若臧武仲之知，公綽之不欲，卞莊子之勇，冉求之藝，文之以禮樂 [加以禮樂的文飾和薰陶] 亦可以為成人矣。」〈子路〉然後他又說「今之成人者，何必然，見利思義，見危授命，久要不忘平生之言，亦可以為成人矣。」〈憲問〉從這些話裏可以看出，孔子心目裏的「成人」是上等的「士」，所以其修身的要求 比較高。

　　「君子」可以說是一種更高的士。古人常常將他們與「小人」作比。孔子對子夏說「女為君子儒，無為小人儒。」〈雍也〉此外又說「君

子不器」，〈為政〉「君子上達・小人下達」，〈憲問〉「君子懷德，小人懷土。君子懷刑，小人懷惠」。〈里仁〉這些話在說明君子應有廣大開放的胸懷，不可以像一件容器那樣只有狹小固定的格局；君子會盡力向上尋求高遠的標準和理想，小人則僅僅講究卑下的細節和欲望；君子關懷的是德行和典範，小人只關注生活裏的資源和小惠。具體而言，孔子認為君子應該尋求的是仁、義，所以他在〈里仁〉裏說「君子無終食之間違仁，造次必於是，顛沛必於是」；「君子喻於義，小人喻於利」；「君子之於天下也，無適也，無莫也，義之與比」。可見他對於追逐生活中的小利是很看不起的，所以說「君子食無求飽，居無求安。敏於事而慎於言，就有道而正焉。」〈學而〉子夏領悟了這些教訓，申述其意說「百工居肆以成其事，君子學以致其道。」〈子張〉可見君子修身的目標更高。

　　在現實生活中如何去修身從道？孔子提出許多應注意之點，有的適用於一般人，大多則是對君子的特別要求。其一是「三戒」，他說「少之時血氣未定，戒之在色；及其壯也血氣方剛，戒之在鬥；及其老也血氣既衰，戒之在得。」〈季氏〉其目的在要求人們在不同時期的身心狀態之下防止不當的行為。其二是「九思」，他說「視思明，聽思聰，色思溫，貌思恭，言思忠，事思敬，疑思問，忿思難，見得思義。」〈季氏〉其目的在提醒人們在說話之前要仔細思考，不可信口而言。當子路說「名」沒有什麼好「正」的，他鄭重地告誡說「君子於其所不知，蓋闕如也……君子於其言，無所苟而已矣。」〈子路〉許多人喜歡不經思考而傳播他人之言，他說「道聽而塗說，德之棄也」，〈陽貨〉極不以為然。其三是慎行戒佞，他強調「君子欲訥於言，而敏於行」。〈里仁〉稱讚能夠堅定實踐而不擅言詞之人為「剛毅木訥，近仁」，〈子路〉並不是說木訥就是仁，但是他們「恥其言而過其行」，〈憲問〉「恥躬之不逮也」，〈里仁〉所以近乎仁。相反的他說「巧言令色，

鮮矣仁 [言辭巧妙，表情討人喜歡的人很少合乎「仁」]。〈陽貨〉為什麼？因為他們虛偽、誇張，極少能實踐其說。所以他說「辭達而已矣 [話只要能夠將意思表達出來就好了]」，〈衛靈公〉對於有違正道而喜歡逞弄口才，強詞奪理，加以辯護之人十分不齒，稱之為「佞」人。子路為魯卿季氏家臣，派了沒有學識的子羔去做費邑之宰。孔子說這麼做會害了那裏的人民。子路說：「有民人焉，有社稷焉。何必讀書，然後為學 [子羔可以在實際事務中去學得治理的方法，何必一定要先從書本中去學習]？」孔子似乎不屑去爭辯，只說「是故惡夫佞者 [這就是他討厭「佞」者（在此指子路）的緣故]」。〈先進〉所以顏淵問如何治理邦國，孔子說：「……放鄭聲，遠佞人，鄭聲淫，佞人殆。」〈衛靈公〉

孔子所說有關君子的言行應該注意之處雖多，但是他概括地說「君子博學於文，約之以禮，亦可以弗畔矣夫」；〈雍也〉「君子義以為質，禮以行之，孫〔遜〕以出之，信以成之，君子哉！」又強調「君子貞而不諒 [只要抓住大的原則，不必太墨守細節]」。〈衛靈公〉子夏曾被告誡勿為「小人儒」，後來有「大德不踰閑，小德出入可也」〈子張〉之語，顯然以此為據。

孔子教弟子為君子，但是其心目中還有一些比「君子」更崇高的人，所以他說「君子而不仁者有矣夫」。〈憲問〉對於君子而仁者，他稱之為「仁人」。他認為「仁」是一種極高的德性，但是很不易做到，所以除了上述子產和管仲之外他極少以「仁」許人，自己雖然心嚮往之，但不敢稱「仁」，也沒有要求弟子修身為「仁人」。此外歷史上還有若干受人欽佩之人如伯夷、叔齊等等，孔子都能體諒其作為，但是他並沒有將他們作為弟子們修身處世的榜樣，已如前述。

君子做好修身的工夫之後便可「自立」。自立之人應該如何與他人相處？子夏說「商聞之矣……君子敬而無失，與人恭而有禮。四海之內皆兄弟也。」大約他曾聽孔子這麼說過這是一般人際相處之

道。孔子確曾提到一些待人的普遍原則，例如說應君子應該「尊賢而容眾，嘉善而矜不能」；〈子張〉「成人之美，不成人之惡」；〈顏淵〉「不以言舉人，不以人廢言」；〈衛靈公〉應該「周而不比」，〈為政〉「和而不同」，〈子路〉「矜而不爭，群而不黨」。〈衛靈公〉因為他談人際關係注重由近及遠，從親子、兄弟、宗族、朋友、鄉里推廣至國家、天下之人，所以曾對這些不同之人應該如何相處，又提出了比較切實的建議。其一是「君子篤於親則民興於仁，故舊不遺則民不偷」〈泰伯〉──一切政事都應該先施諸於執政者的親故。其二是「君子信而後勞其民，未信則以為厲己也；信而後諫，未信則以為謗己也。」〈子張〉這是子夏話，應該是從孔子說的「民無信不立」一語引申出來的。其三是所謂「尊五美」（惠而不費，勞而不怨，欲而不貪，泰而不驕，威而不猛），「屏四惡」（不教而殺謂之虐，不戒視成謂之暴，慢令致期謂之賊。猶之與人也，出納之吝謂之有司）。〈堯曰〉其中「驕」、「吝」二點是執政者常犯之過，孔子極為不齒地說「如有周公之才之美，使驕且吝，其餘不足觀也已。」〈泰伯〉

　　君子妥善地修身，待人，最初步的效果是為社會樹立一種典範。這是社會領導者應該做的。有人問孔子「子奚不為政？」他答道「孝乎惟孝，友于兄弟，施於有政。是亦為政，奚其為為政？」〈為政〉問句裏的「為政」應當是常人所謂的入仕從政，答語裏的「為政」則有一種很廣泛的意義，指樹立規範。顯然孔子覺得他及其弟子們能夠以身作則樹立典範，所以他很自豪地說「文王既歿，文不在茲乎？」〈子罕〉「文」的廣義雖指文化，其核心成分則在講究人如何自立立人，社會如何向上發展。要保存並發揚此「文」的責任非常沈重，要走的路非常遙遠。曾子深切了解此點，所以說「士不可以不弘毅，任重而道遠，仁以為己任，不亦重乎！死而後已，不亦遠乎！」〈泰伯〉

　　然而以身作則的「為政」與實際推動政策的「執政」畢竟不同。

孔子說「天下有道則禮樂征伐自天子出，天下無道則禮樂征伐自諸侯出」，〈季氏〉又說「不在其位不謀其政」，〈泰伯〉可見他認為一定要有特殊地位的人才可以實際「執政」，從而更有效地促使個人各得其所，社會充分發展。他所說的「天子」只是一個理想的天下之主，「禮樂」是促使人們和諧相處，維持社會秩序的準則，「征伐」是處理違反這些準則的懲罰。他認為準則和懲罰都應該由天子統一制定和推行，不應該由諸侯分別去做，造成紛擾和衝突。事實上諸侯甚至其下的官吏也可能頒佈一些較細而具體的辦法用來推行天子所定的準則，但是沒有這些地位的人便不可以越分去做。取得這種地位的方法是「入仕」。子夏說「學而優則仕」。〈子張〉可見「入仕」是士、君子想要「執政」的正途。孔子未入仕之前陽貨問他「懷其寶而迷其邦，可謂仁乎？」孔子說「不可。」陽貨又問「好從事而亟失時，可謂知乎？」孔子說「不可。」陽貨說「日月逝矣，歲不我與！」孔子說「諾，吾將仕矣。」〈陽貨〉他之未仕並非他懷着濟世之才而不肯拯救邦國之亂，事實上他一直想入仕，甚至公山弗擾、佛肸等叛亂者相召他都想去協助，後來在魯以大司寇行攝相事，有喜色，及其建言被拒，因而離魯之後周遊列國，目的也在求仕，然而終無所得，所以「入仕」並非易事。

　　假如能夠入仕執政，一位「君子」應該做些什麼？孔子提出了「節用、愛人」正負兩面的建議。「節用」指執政者消極的不可浪費人民辛苦生產的資財。當時生產力薄弱，一般人民生活很艱苦，而國君和貴族佔有了國家絕大部分的財富，如季氏為魯卿而「富於周公」，〈先進〉生活奢華逾度，還搜刮不止。冉求為季氏宰，「為之聚斂而附益之」。孔子說「非吾徒也，小子鳴鼓而攻之可也！」〈先進〉可見其氣憤之甚。

　　「愛民」的措施有積極的，有消極的。消極之舉最基本的是不要

妨礙人民的生產工作。古時政府使人民服徭役，多在秋收之後；如果在春耕夏耨之際，會使農作為之停滯，是導致貧乏的重要原因，所以孔子強調「使民以時」。〈學而〉其次是不要加重賦稅。魯哀公問有若「年饑，用不足，如之何？」有若說「盍徹［十分之一的稅］乎？」哀公說「二，吾猶不足，如之何其徹也？」有若回答說「百姓足，君孰與不足？百姓不足，君孰與足？」〈顏淵〉

積極「愛民」的工作很多。孔子認為最主要的有三項：第一要使民生活富裕，無慮衣食。第二要使他們受教育，懂得如何妥善地生活。第三要保護他們的安全，特別是使他們免於遭受外來的侵略。所以他到衛國見到熙熙攘攘的民眾，說「庶矣哉！」為他駕車的弟子冉有問「既庶矣，又何加焉？」孔子說「富之。」冉有再問「又何加焉？」他說「教之。」〈子路〉至於安全，因為春秋之時邦國之際的戰爭已繁，時人都說國家應該「強兵」。子貢問政，孔子也說國家應「足兵」，但是他認為與「足食裕民」相比，這是次要之事，所以如果二者不能兼有，則應「去兵」。〈顏淵〉

知道什麼是應該做的政事，下一個問題是怎麼去做？關於此點孔子說的比較多。首先說怎麼使人民富裕。當時的經濟主要在農業，因而有天子藉田親耕之禮。但是孔子認為這並無實踐上的意義。樊遲請學稼、學圃，孔子說他不如老農、老圃，然後說「小人哉樊須也！上好禮則民莫敢不敬，上好義則民莫敢不服，上好信則民莫敢不用情。夫如是則四方之民襁負其子而至矣，焉用稼？」〈子路〉意思是只要政治妥善，人民便自然可以生產致富，不必由執政者積極地去參與農務。

其次在使人民生活富裕之後怎麼「教之」？此前提到孔子認為人人都有可塑性，所以人人都該致力於學。但是並非每個人都可以學到同一程度。他想要一般人學的大約主要的是一種正確的是非觀念，並

不是高深的知識，特別是有關政策的知識，因為它所根據的理由和所期望的後果可能過於複雜、深遠，超出了一般人的智能，無法使他們了解，只能設法使他們遵從而已，所以他說「民可使由之，不可使知之」。〈泰伯〉此語只是陳述一個事實，並不是說不該使人民了解。就像他說「唯女子與小人為難養也」，〈陽貨〉也是因為當時女子所受的教育有限，這也是一個事實，並非他個人對女性的歧視。[16] 至於教育人民的具體的辦法，他知道不可能一一給以教誨，所以主張用禮樂加以薰陶，使其不自知而趨善避惡。他到了子游所宰的魯國武城，聽到弦歌之聲，莞爾而笑說「割雞焉用牛刀？」意思是治理一個小地方，那用得上這麼大的功夫。子游抗議說「昔者偃也聞諸夫子曰君子學道則愛人，小人學道則易使也」。孔子說「二三子，偃之言是也。前言戲之耳」，〈陽貨〉可見他認為禮樂教化是執政者應做的一件要事。

至於如何保護人民。當衛靈公向他請教「陳」，他說自己只學過規範制度，沒有學過軍旅之事。次日他就離開了衛國。為什麼？因為他認為除了在極少數的情形（如衛國蒲地公叔氏的叛亂、齊國田成子的弒君，皆該討伐），基本上軍事不能解決重要的問題，因而他主張「遠人不服，則修文德以來之。」〈季氏〉楚國的葉公問政，孔子說要使「近者悅，遠者來」，〈子路〉便是此意。

為了實施上述三項主要政務以及無數瑣事，政府需要許多人力，所以孔子強調執政者應該要積極地「舉賢才」。什麼是「賢才」？怎樣去「舉」？仲弓為季氏宰而管理魯國，問「焉知賢才而舉之？」孔子說「舉爾所知。爾所不知，人其舍諸？」〈子路〉沒有詳說自始如何得知賢才。

---

16 孔子曾說「才難，不其然乎？唐虞之際於斯為盛，有婦人焉，九人而已。」〈泰伯〉可見他並不否定女性可以有天賦的才能，只感嘆大多數女性沒有受教育的機會而未能有所發展。

　　賢才被舉入仕之後仍待執政者的領導，所以最後而最重要的是執政者不僅要能舉用賢才，還要以身作則才能成事。孔子曾提到一些原則，如「其行己也恭，其事上也敬，其養民也惠，其使民也義」；〈公冶長〉「出門如見大賓，使民如承大祭」；〈顏淵〉「節用愛民，使民以時」；〈學而〉「敬事而信」；〈學而〉「無欲速，無見小利」；〈子路〉「謹權量，審法度，修廢官」；〈堯曰〉「尊五美，屏四惡」；〈堯曰〉「先有司」；〈子路〉「先之，勞之，無倦」；〈子路〉「富之，教之」〈子路〉「居之無倦，行之以忠」。〈顏淵〉歸結起來可以說就是要「正己」。季康子問政，孔子說「政者正也。子帥以正，孰敢不正？」〈顏淵〉為了強調此點，他又說執政者「苟正其身矣，於從政乎何有？不能正其身，如正人何？其身正，不令自行；其身不正，雖令不從。」〈子路〉他甚至說「無為而治者，其舜也與！夫何為哉，恭己正南面而已矣。」〈衛靈公〉。又說「為政以德，譬如北辰，居其所而眾星共之」。〈為政〉季康子問「如殺無道以就有道，何如？」孔子說「子為政，焉用殺？子欲善而民善矣。」他接着作了一個比喻說「君子之德風，小人之德草，草上之風必偃。」〈顏淵〉這些話似乎將「為政」說得太輕鬆了。誠然，正人先要正己，乃是顛撲不破之理。常言道社會風氣決定於在上者一二人心之所向，也非無稽之談。但是事實上任何人要「正己」都不容易，執政者掌握了絕大的權勢，要他們自我約制，幾如俗語所謂「使駝穿針」，所以孔子說「為君難，為臣不易」，特別是君主，往往說「予無樂乎為君，唯其言而莫予違也。」孔子說「如其善而莫之違也，不亦善乎？如不善而莫之違也，不幾乎一言而喪邦乎？」〈子路〉「為臣不易」是對一般官吏而言的，因為他們上要應付君主，下要管理人民，自己必須極「正」才行，此前所述孔子種種培養「君子」的理論便是為此目的而作。

　　然而「君子」幸而能入仕從政，知道該做些什麼和怎麼去做，並且「正己」而為之，仍不能必定成功，因為總不免有人由於意見不

同或利害衝突而加以阻撓甚至破壞。執政者雖然可以制定法令加以防範，但是牽涉到許多問題，包括法令的內容是否合乎情理，其施行是否公平妥當。[17]孔子對於法與實際情事之間的關係十分重視，而且更進一步，將它擴大為「名」、「實」的問題，強調「正名」，以建立「名」與「實」之間的正當聯繫。子路講究實務，問孔子如果衛國君主等待他去為政，他將以何為先。孔子說，假如真有這樣的機會，就先要「正名」。子路大不以為然，說「有是哉？子之迂也，奚其正？」孔子很生氣，斥責子路說「野哉由也，君子於其所不知，蓋闕如也！」然後申述了一番大道理：「名不正則言不順，言不順則事不成，事不成則禮樂不興，禮樂不興則刑罰不中，刑罰不中則民無所錯手足。」〈子路〉「正名」為什麼如此重要，必需加以詮釋一下：「實」是一件事物或一個行為。人們為了指述的方便，對於一個具有特殊屬性的事物或特殊表徵的行為給以一個語言文字的符號，是為「名」。此「名」一旦被多數人所接受，便不可濫用於其他事物或行為。例如偷取他人財物的行為被名之為「竊」，有法令加以懲罰。如果不是偷取而稱之為竊，名實不符，是所謂「名不正」。如果執政者用懲罰竊盜的法令來處分，就說不過去，是所謂「言不順」，人們會不同意。如果執政者不顧「名」與「實」的正確關係而任意賞罰，人們便不知該怎麼正當地行為，是所謂「無所措手足」。所以為政必需從最基本之處着手，先使「名」與「實」確切相應，使人們獲得一種是非的共識，然後逐步建立起一套規範，使人們遵從，分工合作，一起來維護社會正常的運作，否則必致天下大亂，人各自為己，互相侵害。所以當齊景公問政於孔子，孔子說「君，君；臣，臣；父，父；子，子。」

17　這兩點是人為法生來的缺陷，將在此後幾章詳述。

第一組君、臣、父、子四個字指的是世俗的表象，是「名」；第二組君、臣、父、子四個字指的是四種人應有的素質，是「實」。齊景公領悟了這個意義，認清了使各人知道自己的「名」、「實」，並各安本分去做人、做事的重要性，因而說「善哉！信如君不君，臣不臣，父不父，子不子，雖有粟吾得而食諸？」〈顏淵〉

「正名」是首要之舉，由此確立是非之後，對為非作歹的人應該如何處理？一般執政之人都會像季康子那樣，認為應該依法嚴懲。孔子不贊成這種機械的反應。魯國上卿孟氏任命陽膚為士師 [司法官]，陽膚去向曾子請教。曾子說「上失其道，民散久矣！如得其情，則哀矜而勿喜。」〈子張〉孔子想必同意這種看法，相信一般人民犯法大多由在上者的壞榜樣所引起。他們不知自我檢點，而苛求於民，人民受罰，只會覺得倒霉，但是不會覺得其行為可恥；倘若他們能夠以身作則，用道德來指導人民，再用禮儀來使其行為優雅，合乎情理，人民就不僅會知道有悖乎此的行為可恥，而且會認識是非，自趨於正。這就是孔子說的「道之以政，齊之以刑，民免而無恥；道之以德，齊之以禮，有恥且格。」〈為政〉

孔子不僅反對處理刑事案件時濫用刑罰，對於民事糾紛也主張儘少由官司依法令審理，一則因為民情萬變而法令有限，在許多情況下沒有法令可用，需由法官依其主觀判斷。孔子說子路「片言可以折獄」，〈顏淵〉極為難得，而他自己則無此才能，因此說「聽訟，吾猶人也；必也使無訟乎。」〈顏淵〉這話當然不是說他能使人際不生爭議和糾紛，而是說如果他處在司法者的地位，會教人不要以訴訟的方法來解決問題。事實上除訴訟之外還有和解、調停、仲裁等辦法可用，都比訴訟為佳，因為涉訟須赴官府，往返費時費業，還需支付各種費用。更重要的是官司必需依照成文或不成文的法令判決，法令既不周全，又不一定合乎情理，因而判決便不一定公正，不易為訴訟雙方接

納，口服心服；即使一時忍受，難免以後再起爭執，使當事人甚至其
後代難以和諧相處。假如雙方能互相體諒，各讓一步而和解，或者請
求受其敬重的親友或鄉里長老來調停，或交由其他有專門知識，值得
信賴的人來仲裁，結果比較容易使雙方信服，不再以怨相待，社會能
夠復歸安祥。孔子很可能是基於這種想法而認為可以使人「無訟」，
可能也因此之故而在後世有了他不理詞訟的傳說。[18] 這些傳說不見於
《論語》，但是孔子不喜理訟大約是實。

　　總之，孔子認為「君子」應該以身作則而「正己」，如有機會入
仕則應進而「正人」二者均非易事，然而他並不只是徒作空言。他很
自信地說「苟有用我者，期月而已可也 [已可以有績效]，三年有成」。〈子
路〉《史記》〈孔子世家〉稱：魯定公十四年孔子年五十六，由大司寇
行攝相事……與聞國政三月，粥羔豚者弗飾賈；男女行者別於塗；
塗不拾遺；四方之客至乎邑者，不求有司，皆予之以歸。齊人聞而
懼，曰「孔子為政必霸……。」《荀子》〈儒效〉裏也有類似的敘述。
如果屬實，當然是一個特例，尋常的執政者恐怕都不能做到。

▍ 理想社會 ▍

　　然而使魯國成為霸主恐非孔子的最高志向。在他之前管仲已曾
使齊成霸，他還稱讚管仲為仁人，但又說管仲之器不夠大。依他之見
由「君子」以身作則率領人們遵循妥善的規範之後會造成怎樣的一個
局面？他沒有詳說。《禮記》〈禮運大同篇〉描述了一個「大同」和一
個「小康」的世界，大意說上古之時有一個「大道」流行的至善之世，

18　例如《荀子》〈宥坐篇〉說「孔子為魯司寇。有父子訟者，孔子拘之三月不別，其父請止，
　　孔子舍之」。詳見本書〈荀子〉章。

人們無分彼此，一切為公。後來「大道」隱沒了，人們私念紛起，侵奪橫行，才有了夏禹、商湯、周文王、武王、成王、周公等等「君子」出來劃分人我，設定規範，並且率先奉行，而建立起一個由外力來維持秩序的社會。這種想法與孔子的理想大體不悖，但是既不見於《論語》，就不必在此多加探討。僅就《論語》所錄推論，可以說孔子希望見到的是一個由文質彬彬的人們所組成的安定祥和的社會。在這社會裏個人能夠發揮其才能，又能克制自己的欲求，與他人不僅和睦相處，並且能一起努力改進生活的條件，創造更好的文化。這種目標必須個人有知識修養，人群能分工合作才能達到。前一要件固然不易，後者則更困難，因為大規模的分工必須有一個階層狀的指揮、統御的結構，要使這結構順利運作，不發生內部的矛盾鬥爭，絕非等閒之事。孔子顯然有見於此，提出了兩個解決此問題的原則。一是要結構本身合理，一是要它的成員們存心「己立立人」，行為「克己復禮」。

當時的社會早就有了一套階層性的政治結構，雖不盡然合理（例如容許貴族世襲），但不是孔子所能改變的。他能做的只有努力培養出一些君子來為政、執政，以身作則，「舉直錯諸枉」。至於各階層之人應該如何相處，他首先提出了消極的「己所不欲，勿施於人」和積極的「己欲立而立人，己欲達而達人」兩個基本原則，又提出了「君，君；臣，臣；父，父；子，子」之說，強調每個人的言行都應該與自己身份相配，不然就難望別人恰當相待。這些話隱含着一個重要的意義──人際關係是相對的。這一點在分工合作的情況裏更是明顯。在此情況裏，雖然要有人統御，有人服從，但是人都是人，如果兩方不能各盡本分，互相尊重，分工合作便無可能。所以人們相處，言行都應該合乎情理，顧及對方的觀感，使其易於接受。要這麼做，最簡單的方法就是「復禮」。因為禮是美化言行的一種規範，雖然其細節未必為人人熟悉，但是其基本原則──敬重他人，克制自

己——應該是很容易了解並遵循的。

　　一個社會裏的個人能夠因學習而自立，人際關係能互助互敬，分工合作，這個社會應該不僅安寧祥和，而且能發揮個人和團體的智能，推進人類的文明。這大約是孔子終身孳孳不息，努力以求的理想境界。

▎ 貢獻和問題 ▎

　　中國古代已有若干關於人、鬼、神、天的觀念以及個人應該如何生活的想法，存在於人們意識中，表現其言行裏，甚至記載在若干文獻內，但是很零星、雜亂。最早將這些想法整理成為一個比較明確理論留傳於世的人可能是孔子。《論語》是他此一工作的代表性成果，是他對中華文化的一大貢獻。他自謙說他「述而不作」，其實他對所「述」有不少釐清、申論之處，值得指出。

　　第一，最基本的，關於人生的意義與目的。他認為人與其他生物不同，不能僅僅依其本能而存活，因而必須另外創造出一套特殊的生活方式和條件——文明——他稱之為「文」，認為它有價值，應該要繼續發展。

　　第二，關於如何去體現人生的意義和目的，牽涉到他對於人的能力和外在的阻力。當時許多人都認為人的能力有限，其行為及後果皆受鬼神控制或命運支配。孔子雖然沒有否定一些神秘的外在因素，但是認為人們不可過於畏懼屈從，而要盡量加強人的能力，使人從這些因素的控制中解脫出來。為了增強人的力量，人們必須互助合作。在此關係裏的人雖然可以因智愚巧拙之異而分工，處於不同的位置，負有不同的責任，但是仍應互相認同大家都是「人」，因而推己及人，相待以「恕」（將心比心），不可硬性地將人歸入不同的類別，

給以不同的待遇。他更具體地提出了人性相近而可塑的假設以及一套教育的方法，一則為了使普通的人比較方便地獲得知識，進而學優入仕，服務邦國，甚至由布衣而卿相，打破傳統的政治階級，引發社會上的人才流動；二則為了使人們得到共同的是非標準和價值觀念，為此他提了許多原則，作為修身、待人、治事、處世的規範，包括「仁」、「義」、「忠」、「孝」等等，希望藉此使人們能夠文質彬彬，克己復禮，求仁取義，立己立人，使生活更為便利、豐富、安寧、和樂，因而讓人覺得生命和生活有意義、有價值。

以上二點似乎言之成理。但是也有人不以為然。

討論社會、人文問題的人，大多有一套先在觀念和終極目的，然後才去選擇若干假設，採集若干資料，用分析、歸納、演繹等方法建立一個理論來支持其觀點和目的，然後提出如何實踐的主張。觀念、目的和假設愈近乎情理，資料愈豐富，方法愈嚴謹，其理論和主張便愈容易被人接受，但是因為這幾步工作都涉及價值判斷，可能受到拒斥或質疑。對於孔子的目的、假設等徹底否定的，便拒斥其理論；不作全盤否定而對其目的、假設等項依據常理常情加以檢討的，便此提出一些問題。前者包括《論語》裏記載的「荷蓧丈人」、「荷蕢者」、微生畝、楚狂接輿、長沮、桀溺等人。他們認為世事根本不可為，為之者都沒有好結果，人應該適應環境，隨遇而安，不可固執己見，堅持依照自己的意思去做，甚至知其不可為而為之；如果無法適應，就應該避世退隱，自食其力；像孔子那樣不事生產，四肢不勤，五穀不分，棲棲惶惶，到處遊說，逞其口舌，盜名欺世，乞食於人，甚為可鄙。這些批評不全中肯。孔子厭惡「佞人」，說君子要「剛毅木訥」，「毋固」。他自己甚至「無可無不可」，而要「唯義是從」。至於當時的為政和執政之人，大多是沒有大志的「斗筲之人」，〈子路〉無法撥亂返治，確是事實，但是要放棄了改革的努力而去做個避世的

隱士，是孔子不能接受的。所以他聽了那些人的話之後憮然地說人不能像鳥獸一樣地生活。如果天下有道，他就不會來求改革了。至於個人結局的好壞，則不是他關心的。

除了那些極端分子之外，老、莊也不同意孔子的假設和目的，但是並不將他的理論全盤否定，而認為人不該在依照他的主張和建議走得太遠，這一點將在此後〈老子〉、〈莊子〉兩章申述。孔子沒有機會與莊子談論。據《莊子》裏所說的一些「寓言」、「卮言」、「重言」，孔子將老子也視為異類（龍），無法與之辯駁。

認真仔細研讀過《論語》的人，不會將孔子的理論一篙子打翻，而可能依據常情常理對其中某幾點，提出一些問題。

（一）關於先在觀念。先秦思想家們都認為當時的社會很不理想，因而想像出了若干不同的「原始世界」，與現狀相比，有的較好，有的較壞。認為較好的就需說明為什麼後來變壞了；認為較壞的就需強調現狀還不夠好，有待繼續改進。孔子沒有談遠古之事，他雖稱道堯、舜個人的聖明，但是認為社會到了周初才達到「郁郁乎文」的境界。「文」是他所重視的社會發展的指標，但是他對於文化為什麼在周前逐步演進，而到了周初之後卻逐步敗落，沒有提出分析和解釋。《禮記》〈禮運〉篇先說「大道行」，後說「大道隱」。為什麼「大道」會行，會隱？何以致之？這個問題所涉匪淺，如果「大道」自行，自隱，與人無關，人的作為有何意義？人的生命有何意義？

（二）關於終極目的。孔子顯然認為應該使「大道」再度流行於世。他所認可的「道」指向一個近乎「大同」的境界，是一個他認為人充分發展了其優良特性，培養出了高尚的道德而造成的社會。但是古今有不少人懷疑此一目的，其中有一些認為人無異於其他生物，所以根本不必有什麼特殊的目的，更不該勉強去改造個人，而應該一切順乎自然。孔子對這些看法並沒有仔細的分析和辯解，而將這些人比

作「鳥獸」，實是一種遁詞。

（三）關於理論所需的假設。孔子認為文化是人的產物，文化被破壞了，人應該可以將它修復並且使它繼續發展。這種想法涉及人的能力和外力的較量。人在有所作為之時，多少會遇到一些阻力，其中有的似乎無法克服，許多人將它們看作是超自然的，往往稱之為鬼神。孔子稱之為「天」、「命」，但是並不接受宿命論，而強調人要盡力去爭取成功。為此他做了一個基本的假設：人性相近而可塑，人的能力可以繼續增進。許多人不同意此點，其中有一些相信「人性」或「善」或「惡」，可塑性有限；有一些指出因為謀求生存，人皆有與善惡無關的「自利」之性，無法消除。孔子的假設對此諸說未加充分重視，產生了許多問題。

（四）關於實現人生目的之方法。孔子主張用教育來使人們認清此目的，並增加實現它的能力和決心。其他諸子也談如何實現其理想，大多皆重在誘導、訓練人們。孔子的教育與此不同，強調協助各人自動地發現是非、善惡，先「自立」、「自達」，使自己知識豐富，品德高尚，達成個人的目標；然後「立人」、「達人」，幫助他人也能如此。這種方法有兩個重要的問題：一是想要實現此理想之人一定要修養到極其高尚的程度，這是非常不易之事，對於掌握國家權勢之人而言，更為難能，因為在當時的世襲制度之下，他們從小享有許多特權，不受尋常規範的約束，放肆慣了，一旦掌握了權勢，更覺得可以為所欲為，而其左右的一群小人奴才，不敢也無能加以匡正，只是唯唯諾諾，聽其頤指氣使。想要他們內心裏領悟仁義道德，行動上克己復禮，簡直如緣木求魚。他們倒行逆施，胡作非為，別人如何禁阻？孔子有見於這種危機，而沒有具體的防止辦法，只作了「一言喪邦」的警告，並強調從政的君子能對執政者盡心規勸。如果諫而被拒，他支持這些君子因邦無道而辭職，「卷而懷之」。當然這種做法無補於

事，後人因而指責他姑息養奸，促成了中國後來的威權政治，這是不公平的，因為如何處理「人治」的種種潛在問題，實在太複雜，直到今天中外還在探索如何應付。但是孔子的確對此問題沒有進一步的討論。

即使有了修養極佳的「君子」為政，是否能消除人們因求自利而製造出來的動亂紛爭？孔子似乎高估了君子們的能力，想像出了「風行草偃」的結果。統治者的教化用於多數背境單純的人可能有效，但是對於少數因「上知」、「下愚」而「不移」之輩，〈陽貨〉以及出身特殊的人如世襲的貴族，效果便很難說；至於「遠人」，則可能因其風俗習慣、宗教信仰等等因素而「不服」，要「來之、安之」，使其歸化，必非易事。因為有些人幾乎不可能用教化來改變，所以古來的國家，無不有對於危害社會利益的行為加以處罰——對少數人可以刑戮，對多數人可以征伐。孔子以為可以完全由教化而消除反社會行為，似乎過於忽視史實了。

（五）關於規範的基礎、位階、確定性和權威性。古人大都相信規範出於鬼神的旨意，少數的主張出於自然。孔子認為這兩種說法都渺茫無稽，而且抹殺了人的意願和志氣，使人消極。他看出實際上規範都是「人」為了「人」而制訂的，所以他強調規範的基礎應該建立在人際關係上，提出了「己所不欲，勿施於人」和「己欲立而立人，己欲達而達人」兩個原則。這種推己及人的原則很容易了解，但是實際制定規範的只能是少數的人，僅僅依據他們的好惡而制定的規範不一定會被大眾接受，如何去探索大眾的好惡，而做到「民主」，是一困難的問題，孔子沒有加以討論。

其次，規範應該有確定性和權威性才能有效地施行。以人的好惡為基礎的規範往往缺此二者。孔子對於道德、習俗、禮儀、政法都沒有詳細釐定其內涵和外延，所以它們也沒有確定性；他也沒有說明

它們有自備的強制力，所以它們也缺乏獨立的權威。難怪後人仍繼續強調規範的外在基礎——鬼神的意志、自然律或國家的強權。

再者，孔子將人為的規範分成許多種類，給以上下的位階。他的依據似乎有二，一是規範目標的高低，二是其適用的廣窄。依據這兩點，最高的規範應該是基於人情、理性的道德，其次是經過美化、合理化的習俗，最低是法令。他主張在適用時應讓高階者優先，即使因而使低階者失效或委屈也沒有關係。子夏說「大德不踰閑，小德出入可也」，〈子張〉就是從這裏引申出來的。但是孔子對「小德」並未細述，如何「出入」全賴個人主觀的決定，一般人很難做得妥當。後人說「大行不顧細謹，大禮不辭小讓」，《史記》〈項羽本紀〉恐怕未必都是仔細考慮各種有關的規範之後的行為，而只是一個自衛其短之說。

此外，一個規範之適用與否，又與當時的外在情勢有關。《史記》稱孔子自陳適衛，在蒲地被叛臣所困，與蒲人盟誓不適衛都而得脫，但是一出蒲城東門便向衛都行去。子貢問「盟可負邪？」孔子說「要盟也，神不聽 [一個被要脅而定的盟約，神明不會認可的]」。〈孔子世家〉依照此說，凡是在不平等的情勢下所作的「城下之盟」都可不必遵守，但是必竟言行不一，所以連子貢也有疑慮，一般人恐怕更難了解。如果每個人都可以考慮了主觀和客觀的種種因素，才決定是否遵從某一個規範，它的確定性和權威性便很低微了。孔子的理論似乎沒有顧慮及此。

（六）關於君民關係，孔子雖然強調君君，臣臣，但是不如孟子、荀子那樣明確地主張二者之間應有對當的權義責任。遇到無道之君，臣民只得卷而懷之，至多只能離國出走；遇到平常之君則畢恭畢敬，「入公門，鞠躬如也……其言似不足者……屏氣似不息者……君命召，不俟駕行矣」。〈鄉黨〉後人指責他過重君權，雖不盡實，但其言行容易被誤解，不能不說是一問題。

（七）關於孔子理論的功效和實施的可能性。孔子渴望經世濟民，而且深信他的理論可以達成這個目的，所以周遊列國，尋求機會，甚至公山弗擾和佛肸那樣的叛臣召他，他都想去試試。他曾說「苟有用我者，期月而已。可也，三年有成」。成什麼？應該就是他衷心向慕的周初文化和制度。《史記》裏說他在齊魯夾谷之會，表現了外交的長才。後來在魯國任司寇攝相事，也有驚人的成績。但是他在魯為政不久，便因「墮三都」一事而失去執政者的信賴。後來所適諸國至多僅予禮遇而沒有給以實職，大約都因為三個原因：第一，他的主張雖然是為了邦國長遠的安危和發展而立，但是沒有顧慮到現實上若干人的既得利益而無法推行。他為魯國所擬的長治久安之計「墮三都」完全失敗，便是一例。後來楚昭王想以書社之地三百里封孔子，《史記》〈孔子世家〉記載了楚令尹子西與楚王一番對話將此點說得更明白：子西問「王之使使諸侯有如子貢者乎？」王曰「無有。」「王之輔相有如顏回者乎？」曰「無有。」「王之將率有如子路者乎？」曰「無有。」「王之官尹有如宰予者乎？」曰「無有。」子西接着說「且楚之祖封於周，號為子男五十里。今孔丘述三五之法，明周、召之業，王若用之，則楚安得世世堂堂方數千里乎？夫文王在豐，武王在鎬，百里之君卒王天下。今孔丘得據土壤，賢弟子為佐，非楚之福也。昭王乃止。」

第二個原因是孔子的建議都難有迅速的實效。《史記》同篇內又說他到齊國後，齊景公很欣賞他，想要將尼谿之地作為他的封邑。晏嬰說「夫儒者滑稽而不可軌法；倨傲自順，不可以為下；崇喪遂哀，破產厚葬，不可以為俗；游說乞貸，不可以為國。自大賢之息，周室既衰，禮樂缺有閒。今孔子盛容飾，繁登降之禮，趨詳之節，累世不能殫其學，當年不能究其禮。君欲用之以移齊俗，非所以先細民也」。簡而言之，就是說孔子以古禮來改變民俗並不是一般人民迫切

需做的事。鑑於當時的情勢，此說不為無理。子西之語顯然是為了防止孔子奪取他的權勢，固不足道。晏子對於「儒者」的描述可能當時曾經流行；他對孔子的批評則過於誇張。孔子重「禮」，固然要遵循若干儀式，但是他真正關注的不僅在此，而在藉此表彰的精神和意義。所以他說「禮云，禮云，玉帛云乎哉？！」林放問「禮之本」，他說「大哉問！禮與其奢也寧儉，喪與其易也寧戚。」可見如能掌握了「禮之本」，其細節並非不可變通，當然不至於「累世不能殫」，「當年不能究」。然而晏子之語的最後一句則有深意。他與鄭國的子產相似，並非不知治國的長久之道在於改革人民的習性，但是此途十分遙遠，作為一個負有實際政務責任的人，為了「救世」之急，無法遵循。對於此說叔向曾予駁斥，以致子產只得自認「不才」而謝罪。孔子雖然承認子產挽救鄭國衰亡的功績，但是基本上還是贊同叔向的說法。而且有一整套自「正名」進於禮樂之治的計劃，因其迂緩，未能得用。

孔子之志難以實現的第三個原因是他不願為求入仕而改變其見解和主張。這不是因為他固執己見，事實上他到了一個邦國一定要去了解其政治，想要知道其利弊，思考如何加以改進。子禽問子貢「夫子至於是邦也，必聞其政。求之與？抑與之與？」子貢說「夫子溫、良、恭、儉、讓以得之，夫子之求之也，其諸異乎人之求之與。」〈學而〉可見孔子想要與聞政治，但是不願強求，只以恭敬謙虛的態度待人咨詢。可惜當時的執政者都沒有足夠的耐性和悟性去聽他的說明，以致他的理論沒能為人充分了解、信服，因而使他失去了實施其理論的機會，這當然也是一個問題。

對於以上這些粗淺的問題，孔子或許都有明確的答案，但是我覺得《論語》裏似乎看不出來，希望讀者再加探究。

《老子》

▎ 老子 ▎

　　《史記》〈老子、韓非列傳〉裏說「老子楚苦縣厲鄉曲仁里人也，姓李氏，名耳，字聃。周守藏室之史也……修道德，其學以自隱無名為務。」又說孔子曾赴周廷去向他問「禮」，被他教訓了一頓，大意說你所談的「禮」，已經過時了，留下的只是一些空話。做人在順境裏可以駕車而行，講究一些外表的作為；在逆境裏就該扶摸着走，簡單渡日，隨時休止。人不該炫耀自己，所以高明的商人將其貨品深藏起來，好像虛無所有；君子雖有大才大德，容貌卻好像愚昧無知。你應該去除掉驕妄的聲色態勢和眾多的欲念企圖，這些都無益於你。我可以告訴你的僅此而已。孔子辭出之後對弟子們說我知道鳥能飛，魚能游，獸能跑，但是都可捕捉；至於龍，我不知道牠怎樣乘着風雲上天，所以也不知道怎樣去對付牠。老子是一條龍嗎？《史記》〈老子韓非列傳〉

　　《論語》裏沒有述及此事，但曾提到孔子對於一些隱士看法，說他們與他是不同類的人，無法互相溝通。《史記》也說「老子，隱君子也。」又說他「居周久之，見周之衰，乃遂去。至關，關令尹喜曰：子將隱矣，彊為我著書。於是老子乃著書上下篇，言道德之意五千餘言而去，莫知其所終。」(同上)

司馬遷雖然寫了一篇〈老子、韓非列傳〉，但是顯然對老子所知甚少。他不僅不知老子最後去了何處，甚至對「老子」其人究竟是誰也無法確定，所以他又說「或曰：老萊子亦楚人也，著書十五篇，言道家之用，與孔子同時云……自孔子死之後百二十九年，而史記周太史儋見秦獻公……或曰儋即老子，或曰非也。世莫知其然否。」（同上）

其實「老子」是一個或幾個人，姓名是什麼，曾否接見過孔子並不重要，重要的是中國自古就有另一種思想，與孔子的大相徑庭。也許主其說者有一些是睿智的長者，人們乃稱之為「老子」（老先生？），值待關注的是他們的理論。

《老子》

《史記》說老子為尹喜著書上下兩篇，後世稱之為《老子》，因其「言道德之意」，又可能因為此書常見的版本上篇之首（第一章）以「道可道……」為始，下篇之首（第三十八章）以「上德不德……」為始，所以又被稱為《道德經》。此書可能與李耳有關，因為《論語》裏所說的隱士，雖然不滿孔子的言行，但是沒有講出什麼大道理；李耳則不然，作為周廷的「守藏室之史」［圖書檔案館管理員］無需耕耘為生，而要收藏、編纂文獻，因而博覽典籍，熟悉許多古今問題，又值當時世局動盪，自然感觸良多，所以能將其所思寫下來。大約因為他當時已因博學聞名，思想又甚高妙，所以其書被廣為傳錄，難免也羼入了不少其他的資料。後來留下許多版本，大同小異，不必在此考究。本文主旨在探索此書內的理論，所以用最為通俗的幾個版本為據，當然也參考了許多研究者的注釋，無需列舉。

《論語》、《老子》二書所論大異其趣。在《論語》裏可以看到孔

子對人的能力有相當的信心，肯定了人努力的成果，認為人可以創造更好的未來，人們應該分工合作來追尋此一目標，個人在社會裏應該自立立人，社會應該有分層負責的架構，社會規範應該有人情事理的基礎，社會權威應該由德育產生，權威的運作和規範的施行都應該在諸人德育完成之後，權威與人民之間應有相對的關係。《老子》對於人的才能、人與萬物的關係、人生的意義和目的、人類以往的經歷、當前的情勢和將來的發展等等問題，提出了迥然相異的見解和主張。他們各別選擇了不同的假設，採取了不同的資料，運用了不同的方法加以分析、解釋，建立了不同的理論。

　　與《論語》相比，《老子》比較難讀，因為一則老子的理論基礎不在於人的生活經驗，而在於一些他想像出來的原理和規則，但是他又不得不用當時之人的語言來陳述，所以在許多地方要對所用的文詞予以特殊的意義；二則他用了若干比喻和古代諺語來幫助詮釋其理論，但是比喻未必確當，諺語不易了解；三則全書簡約，前後語句往往缺少明白的聯繫；四則可能有些錯簡；五則古字多假借通用，以致文義複雜；六則輾轉傳抄，難免有誤。這些原因很容易使人覺得其理論高深莫測，即使有些地方未必合理，甚至自相矛盾，讀者往往不敢懷疑，而只能自慚愚昧，因而許多學者努力為之作註，偶而使之更為玄妙神秘；一般人則以為它有大智慧，傳誦其中一言片語，沾沾自喜；別有用心之輩則濫取其義立說惑眾，造成了許多變亂。無論如何，此書代表了當時與孔子相對的不少厭世、避世之士的思想，對許多問題提出了他們的看法，自有其重要的價值。如果能將其中零星散亂，艱澀難懂的文句仔細串聯起來，用可以實際體驗的語言加以詮釋，使它的主旨和脈絡易為一般人了解，應該是一件有意義的工作，本文便是一個這樣的嘗試。因為上述的幾點困難，加上《老子》常常「正言若反」，本文凡作申論，必定先充分引用《老子》原文為證，

以免涉於臆想，但是結果不免繁複而且讀來不大順口，實不得已。

　　本文首先想要陳述《老子》理論上的一些要點，然後分析若干可能是老子對於立身、處事、治世的建議，最後提出幾個相關的問題。

　　一個理論的要點，包括其假設、基本概念和主要的推論，必然出自立論者對相關事物的觀察和了解。老子處於春秋之時，周初訂定的制度和規範已經日漸動搖，以致社會騷亂不已。許多人，包括若干邦國的執政者如子產和思想家如孔子，曾竭力設法補救，但是成效有限。老子觀察了大大小小的人事、世情，見到了一個普遍卻被常人忽視的現象──凡事做得過分，其結果便難以持久，甚至適得其反。他舉了一些人事的例子來說明此點：「企者不立，跨者不行」〈二十四章〉；「揣而銳之，不可長保」〈九章〉；「甚愛必大費，多藏必厚亡」〈四十四章〉；「金玉滿堂，莫之能守」〈九章〉；「天下多忌諱而民彌貧……法令滋彰盜賊多有」〈五十七章〉。此外，他又見到自然界也有類似的現象──「飄風不終朝，驟雨不終日」──然後自問自答「孰為此者？天地。天地尚不能久，而況於人乎？」〈二十三章〉因而提出了一個假設：天地萬物（包括人在內）的存在和一切活動，都受一套外在的，出於「自然」的法則所控制，所以他要「人法地，地法天，天法道，道法自然」〈二十五章〉。用現代話說這套法則是「自然律」，老子則稱之為「道」。

‖「道」‖

「自然」與「道」

　　如果人最終應該效法「自然」，「自然」是什麼？老子覺得很難說明，所以他「希言自然」〈二十三章〉。但是他曾說有三種東西「視之不見……聽之不聞……搏之不得……不可致詰 [細究]，故混而為

一……復歸於無物。是謂無狀之狀，無象之象，是謂惚恍。」〈十四章〉這個無形、無聲、無實，而混而為一的東西可能就是他說的「自然」。今人對於自然界，尤其是它原始的狀況，仍然所知有限，無法確切描述。老子在古代即行探索此一問題，而感覺難以言喻，是很容易了解的。但是他又認為在此渾沌之中，有一樣東西確實存在，那就是「道」。他說「道之為物，惟恍惟惚。惚兮，恍兮，其中有象；恍兮，惚兮，其中有物；窈兮，冥兮，其中有精，其精甚真，其中有信。」〈二十一章〉此話聽來玄妙，難以細釋，粗究其意大概是說在宇宙未闢，萬物未成之時，已有一「物」、一「精」，但不是可見、可聞、可搏的實體，而是一種假設以及由此而推展出來的一種原理，一種規則。它雖然精微深奧不易掌握，卻真確可信，而且永恆不變，運作不息。天地萬物都必須依此原理才能存在，遵循此規則才能演化，他將此原則稱之為「道」。這一點似乎與今人所說若干科學裏的假設、原理和規則相似。他又說「道生一，一生二，二生三，三生萬物」〈四十二章〉。一、二、三和萬物是可以計數的實物，而「道」不是實物，是虛無的，所以他又說「天下萬物生於有，有生於無」〈四十章〉。萬物「為何」並「如何」自「無」中產生？古今中外有許多說法。有些人認為萬物是神靈所創，但是不能解釋神靈的來處和祂們為何有此一舉。後來有些人提出萬物是由各種元素（如金、木、水、火、土等）結合而成之說，但是也無法說明這些元素的來處和如何結合。老子沒有明白討論這些問題，只說萬物的存在和演化必需依照某些原理和規則。歷代科學家所探究的也就是這些原理和規則。

　　這些原理和規則十分抽象、精妙，所以現代科學都用一套符號來表述。老子之時還沒有這種表述方式，而要用日常生活裏的話來說明這些原理和規則，實在非常困難，所以他說「道可道，非常道」〈一章〉。假如一定要來談它們，就需要對所用的語言予以一些特殊的意

義，所以他說「名可名，非常名」〈一章〉。因此之故，在此要對「道」和另外若干他的重要概念，如「有」、「無」、「靜」、「常」、「聖」、「知」、「仁」、「義」等等稍加解釋。

「常」與「變」，「靜」與「動」

「常」有恆久不變的意思。現代物理學上有靜者恆靜，動者恆動之說，可以說是「常」。但是老子的「道」「獨立不改，周行而不殆」〈二十五章〉，既恆靜又恆動，要怎樣去了解呢？或許因為它是抽象的原理、規則，才能如此。老子指出理論上「道」可動可靜，時動時靜，現實裏萬物動靜交替，但是「動」都屬暫時，「靜」則比較持久，例如水在河川裏湍流，注入湖泊海洋之後便寧靜下來；雌雄動物相交，寧靜的雌性都能安撫浮躁好動的雄性；暴風驟雨都是短暫的騷動現象，不久便將回復較為長久的穩定和寧靜。因而他說「牝常以靜勝牡」〈六十一章〉，「靜為躁君」，〈二十六章〉。「靜勝熱，清靜為天下正」〈四十五章〉。此一結論顯示了他厭「動」好「靜」的心態。[1] 這種心態是人們對當時社會情勢一種普遍的反應，因為政治、經濟各方面發生了劇烈的變化，使得生活不安定，許多人不知如何應付，感到十分恐慌，希望能停止動亂，回復到以前簡單、平靜的「常」態；老子則更進一步，對於動應歸靜，提出了理論的支持。

這種「常」態始於何時？老子似乎認為是在「道生一，一生二，二生三，三生萬物」之前。他說「天長地久。天地所以能長久者，以其不自生，故能長生」〈七章〉，又說「無名天地之始」〈一章〉。此二語所稱「天地」大約就是那「視之不見⋯⋯聽之不聞⋯⋯搏之不得⋯⋯

---

1 古人另有一種看法，認為天象人事一直在變，「動」才是常態。《易經》便代表此見。所以好靜惡動只是老子和一些人的心態，並非眾人都同意的絕對之理。

不可致詰」，「恍兮惚兮」，「無狀」、「無象」的狀態，也就是只有「道」存在的狀態。這種狀態裏沒有具體之物，老子簡稱之為「無」，因為它虛無，所以絕對寧靜。

這種寧靜似乎因為「道生一」而被破壞了。「道生一」是什麼意思？老子說「〔道〕先天地生……可以為天下母」〈五十二章〉，但是沒有說「道」真的產生了一個實物，因為它是虛無的，只是一個原理、規則，不應該含有否定自我的因素（可以破壞寧靜，造成動亂的種子），因此「道生一」不能解釋得太刻板。他又說「大道氾兮……萬物恃之而生而不辭」〈三十四章〉。「恃」是「依據」，所以萬物依據「道」而生，不是「道」所生，而是「自生」的。萬物為什麼能「自生」？老子沒有說明。這是一個在科學上至今尚無確切答案的問題。

就老子的理論而言，更嚴重的問題是這些「自生」的萬物雖然「恃」道以生，但是其中有一種生物——人——顯然並不完全「遵」道而行。老子感嘆地說「大道甚夷，而人好徑！」〈五十三章〉「大道」是什麼？老子沒有作具體的答覆。但是他既然說「人好徑」，對於人喜歡走的小路應該很清楚，而且應該可以用具體的話加以指實，但是他仍舊沒有直截了當地說明，只提到有些人的行為，例如要求華衣、美食、異色、淫聲、畋獵、嬉戲以及無止的聚斂等等，認為是不妥當的，大約就是他說的走斜路吧。

大概而言，一般人都自然地想要滿足其基本生活需求，如飢而欲食，寒而欲衣。有過於此便會出問題，因為過分的慾望和為此而作的過分的聚斂，對個人都無益有害，而且愈注重這些慾望，愈竭力聚斂去求其滿足，結果損失愈多。老子說「五色令人目盲，五音令人耳聾，五味令人口爽，馳騁畋獵令人心發狂，難得之貨令人行妨」〈十二章〉，「金玉滿堂，莫之能守」〈九章〉，「甚愛必大費，多藏必厚亡」〈四十四章〉，皆在說明此理。

　　依照老子的理論，這些問題皆出於人不知「常」——不了解天下萬物只有在寧靜的狀態才能長久存在。這種狀態是常態，不知此「常」而好動，特別是想走小路捷徑以滿足其無窮的慾望，便是「妄作」，其結果必定導致危險，所以說「妄作，凶」〈十六章〉。

「知足」與「知止」

　　人為什麼不知「常」？因為人與其他動物有異，除了基本的需要之外還有許多慾望，而且許多人都貪得無厭。為什麼？至今沒有可以普遍接受之說，但是在人類發展的每一個階段，其能力都無法充分滿足其增長不已的慾望，因而有些人就不免「妄作」，廢棄了大道，選擇了斜徑。此徑雖似短捷，但是狹窄陡峭，一旦走入便難以上攀而易於下滑，結果往往遇到凶禍。要避「凶」就該「知常」，走尋常的路，做尋常的事，不忮不求。當然，人生在世很難做到虛靜無為，所應知者是「足」和「止」——慾望滿足到了某一程度便已足夠，尋求滿足慾望的行為到某一地步便該終止。老子說「罪莫大於可欲，禍莫大於不知足，咎莫憯於欲得，故知足之足，常足矣。」〈四十六章〉又說「知足不辱，知止不殆，可以長久」〈四十四章〉。「可以長久」就是可以「常」。這種「常」雖然不及因虛無而永恆的「常」，但對於處於亂世之人而言，能做到如此，可以說是一種自我的救濟，這是老子所強調的。

「道」廢，「德」生

　　人能知足，知止，便可獲得寧靜，而近於「道」。老子認為此「道」平坦易行。但是事實上要人節制自己的慾望並不容易，尤其是對於那些強橫或掌握權勢之人而言，幾乎是不可能的。他們不務正

業，沉醉於個人的享樂，乃致「朝甚除，田甚蕪，倉甚虛，服文綵，帶利劍，厭飲食，財貨有餘」。老子稱這種人為「盜夸〔魁〕」〈五十三章〉——奢侈浪費，狂妄囂張，帶領人們為非作歹的盜賊頭子。這種人既不事生產，必定去剝削沒有能力抵抗之人，結果使得資源分配失調，社會發生動亂。一般的人也受了他們的刺激，也淪於欺詐掠奪，使得難與他人相處。

在這種情勢之下，卻產生了一種奇怪的現象。以老子的話來說「大道廢，有仁義；六親不和，有孝慈；國家昏亂，有忠臣。」〈十八章〉此話聽來似乎矛盾，但是他卻在陳述一個事實——當「大道」流行之時，人們各自尋求必要的資源來滿足其最基本的生活所需，而且人口不多，較少發生衝突，所以不須什麼規範來律己待人，只要各循常道便可不相侵害，平安和諧。到了人的慾望增長以至不能各盡己力得到滿足，而要欺詐、掠奪他人財物之時，大道便被廢棄，人間鬥爭不已；如果有少數的人不這麼做，便顯得是仁人、義士、慈父、孝子、忠臣了。他們的行為當然值得稱道，所以便有一些人加以提倡。老子稱這些人為「前識者」，〈三十八章〉因為與一般迷迷惘惘，隨波逐流的人相比，這些人較早看到了危機。但是他認為他們所提倡的「仁」、「愛」、「信」、「義」等等「德」行，都只是「道」的瑣細虛象。當真實的「大道」被棄置，人們開始重視這些虛象之後，種種奸偽的行為便接踵而生了。所以他說「前識者，道之華，而愚〔宄〕之始」〈三十八章〉，又進一步說：

> 　上德不德，是以有德；下德不失德，是以無德。上德
> 無為而無以為；下德為之而有以為。上仁為之而無以為，
> 上義為之而有以為。上禮為之而莫之應，則攘臂而仍之。
> 故失道而後德，失德而後仁，失仁而後義，失義而後禮。

夫禮者，忠信之薄，而亂之首；先識者道之華而愚之始。

〈三十八章〉

此語真是「玄之又玄」。大概而言，他的意思是：最高之「德」，廣大普及而近於「道」。具有此德之人，自然而然，不炫耀其德，才是真正的有德者；下等的「德」具體而微，只適用於若干情況，所以要仔細列出，以免缺失，但正因如此反而疏漏難全，在許多情況下沒有這種「德」可循，因此僅具有這種「德」之人便如無德。最高的德僅立準則，不一一處理瑣事細節，所以具此德者顯得沒有作為；下等之德需要顧及之處極多，僅有此德者就需多所作為。有仁心者待人如己，所以不需有什麼特別的作為。以正義治事者要求公平，就需有很多作為。依禮處世之人，他人不以禮相應，便會奮臂相責。所以說失「道」之後才有仁、義等等之「德」，至於「禮」更是形式，是忠、信等等品德衰薄的表現和禍亂的源頭。

總之，老子認為各種之「德」都是「大道廢」之後才產生的。「道」先天地生而渾然長存，不會自廢，但是人可以將其中有關人的部分廢置不用。人何以有此自由意志和能力，老子沒有說明，但是顯然承認這是一個事實，而對它很感不滿，想要加以改變。他要的改變與一般的「先識者」提出的不同，因為在他看來那些人所識太小，以其小知小識來做重大的工作，猶如「代大匠斲」，他說「代大匠斲者，希有不傷其手矣。」〈七十四章〉

「聖人」

知「道」

老子認為人們想要在那不斷下滑的斜徑險坡上停止，並返回到

平坦的大道，必須依賴一種特殊的外力。這種外力只能來自他所說的「聖人」。古時的「聖」是指多知多識，大智大慧而言。老子說「聖人」能「不出戶，知天下；不窺牖，見天道……不行而知，不見而明」〈四十七章〉，真可以稱為是「大聖」了。這樣的人極為少見。[2] 但是老子認為只有這樣的人才能來救世。

「聖人」知天道。他對於天道有何認識？這種認識對他的性格和行為有何影響？他想要的是什麼？他用什麼策略、什麼技術來實現他的理想？前章《論語》內用了許多篇幅來談孔子心目中的「君子」，也是探究這一類問題，因為它們涉及政法理論的核心，不可忽略。

《老子》裏的許多段落都先陳述了一些「道」的原則，或足以反映「道」的現象，然後說「聖人」因而採取了某種態度或行為。所以「聖人」所認識之「道」與老子所陳述的「道」是相同的，或許可以說「聖人」和老子名二實一，「聖人」要行的「道」便是老子所說的「道」。

「道」雖然「恍惚」、「窈冥」，但卻確實存在於天地萬物之先，而且其「精甚真」，且「有信」，既非幻象，又自古不變，所以絕頂聰明之人（像某些偉大的理論科學家）可以僅憑推理而知此「道」。它與萬物不同，萬物只是依據「道」而生的表象，而「道」是這些表象所據的原理——「精」。為了領悟這原理，「聖人」不需遠出觀察萬物，因為事實上這種觀察不是任何個人能做得周全的，凡是做這種觀察之人，猶如做實驗的人，都只能弄清一些細節，出此範圍便無所知，所以說「其出彌遠，其知彌少」〈四十七章〉。「聖人」承認對萬物細

2　孔子認為只有堯、舜才能稱得上「聖」，因而說「聖人吾不得而見之矣」，能見到君子，就很好了。《論語》〈述而〉子貢說孔子「固天縱之將聖」，〈子罕〉還算不上是真「聖」。孔子自己則說「若聖與仁，則吾豈敢。」〈述而〉

節所知不多，但不重視這種知識，所以說老子說「知不知，上；不知知，病。夫唯病病，是以不病。聖人不病。以其病病，是以不病」〈七十一章〉。他的意思是：有上等智慧的人，知道自己有所不知。不能知道自己有所不知，是一種病。怕得這種病的人，就不會得這種病。「聖人」之所以沒有這種病，就是因為討厭這種病，所以他不會患這種只見小節不見大局的病。由於這種看法，「聖人」不欲人們多知，此點將於下文詳述。

「聖人」雖能知道重大的原則，然而要將他之所知，用常人易懂的話說出來，卻甚困難，因為一般人局限於日常生活的經驗，目光短淺，只能見到一些瑣細的表象，無法看清廣大抽象的原理，所以老子說「天下皆謂我道大，似不肖。夫唯大，故似不肖。若肖，久矣其細夫。」〈六十七章〉但是他強調他講的原理都「言有宗 [有依據]」，所以「甚易知」，而天下卻「莫能知」〈七十章〉，只有極少數的「上士」聽了能夠了解遵行；次一等的「中士」聽了，似懂非懂；一般人（「下士」）聽了，以為那是無稽之說而「大笑之」〈四十一章〉，使他甚感無奈。

自律、待人、治事

「聖人」對「道」的認識影響了他律己、待人、為事的態度和行為。先說律己。因為他明白一般人難以知「道」，所以他雖然心中藏着大道至理，卻不顯露其知。古代諺語說「明道若昧」，「質真若渝 [濁]」，「大音希聲」，「大象無形」，「道隱無名」。〈四十一章〉「聖人」深明此理所以他「被褐而懷玉」〈七十章〉，「處無為之事，行不言之教」，〈二章〉不去免強說明他的道理。

其次，老子一再指出人有許多不必要的慾望和為此而作的無益有害的行為，所以強調要去欲，知足，知常。他的「聖人」則更進一步說「吾所以有大患者，為吾有身。及吾無身，吾有何患？」〈十三章〉

此語說明了慾望的根源——人的生理需求。這一點是去不掉的，但是此一需求實在很小，只是飢而欲食，寒而欲衣。「聖人」則所求更少，只要有得吃就好了，所以「聖人為腹不為目，故去彼取此」〈十二章〉，去除了聲色遊樂，只注重最基本的口腹之需。只要滿足了此一需求，他雖不能「吾無身」，仍可以清靜安寧地度日，對於外界的熙熙攘攘，全不理會。老子用了很長的一段文字來描寫這種狀態：

> 眾人熙熙，如享太牢，如登春臺；我獨泊兮其未兆，如嬰兒之未孩，儡儡兮若無所歸。眾人皆有餘，而我獨若遺。我愚人之心也哉，沌沌兮。俗人昭昭，我獨昏昏；俗人察察，我獨悶悶。澹兮其若海，飂兮若無止。眾人皆有以，而我獨頑且鄙，我獨異於人，而貴食母。〈二十章〉

顯然他認為這是一種很好的生活方式。

在取「食」和其他身之所需的必要資源時，不可搶先爭奪，因為搶先爭奪必會有害於身，所以古代就有「曲則全」之諺，老子引申其義說「枉則直，窪則盈，少則得」〈二十二章〉，大約就是俗語「吃虧反得便宜」的意思。老子並且以江海為例加以證明說「江海之所以能為百谷王者，以其善下之」〈六十六章〉——江海的地勢較川谷為低下，所以川谷之水都流歸江海。

由此可見老子談律己，基本上要「見素抱樸，少私寡欲」〈十九章〉，謙讓不爭，委屈居下。這些態度和做法是對一般人都適宜的；對於「聖人」，老子要求較高，強調他要為善，做到「上善若水，水善利萬物而不爭，處眾人之所惡，故幾於道。居善地，心善淵，與善仁，言善信，正善治，事善能，動善時。夫唯不爭，故無尤。」〈八章〉所以他的「聖人」之律己也不是獨善其身而已。

　　另一方面，老子似乎又認為「聖人」之謙讓並非他立己的終極目的，而只是一種手段。他的目的是要「後其身而身先，外其身而身存」〈七章〉，「以其無私，故能成其私」〈七章〉，「夫唯不爭，天下莫能與之爭」〈二十二章〉，使自己成為「百谷王」。這一點在他談到如何待人時會顯得更清楚。

　　關於待人，老子先指出許多事物都是相對的——「長短相形，高下相傾，前後相隨」〈二章〉；「唯之與阿，相去幾何？善之與惡，相去若何？」〈二十章〉——世上沒有絕對的善惡是非，倘若人人都帶着偏見，認定什麼是對什麼是錯，結果必定會產生好惡取捨而生爭奪，導致動亂。所以他說「天下皆知美之為美，斯惡已；皆知善之為善，斯不善已。」〈二章〉「聖人」有見於此，對於萬事萬物不作判斷，待人一視同仁，不加區別。自己「無常心，以百姓心為心。善者吾善之；不善者吾亦善之。信者吾信之，不信者吾亦信之」〈四十九章〉，因而可以「歙歙焉為天下渾其心」而他「皆孩之」〈四十九章〉——將天下之人都當作小孩看待。

　　所謂「孩之」，一方面以老子的話說是「生之，畜之，長之，育之，亭 [定] 之，毒 [安] 之，養之，覆 [庇] 之，生而不有，為而不恃，長而不宰」，〈五十一章〉是一種無私的愛育，猶如「道」之「生」萬物；另一方面，他又說「大道甚夷而人好徑」。一則因為人們大多沒有能力「知道」，二則顯然人有自由意志，並不完全「遵道」，因而「聖人」雖然不必在乎一般人的好惡，但是不能讓他們任意「妄作」，而應該「虛其心，實其腹，弱其志，強其骨」，使他們「無知無欲」而「不敢為」。〈三章〉這是一種雖非妥當但是常見的父母對待子女的態度，也是統治者使人民馴服，不敢與他相爭的辦法，所以從老子的立場來看，「聖人」可以說是社會權威，他與人民之間的關係是統治與順從，是不對當的。

關於治事，老子強調有一些事是不可為的，特別是影響社會國家的大事。他說「天下神器，不可為也，為者敗之」，〈二十九章〉因而主張「無為」，但是他明白在日常生活中，有許多事不得不為，所以他的建議第一，要從小處、近處着手，指出「九層之臺起於累土，千里之行始於足下」，〈六十四章〉「天下難事必作於易，天下大事必作於細」〈六十三章〉。第二，不可勉強，指出「企者不立，跨者不行」〈二十四章〉──踮足而立，大步而行都不能長久。第三，要有耐性，指出「大器晚成」〈四十一章〉──凡事很少可以一蹴而成，尤其是比較大的事，一定要經過長時間的繼續努力才能做成。第四，要知止，指出「飄風不終朝，驟雨不終日」，「盈不可持」，「銳不可保」，「金玉滿堂莫之能守」等等實例作證，說明做事不可過分，所以強調「古之善為士者……不欲盈」〈十五章〉，「聖人去甚，去奢，去泰」〈二十九章〉，無論做什麼事都要適可而止。

使命和目標

以上陳述的是一般人都應遵循的個人行為的準則。「聖人」的準則當然不低於此而有過之，因為其目的不只在於個人安身立命而已。老子說「聖人」應該「以身為天下」〈十三章〉，不顧其「有身」之「大患」，而受天下之重託；應該「執古之道，以御今之有」〈十四章〉；應該「致虛極，守靜篤」〈十六章〉，以觀萬物歸根而知常，「知常容，容乃能公，公乃王」〈十六章〉。「王天下」就是妥善地「治國」。由此可見他認為「聖人」有一個重大的使命──經世濟民。他一再說「聖人」待人民要「虛其心，實其腹，弱其志，強其骨」；要為天下之人「渾其心」，而「皆孩之」；要「抱一為天下式」〈二十二章〉；要「以正治國」〈五十七章〉；要「治大國若烹小鮮」〈六十章〉；「不以智治國」〈六十五章〉；要「受國之垢，是為社稷主」〈七十八章〉等等，都在說明「聖人」的此一使命。

　　為什麼老子說「聖人」有此使命？因為他認為人生應該遵循天道，合乎自然。自然的狀態是平衡穩定的，但是當時的社會很不平衡穩定，需要糾正。他用了一個比喻說「天之道其猶張弓與。高者抑之，下者舉之；有餘者損之，不足者補之。天之道損有餘而補不足。人之道則不然：損不足以奉有餘。」〈七十七章〉他又認為自然的狀態是清靜安祥的，但是當時天下渾亂，民不聊生。因而他問「孰能有餘以奉天下？」〈七十七章〉「孰能濁以靜之而徐清？孰能安以久動之而徐生？」〈十五章〉然後自己答道「唯有道者」〈七十七章〉及「保此道者」。〈十五章〉他的「聖人」是「知道」、「有道」、「保道」者，所以有「行道」的使命，將帶領人們回歸自然。

　　「聖人」將帶領人們回歸的自然究竟是怎麼一個狀態？老子並沒有詳細地說明。《老子》內有這樣一段：

　　　　小國寡民。使有什伯之器而不用，使民重死而不遠徙。雖有舟輿，無所乘之；雖有甲兵，無所陳之。使民復結繩而用之。甘其食，美其服，安其居，樂其俗，鄰國相望，雞犬之聲相聞，民至老死不相往來。〈八十章〉

　　這個「小國」顯然不是人類最初的生存狀態，而是在人們已經發明了許多可以節省人力和便於行動的工具（「什伯〔十百〕之器」、「舟車」）和利於記事的方法（「結繩」），以及相互攻防的武器（「甲兵」）之後，回過頭去看見的一個較為原始的狀態，應該還不能算是「聖人」的理想，然而老子作此描述，似乎很為讚許。或者在他心裏，這種狀態是人們回歸自然之前的一個中途站。去到這一中途站顯然不是人們自願的，所以要有人「使」他們這麼做。至於其結果是否會使他們安樂（「甘其食，美其服，安其居，樂其俗」），則是另一個問

題了。

▎ 治國的原則 ▎

取信於民

　　要「使」人們回到那「小國」的狀態，就要他們放棄為了改善其生存而努力所得的一部分成績，並且扭轉其習性及生活的方式和目的。這樣的工作，其困難不言可喻。為了克服困難，老子建議了若干策略。第一是要在人們全無知覺的情況下去做，因而作此嘗試之人必須先取得人們絕對的信任，所以「聖人」要像嬰兒一般的「悶悶」、「淳淳」〈五十八章〉無知少欲；像雌性動物一般的安靜溫順；像江海一樣接納、容忍他人；像水一般柔弱而無私地滋潤萬物。人們見他如此，對他便沒有絲毫懷疑、妒忌、不滿，而將他視為自己人，全不設防地接受他的影響。但是他卻要明白自己與他人不同，不是隨波逐流，而是來改變人情、世局的。在這一點上老子很坦白地說「聖人」要如嬰兒，是為了要「比於赤子……猛獸不據，攫鳥不搏」〈五十五章〉，不受外來的傷害；要知雄守雌，因為「天下之牝常以靜勝牡」〈六十一章〉；要柔弱，因為「天下莫柔弱於水，而攻堅強者莫之能勝」〈七十八章〉；要退讓，因為「後其身而身先，外其身而身存，以其無私，故能成其私」〈七章〉；要不爭，因為「善勝敵者不與……是謂不爭之德」〈六十八章〉，「天之道，不爭而善勝」〈七十三章〉，「以其不爭，故天下莫能與之爭」〈六十六章〉；要謙卑，因為「自見者不明，自是者不彰，自伐者無功，自矜者不長」〈二十四章〉，「善用人者為之下」〈六十八章〉，「江海之所以能為百谷王者，以其善下之……是以欲上民，必以言下之，欲先民，必以身後之，是以聖人處上而民不重，處前而民不害，是以天下樂推而不厭」〈六十六章〉；要容忍，因為要為「天下谷」接受世人

所不欲的工作和責難，以至於「受國之垢，是謂社稷主；受國不祥，是謂天下王」〈七十八章〉。

無為

當「聖人」取得了人們的信任而終於成為了「社稷主，天下王」之後，又該如何？老子的建議是「無為」。這是他最強調的，所以一再說「將欲取天下而為之，吾見其不得已。天下神器，不可為也，為者敗之，執者失之」〈二十九章〉「取天下常以無事」〈四十八章〉，「以無事取天下」〈五十七章〉，「天下之至柔，馳騁天下之至堅……吾是以知無為之有益。」這些話很玄，一般人皆莫明其妙，他自己也說「無為之益天下希及之」〈四十三章〉。他的意思究竟是什麼？

為了理論的周全性，老子先花了很多筆墨來說明「無」的重要。首先他說「天下萬物生於有，有生於無。」——宇宙原來是渾沌虛無的，後來卻生出了萬物。怎麼會發生此一變化，他沒有說明。其次他說「無」是有用的，所以「三十輻共一轂，當其無，有車之用。埏埴以為器，當其無，有器之用。鑿戶牖以為室，當其無，有室之用。故有之以為利；無之以為用。」〈十一章〉但是這些話只說明了空間是有用的，並沒解釋廣義的「無」，包括「無為」，有什麼「用」。

「無為」最平實的意義是不作為。老子有見於當時的統治者多欲多為，造成了極多的禍害，指出「民之饑，以其上食稅之多，是以饑；民之難治，以其上之有為，是以難治；民之輕死，以其上求生之厚，是以輕死。」〈七十五章〉「天下多忌諱，而民彌貧；人多利器，國家滋昏；民多伎巧，奇物滋起；法令滋彰，盜賊多有。」〈五十七章〉所以他主張統治者原則上要去欲、好靜、不作為，具體的要「不尚賢，使民不爭；不貴難得之貨，使民不為盜；不見可欲，使民心不亂」〈三章〉。他認為這是「聖人」的策略，因而聲稱「故聖人云：我無為而

民自化，我好靜而民自正，我無事而民自富，我無欲而民自樸。」
〈五十七章〉

　　為什麼「聖人」消極地克制自己的欲望和好動多為的性向之後，可以有這樣的效果？老子大約認為是上行下效吧。但是其結果恐怕未必如此確切，因為人的問題並非全由若干在上者所致，許多出自個人過分的欲念和不足的能力，而且還受到不少外在的因素（如環境良窳、資源豐乏）的影響。「聖人」的「無為」只能減少人們的欲念，不能增加他們謀生的能力，所以人們不大可能普遍地「自富」。至於「自化」、「自正」還牽涉到外在的標準，更難肯定了。

無不為

　　大約因此之故，老子說「聖人」「無為」之後，緊接着說「而無不為」。此四字最為關鍵，也最難懂。或許可以說是「因而沒有什麼事人們不能自行做好」，但此說不大可能，已如上述。另一可能的解釋是「然而聖人可以順利地無所不為，而得有為之利」。如果此解可採，「聖人」需為之事是什麼？因為當時並沒有許多自然環境裏的大災難如洪水，大旱，「聖人」面臨的都是人的問題。老子似乎將人分為三類，而提出了三種對付他們的做法。

　　第一類是一般的人民，他們處在社會的下層，所得的資源很少。「聖人」首先應做的事是幫助他們滿足其基本生活需求，就是老子說的要「實其腹，強其骨」〈三章〉。其次因為「道、德」之於萬物，「生之、畜之、長之、育之、亭之、毒之、養之、覆之」，這是一種「玄德」〈五十一章〉，老子說「聖人」也應有「玄德」，對人民也該如此，待之如幼兒（「皆孩之」）。再次因為人往往在溫飽之後生出更多欲望，老子說「聖人」應該教他們知足、知止。

　　第二類是略有知識和智慧之人。他們常常不知足、知止，而想

用其知和智創造一些新的器物和方法來滿足更多的欲望。對於這類人，「聖人」要「虛其心，弱其志」，使他們「無知無欲」，並且使「知者不敢為」〈三章〉。這一步十分重要，因為「欲」是許多問題的根源。人有身體之欲和心志之欲，前者雖可過分，但是必竟有限而可以控制；後者則不然，可以無窮而難以消減，根治之計在於改革心志，這是一件非常不易的工作。

「心、志」當指思想和意願，乃是一種天賦；其他生物或許也有，但是似乎沒人的豐富。人有了思考的能力，特別是想像和推理二項，便可以不完全受制於外在的自然律，而能引申事理，發明意念，判斷是非，決定好惡。這些能力一般被稱為「智慧」，它與知識不同，不僅是對已存的事理的認識，而且可以開闢新的意境。人們用了這種能力，創作出了許多東西，特別是可以減輕辛勞而增加效率的器物和方法。因為這些器物和方法的普遍使用，引起了許多新的生產、分配、人際關係的問題，需要訂立各種法令、制度加以規範；為了施行這些法令，又需要準備各種強制辦法和力量，並考究如何施行這些辦法和防止權力的濫用。所以老子說「智慧出，有大偽 [種種人為的，非自然的事物]」〈十八章〉。更不幸的是這種「智慧」使人們產生了自大的心態和更多的欲望，而這種「智慧」又非常有限，用它來追逐那增長不已的慾望，結果往往得不償失，不僅刺激慾望的加速擴張，造成更多的不滿足，而且必然會引發許多意想不到的副作用和後遺症，使得人更覺匱乏、痛苦。所以老子說「聖人」要「常使民無知無欲」。〈三章〉

怎樣才能使人「無知無欲」？因為欲起於小知小智，所以老子要「絕巧棄利」，先將小知小智所生的技巧和私利棄絕掉；其次要「絕仁棄義」，將維護這些巧利的種種規範如仁義等等也一併棄絕；更進一步要「絕聖棄智」，將那些產生這些巧利、仁義的聰明智慧也予棄

絕。[3] 他說「絕聖棄智，民利百倍；絕仁棄義，民復孝慈；絕巧棄利，盜賊無有」〈十九章〉，怎麼可能如此？他的意思大約是說因為在原始狀態人們依照自然律而生活，各憑己力取其所需，不相侵奪，和睦相處，本來沒有巧詐、私利、仁義、規範等等問題，但是這種狀態已經被人們以其小智破壞了。「聖人」要來重建，當然首先要「絕」除這些東西。

如何去「絕巧棄利」，「絕仁棄義」？老子主張要先「絕學」，教人們停止去學習已存的知識，例如怎麼製造舟車，因為這些東西是不必用的，所以知與不知沒有什麼關係。至於仁義和其他人為的規範，都只是一些粗陋的是非、善惡的標準。老子問「唯之與阿，相去幾何？善之與惡相去若何？」意思是學了這些規範並無益處，不學不足為憂，至少不必因學不成，學不足而憂慮，所以他說「絕學無憂」〈二十章〉。

如何去「絕聖棄智」則是一個困難的問題，因為聰明智慧是一種天賦，如果不加壓抑，就可能自行冒露出來，使人獲取了新的知識，因而產生了新的動作，發展出新的狀態。為了斷絕這種變化，好靜惡動的老子建議一個澈底的辦法：根本否定「聖、智」的意義和價值。「聖、智」的一個重要的功能是辨別事理。老子首先指出「有、無相生，難、易相成，長、短相形，高、下相傾，音、聲相和，前、後相隨」〈二章〉——世間的一切都是相對的，天下沒有絕對的是非。其次他建議「聖人」對於人們的善、惡，愛、憎不置可否，將它們一視同

3　《莊子》〈在宥〉、〈胠篋〉二篇都有「絕聖棄知」之語。前者說：「吾未知聖知之不為桁楊椄槢也，仁義之不為桎梏鑿枘也」，將聖知與仁義並比，可見該處「聖知」當作智慧解；後者說「聖人不死，大盜不止」，所以要「掊擊聖人」，顯然將「聖」指聖人，而要置之於死。然而這是莊子引跖蹻的話，未免誇張。詳見本書〈莊子〉章。老子屢道「聖人」之德，期待「聖人」導民返「道」，所謂「絕聖」應該不是說斷絕「聖人」的生命或生路，而是說摒除人的知識和智慧，所以他將「絕聖」和「棄知」合成一詞。

仁，因而使人們迷惘不知取捨，這就是老子說的「聖人在天下，歙歙焉為天下渾其心」〈四十九章〉「心」既迷惘，「智」就難於出現了。如果它仍然冒出來，大多數心已被「渾」之人都會不予重視，不加發展，任其曇花一現，旋即消失。最後假如有些人受了教化而渾沌一時，不久又「化而欲作」，開始「用智」，「聖人」該怎麼辦？老子說「吾將鎮之以無名之樸」〈三十七章〉。

什麼是「無名之樸」？老子說「古之善為士者，微妙玄通，深不可識……敦兮其若樸，曠兮其若谷，混兮其若濁」〈十五章〉。所以「樸」應該是一種微妙混沌的狀態，「惟恍惟惚」，與「道」相似，所以也「無名」。他又說「道生一，一生二，二生三，三生萬物」，「樸散則為器」〈二十八章〉──萬物乃「道」或「樸」散而成，像是樹木自根而出，散生枝葉。常諺說「落葉歸根」，老子或許有感而說「萬物並作，吾以觀其復。夫物芸芸，各復歸其根。」根是固定靜止的，所以他說「歸根曰靜」〈十六章〉。靜與動相對，動出於欲，所以他說「無名之樸，亦將不欲，不欲以靜，天下將自正」〈三十七章〉。此一「樸」或「道」雖然看來很簡單，很微小，但是不可忽視。統治者若能遵守它，萬物都會順從賓服，所以他說「樸雖小，天下莫能臣也。侯王若能守之，萬物將自賓」〈三十二章〉，又說「我無欲，民自樸」。〈五十七章〉所以「鎮之以無名之樸」就是統治者以身作則，去除欲念，清靜無為，而使人民鎮定，不「妄作」致凶。

第三類是頑強不悟，拒絕接受教化而為非作歹之人。他們大多是社會裏的上層分子，霸佔了權勢和巨大的資源，享盡了榮華富貴，當然不肯放棄種種既得利益，回去過簡樸、辛勞的生活。對於這類人的行為，一般的國家都用法律加以禁止並懲罰；老子既然不清楚地劃分是非善惡，不屑以人為之法治國，當然不能走這條路，何況他聲稱「法令滋彰，盜賊多有」──犯法是因為禁忌太多，人們才挺而走

險，一旦如此便不在乎法令，不在乎刑罰。刑罰至重不過於死，如果「民不畏死，奈何以死懼之？」〈七十四章〉所以老子一再說聖人「大制不割」，〈二十八章〉「方而不割，廉而不劌」。〈五十八章〉甚至對於民事的糾紛他也認為不宜由執政者去處理，說「和大怨必有餘怨，安可以為善？是以聖人執左契，而不責於人」〈七十九章〉——即使自己有理有據也不苛責對方。他的建議是「報怨以德」，〈六十三章〉以求恢復人際的和諧。

　　對於這類拒受教化之人，老子又建議了另一套辦法。他說「聖人」要「以正治國，以奇用兵」。〈五十七章〉以上所述教化第一、二類的人可以說是「正」辦。第三類拒絕教化之人可以說是敵人，對於他們要用「奇兵」。老子的「奇兵」是什麼？此點最為耐人玩味，細讀其書似乎可以引發一種臆想——這「奇兵」不是有效的制裁，甚至不是「鎮之以無名之樸」，而是放任他們，讓他們繼續胡作非為。假如可以這麼想，要如何加以解釋？或許可以這麼說：對於這種「敵人」，強力鬥爭很難有效，而且必定會產生極大的損害，所以應該要堅決地與之對峙，但是不必動武，而讓他繼續炫耀，以至於老疲，自行萎頓、終結。《老子》裏有一段話似乎可以引來支持此說：

　　　　以道佐人主者，不以兵強天下。其事好還。師之所處，荊棘生焉。大軍之後，必有凶年。善者果而已，不以取強。果而勿矜，果而勿伐，果而勿驕，果而不得已，果而勿強。物壯則老，是謂不道。不道早已。〈三十章〉

　　除此之外，《老子》裏還有許多話說明這種天道好還，物極必反的道理，如「持而盈之，不如其已；揣而銳之，不可長保；金玉滿堂，莫之能守；富貴而驕，自遺其咎」。又如「飄風不終朝，驟雨不

終日。孰為此者？天地。天地尚不能久，而況於人乎」。人如放縱其慾，必然會「早已〔死〕」，因為「五色令人目盲，五音令人耳聾，五味令人口爽〔味覺衰退〕，馳騁畋獵，令人心發狂」。〈十二章〉目盲、耳聾、口爽、心發狂當然會引發更多疾病，導致死亡。所以要一個人敗亡就該先給他機會縱慾，這是自然之理。老子引申之而說「將欲歙之，必固張之；將欲弱之，必固強之；將欲廢之，必固興之；將欲奪之，必固與之。是謂微明。」〈三十六章〉此外他說「搏之不得，名曰微」是「道」的一個特徵，又說「知常曰明」。所以這「微明」的「欲奪固與」乃是「道」的一種運作方式，因而他說「反者道之動」。〈四十章〉此說難懂，所以他以「曲則全，枉則直，窪則盈，弊則新，少則得，多則惑」；「弱勝強」；「柔勝剛」；「牝以靜勝牡」；「善勝敵者不與，善用人者為之下」；「天之道不爭而善勝」；「聖人後其身而身先，外其身而身存，非以其無私邪，故能成其私」等話加以解釋。這些話聽來弔詭，似是反語，所以他說「正言若反」。〈七十八章〉這種「若反」的話蘊含着極深極真的事理，但因其「微妙玄通，深不可識」，常人無法理解，只有「古之善為士者」（「聖人」）才能掌握，並用以經世濟民，所以老子說這個「反者道之動」的道理是「國之利器，不可以示人」，猶如「魚不可脫於淵」。〈三十六章〉假如說穿了，人人都知道「聖人」講的全是反話，他的策略便不能施行了。

　　老子的此一「奇」策，實在出人意外。雖然他作了很玄妙的解釋，但是此策是否有效？他最後搬出了「天」來為其後盾，說「天網恢恢，疏而不失」〈七十三章〉——天之道雖然疏濶，但是它像一張寬大的網，不會讓那些「不道」之人逃脫，終於會使他們被困在內，掙扎而亡。一般的宗教對於善惡賞罰不見於現世者，都提出了一套由神祇來作最終審判，決定進天堂或入地獄的遁詞。老子雖被後世與道教牽涉在一起，但並不是一個宗教家，沒有作此遁詞。他相信的是自然律

（「天道」），依照此律，萬物過其「常」分，必然會很快消亡，與神無關。有些人雖然可以接受此說，但是覺得天道的報應太慢，應該由人來加速。老子不以為然，一則因為他基本上反對人為的規範和強制其施行的暴力；二則他相信天地之間有一種自然的力量來處置萬物，不須人來介入；三則因為人所作的判斷和執行可能不當，會引發許多不良的後果，所以他說「常有司殺者殺，夫代司殺者殺，是謂代大匠斲，夫代大匠斲者，希有不傷其手矣」；四則以力制人至多置之於死，如果人已瀕臨絕路，不惜生，不畏死，「奈何以死懼之？」；五則即使殺盡現有拒絕教化之人，但未清除其不聽教化之因，不久這類人又逐漸萌生，社會永難安寧。所以對於作姦犯科之人，老子的「聖人」會故意放縱，任其惡貫滿盈，到了這個地步要「廢之」、「奪之」便易如翻掌，或者可以不必做什麼，讓自然律加以制裁，自趨滅亡。

　　除了對付三類人的策略之外，老子還談到一些「聖人」經世濟民的一般辦法。其一，凡事應「圖難於其易，為大於其細⋯⋯是以聖人終不為大，故能成其大」。〈六十三章〉其二，要在情勢尚未變得複雜之前就加處理，因為凡事「其安易持，其未兆易謀，其脆易泮，其微易散」〈六十四章〉，所以「聖人」要「為之於未有，治之於未亂」。〈六十四章〉老子稱之為「早服」。「早服」可以避免事情惡化，這是「積德」的做法。能夠積德就「無不克」，能夠不斷地這麼做就「莫知其極」，沒有什麼做不成。能這樣做的人就「可以有國」，〈五十九章〉可以掌握國家。其三，治事不可多頭並作，要選擇重點從簡進行，這就是所謂「治人、事天，莫若嗇」。〈五十九章〉為了申述此理，老子作了一個比喻說「治大國若烹小鮮」。〈六十章〉——煮一條小魚只要注意火候，不可多加撥弄，否則必致骨肉焦爛；治國也是如此，不可多為而擾民。

　　總之，「聖人」治國不得不先「有為」，但是要盡量從細小、緊要之處去做，不可好大喜功而浮燥多為。能夠將細小、緊要事逐步處

理好，就不必去做大而雜的事，餘下之事待做的就愈來愈少，所以說「為道日損，損之又損，以至於無為」。〈四十八章〉

　　「聖人」由「有為」而逐漸「無為」，「乃至於大順」，〈六十五章〉一切回復於自然，和平安祥。此時他的使命完成了，其後應該如何自處？老子強調「聖人」不可居功，因為他的作為並非出於其智，而只是仿效自然之道，所以他一再重複地說「道常無為而無不為，侯王若能守之，萬物將自化」；〈三十七章〉「道生之……莫之命而常自然……長之，育之……生而不有，為而不恃，長而不宰」；〈五十一章〉「功遂身退，天之道」；〈九章〉「聖人抱一〔道為天下式〕」；〈二十二章〉「聖人為而不恃，功成而不處，其不欲見賢」；〈七十七章〉「聖人處無為之事，行不言之教，萬物作焉而不辭，生而不有，為而不恃，功成而弗居」；〈二章〉「愛民治國，能無為乎……明白四達，能無知乎？生之，畜之。生而不有，為而不恃，長而不宰」；〈十章〉「自見者不明，自是者不彰，自伐者無功，自矜者不長。其在道也，曰餘食贅行，物或惡之，故有道者不處」。〈二十四章〉

　　「聖人」雖然功成而弗居，然而「夫唯弗居，是以不去」，所以仍然在位。因其無為，似在若有若無之間，「處上而民不重」，〈六十六章〉人民只是隱約知道他的存在而已，是所謂「太上，下知有知」，並且認為覺得這是自然而然的。「聖人」也說「百姓皆謂我自然。」老子顯然認為這是最好的政治狀態。對於其下由那些「自見、自賢」的人組成的政府，人民會「親之、譽之」；對於自誇其功的，人民會「畏之」；至於那些不能成事的，人民就會「侮之」。〈十七章〉這三者當然都不是「聖人」的政府。

　　以上大致陳述了《老子》裏的若干主要的概念。雖然不厭其煩，一而再，再而三地引用了原文，希望盡量從其中找出比較合理的解釋，但在不少地方恐怕仍只是推測。老子說「吾言甚易知甚易行；天

下莫能知，莫能行」，〈七十章〉而他又不喜多言，認為「信言不美，美言不信；善者不辯，辯者不善」，〈八十一章〉對一般人多作辯解是沒有用的，因而嘆道「是以聖人被褐懷玉」，可見他的無奈，最後只留下了一本五千字左右的小書。然而這並不表示他氣餒，在全書之末他說「聖人不積。既以為人，己愈有；既以與人，己愈多。天之道利而不害，聖人之道為而不爭」。〈八十一章〉此話雖為「聖人」而說，其實也表明了老子自己的心願——他之立說是為了行天之道以利人，先幫助他們滿足其基本生活的需要；其次教導他們節制欲念；其次改變他們的心志，使他們了解用小知小智來創造並追逐一個人為的不自然的世界和人生，是自掘陷阱，將愈陷愈深，落入永無止境的掙扎之中。如果他能引導人們突破這種困境，回歸到比較簡樸安詳，合乎自然的生活，他的「使命」便完成了。至於人們是否都能了解他的理論，對他無關重要。

▌ 貢獻和問題 ▌

在一個動蕩的時代裏，社會的組織鬆弛，秩序紛亂，恃強凌弱，以智欺愚，生產有限，分配不均，上者奢靡，下者飢寒，老子呼籲損有餘而補不足，教人知足知止，回歸到較為簡樸的生活方式，或許是個釜底抽薪的辦法，來脫出當時的困境。的確，如果不斷地刺激慾望，使其無限地增長，而人的能力不足以應付，必然使人即使不斷地努力，仍然永不滿足。這樣無休止的尋求，不僅辛苦不堪，而且得不償失，因為超出基本需要的慾望有許多害處：一是老子說的在獲得之後會使人「目盲」、「口爽」、「心發狂」。二是會引發與他人的衝突，因為貪婪會使人聚斂屯積，如果物資有限，必將導致爭奪，造成各種剝削制度來奴役、壓榨弱小，終於引發叛亂和戰爭。三是對環境

的破壞。如以增加生產來滿足過分的慾望，結果必然濫用自然資源並造成物資的浪費，二者都會改變生態環境，人類一時不能適應，將來是否可以扭轉改善尚未可知，只好忍受其惡果，甚至滅亡。

取得關於萬物及宇宙的新知，可以帶給人極大的喜悅，尋求此種喜悅是唯一不會直接產生上述各種害處的慾望。但是另一種往往與之相伴，想將此新知付諸實用的慾望，則可以產生有益或有害的後果。其利可能見諸目前，使人喜於一時；其害則多見於日後，十分難於收拾。今人於此已很清楚，老子當時自不能預見，但是他能將使用小知以求滿足巨慾的不良後果警告世人，並勸人知足知止，以避免江河日下，至於難返，實屬睿智。

然而老子的理論並不周密。有些問題已在此前提到，並且試圖尋找可能的答案，但是另有一些，似乎難以解釋。它們涉及老子理論自身的前提、假設、邏輯、推斷，以及客觀的情勢和一般人對人世的看法和期望。現在略述如下。

第一，基本上老子的理論是他對當時世局的一種反應。他憎惡在上位而胡作非為的「盜夸」，但是想不出如何制裁他們。他的「欲奪固與」的策略，要靠天來施行，實在也是一種虛詞。他憐憫百姓，說「聖人」應「愛民」，應「善救人」，〈二十七章〉要「養之」，「覆之」，「孩之」，但是他又說「天地不仁，以萬物為芻狗；聖人不仁，以百姓為芻狗」。〈五章〉「芻狗」是以草紮成的狗（或牛羊等動物），人們在祭祀鬼神時恭敬地用它作為犧牲，在典禮結束後便無情地將它棄置。老子這些話初看似有矛盾，但是倘若能接受他的一個前提假設——世上的一切都是相對的，善、惡、愛、憎，都沒有什麼大的意義——那麼「聖人」可以看來似乎愛民，也可以看來似乎視民如芻狗，其實二種態度沒有什麼差別，因為他之待人民，猶如天地之待萬物。天地有雨露均沾萬物，乃是自然現象，並非愛它們；也會有旱

潦使萬物死亡，也是自然現象，並非憎惡它們。然而在人民的感覺上這兩種待遇是極其不同的。如何能使他們無視二者的差別，甘於忽而被撫育，忽而被踐踏，老子沒有說明。

第二，「聖人」的愛民並不切實。怎樣才能使人民「實腹強骨」？老子沒有說如何增加生活所需的資源，只教人「知足、知止」。足於什麼？止於何處？他提出了一個「小國」的景象。但是為什麼只止於此？「小國」的一個要件是「寡民」。然而如無天災人禍，人口會以倍數增長。韓非曾說「今人有五子不為多，子又有五子，大父未死而有二十五孫。」《韓非子》〈五蠹〉老子應該不會不知此理。人口增加，而不可以用「什伯之器」增加生產，解決之道只有拓土或移民。但是因為「鄰國相望，老死不相往來」，二者皆不可行，只剩掠奪一途，結果必定暴發戰爭，弱肉強食，那些「雖有甲兵無所陳之」的小國，必被逐漸消滅。所以老子所描繪的實在只是一個幻象，最多曇花一現，不可能持久。

第三，老子為恐人們用其小知小智去滿足其慾望，所以要禁學、棄知、去智、絕聖，盡量使人民愚昧，並準備隨時「鎮之以無名之樸」。禁學固然可以使民愚，但是棄知、去智則極為不易，因為人與其他生物不同，不如植物可就地生長，也不如別的動物有毛羽鱗甲可以抵禦寒暑，有強壯的體力和尖爪利齒可以獵食；人類只有靠其與生俱來的智和累積經驗所得的知來求生，去此二者，人類自始即難存在，所以去知去智無異自滅其種，於理已屬不通。

第四，在方法上用「樸」來防止「化而欲作」也不可行，因為假如「樸」只是虛靜無為之道，「聖人」在教化人民之時已經用過了，再用恐怕未必有效，而且此道既是虛靜，就無強制力，不足以「鎮」人。在 *Nineteen Eighty-Four* 一書裏，作者 Eric Arthur Blair（George Orwell）描寫了一個極權政府所造出來的一種足以令人窒息、麻木的

高壓氣氛，使人無力掙扎抗拒，只能委屈服從，甚至喪失心智，背棄自我而跟隨着那個 "Big Brother" 盲目而行。老子所說的足以鎮壓人的「樸」，是否與此相似？

第五，老子好言「無為」，但是如上所述，「聖人」實在有許多事情要做，所以必須「無不為」，特別是隨時要準備以「樸」去「鎮」人，可以說是一大諷刺。

第六，老子的一切事物皆屬相對之說也有問題。他說「上善若水……處眾人之所惡」；「聖人」「居善地，心善淵」，「善救人」；「天道無親，常與善人」；〈七十章〉「善人，不善人之師」；〈二十七章〉「道者萬物之奧，善人之寶」；〈六十二章〉所以他知道「善」與「惡」並非「相去若何」，而有很大差別。他的相對觀既然沒有被他自己完全肯定，因此觀念而生的若干做法，如「聖人」對百姓「善者吾善之，不善者吾亦善之……歙歙焉為天下渾其心」，使人們昏昏噩噩過日子，便沒有正當性了。世間既有善惡、是非，人們就不會盲目地聽從「聖人」的教化領導，老子的理論和策略，便會受到懷疑和考驗，未必都能為人們接受。

第七，老子的理論必須有一個「聖人」。孔子也提到聖人的重要，他說的聖人只是一個多智、多識、有德、有行之人，其才能品德都是由教育和自我修養而得。老子的「聖人」與此不同，因為他認為人都是「其出彌遠，其知彌少」，所以他的「聖人」「不行而知」，「不出戶知天下，不窺牖其天道」。其知自何而來，老子沒有交代。人們只好相信「聖人」是天生的。一個國家要靠這種天縱之聖來治理很是危險。首先，這種人顯然極為難得，要等待這樣的人來治國，恐怕很久難得一治。其次，這樣的統治者既比一般人都聖明，而且又如老子所說將治民以「愚」，必然會變成專制獨裁，一人高高在上發號施令（或者如老子建議的混在人群裏暗中教唆），使人們像牛羊一般聽其

驅策，這種人民與權威者之間的關係是人們所應接受的嗎？

第八，關於老子的「聖人」，除了不知其從何而來以及是否能使人們服從兩點之外，還有一個在理論上更重要的問題——他花了很大的功夫來「救人」，使他們免於因無休無止地設法滿足其不斷增長的慾望而終於毀滅，其結果只是使人們渾渾噩噩活着而已，與蟲蟻似無不同。蟲蟻活着有何目的不得而知；人生有何目的？只是為活着而活着嗎？倘若只是如此，「聖人」的努力似乎終屬浪費，因為如上所述，他教人活在一個個的小國裏，而他說的「小國」是難以長存的，人為了求生便不得不靠其智能另謀活路，因而又走入「邪途」，「聖人」又需重新挑起他「救人」的重任。如此周而復始，循環不息，是老子的理論中沒有明言而不可否定的一部分嗎？如果不得不承認如此，那麼他一再強調的「無為」還有什麼意義？

對於以上這些問題老子或許另有更為高妙的答案，但不見於《老子》。不知後人之尊崇老子為大聖者，有何見解。

《墨子》

▎墨 子 ▎

　　《史記》無墨子傳，只在〈孟子、荀子傳〉後附了一句：「墨翟宋之大夫，善守禦，為節用。或曰並孔子時，或曰在其後。」此外有不少典籍記載了他的言行，學者據而推測他是魯國人，生於孔子卒 [西元前 479 年] 後，歿於孟子生 [西元前 390] 前。後世若干文獻裏曾記載了有關他的事跡，《墨子》裏也錄有若干他的言行，可以簡述於此，稍補闕佚。

　　墨子稱自己是「北方之鄙人」，並不以此為恥。但是顯然因為他沒有高貴的家世，所以他開始向上層人士傳佈其理論之時，不免受到歧視。他曾想去見楚惠王，惠王使其臣穆賀接見，相談甚洽。穆賀說你的理論很好，但是惠王是一位大國之君，可能會說它是「賤人」之論，因而不肯採用。墨子反問：藥物如可治病，天子會說它只是草木而不服用嗎？農夫將其所產的穀物繳稅，大人們用之為酒飯來祭鬼神，鬼神會說這是賤人所產而不接受嗎？古時商湯去求見伊尹，就是因為他知道伊尹有治國之才，猶如良藥一般。如果惠王覺得我的理論有用，為什麼只因我身份低下而不採呢？從這段對話裏可見墨子是很有自信的（見《呂氏春秋》〈愛類〉，《墨子》〈貴義〉）。

　　墨子自信知曉「義」的真意，而當時之人皆只見小義而不見大

義，其作為往往很可笑，所以他自己力行大義，並且到處去勸人這麼做。一個朋友對他說，天下之人沒有為義的，你何必獨自辛苦地為義？墨子說，如果一個人有十個兒子，九個遊手好閒，只有一個從事耕作，這個兒子便不得不特別努力，因為生產者少而消費者多，他不努力，大家都將飢寒。現在天下人皆不為義，你應當鼓勵我為義才對，怎麼反而來阻止我呢？〈貴義〉

　　他特別反對侵略戰爭。當齊將侵魯之時，他告誡齊國將領項子牛說以前吳王東伐越，西伐楚，北伐齊，諸侯聯合起來反抗，乃致吳國殘破，吳王身死。晉國貴族內鬨，智伯襲擊范氏和中行氏，韓、魏乃襲擊智伯，使之家毀身殺。由此可見，凡是窮兵黷武，侵略他人，必然自食惡果。項子牛聽了仍不能止齊攻魯，墨子就去見齊王說假如有一把刀，一揮就將一個人頭砍下，可以說是很鋒利吧？齊王說是。墨子問刀固然鋒利，但是用它的是人，如果用它來殺無辜之人，是刀還是殺人者要受到天譴不祥？齊王說當然應該是殺人者。墨子又問為了兼併別人的國家，去覆滅了它的軍隊，屠殺了它的百姓，誰將受到不祥？齊王想了一會才說「我受其不祥」。或許因為有了這種覺悟，齊王便不再侵魯了。〈魯問〉

　　當時楚國也好侵略，曾用公輸盤製造的鈎拒之器擊敗越國的水師。公輸盤因而炫耀於墨子，問他所講之「義」是否也有鈎拒的功用。墨子說「鈎拒只是武器，你可以用，別人也可以用，只能交相害。我以愛與人相處，可以交相利，所以我的義比你的鈎拒有用得多了。」後來楚國又想用公輸盤製造雲梯等武器攻擊宋國，墨子自魯「裂裳裹足，日夜不休，行十日十夜而至於郢〔楚都〕」，先去見公輸盤說，北方有人侮辱了他，請公輸盤去殺了那人。公輸盤聽了很不高興。墨子說將奉送黃金二百兩為酬勞。公輸盤說他的立場是絕對不隨便殺人的。墨子說他聽到公輸盤造了雲梯將去攻宋，問宋有什麼罪，

然後指出楚國有餘於地，而不足於民，驅使已經不足的人民去戰死疆
場，以爭奪已經有餘的土地，不可稱之為智；攻擊無罪的宋國，不可
稱之為仁；知道不可為而不去爭辯勸阻，不可稱之為忠；爭辯而不能
說服楚王，不可稱之為能；採取了不可殺一個人而可以殺許多人的立
場，不可稱之為明白分寸。公輸盤被說服了，但是無法阻止楚王。墨
子就去見楚王說「今有一人拋棄了自家的文軒 [華麗的車子]，想去偷鄰
家的一輛破車；拋棄了自己錦繡的衣裳，想去偷鄰家的一件敝襖；拋
棄了自家的粱肉，想去偷鄰家的糟糠。這是一個怎樣的人？」楚王說
一定是個竊盜狂。墨子說楚國的疆土方五千里，宋國的方五百里，這
就如文軒與破車之比；楚國有雲夢大澤，裏面充滿了麋鹿，又有長江
漢水，裏面的水產富甲天下，而宋國連野雞狐兔都沒有，這就如粱肉
與糟糠之比。楚國有巨木美材，而宋國連大樹都沒有，這就如錦衣與
敝襖之比。所以在他看來為了土地財富而攻宋，也是竊盜狂的行為，
有害於義而無所穫。楚王說不錯，但是公輸盤已經造了雲梯，我還是
決定要去宋國試試。墨子請公輸盤一起在楚王面前表演攻守之術。公
輸盤「九設攻城之機變，子墨子九距之。公輸盤之攻械盡，子墨子之
守圉有餘。」公輸盤說「吾知所以距子矣，吾不言。」墨子也說「吾
知子之所以距我，吾不言。」楚王問兩人賣什麼關子。墨子說「公輸
子之意，不過欲殺臣。殺臣，宋莫能守，可攻也。然臣之弟子禽滑釐
等三百人，已持臣守圉之器，在宋城上而待楚寇矣，雖殺臣，不能絕
也。」楚王聽了就打消了攻宋之念。〈魯問〉、〈公輸〉

　　後來楚國的王孫魯陽文君準備要侵略鄭國。墨子又去阻止，對
魯陽文君說「假如你的封地魯邑之內的大城攻擊小城，大貴族攻擊小
貴族，屠殺人民，奪取財產，該怎麼辦？」魯陽文君說「魯邑全境
之人都是我的臣民，如果有這種暴行，我會嚴重地加以懲罰」。墨子
說「天統有天下，猶如你統有魯邑。現在你攻擊鄭國，天不會懲罰你

嗎？」魯陽文君說「先生為什麼要阻止我？我攻鄭是合於天志的，因為鄭國人害死了鄭國三代君主，天乃加以懲罰，使鄭國三年歉收。我現在是要幫助天再去懲罰它。」墨子說譬如有一個人不成材，他父親已經用竹板打了他，鄰家的長老又要木杖去打他，說這是順乎他父親的意思的，豈不是很荒謬嗎？〈魯問〉

除了勸阻侵略戰爭之外，墨子對其他大事也常表示意見。例如魯君有二子，一好學，一好分財與人，問墨子應立哪一個為太子。墨子說可能一個是為名，一個是為利，應該將二人的志願和行為合起來看才做決定。又如當時齊國屢次侵略魯國。魯君問墨子怎麼辦，他教魯君他尊天事鬼，愛利百姓，遍禮諸侯，率領全國奮力抵抗。〈魯問〉

他的建言都是為了國家的「義」、「利」而作。他推薦弟子魏越出仕。魏越問如能見到四方諸侯，首先應該對他們說的是什麼？墨子說到了一個國家要先說它最重要的事：「國家昏亂則語之尚賢尚同，國家貧困則語之節用節葬，國家熹音湛湎則語之非樂非命，國家淫僻無禮則語之尊天事鬼，國家務奪侵凌則語之兼愛非攻。」〈魯問〉

為了這些主張他到處說教。魯國有個名為吳慮的人主張自食其力，對於墨子不事耕織到處談「義」不以為然，說「義耳，義耳，焉用言之哉？」墨子說以他的能力去耕織，不足以衣食多人；不如他誦先王之道，通聖人之言，上以說王公，下以說匹夫，可以使國治身修，所以他雖不耕織，而供獻比耕織大。又如作戰之時，一人奮力進擊不如擂鼓使眾人進擊，他能促使許多人進於「義」，其貢獻也比獨善其身的好。〈魯問〉

事實上，墨子絕不為己身謀利。其弟子公尚過奉越王之命去邀請他到越國輔政，允許以方五百里之地作為他的采邑。他說假如越王將真心聽從他的建議，實施他的道義，他就前去，「量腹而食，度身而衣」，和其他的臣僚一樣，怎能接受封地？假如越王不能納言力

行,他之去越只是為了采邑,豈非出賣了他的道義?事實上他未曾仕
越,想必因為他預見不能在越行道之故。至於他的弟子們就仕之後不
能行其道,對於國君的言行不能有所匡正,只是唯唯諾諾,猶如影之
從身,響之應音,他極為不齒。例如他的弟子勝綽跟隨齊將項子牛三
次侵略魯國,墨子說勝綽不是不知道攻魯之不義,而是明知故犯,因
為他貪祿甚於崇義,實為可恥。〈魯問〉

墨子不僅不為己謀利,似乎也不好名。當他勸止楚王攻宋之
後,顯然並未宣揚其事,所以在他返魯途中經過宋城郊外之時,宋國
還在閉關待敵,守城者因而不准他入城避雨。〈公輸〉司馬遷說他是宋
國的大夫,但是《墨子》裏沒有提及。他止楚攻宋,並非受了宋國的
請求,而是為了行其道。所以後人對於他是否曾任宋之大夫,還有
疑問。

墨子之「為義」,可以說是真正單純的為義而為義,沒有滲入個
人利害的考慮。所以當弟子們告訴他告子說他雖然倡言仁義,但是行
為甚不妥善。因而他們勸他對告子加以駁斥。他說不可以這麼做,因
為告子也倡言仁義,雖然批評他,但比不談仁義的人好。他這種就事
論事,與人為善的態度還有一例:他對儒者的若干言行很不以為然,
但是還稱道孔子。儒者程繁問他這是什麼緣故。他說有些人雖然不十
分睿智,但是仍有些言行是確當的,就像酷熱將至,鳥知道了就會高
飛,魚知道了就會深潛,即使智如商湯、夏禹,也會這麼做。孔子的
道理也有妥善的,我怎麼能不稱讚他呢?〈公孟〉

大約就是這些言行,使墨子受到當時許多人的敬佩,其弟子數
百人皆可使「赴火蹈刃,死不旋踵」。其後的墨者亦多力行仁義,守
墨子之道,所以墨學乃大流行。孟子生於墨子歿後,及其壯年,曾說
其時「楊朱、墨翟之言盈天下」。《孟子》〈滕文公下〉稍後莊子說墨子仰慕
大禹治水,躬自操勞,以致腿無肌,脛無毛,沐雨櫛風,為民除患,

因而墨子和後世的墨者也都粗衣草履，日夜不休，為人謀利，十分可敬，所以他雖然指出「其行難為」，仍稱讚道「墨子真天下之好也，將求之不得也，雖枯槁不捨也，才士也夫！」《莊子》〈天下〉可以說是對墨子的為人很確當的評價。

‖《墨子》‖

此書大約一部分是墨子所著，一部分是其弟子記述他的言行之作。原來應該有許多寫本，現存之本共五十三篇，所涉甚廣，其中〈尚同〉、〈兼愛〉、〈非攻〉、〈節用〉、〈節葬〉、〈天志〉、〈明鬼〉、〈非樂〉、〈非命〉、〈非儒〉諸篇皆各有上、中、下三章（〈節用〉闕下，〈節葬〉闕上、中，〈明鬼〉闕上，〈非樂〉闕中、下，〈非儒〉闕上、中。大致而言各篇上章較為簡要，中、下 兩章較繁，說理稍詳，並多舉例闡述，乃墨子政法理論主旨所在。〈修身〉、〈所染〉、〈親士〉、〈法儀〉、〈七患〉、〈辭過〉、〈三辯〉七篇皆簡短，前二者提到一些修身、交友的原則，其他多重複以上〈尚同〉等篇的要義；〈經〉上、下，〈經說〉上、下，〈大取〉、〈小取〉四篇討論推理學、語意學、數學、哲學、物理學、心理學、倫理學等等，極為精妙，後人稱之為「墨辯」；〈耕柱〉、〈貴義〉、〈公孟〉、〈魯問〉、〈公輸〉五篇記錄墨子言行，有如《論語》；〈備城門〉、〈備高臨〉、〈備梯〉、〈備水〉、〈備突〉、〈備穴〉、〈備蛾傅〉、〈迎敵祠〉、〈旗幟〉、〈號令〉、〈襍守〉十一篇陳述攻防的工程和技術，可見墨子不僅談理論，還涉及實務。〈公輸〉裏記載墨子防止公輸般以雲梯等機械攻宋，可以證明墨子之實務之學確切有用。

著書立說之人都會想到其書的讀者是誰。孔子想到的是有心於修身、齊家及立志於治國、平天下的君子；老子想到的是「聖人」及

受其引導的群眾。墨子之說極為龐雜，其讀者可以包括一般民眾、統治者、工匠、軍人、科學家、巧辯者等等。大約因為其中有一些並非多知多智之人，所以其說往往一再重複，一則為了便於此輩了解，二則顯然要加強其意。對於這樣的一部書，本文只能討論其一小部分——它的政法理論；對於它的重複闡述也必須從簡。

‖ 世亂 ‖

思想家大多因為有感於某一些現實情況，先想出了一些辦法去處理它，然後才創立了一套理論來支持那些辦法。孔子、老子皆有感於當時之亂。墨子亦復如此，不過他對動亂原因有一個獨特的看法，與孔、老以及其他先秦諸子的看法迥異。他說古人講話所用之字義各不相同，而各以己義為是，以他人之義為非，因而「交相非」，「是以內者父子兄弟作怨惡，離散不能相和合；天下之百姓皆以水火毒藥相虧害，至有餘力不能以相勞，腐朽餘財不以相分，隱匿良道不以相教。天下之亂若禽獸然。」〈尚同上〉

‖ 平亂之道 ‖

一義

因為亂起於「人異義」，所以要去亂就必需使人人「一義」——建立起一個大家共認的是非標準。孔、老也都注重此點。孔子說這標準應該基於人情；老子說它應該基於自然律。墨子顯然認為二者都不確切，所以主張應該出自「政長」（統治者）的命令。他說「天下之所以亂者，生於無政長」，所以應選天下之賢可者立為天子、三公、諸侯國君、鄉里正長，由「天子發政於天下百姓，言曰上之所是必皆

是之，所非必皆非之」，然後由里長發政里之百姓，學鄉長之善言，一同鄉之義；學國君之善言，一同國之義；學天子之善言，一同天下之義，天下乃可得治。〈尚同上〉

天子等人是如何「選」出來的？墨子沒有說明，只說他們應該是「賢可者」，是「仁人」。〈尚同上〉對於「賢可」與「仁」，他也未作定義。至於為什麼他們可以「發政〔發施政令〕」，他提出了一個很特殊的解釋——不是因為他們是「賢」、「仁」之人，而是因為他們是「貴且智者」。〈尚賢中〉「貴」是有權勢之人，可以發施政令，迫使他人服從，很易了解。但是其政令未必妥善，他們還需要有智慧，才能為天下樹立妥善的是非標準——「義」，所以墨子說「義不從愚且賤者出，義必自貴且智者出。」〈天志中〉前後二說顯有齟齬。

上同

墨子的時候，天下已有「政長」甚久，而仍動亂不已。是因為「政長」們不是「貴且智」者，還是其政令並不妥善？他沒有推究其原因，只說是天下還沒有徹底「上同」，以致上欲賞者，下或毀之；上欲罰者，下或譽之，「故計上之賞譽不足以勸善，計其毀罰不足以沮暴。」〈尚同中〉、〈尚同下〉

怎樣才能徹底「上同」？墨子似乎並不大信任教化，因為此途太迂遠緩慢。他建議由「家君發憲布令其家曰：若見愛利家者必以告，若見惡賊家者亦必以告。若見愛利家以告，亦猶愛利家者也，上得且賞之。若見惡賊家不以告，亦猶惡賊家者也，上得且罰之，是以偏家之人皆欲得其長上之賞譽，辟其毀罰；善言之，不善言之，家君得善人而賞之，得暴人而罰之，則家必治矣。」〈尚同下〉然後用相同的辦法由鄉里之長治鄉里，國君治國，天子治天下。因為天下的家、里、鄉、國將內部善惡情況上報，使天子「視聽者眾」，結果「數千萬里

之外有為善者，其室人未徧知，鄉里未徧聞，天子得而賞之；數千萬里之外有為不善者，其室人未徧知，鄉里未徧聞，天子得而罰之。是以舉天下之人皆恐懼振動惕慄，不敢為淫暴，曰天子之視聽也神！」〈尚同中〉

簡而言之，墨子建議使天下之人皆有為天子蒐集情報的責任，使天子得以賞罰來控制人民，就可以使天下「上同」。在賞罰之中，他特別重視刑罰，說「古者聖王為五刑以治其民，譬若絲縷之有紀，罔罟之有綱，所連收天下之百姓不尚同其上者也」，〈尚同上〉、〈尚同中〉而後世之王公大臣因為「不善用刑」所以不能同一天下之義，不能消除動亂。

要求人民告奸，然後用刑罰加以控制，是一般掌握權勢的統治者都能做的。墨子建議的不止於此，他要的是使人民能有一個共同的是非標準——「義」。這個標準是天子發佈的，但是天子畢竟也是人，也可能犯錯，那麼他的「義」可能也並非絕對可取。換句話說，天子所定的規範未必正確，因而他的權威也未必穩定。誠然，則天下仍可能動亂。這是墨子不能接受的，他的理論必須有一套絕對的規範和一個絕對的權威。人世間不可能有此二者，所以他想出了一個至高無上的權威——「天」——由它來制定並施行絕對正確的規範。它比天子還高，為什麼？因為如上所述，只有「貴且智者」可以「出義」、「為政」，而「天」比天子更貴更智。對於此點墨子提出兩個「事實」加以證明：一，「天子有疾病禍祟，必齋戒沐浴，潔為酒醴粢盛，以祭祀天鬼，則天能除去之」，而他從來沒聽說過「天之祈福於天子」。〈天志上〉、〈天志中〉、〈天志下〉二，「天子為善，天能賞之；天子為暴，天能罰之」，〈天志中〉最明顯的實例是「昔三代聖王——禹、湯、文、武——此順天意而得賞也」，天就使他們「貴為天子，富有天下，業萬世子孫」；「昔三代之暴王——桀、紂、幽、厲——此反天意而

得罰者也」，天就使他們「不得終其壽，不歿其世」。〈天志上〉以此二點「證明」了天比天子高貴，可以「為政」於天下之後，墨子說天子要「總天下之義以尚同於天」，〈尚同下〉使天下之人都以「天」所定的是非為是非的標準。有了這個標準，便不怕任何掌有權勢之人胡作非為，天下之人皆可判斷是非，在下者也可以規諫在上者之過。墨子說君主應該要有「弗弗 [剛正不屈] 之臣」，上位者應該有「詻詻 [鯁直無諛]之下」，〈親士〉能夠各自直述所見，據理力爭，便是此意。

天志

　　「天」之「義」是什麼？墨子說「義者政 [正] 也。」又說「義者善政也」，將「義」的涵意從「是、非」推展到了「善、惡」，涉及了「欲、憎」──該做什麼和不該做什麼。然後他自問自答說「然則天亦何欲何惡？天欲義而惡不義。」〈天志上〉、〈天志中〉這裏所說的「義」便不僅指是非，而重在善惡，所以他又說「天下有義則生，無義則死；有義則富，無義則貧；有義則治，無義則亂。然則天欲其生而惡其死，欲其富而惡其貧，欲其治而惡其亂。此我所以知天欲義而惡不義也。」〈天志上〉這裏所說的「義」究竟指的是什麼？具體而言天究竟「欲」什麼，「不欲」什麼？他進一步說「天之意，不欲大國之攻小國也，大家之亂小家也，強之暴寡，詐之謀愚，貴之傲賤，此天之所不欲也。不止此而已，欲人之有力相營，有道相教，有財相分也；又欲上之強聽治也，下之強從事也。」為什麼天有此欲與不欲？他說「上強聽治則國家治矣，下強從事則財用足矣。若國家治，財用足，則內有以潔為酒醴粢盛以祭祀天鬼，外有以為環璧珠玉以聘撓四鄰，諸侯之冤不興矣，邊境兵甲不作矣。內有以食飢息勞，持養其萬民，則君臣上下惠忠，父子兄弟慈孝……百姓皆得煖衣飽食，便寧無憂。」〈天志中〉所以天也有私心──要享有好的祭祀──但是它更多的「欲」

是要百姓可以活得好。為什麼？因為天愛他們。何以證明？墨子說「吾所以知天之愛民之厚者有矣，曰以磨為日月星辰，以昭道之；制為四時春秋冬夏，以紀綱之；實降雪霜雨露，以長遂五穀麻絲，使民得而財利之；列為山川谿谷，播賦百事，以臨司民之善否，為王公侯伯，使之賞賢而罰暴，賦金木鳥獸，從事乎五穀麻絲，以為民衣食之財，自古及今未嘗不有此也。」〈天志中〉此外他又重複申述「三代聖王」因順天意愛民而受天之賞，及「三代暴王」因反天之意虐民而受天之罰的「史實」，以加強證明天愛百姓。他稱這種愛為「天志」或「天意」也就是他說的「天之義」。他說他可以用它來衡量一切，「上將以度天下之王公大人為刑政也，下將以量天下之萬民為文學、出言談也……觀其刑政，順天之意謂之善刑政，反天之意謂之不善刑政。」〈天志中〉其結果猶如用圓規畫圓，用方矩量方一樣，是絕對精確的。

　　假如「天志」如此明白易見，為什麼人們沒有切實去遵守奉行？墨子說因為他們都「明於小而不明於大」，〈天志下〉例如王公大人「有一衣裳不能制也，必藉良工；有一牛羊不能殺也，必藉良宰；……逮至其國家之亂，社稷之危，則不知尚賢使能以治之。」〈尚賢中〉又如他們對於「竊一犬一彘，則謂之不仁；竊一國一都，則以為義。」〈魯問〉又如對於「子之不事父，弟之不事兄，臣之不事君」都「謂之不祥」，但是他們「獨無報夫天，而不知其為不仁、不祥。」〈天志中〉王公大人如此「明小物而不明大物」，〈尚賢中〉自己既不服膺「天志」，也不「總天下之義，以尚同於天」，以致天下於亂，天便將懲罰他們。如果百姓不從，則天將降災於天下，使得「寒熱不節，雪霜雨露不時，五穀不熟，六畜不遂，疾災戾疫、飄風苦雨薦臻而至」。〈尚同中〉天志之不可逆有至於此！

明鬼

　　天雖然有其意志，能夠賞罰，但是似乎不很明確迅速，而人們殷切地期望明確迅速的報應。這種報應需要有一個強力的權威，以非常的手段來施行，不是一般執政者能做到的，所以墨子搬出鬼神來作為天的代理者，指出除了不能上同於天，服膺天志之外，另一個主要的致亂之因是人們不信奉鬼神。古人認為「鬼」是祖先的魂魄，「神」是萬物的精靈，都有意志和干預人事的能力。但是在很早的時候人們已經開始懷疑鬼神的公正，甚至懷疑其存在，此說見於民間歌謠，集而為「詩」者頗多。墨子卻肯定鬼神的存在，並強調其主要功能是協助天來施行賞罰，實現天志。他說「逮至昔三代聖王既沒，天下失義，諸侯力征。是以存夫為人君臣上下者之不惠忠也，父子弟兄之不慈孝弟、長貞良也，正長之不強於聽治，賤人之不強於從事也。民之為淫暴、寇亂、盜賊，以兵刃、毒藥、水火，迓無罪人乎道路率徑，奪人車馬衣裘以自利者並作，由此始，是以天下亂。此其故何以然也？則皆以疑惑鬼神之有與無之別，不明乎鬼神之能賞賢而罰暴也。」〈明鬼下〉

　　人們為什麼不信鬼神？因為有一些「執無鬼者」在教導人們，使他們疑惑，所以墨子花費了許多口舌來力糾此謬，集在〈明鬼下〉：

　　第一，他說關於鬼神的存在與否，首先應「以眾人之耳目」來斷定，凡是有人「聞之、見之，則必以為有；莫聞莫見，則必以為無。若是，何不嘗入一鄉一里而問之。自古以及今，生民以來者，亦有嘗見鬼神之物，聞鬼神之聲，則鬼神何謂無乎？」其次應考諸於正史典籍，如周、燕、宋、齊的《春秋》，倘若其中有鬼神之記載，「鬼神之有豈可疑哉？」。在立出這兩個求證辦法之後，他講了許多「鬼話」和「神話」證明自古至今人們都曾「見鬼神之物，聞鬼神之聲」。其中之一說周宣王枉殺了其臣杜伯，後來當他狩獵之時，杜伯的鬼魂

在日正當中「乘白馬素車，朱衣冠，執朱弓，挾朱矢，追周宣王，射之車上，中心折脊，殪車中，伏弢而死。」那時跟隨狩獵的人數千，都曾目睹，稍遠的人都曾耳聞，並且載在「周之春秋」。其二說燕簡公枉殺了莊子儀，被莊的鬼魂在大路上用「朱杖」擊斃，當時也有許多人目擊耳聞此事，並且載在「燕之春秋」。其三說宋國掌理祭祀的官員觀辜準備祭品不豐潔，神就附在祭師的身上責問他，並用木杖將他打死。此事當時從祭之人都親眼見到，稍遠的人都有所聞，並且載在「宋之春秋」。其四說齊莊君之時有王里國、中里徼二人涉訟三年而未能了斷。齊莊君命令二人到神社去殺了一頭羊，將血塗在嘴上，向神發誓各陳其事。羊在王里國陳述之時沒有動作，在中里徼說到一半時忽然跳起，用角來觸他，折斷了他的腳。於是祭師就由神附在身上，用木棒敲他一下，他就死在發誓的地方。當時在場的人都曾看到，稍遠一點的人也都聽說，並且載在「齊之春秋」。因此墨子的結語是：由此觀之，「鬼神之有，豈可疑哉？」

第二，如果這些人的視聽和史籍的紀錄都不足信，墨子在〈明鬼下〉請人再看三代聖王之事及先王之書。他說三代聖王興建國都之時，皆先置祖廟和神社，敬謹祭祀；在處理政事之時，必在祖廟行賞，在神社施罰，可見古代聖王之治天下「必先鬼神而後人」，他們又怕後世子孫不知此理，所以不僅書之竹帛，並且鏤之金石。因此「夏書」、「商書」、「周書」裏都關於鬼神顯靈的記載。

第三，鬼神不僅存在，而且能賞善罰惡。此點可以從治國理民的實例中見到。墨子在〈明鬼下〉說無論官民，凡有為善為惡，鬼神皆能見之，而給以賞罰。他舉出了許多例子，最重要的是商滅夏及周滅商二事。在這兩次戰爭中，夏桀和商紂都有極大的兵力，而商湯和周武王的兵力相對的很是微弱，但因夏桀和商紂都「上詬天侮鬼，下殃傲天下之萬民」，而商湯和周武王是弔民伐罪，所以得到上帝的支

持，使鬼神大顯威靈幫助他們，他們乃一舉獲勝。因此墨子說「鬼神之所賞，無小必賞之；鬼神之所罰，無大必罰之。」

墨子說之雖力，有人仍對鬼神存有疑問。有一次墨子生病，其弟子跌鼻問他：「先生以鬼神為明，能為禍福，為善者賞之，為不善者罰之。今先生聖人也，何故有疾？意者先生之言有不善乎？鬼神不明知乎？」墨子說我雖有病，怎麼可以說鬼神不明呢？人生病的原因很多，有的得諸於寒暑，有的得諸於勞苦。譬如有一百扇門，而只關了一扇，怎麼能防止盜賊進來呢？〈公孟〉另一個弟子曹公子因墨子之薦而出仕於宋，三年後回來對墨子說他開始就學於墨子時因為家貧，不能祭祀鬼神，現在比較寬裕了，就謹誠地去祭祀，但是家裏人多死亡，畜牲也不繁殖，自己又染了疾病。他不知墨子之道是否真的可行。墨子說鬼神對人的期望很多——爵祿高的能夠讓賢，財富多的能夠分與窮人——那會只貪圖一些祭品？現在你有了高爵祿不薦賢，是第一件不祥之舉；有了厚祿卻不濟貧，是第二件不祥之舉。你的事奉鬼神，僅是祭祀而已，而竟然說「病何自至哉？」就好像有一百扇門而只關了一扇，而說「盜何從入？」如此祈求於有靈的鬼神，怎麼可以得福呢？〈魯問〉

墨子的這番話，或訴諸權威（聖王之事、之書），或以果斷因（將已成已敗之事，反證鬼神之存在及行為），均非正常有效的舉證之法。為什麼他要這麼說？因為當時天下動亂，傳統的社會規範和權威加速崩潰，各國的王公大人，甚至於一般民眾，往往恣意橫行，肆無忌憚。若要撥亂返治，必須重新樹立一種高於當時統治者的權威，來制定並且強力施行一套新規範。墨子想不出新的辦法，只好再將天和鬼神搬出來。因為祂們也已經受人懷疑，所以他不得不費詞加以辯護。

非命

　　墨子的理論是否能夠使「執無鬼者」改變其思想和行為，不得而知。此外，另有一些人不僅不信鬼神，甚至對於是非善惡也不願肯定，更不能同意它們與賞罰有什麼必然或應然的關係。他們指出為善之人不一定會獲得即時或稍後的獎賞；作惡之人也不一定會受到即時或稍後的懲罰。因而他們徹底否認任何權威（包括天和鬼神）和規範（包括人為的和自然律）。他們發現人的行為和社會的反應甚至物理的效果完全不可預期，一切都被一種神秘的力量所控制。它沒有意志，沒有是非，沒有好惡，沒有喜怒。人和萬物受它擺佈，無法理解，不能逃避，更勿論抗拒。常人名之為「命」，認為一生際遇（生死、壽夭、安危、苦樂、富貴、貧賤……），無不由它預定。它不會改變，人也不可能改變它。所以不僅個人的意向和努力毫無意義，任何外力也沒有影響。對於持有這種想法人，說以鬼神賞罰之道，希望他棄惡從善，完全是白費言詞。墨子有見於此，所以在進一步建議他的撥亂返治之道以前，先大力攻擊這種想法，作〈非命〉上、中、下三篇以駁斥「執有命者」，其說並散見於其他幾篇。

　　首先他將當時之亂完全歸責於「執有命者」，說國家的統治者都想「國家之富、人民之眾、刑政之治」，但是都做不到，因為很多執有命者雜於民間，宣傳「命富則富，命貧則貧；命眾則眾，命寡則寡；命治則治，命亂則亂；命壽則壽，命夭則夭。雖強勁何益哉？上以說王公大人，下以阻百姓之從事。」〈非命上〉墨子說這種人「不仁」，對於他們的話「不可不明辨」。

　　怎麼去辨？墨子說「必立儀。言而毋儀，譬猶運鈞之上而立朝夕者也 [言論沒有可以為據的標準，就像在一個轉盤上立了一個日晷來測斷時辰]，是非利害之辨不可得而明知也。」他進一步說「言必有三表 [三個判斷其是非的標準]」。第一是「本之者」──本之於古者聖王之事，第二是「原之者」──

原察百姓耳目之實，第三是「用之者」——發諸於刑政，以觀其是否合乎國家百姓之利。〈非命上〉

關於「聖王之事」，墨子僅就其大者而言，指出夏桀、商紂在位之時天下亂，商湯、周武王當政之時天下治。然而在這兩個時期世界並未變異，民眾亦未更換，只因為桀、紂「不能矯其耳目之欲，而從其心意之辟，外之歐騁田獵畢弋，內湛於酒樂，而不顧其國家百姓之政。繁為無用，暴逆百姓」，而湯武為政乎天下「必務舉孝子而勸之事親；尊賢良之人而教之為善；賞善罰暴，必使飢者得食，寒者得衣，勞者得息，亂者得治」，所以墨子說「安危治亂，存乎上之為政也，豈可謂有命哉？」〈非命下〉三代先王唯恐後人不知此理，所以將其施行的憲令、刑法、誓詞都記載於竹帛、金石、盤盂，傳於子孫，使他們效法，是為商周虞夏之書，其中沒有一件曾說「福不可請，禍不可違，敬無益，暴無傷」，〈非命上〉而一切聽命的。

關於「百姓耳目之情」，墨子自問自答說「自古及今，生民以來，嘗見命之物，聞命之聲者乎？未嘗有也。」然後他又說諸侯聖王的言論之中，也沒有提到他們曾見過、聽過「命」。反對他的人說上自三代就有人主張有「命」。他說三代之時只有暴王、窮民、偽民〔奸詐之人〕才作此主張。暴王不肯說「我罷不肖，我為政不善」以致敗亡，而說「我命故且亡」。三代之窮民不肯說「我罷不肖，我從事不疾」以致有飢寒之憂，而說「我命固且窮」。三代之偽民，以「繁飾有命」之辭以教愚民，其實只是欺弄他們。〈非命中〉

關於「發諸刑政以觀實效」，墨子說「古之聖王，發憲出令，設以為賞罰以勸賢，是以入則孝慈於親戚，出則弟長於鄉里」，王公大臣慎於聽治，卿大夫忠於職守，農夫力耕，婦人勤織，乃能使天下財用足，可以上事天鬼，下養百姓，天鬼富之，諸侯與之，百姓親之，賢士歸之，以至於天下大治。但是「執有命者」說「上之所賞，命固

且賞；上之所罰，命固且罰，不暴故罰也。」墨子說如此則「為君則不義，為臣則不忠，為父則不慈，為子則不孝……窮民貪於飲食，惰於從事，是以衣食之財不足，而飢寒凍餒之憂至，不知曰我罷，不肖，從事不疾，必曰我命固且貧……暴王不繆其耳目之淫，心涂之辟，遂以亡失國家，不知曰我罷不肖，為政不善，必曰吾命固失之。」於是上不聽治，以致刑政不當；下不從事，以致財用不足。結果上無以祭祀上帝鬼神；中無以招用賢士，應待諸侯；下無以安養百姓，於是天下大亂。〈非命上〉

　　總而言之，墨子用「本之」、「原之」、「用之」三種標準來測量了「有命者」之言，否定了「命」的存在，駁斥了宿命論者，指責他們為世亂之因。其說未免過當，因為自古以來固然有許多人發現個人甚至團體很難完全掌握其行為的後果，而將它歸諸於「命」，但是絕大多數的人並沒有因而停止其努力以尋求他們希望的後果。墨子之所以強烈地反對宿命之說，是因為他覺得人的努力還不夠，而想促使人們更加竭股肱之力，殫思慮之知，夙興夜寐，強為從事，不敢怠忽，以求富強安寧。為了此一目的，他必須首先排除有礙此種努力的一些消極的觀念和心態，包括懷疑鬼神和迷信宿命，因為二者都使人覺得世間沒有公平正直的權威來賞善罰惡，人們又不能預期其行為的後果，所以努力從事毫無意義。

　　在「證明」了鬼神之存在及其功能，破除了宿命的觀念之後，墨子提出了一些重要的建議，希望人們能採用來建立一個較好的社會。

兼愛

　　墨子的第一個積極的建議是樹立一種兼容、博愛的心態，他稱之為「兼愛」。在討論亂因之時，他指出在原始社會裏沒有共同的是非，每一個人都各別有其不同的看法和想法，「一人一義」，突出了

人與人之間的差別。這種「別」使得人際的容忍、和諧變得很困難，各人都注重一己的是非利害，看不到相互之間的共同之處，不能相互容忍對方的觀點。人各自愛而不相愛，不免盡力謀求一己的利益，避免一己的危難，甚至侵害他人的利益，以增進自己的利益。以他的話說「亂何自起？起不相愛。臣子之不孝君父，所謂亂也。子自愛不愛父，故虧父而自利；弟自愛不愛兄，故虧兄而自利；臣自愛不愛君，故虧君而自利，此所謂亂也；雖 [推至] 父之不慈子，兄之不慈弟，君之不慈臣，此亦天下之所謂亂也。父自愛也不愛子，故虧子而自利；兄自愛也不愛弟，故虧弟而自利；君自愛也不愛臣，故虧臣而自利。是何也？皆起不相愛。雖至天下之為盜賊者亦然，盜愛其室不愛其異室，故竊異室以利其室；賊愛其身不愛人，故賊人以利其身。此何也？皆起不相愛。雖至大夫之相亂家，諸侯之相攻國者亦然。大夫各愛其家，不愛異家，故亂異家以利其家；諸侯各愛其國，不愛異國，故攻異國以利其國，天下之亂物具此而已矣。察此何自起？皆起不相愛。」倘若能「視人之身若其身，視人之家若其家，視人之國若其國」，〈兼愛上〉誰會不孝，不慈，盜竊、賊害、攻伐？諸侯相愛則不野戰，家主相愛則不相篡，人與人相愛則不相賊，君臣相愛則惠忠，父子相愛則慈孝，兄弟相愛則和調，天下之人皆相愛，強不執弱，眾不劫寡，富不侮貧，貴不傲賤，詐不欺愚，人人皆以耳目相助於視聽，以手足相助於工作，有知識道理相互教誨，使老年而無子女者可以有人侍養而壽終，幼弱而無父母的可以有所依賴得以成長。「天下禍篡怨恨可使毋起。」〈兼愛中〉

此說聽來甚善，但是「非兼者」[否定兼愛的人] 問一般人會付諸實踐嗎？墨子反問「今有平原廣野於此，被甲嬰冑將往戰，死生之權未可識也；又有君大夫之遠使於巴、越、齊、荊，往來及否未及否未可識也，然即敢問，不識將惡也 [舉其] 家室，奉承親戚，提挈妻子，而寄

託之？不識於兼之有是乎？於別之有是乎？」然後他肯定地說天下的愚夫愚婦，甚至否定兼愛的人，都會選擇有兼愛之心的人，因為遵行兼愛的人（「兼士」）會對受寄託之人「飢則食之，寒則衣之，疾病侍養之，死喪葬埋之」，而一個只注重人我之別的人（「別士」）則會聽任那些人飢寒、疾病、死亡於不顧。〈兼愛下〉

「非兼者」說個人可能如此，但是治國者不可能這麼做。墨子問如果國內有天災癘疫，很多人民因凍餒疾病而死，這個國家應該交給一個以人民為重，盡力設法去救援他們的「兼君」去統治，還是一個只知自身利害，棄置他們的災難於不顧的「別君」？即使是愚夫愚婦，甚至原來只知獨善其身的人，一定都會選擇那個實行「兼愛」的「兼君」。〈兼愛下〉

「非兼者」說兼愛固然合乎仁義，但是實行起來太困難，好像挾起了泰山來跨越長江黃河一樣，所以至多只是一種願望而已。墨子說古代聖王夏禹、商湯和周代的文王、武王都曾做到過，並且引用了「禹誓」、「湯誓」、「泰誓」、「周詩」等等上古文獻裏的記載來證明這些先王的作為，都不是為了自己的利益，而是為了「興天下之利，去天下之害」。〈兼愛中〉為了這個目的他們甚至於「不憚以身為犧牲」，而他提倡兼愛，不過是取法他們而已，並不是要求人們「挈泰山以超江河」。〈兼愛下〉

他更進一步說不僅古代聖王可以做到兼愛，一般統治者也都可以。例如晉文公喜歡簡樸，他的臣子都穿着粗陋的衣服上朝；楚靈王喜歡細腰的人，楚人皆節食求瘦以致瘠病；越王勾踐好勇，以此教養其臣民三年之後，故意放火燒船，人們就爭先恐後搶着去救，伏水火而死者不可勝數。這些常人在平時難以做到的行為，只因在上者所喜，過了不久，人們便都去做了，可見統治者如果奉行兼愛，天下人也都會以為榜樣而行兼愛，如「火之就上，水之就下」，不能遏止。

〈兼愛下〉

　　最後「非兼者」說對待陌生人猶如對待自己的親人一樣，豈不有悖孝道？墨子說孝子為他的父母着想，應該是希望別人都愛護他們並且做有利於他們的事。所以「必吾先從事乎愛利人之親，然後人報我以愛利吾親」，這樣投桃報李，才是孝子事親之道。〈兼愛下〉

　　墨子花了這麼多口舌來建立「兼愛」的理論，並且強調它的可行性，因為他的主旨在為大眾謀福利，如果人們，尤其是掌握權勢之人，只知自愛其利，不能顧及他人，他的一切建議都將落空。

非攻

　　墨子第二個重要的建議是「非攻」——終止侵略戰爭。他先說明侵害他人是一種罪行，然後說侵略者往往得不償失，最後對於否定其說者一一加以駁斥。首先他以小喻大，說竊人桃李，攘人犬豕，取人牛馬，殺害無辜之人而奪其衣裘戈劍，都是虧人利己的罪行，虧人愈多，其罪愈重，天下的人都認為有悖仁義，應該加以懲罰，以為殺一無辜之人應科一死罪，殺十人應科十死罪，殺百人應科百死罪。但是對於侵略無罪之國，「入其國家邊境，芟刈其禾稼，斬其樹木，墮其城郭，以湮其溝池，攘殺其牲牷，燔潰其祖廟，勁殺其萬民，覆其老弱，遷其重器」卻不以為非，反而加以歌頌，稱之為義。如此只知譴責小非而不知譴責大非，可見這些人根本不能辨別是與非，義與不義。天下之君子有此想法就是禍亂之源。〈非攻上〉、〈非攻下〉

　　反對墨子之說的人否認攻伐都是罪行。他們問古時禹攻有苗，湯伐桀，武王伐紂，都被奉為聖王，是何緣故？墨子說他們的行為不是「攻」（侵略），而是「誅」（懲罰），是遵奉天命而為。然後他說了一大堆「神話」來支持其說——在三苗、桀、紂之時，統治者自作亂，國內有大災難、怪現象；天帝乃親自或遣神祇命令 禹、湯、

武王，起兵誅之；在戰爭過程中天帝並派遣了各種神祇來幫助。〈非攻下〉

　　喜好攻伐的國君說　如果攻伐是不義，楚、吳、齊、晉建國之始土地都只有數百方里，人口不過數十萬，因為征伐兼併他國，現在各有土地數千方里，人口數百萬，怎麼可以說攻戰是不可為的？墨子說請以醫藥為喻。如有一個醫師和合了某種藥物給一萬個人服用，只治癒了四五個人，這藥不能稱為是一種良藥。孝子不會將它給父母服用，忠臣不會將它給君主服用。古代原有封國甚多，現在只剩很少幾個，皆因征伐之故。所以征伐不是治天下的良道。〈非攻中〉

　　喜好攻戰的國君又說，戰敗滅亡之國是因為不能善用其力，是咎由自得。墨子說不然：以前吳王夫差北攻齊，東攻越，皆大勝，乃自恃其力，伐其功，最後竟被越王勾踐所誅；晉國有六將軍，以智伯為最強，攻中行氏及范氏，併為一家，又圍趙，韓、魏乃救趙，滅智伯。古人說「君子不鏡於水而鏡於人。鏡於水，見面之容；鏡於人，則知吉與凶。」現在自恃其力而行攻戰求利的人，皆未以智伯為鏡，其後果實在可憂。〈非攻中〉

　　有的好戰之君率直地說自己「貪伐勝之名，及得之利」。墨子說假如他不是誅伐暴君，就沒有善名可言。至於得利，墨子說「計其所得，反不如所喪者之多」，因為戰爭的代價非常高，一旦起兵，農作不時，百姓飢寒而死者不可勝數；為了運送武器裝備，百姓牛馬死於途中者不可勝數；在戰場上武器裝備被毀者不可勝數；兵卒將士傷亡者不可勝數；鬼神因而喪失後嗣祭祀者不可勝數。為了要攻取小小的「三里之城，七里之郭」，死傷之人多則數萬，少則也要數千。而發動侵略的國家，往往已有數千里的空地無人居處耕作，再去侵奪他國之地「是棄所不足而重所有餘」，不是知者治國之道。〈非攻中〉知者之道應該要「順天鬼百姓之利」。國家是天設的，人民是天生的，鬼

神是執行天意的，黍稷犧牲是用來祭祀天的。侵略戰爭「攻天之邑，殺天之民，剝神之位，傾覆社稷，攘殺其犧牲」，必不能「上中天之利」；「殺天之人，滅鬼神之主」，必不能「中中鬼之利」；「竭天下有姓之財用，害民生之本」，甚至驅民戰死，必不能「下中人之利」。如此治國自將敗亡。〈非攻下〉

　　另有一些好戰之國說我不是因為財富、人民、土地不足而從事征伐，我想要以義名立於天下，使諸侯歸順。這是對「義」的誤解。墨子說「義，利也」，在國際之間「為義」，不應該以武力強制他國就範，好像將小孩當作馬來馴服，而應該對被侵略的國家加以救助──對城郭不全的加以修建，對物資貧乏的加以周濟，對貨幣不足的加以補充──然後以德來督導諸侯，才是「為義」於天下。古代仁人就是如此，他們反對攻伐，主張兼愛，乃能「一天下之和，總四海之內」，上事天帝，中安鬼神，下利百姓，「是以天賞之，鬼富之，人譽之，使貴為天子，富有天下，名參乎天地。」這才是知者之道，聖王之法。現在的諸侯喜好侵略而自稱為義，猶如盲人分辨黑白，乃是自欺欺人。〈非攻下〉

　　以上陳述墨子釐清了世亂之因（一人一義），說明了社會共同的是非（天志）的必要，強調了最高權威（天、鬼）的作用，否定了宿命論（非命），提出了人們應該努力交相利（兼愛）避免交相害（非攻）的主張。這些都是觀念問題，以下要說的是他建議的一些比較具體的為政利民之道。

尚賢

　　無論做什麼事，第一步是要選擇具有適當才能可以勝任之人，此理非常簡單。墨子舉例說，倘如一個人有一頭牛羊而不能自行宰殺，一定會去找個好的屠夫；有一件衣裳不能自行製作，一定會去找

個好的裁縫；有一匹病馬不能自行治療，一定會去找個好的獸醫……〈尚賢下〉至於為政治民，就要任用「賢者」。賢者是怎樣的人？是怎麼來的？墨子沒有說明，僅僅舉了一些例子，如堯所用的舜、舜用的禹、禹用的皋陶，湯用的伊尹，周武王用的閎夭、泰顛。這些人都能使天下和，庶民阜，近者安之，遠者歸之，就是賢者。〈尚賢下〉此外他又談到賢者的工作說「賢者之治國也，早朝晏退，聽獄治政，是以國家治而刑法正；賢者之長官〔府〕也，夜寢夙興，收斂關市、山林、澤梁之利……；賢者之治邑也，早出暮入，耕稼樹藝……」結果國治民富，天鬼享，四鄰睦，謀事得，舉事成。堯、舜、禹、湯、文王、武王就是靠這些賢者而平治天下的。〈尚賢中〉

　　怎樣才可以得賢而用之？墨子說要根據「三本〔三個原則〕」。第一要「高予之爵」，第二要「動之以祿」，第三要「任之以事，斷予之令」。因為「爵位不高則民弗敬，蓄祿不厚則民不信，政令不斷則民不畏。」〈尚賢上〉這是從百姓觀點來看的；從賢者的觀點來看，如果不能得到適當的爵祿和斷事的權力，必然不肯接受任命。這些道理都是極為淺顯的，但是墨子當時的王公們却不明白，所用之人都只是骨肉之親、沒有事功而已富貴的世襲的貴族、以及面目美好受他們喜愛的人。他們雖然知道此輩無能，却付以重任，猶如派一個啞吧去外國做使者，命一個聾子去做樂師一樣，將國家的事看得比宰一頭牛羊，縫一件衣裳，醫一匹馬，修一隻弓都不如。如此「明於小而不明於大」，當然無法將國家治好。〈尚賢下〉

　　正當的做法應該如何？墨子說王公用人，不該考慮該人與他們的親戚關係、該人的身份地位以及他們對該人的好惡，而應該完全以其能力來作決定，這麼做才合乎「義」。古代聖王遵從此「義」而尚賢使能，「不黨父兄，不偏貴富，不嬖顏色」，〈尚賢中〉「雖在農與工肆之人，有能則舉之」，〈尚賢上〉「富而貴之，以為官長」，〈尚賢中〉「以官

服事，以勞殿賞」。〈尚賢上〉如係不肖，不稱職，便「抑而廢之，貧而賤之，以為徒役」。〈尚賢中〉所以「官無常貴，而民無終賤」。〈尚賢上〉有了這樣的「明君」，「賢人」才得任用，竭四肢之力為之從事，使饑者得食，寒者得衣，勞者得息，為善者勸，為暴者沮，亂乃得治，國乃得安。〈尚賢中〉

　　賢人與常人何異？《墨子》〈親士〉、〈修身〉、〈所染〉等篇曾涉及「士」、「君子」、「良才」，說到這些人的一些特質，包括「貧則見廉，富則見義，生則見愛，死則見哀」，〈修身〉志彊智達，言信行果，守道篤，知物博，是非察，不假虛名，不伐功勞，以身戴行，尋求實利等等德性。如何培養這些德性？墨子提出了兩個辦法：一是「反之身」，就是自省，以「察邇來遠」，做到「譖慝之言無入之耳，批扞之聲無出之口，殺傷人之孩無存之心」。〈修身〉二是慎於「所染」（謹慎擇友），「其友皆好仁義，淳謹畏令，則家日益，身日安，名日榮，處官得其理矣；其友旨好矜奮 [喜冒險]，創作比周 [結黨營私]，則家日損，身日危，名日辱，處官失其理矣。」〈所染〉可見墨子培育「賢人」與孔子培育「君子」，方法大致相同，但是墨子所述過於簡略。

圖利

　　墨子一再強調治國應「上中天之利，中中鬼之利，下中人之利。」〈非攻下〉一般而言，所謂「利」是受愛好的，「不利」是受憎惡的。鬼神是天的使者，應該沒有其獨立的意志、好惡；天則有意志、好惡。天所愛好的是天下之百姓，為了他們它造了日月星辰，制定了春夏秋冬，降下了霜雪雨露以滋長五穀絲麻，選擇了王公侯伯以賞善罰暴；天所憎惡的是人間的強凌弱，眾暴孤，貴傲賤，詐欺愚。因此之故可以說天是為人而存在的，天之利和不利就是人之利和不利。

　　人的利和不利是什麼？墨子說「民有三患：饑者不得食，寒者

不得衣，勞者不得息」。〈非樂上〉又說聖王之治在使「百姓皆得煖衣飽食，便寧無憂」。〈天志中〉可見他認為人所欲之「利」主要是滿足其基本的生活需要。他指出在這一點上人與禽獸鳥蟲不同，那些動物有毛羽為衣，以水草為食，而人所需的衣食全靠自己努力生產，「賴其力者生，不賴其力者不生」。〈非樂上〉人的情性也因而不同——如果能努力工作，又幸而「時年歲善」，人便「仁且良」，否則人便「吝且惡」。〈七患〉

　　在墨子的時代生產力低，一般人都很貧困，而掌握權勢者卻十分奢侈，所以他強調大家都要各盡其責，增加生產——「農夫早出暮入，耕稼樹藝，多聚菽粟。婦人夙興夜寐，紡績織紝，多治麻絲、葛緒、綑布縿」。為了使農夫、婦人能盡力生產，他說在政府工作的人要「強從事」——「王公大人早朝晏退，聽獄治政」；「士君子竭股肱之力，亶其思慮之智，內沾官府，外收斂關市、山林、澤梁之利，以實倉廩府庫。」〈非樂上〉

　　增加生產要靠人力。墨子之時人口不多，而各國統治者使民也勞，稅斂也厚。民乃財用不足，居處不安，以致疾病凍餓死者，不可勝數。統治者又好攻伐，使民戰死者，也不可勝數。即使不死，終年累月在外從戎，男女久不相見，也足寡民。所以他說「唯人為難倍」。人口不增，生產力自然低落。但是如果能用適當的辦法，人口可以倍增。他說昔者聖王為法曰「丈夫年二十，毋敢不處家；女子年十五，毋敢不事人。」〈節用上〉使人早婚便可多生子女，增加勞動力，因而增加財富。

節用、節葬、節喪

　　人口增多並且各自努力生產還不夠，因為在上者靡費太甚，例如齊康公喜好使用大批歌舞的人表演「萬」舞，規定他們不可以穿簡

陋的衣服，不可以吃粗糙的食物，因為「飲食不美，面目顏色不足視
也；衣服不美，身體從容醜羸，不足觀也」，所以「食必粱肉，衣必
文繡」。〈非樂上〉此外《墨子》〈辭過〉篇還通盤地描述了「當今之主，
厚作斂於百姓，暴奪民衣食之財」以為宮室、衣服、車舟、飲食、私
蓄［女侍］，奢侈過分。〈辭過〉統治者如此濫用財物，人民無論如何努力
生產，還是不免於貧乏，何況人民往往上行下效，也趨於浪費，後果
更為嚴重，所以墨子大聲呼籲，要大家從衣食開始，以至於喪葬，都
要節約，而對於最後兩項特別重視，因為久喪厚葬是最大、最無謂的
浪費。

　　墨子說古代聖王深知此理，所以制定「節用」之法，令天下百
工各事所能，「凡足以奉給民用則止，諸加費不加于民利者，聖王弗
為」，〈節用中〉此外又作了許多更詳細的規定：

　　關於飲食，墨子指出當時的統治者「厚作斂於百姓，以為美食
芻豢，蒸炙魚鱉，大國累百器，小國累十器，前方丈，目不能遍視，
手不能遍操，口不能遍味，冬則凍冰，夏則飾饐，人君為飲食如此，
故左右象之。是以富貴者奢侈，孤寡者凍餒，雖欲無亂，不可得也。
君實欲天下治而惡其亂，當為食飲，不可不節。」〈辭過〉應該節到什
麼程度？他說只要能夠「充虛繼氣，強股肱，耳目聰明，則止，不極
五味之調，芬香之和，不致遠國珍怪異物。」〈節用中〉

　　關於衣服，墨子說當時之君「必厚作斂於百姓，暴奪民衣食之
財，以為錦繡文采靡曼之衣，鑄金以為鉤，珠玉以為珮，女工作文
采，男工作刻鏤，以為身服，此非云益煗之情也。單財勞力，畢歸之
於無用也，以此觀之，其為衣服非為身體，皆為觀好，是以其民淫僻
而難治，其君奢侈而難諫也。夫以奢侈之君，御好淫僻之民，欲國無
亂，不可得也。君實欲天下之治而惡其亂，當為衣服不可不節。」〈辭
過〉要節到什麼程度？他說「聖王制為衣服之法曰：冬服紺緅之衣，

輕且暖，夏服絺綌之衣，輕且清，則止。諸加費不加於民利者，聖王弗為。」〈節用中〉

關於車舟，墨子說當時之主「必厚作斂於百姓，以飾舟車。飾車以文采，飾舟以刻鏤，女子廢其紡織而修文采，故民寒。男子離其耕稼而修刻鏤，故民饑。人君為舟車若此，故左右象之，是以其民饑寒並至，故為姦邪。姦邪多則刑罰深，刑罰深則國亂。君實欲天下之治而惡其亂，當為舟車，不可不節。」〈辭過〉要節到什麼程度？他說車能「服重致遠，乘之則安，引之則利。安以不傷人，利以速至」；舟可以濟渡即可，「雖上者三公諸侯至，舟楫不易，津人不飾。」〈節用中〉

關於房屋，墨子說當時之主「必厚作斂於百姓，暴奪民衣食之財以為宮室，臺榭曲直之望，青黃刻鏤之飾。為宮室若此，故左右皆法象之，是以其財不足以待凶饑、振孤寡，故國貧而民難治也。君實欲天下之治，而惡其亂也，當為宮室不可不節。」要節到什麼程度？他說「聖王為宮室曰室高足以辟潤濕，邊足以圉風寒，上足以待雪霜雨露，宮牆之高，足以別男女之禮，謹此則止。凡費財勞力，不加利者，不為也。」〈辭過〉

關於喪葬，世人皆以為是大事，古代孝子都盡力而為，不足而止。後世之人有主張厚葬久喪的，有反對這麼做的，二者都說是遵行「堯、舜、禹、湯、文、武之道」，因而使一般人們困惑。墨子認為此事體大，所以在〈節葬〉用了很多言詞來解惑。首先他描述了一番當時的情況：許多人都要求「棺槨必重，葬埋必厚，衣衾必多，文繡必繁，邱隴必巨」。〈節葬下〉以此原則用之於一介平民，必定會使他傾家蕩產；用之於王公、諸侯，則可能會將其府庫淘空，因為他們會先將絲綢織物、金玉珠寶裝飾在屍體上，置入中棺，外加大棺，以雕花的皮革裹纏三層，在棺外穴內陳設了帷幕、帳幔、樂器、筵几、食具、戈劍、鐘鼎、壺鑑、文繡、素練、車馬，一併埋入地下。又因為

入墓猶如遷居，要有許多隨從，天子諸侯死後要殉葬的人，多者數百，少者數十；將軍、大夫死後殉葬的人，多者數十，少者數人。〈節葬下〉

至於處喪，死者家屬一定要哭泣不停，哽不成聲，身上穿着麻衣，臉上掛着涕淚，住在門外草房裏，枕在一個土塊上，勉強忍飢不進食，受寒不加衣，以致面目枯槁，臉色黝黑，耳目昏瞶，手足無力，扶而後起，杖而後行，如此者三年。在此期間王公大人「不能早朝晏退，聽獄治政」；士大夫「不能治五官六府，辟草木、實倉廩」；農夫「不能早出夜入，耕稼樹藝」；百工「不能修舟車為器皿」；婦人「不能夙興夜寐，紡績織紝」。〈節葬下〉

在此描述之後墨子說「細計厚葬，為多埋賦財者也；久喪，為久禁從事者也。財已成者挾而埋之，後得生者而久禁之。以此求富，譬猶禁耕而求穫也。」〈節葬下〉

依照墨子的觀察，厚葬久喪不僅傷財，還有更嚴重的後果，包括減失人口、敗壞政治、外難拒侵略、上觸怒鬼神。其說皆見於〈節葬下〉。

人口怎麼會減失？因為遵行久喪的人，為國君之死要服喪三年，為父母、長子之死也要服喪三年，為伯叔、兄弟、以及庶子之死要服喪一年，為同宗近支的親人之死要服喪五月，為姑、舅、姊、甥之死也要服喪數月，結果必致羸弱疾病而死者不可勝計，而且因為在此期間不可有男女之交，當然又使可生之人減少。

政治為什麼會敗壞？因為王公大人不勤於聽治，士大夫不勤於官事，於是「僻淫邪行之民，並為淫暴，不可勝禁」。

為什麼會難拒侵略？因為國家貧，人民寡，刑政亂，上下不和，府庫沒有積蓄，城郭未能修繕，一旦外國入侵，必然出戰不克，入守不固。

為什麼會觸犯鬼神？因為國貧民寡，內亂外患並作，必致祭祀不及時，不適當。上帝鬼神會說這樣的君民，有與沒有皆無差別，所以會廢棄他們，不予保護。

主張厚葬久喪的人聽了這一番話，雖然承認他們的做法不能去貧致富，增加人口，定危治亂，但仍強辯說那是聖王之道。墨子說不然，從前堯、舜、禹三王外出教化邊民，歿於途中，葬時只用了三套衣衾，尋常的木棺，外面束以葛藤，埋之不深，其上可讓牛馬、市人照常往來行走。由此觀之，厚葬並非聖王之道。

主張厚葬久喪的人又說如果這不是聖王之道，為什麼中國的君子卻不斷地這麼做而不肯改變？墨子說「此所謂便其習而必其俗者也」，但是習俗並非普遍固定，而可因時因地而異。他說以前越之東有一個輆沐國，那裏的人有了第一個孩子就將他肢解吃掉，說是這樣可以「宜弟」；祖父死了就將祖母揹起來丟掉，說「鬼妻不可與居處」。楚之南有一個炎人國，那裏的人於父母死後就將他們的皮肉剔掉，然後埋葬其骨骼。秦之西有一個儀渠國，那裏的人於父母死後就架起火來燒其屍體，看見煙氣上燻就說是他們成仙了。凡是這麼做的，當地人都稱之為是，但是這些可以說是仁義之道嗎？其實只是從其習俗而已。就習俗而言，那些國家的可以說是太刻薄了，而中國的又太浪費了。衣食是利於活人的，埋葬是利於死人的。衣食應該有所節制，埋葬卻不須節制嗎？所子墨子制定了喪葬之法：「棺三寸，足以朽骨；衣三領，足以朽肉；掘地之深，下無菹漏 [不及濕土]，氣無發洩於上；壟足以期 [辨識] 其所，則止矣。哭往 [送葬] 哭來 [回家]，反從事乎衣食之財，佴 [助] 乎祭祀，以致孝於親。」這種做法對於生者和死者的利益都能顧全無失。今日的士君子想遵從仁義，上中聖王之道，下合國家百姓之利，就應該依照這種節制的辦法來為政。〈節葬下〉

以上所說種種辦法不僅為了節制當時明顯的浪費，而且可以防

止將來可能的災難。墨子說「雖上世之聖王，豈能使五穀常收，而旱水不至哉？」夏禹時有七年水災，商湯時有五年旱災，然而人民沒有飢饉，就是因為在上者節用之故。在那種情況下在上者如何節用？墨子說一年欠收，大夫以下皆「損祿」五分之一；連續欠收則每年累損，第五年欠收則完全無祿，只發給每日的口糧；君主也撤除膳食五分之三；其他支出也都減損。〈七患〉

非樂

簡而言之，墨子主張仁人之事，務求興天下人之利。「利人乎即為，不利人乎即止」，不應該只為自己耳目、口腹、身體所樂，而有作為。不享樂的原因，「非以大鐘鳴鼓，琴瑟竽笙之聲，以為不樂也；非以刻鏤文章之色，以為不美也；非以犓豢煎炙之味，以為不甘也；非以高臺厚榭邃野之居，以為不安也」，而是「雖身知其安也，口知其甘也，目知其美也，耳知其樂也」，然而考之聖王之事、萬民之利，享樂是不對的，主要因為這些享受都會「虧奪民衣食之財」，不是仁者該做之事。〈非樂上〉

他特別反對的是聆聽音樂，認為是一種特別嚴重的浪費。他在〈非樂〉指出古代聖王徵收百姓的錢財來製造舟車，使君子小人都能行長途，渡河川，此舉合乎民之所利，所以沒有人反對。至於製造樂器而厚斂於民，並且僱用百姓之中身強力壯，耳目聰明的人去演奏，對人民是有害的，因為第一，如前所說民有三患——飢不得食，寒不得衣，勞不得息。執政者「撞巨鐘，擊鳴鼓，彈琴瑟，吹竽笙，而揚干戚 [舞器]。民衣食之財將安可得乎？」第二，天下之亂，在乎國家之間的戰爭，人民之間的強劫弱，眾暴寡，詐欺愚，貴傲賤，寇亂盜賊。執政者演奏音樂，天下可以得治嗎？不僅此也，如果王公大人沉湎於音樂，即不能聽獄治政；如果士君子沉湎於音樂，即不能治官

府，實倉廩；如果賤人沉湎於音樂，即不努力於耕耘、紡績、為百工之事，結果天下當然大亂，所以墨子說「為樂非也！」〈非樂上〉

儒者程繁對墨子說「昔諸侯倦於聽治，息於鐘鼓之樂；士大夫倦於聽治，息於竽瑟之樂；農夫春耕夏耘，秋斂冬藏，息於瓴缶 [瓦器] 之樂。今夫子曰聖王不為樂。此譬之猶馬駕而不稅，弓張而不弛，無乃非有血氣者之所不能至邪？」墨子說古代聖王在「事成功立，無大後患」時才作樂。但是治天下愈差的，其樂愈繁。「自此觀之，樂非所以治天下也」。〈三辯〉

非儒

以上所述墨子的理論，與孔子、老子的相比有許多不同。孔、老之說在前，墨子不得不有所反應。他對老子沒有直接的評述，可能因為他完全不能接受老子愚弄人民，不屑與之爭辯。對於孔子及一般儒者則不然，他與他們一樣倡導仁義，鼓勵人們進取，但是其〈兼愛〉、〈天志〉、〈節葬〉、〈非命〉諸篇皆與儒家理論相背，其〈非儒〉、〈公孟〉等篇更摭拾孔子及儒者的一些言行，一方面加以譏刺，一方面闡明若干墨學之旨，其說有的頗為中肯，有的不然。茲略述於下。

其一，儒家有「親親有術 [殺、級別]，尊賢有等」之說。墨子認為他們所謂的差等是很無理的。依照儒家之禮，為父母、妻、嫡子服喪皆三年，為伯叔、兄弟、庶子皆一年，為族人皆五月。如此將父母與妻子等同，伯叔與庶子等同，這算是親親有殺嗎？還有比此更悖逆情理的事嗎？〈非儒下〉

其二，儒者於父母死後，將其屍體陳列在家不予收斂，而先登上屋頂，探視水井，挑掘鼠洞，查看滌器，想去找回死者，這實在是太愚蠢了；明明已知其死，還這麼裝模作樣去尋找，那又是太虛偽了。〈非儒下〉

　　其三，儒者娶妻要行親迎之禮，新郎要像僕人一樣，端正了衣冠，拉着馬韁，將登車的引帶遞給新婦，猶如事奉嚴親一般。又在服喪之時，也將父母降在妻子同等，顛倒上下。這都算得是孝嗎？儒者說迎妻是為了要延續子嗣，奉祀宗廟，所以要隆重。墨子說這是無理之言，因為儒者的宗兄守着他家的宗廟數十年，死了只為他服一年之喪，兄弟之妻也奉祀先人，死了卻不必服喪，所以為死去的妻、子服喪三年，顯然並非為了守宗廟、祭祖先之故。儒者借重親之名而行厚私，實在是大奸之術。〈非儒下〉

　　其四，儒者強執有命之說，聲稱「壽夭貧富，安危治亂，固有天命，不可損益，窮達、賞罰、幸否，雖有極人之知力，不能為焉。」因此之故，不肯努力從事，以致於貧困，受人譏笑，他卻怒道「散人 [無知之人]！焉知良儒？」但是這種「良儒」不知自力謀生，常常陷於飢寒，只在富人有喪事之時，去幫助喪禮，高興地說「此衣食之端也！」帶了一家人去大吃大喝。這也是命定的嗎？〈非儒下〉儒者公孟子執有命之說而又強調「君子必學」，墨子說教人費事求學，而又說凡事聽命，就好像教人花工夫將頭髮捲在頭上，卻不讓他戴帽子，說是戴也無用。〈公孟〉

　　其五，儒者公孟子說君子的語言和服裝必須依照古人所為，才合乎仁義。墨子說古時商王紂和卿士費仲是天下之暴人，箕子和微子是天下之聖人，他們用的都是同時的語言，但是或仁或不仁。周公旦為天下之聖人，管叔度為天下之暴人，穿的都是當時人的衣服，但是或仁或不仁。所以仁與不仁不在古服古語。儒者又說古之君子「循而不作」。墨子說「古人」當時所說所為必非全是更古之時所有的事物；許多都是新「作」的，例如發明弓箭、甲胄、車舟，難道都不是仁義之事嗎？〈非儒下〉

　　其六，儒者說「君子勝不逐奔，揜函弗射，施則助之胥車」（戰

勝後，不追擊敗逃之人，不射殺已經卸下了甲冑的將士，敵人的戰車
陷在泥裏，就幫他推出來）這才是仁義之道。墨子說如果雙方都知仁
義，就不會發生戰爭；如果都是暴虐之人，即使能那麼作，也不能因
而變成仁人。仁人應該誅罰暴人，為天下除害，如果像儒者所說的那
麼做，縱容那殘暴之人不死，繼續為害於人世，天下之不義沒有比此
更大的了。〈非儒下〉

其七，儒者公孟子說「君子恭已以待，問焉則言，不問焉則止，
譬若鐘然，扣則鳴，不扣則不鳴。」〈公孟〉墨子說「仁人事上竭忠，
事親務孝，得善則美，有過則諫」，〈非儒下〉這是原則，然而是否陳
言，要看情勢而定。倘若國君淫暴，將進諫視為不遜或誹謗，君子就
不能直言，只有在被問之時才作反應，這是「不扣不鳴」；倘若國家
面臨大難，或者興不義之師以伐無罪之國，在這兩種情形，君子都要
起來陳言，這是「不扣必鳴」。一個人對於君親有大害之事，危機將
發，他人不知，已獨知之，而仍袖手恬漠，不問不言，就是不忠不
孝，與大亂之賊無異。儒者遇到合乎自以為是的話題就搶着說，唯恐
後人；遇到對自己的想法不合的事，就雙手高拱，說「唯其未之學
也」，然後就急急地逃避了。這是孔丘之行，違背了仁義之道。君子
之道在於竭力去興利，想盡辦法，曲直周全，到使天下得利為止。〈非
儒下〉

其八，孔子為魯司寇，人多稱道其治績。當時季孫為相，與魯
君不合而出走，到城門時與守門者相爭，孔子拔起門楗讓季孫逃出。
墨子指出孔丘「舍公家而奉季孫」，是不忠的行為。〈非儒下〉

其九，孔子困於陳蔡之間，沒有米食可吃。到了第十天，子路
捉到一隻小豬將牠蒸了，又剝了別人的衣服去了沽酒。孔子沒有問酒
肉是怎麼來的，就吃喝起來。後來他接受魯哀公的歎待，墊席沒有排
正就不坐，肉沒有切得方正就不吃。子路問他為什麼與在陳蔡之時的

行為大異。他說「來，吾語女。曩與女為苟生，今與女為苟義。」墨子說「夫飢約則不辭妄取以活身；贏飽則偽行以自飾。汙邪詐偽孰大於此！」〈非儒下〉

其十，孔子與弟子們閒坐時說，舜見了瞽瞍就蹙踖不安，當時的情勢極為危險；又說周公旦捨棄了宗周在西的鎬京，而在東部另立了成周，以洛陽為京城而住在那裏。結論說二者都算不上是仁義之人。這些話大約是因為舜以子為君，瞽瞍以父為臣，依照儒家的觀念，這是違反倫理的，所以天下危險。周公不在鎬京奉祀周的宗廟，而在洛陽自立一個朝廷，是違反宗法的，不能算是仁義之舉。孔子之言，顯然對舜與周公皆表不滿，認為他們還不夠完善。但是墨子認為孔子雖然厚責先王，自己的行為卻多可疑，提起了佛肸以中牟叛，孔子擬應召而往作為一例，來說明此點。此外他又指出孔門弟子如子貢、子路竟輔助衛國大臣孔悝作亂，便是受了孔子言行不一的影響。〈非儒下〉

其十一，葉公子高問政於孔子。孔子說「善為政者遠者近之，而舊者新之。」墨子說葉公難道不知道這種善政的結果嗎？他要問的是如何能達到這樣的結果。孔子「不以人之所不知告人，而以所知告之」，是不誠實而且答非所問。〈耕柱〉

其十二，儒者守喪，或數年或數月；不守喪之時又經常「誦詩三百，弦詩三百，歌詩三百，舞詩三百」。遵此而行，君子什麼時候來治理政務，庶人什麼時候來從事生產？公孟子說「國亂則治之，治則為禮樂；國治則從事，國富則為禮樂。」墨子說「國之治，治之故治也；治之廢，則國之治亦廢。國之富也，從事故富也；從事廢，則國之富亦廢。故雖治國，勸之無饜，然後可也。今子曰國治則為禮樂，亂則治之。是譬猶噎而穿井也 [臨時鑿井取水以噎食]。」〈公孟〉

其十三，公孟子否認鬼神，但是又說君子一定要學祭祀。墨子

說「執無鬼而學祭禮，是猶無客而學客禮也，是猶無魚而為魚罟也。」〈公孟〉

其十四，公孟子說墨子批評三年之喪，其實他主張的三日之喪也沒有道理。墨子說因為我說三年之喪不當，你就說三日之喪也不當，就像說裸體和揭起衣裳的人一樣的不恭敬。公孟子說因為嬰兒三歲才能離開父母的懷抱，為了感念父母之恩，服喪三年，是有道理的。墨子說嬰兒只知愛慕父母，找不到父母就號哭不已，實在很愚昧。儒者的智能，難道沒有比嬰兒的好一點嗎？〈公孟〉

其十五，墨子問儒者「何故為樂？」儒者說「樂以為樂也。」墨子說你沒有答覆我的問題。如果我問「何故為室？」你說「冬避寒焉，夏避暑焉，以為男女之別也」才是告訴我築室的緣故。我現在問你為什麼演奏音樂？你說「樂以為樂也」就好像我問你為什麼築室？你說「室以為室也。」〈公孟〉

以上所述墨子對儒者的批評，有的很中肯，有的可能是誤解了孔子本意（如上述第四點論「命」），有的似屬挑剔（如上述第五點論「古服」，上述第十點責備周公），有的似屬誇張（如上述第十二點論多禮以致無時為政、從事），有的似屬歪曲（如上述第十五點稱「樂以為樂」，只因演奏音樂的「樂」與感覺快樂的「樂」古音相同，而故意加以混淆）。除了這些細節之外，墨子又綜合儒者理論四大重點「足以喪天下」。一為「以天為不明，以鬼為不神」；二為「厚葬久喪」；三為「弦歌鼓舞，習為聲樂」；四為以命為有，「貧富壽夭，治亂安危，不可損益」。儒者程繁聽了說「甚矣！先生之毀儒也。」墨子說倘若儒者並無這四種想法，我是毀謗了他們。事實上他們確有這些想法，所以我並沒有毀謗，只是將我了解的告訴你。因為他們的錯誤十分重大，所以我的批評就特別嚴厲。〈公孟〉

墨子不僅批評儒者，《墨子》〈非儒〉篇裏還有三段直接攻擊孔

子的話，其一說晏子對齊景公講：孔子在楚國時，明知楚宗室白公勝與石乞作亂，而不告訴楚王，結果楚王幾乎被害，而白公終於服誅。孔子這種行為「深慮同謀以奉賊，勞思盡知以行邪，勸下亂上，教臣殺君，非賢人之行。」

其二說孔子到齊國會見景公之後，景公很高興，想將尼谿之地作為他的封邑。晏子說不可。因為儒者倨傲自大，不可以教導下屬；好樂而放肆，不可以躬親治事；信命而怠惰，不可以謹守職務；重葬久哀，不可以保育人民；華服偽貌，不可以為大眾典範。而孔某本人則「盛容修飾以蠱世，弦歌鼓舞以聚徒，繁登降之禮以示儀，務趨翔之節以觀眾，博學不可使議世，勞思不可以補民，絫壽不能盡其學，當年不能行其禮，積財不能贍其樂，繁飾邪術以營世君，盛為聲樂以淫愚民，其道不可以示世，其學不可以導眾。今君封之，以利齊俗，非所以導國先眾。」

其三說齊景公聽了晏子的話，賞給了孔子厚禮，但是沒有給他封邑，對他很敬重，但是沒有聽從他的道術。孔子乃大恚憤，怨恨景公和晏子，介紹了弟子鴟夷子皮去輔佐田常，並將他的計劃告訴了南郭惠子，然後回到魯國。不久之後聽說齊將伐魯，他就對子貢說這是舉大事的時候了，就派子貢到齊，由南郭惠子引見於田常，勸他伐吳；教齊國的高、國、鮑、晏四大貴族不要去妨害田常造反；勸越國去討伐吳國。三年之內，齊、吳二國皆遭破滅，死亡數十萬人。這都是孔某出的毒謀。

以上所述，第一則不可信。據後人考證，白公作亂見於《左傳》魯哀公十六年秋，在齊景公卒後十二年。晏子卒於景公之前，固不能預知此事；孔子也已在此事之前十旬去世，不可能參與其謀。第三則也無實據。第二則雖然反映了墨子對儒者的不滿，但是借晏子之口來批評孔子，似與墨子直率的作風不合，可能是其弟子們畫蛇添足

之舉。

　　然而墨子不滿儒者之教是十分明顯的。為什麼？因為基本上他
的理論與儒道相近，所異的是在如何實施。這種對同道而異行之人特
別嚴格挑剔的做法是很常見的，因為怕魚目混珠，使人不辨小別而犯
大誤。墨子出身微賤，立志為受剝削的民眾聲張正義，要求平等博
愛，對於儒者希望繼續維持舊秩序，為傳統貴族政治粉飾，裝模作
樣，虛假繁瑣，感到十分厭惡而加嚴加批判，但是所指出的大多只是
儒家行為的一些細節，對於孔子理論的精義並無大損。所以當他與儒
者程繁辯論，程繁說你「非儒，何故稱 [引述，稱道] 於孔子也？」墨子
說「是亦當而不可易者也。」意思是孔子之說也有適當而不可變易之
處。為了說明此點，他接着說鳥怕熱就高飛，魚怕熱就深潛，即使
禹、湯那樣的聖智之人，為牠們為謀，也不過如此。魚鳥雖然很笨，
但是禹、湯也只能做出那樣的建議。孔子說的也有一些道理，我怎麼
不可以引述呢？〈公孟〉

▍ 貢獻和問題 ▍

　　老子說遠古之時，人類依照「大道」，過着自在的生活；孔子說
近古堯、舜、湯、武之時，人們依照聖王所定的規範，過着安寧的生
活；墨子說自有生民之始，一人一義而互相非議，互相殘害。三說都
只是假設，難以證實，也無法深究，然而他們三位各別由其假設引申
出了一套特別的理論和建議，涉及法理及哲理上最重要的若干問題，
包括：人的社會為什麼要需要規範？規範是由誰，為了什麼目的，根
據什麼理由，使用什麼方法而制定、施行？規範的訂立者和施行者的
權威來自何處？如果人們反對某一規範或權威將怎麼辦？在一個規範
和權威已經確立的社會裏，個人將如何生活，可以尋求什麼目的，如

何與他人（特別是掌握權威之人）相處？《墨子》極大部分就在討論這些問題，提出了許多見解和主張，有些很有意義，有一些則在情理、論證、實施上不盡妥當。此下略加檢討。

第一，墨子的一人一義之說，似乎與常理相去較遠，因為人類有相同或相近的生理、心理需求，個人雖然自然地重其私利，但也有同情、利他之心，所以未必人人相害。但是墨子說因為人們沒有共同的是非，乃致互相爭執戰鬥，社會規範和權威是為了防止這種行為而有必要，在邏輯上還說得過去。

第二，關於規範的制定和準則，墨子強調人們所見各異，所以規範只能由一個最高的權威者，根據一個超於眾人之見的準則來制定。他說這個終極的權威是「天」，這個至上的準則是「天志」。此說似乎與孔子之說（禮樂征伐應由天子出，其依據應該是「仁」）及老子之說（規範應出自天生的聖人，其據應該是自然律）相近，但是孔、老二說的準則皆包含了不確切的因素。墨子說的「天」雖然也不確切，但是轉了一個彎，說「天志」愛人，天的欲惡與人的欲惡相同，因而將規範的基礎明確地移置於比較可以測定的「民意」上。這是一大貢獻。

第三，墨子說他知道「天」愛人，因為它製作、設定了許多事物，包括日月、星辰、山川、四季、雨露、五穀、麻絲，甚至王公侯伯，都是為了人們的利益。他所舉的這一項「證據」，不免將人看得太重要了。依據傳說堯、舜之時曾有洪水以致民不聊生，歷史上記載的天災不計其數。從極端的人類自我中心觀點來看，當然都可以解釋，但是畢竟與「天愛人」之說有些扞格。這是墨子理論中一個與情理有間之處。

第四，規範的制定者和施行者由何而來？依照傳說中國自夏代始，大小邦國皆由世襲君主統治。他們大多沒有完美的德行才能，為

什麼可以掌握最高的權威來制定並施行社會規範？許多思想家都有此疑問，但是都沒有明白地提出來，只說好的統治者應該是怎樣的人，而不能指出如何找到這樣的人並使他取得統治的地位。老子的「聖人」是天生的，不是凡人，當然可遇而不可求；孔子的「君子」是可以培養出來的，但是不僅極不容易，而且沒有確切之途使他取得政權；墨子的「天子」是在天下大亂，人們交相非，交相害，「若禽獸然」之後，由「天」「選擇」出來的，但是他沒有說明這種「選擇」的辦法。所以他雖然像老子、孔子一樣都想改變世襲的傳統，但是也沒有提出可行之道。

第五，墨子論治世方法，首在「尚賢」。治世須用賢能是顯而易見的，但是即使君主明白此點，要能辨識真實的賢能仍不容易。在選得賢能之後，墨子強調要「高予之爵，重予之祿，斷予之令」，使賢者能盡心盡力去辦事。這三點之中最後一點最為困難，如果做不到，賢者無法盡其能，又不願委曲求全，只得掛冠而去；如果做到了，君主失去了權勢，可能遭權臣篡弒。墨子之前已有許多這兩類實例。

第六，設立權威和規範以保障人們的的福祉，引導社會的發展，應該有近距的和遠程的二重目標。墨子在〈天志〉篇內所描繪的「刑政治，萬民和，國家富，財用足，百姓皆得暖衣飽食，便寧無憂」，似乎只是一個近距的目標，而且其重點只在最後一項，所以他在其他許多篇裏一再加以強調。他這麼說顯然因為當時許多人的確常常衣食不足，在飢寒之中，最廹切追尋的就是尋求溫飽，無暇顧及其他。但是人有許多別的需要，也有潛能去滿足它們，如果飢寒不再是最大的顧慮之後，人們還應該追尋什麼？墨子沒有說明。倘若別無可求，只是繼續地忙於衣食，人的生活幾乎與蟲蟻相似，這是人們所希望的嗎？然而墨子急於拯救貧苦人民於飢寒之中，因而沒有進一步去推究社會的遠程目標，雖可諒解，但必竟是其理論的一個缺失。

　　第七，為了達成此一近距目標，墨子要求舉世上下都「強從事」，並且「節用」。「強從事」要求人們自王公至百姓都早起晚睡，不斷努力工作，是為了增加生產（包括增加人口）。在一切都很匱乏之時，這個要求似乎無可厚非，但是仍有兩個問題：一是如何使人願意努力工作。當時有許多人相信人生的一切——壽夭貧富等等——無不早經命定，人無論如何努力，都不足以改變。這種想法對墨子的理論是一種嚴重的打擊。就無法抗拒的力量而言，古人多信天鬼和「命」，但是有些區別：天鬼有意志，會賞善罰惡，而且祂們的善惡觀念與人所持者相同，因而人可以行善避惡而取得祂們的贊助；「命」沒有意志，沒有是非，不辨善惡，不行賞罰，是一個死板卻比天鬼更強大、無法動搖的力量。對於「信命者」而言，一切既由命定，「強從事」和「節用」都沒有意義和作用，所以墨子必需大力加以駁斥，但是他對「天」和鬼神所作的證明，恐怕不易為人接受。

　　另一個問題是要求人們繼續不斷地努力工作，會使他們都像繃緊的弦，久而不弛，恐怕終將折斷。後人非議此點者甚多，如莊子說墨子「生不歌，死不服……其生也勤，其死也薄，其道大觳，使人憂，使人悲，其行難為也……墨子雖獨能任，奈天下何？」《莊子》〈天下〉此一批評並不完全公允，因為墨子說民有三患，其中之一是「勞者不得息」，可見他並沒有要求人民過分地勞動，而且努力工作正為了改善生活，並不要「使人憂，使人悲」。

　　第八，在增產之外墨子還強調的「節用」。因為當時的權貴們十分奢侈浪費，特別是厚葬一事，極其無謂，所以墨子強烈加以譴責。對於日常生活，他也要求也要節儉，所以說工匠製造器物如衣服、居室、舟車等，都只要能夠滿足其實用的功能就行了，不可多加修飾，求其精美。但是事實上人有愛美的天性和表達其美感的慾望，難以加以壓制。原始之人在這方面的表現，墨子不可能不知道，他之反對追

求精美，是因當時工匠的技能還不夠兼顧質、量，要求精美必定減少產量，使民用不足，所以他說要使工匠各盡所能，「凡足以奉給民用則止，諸加費不加於民利者，聖王弗為」，應當不是絕對的，而只是因當時的情況而言。荀子批評他「蔽於用而不知文」，《荀子》〈解蔽〉顯然沒有顧及此點。

第九，墨子因為要求「強從事」及「節用」，而提出了相關的「非樂」，因為享受音樂至少要花費時間，不免耽擱了工作。對於此點的批評也很多。莊子說不許享受音樂會使人們苦悶，如此狹猛地尋求功利難以普遍持久遵行，固然不錯，但是墨子所非的並不是一般人民休閒之時隨興自娛的音樂，而是王公大人們「撞巨鐘，擊鳴鼓，彈琴瑟，吹竽笙而揚干戚」的音樂。儒者對「非樂」的批評，墨子曾自行辯駁，已見前述。後來荀子寫了一篇〈樂論〉說「聲樂之入人也深，其化人也速」，強調音樂是明王「移風易俗」必要的方法，所以不該非樂，但是此說與墨子「非樂」的原意實不相關。

第十，世間最大的浪費莫過於戰爭，墨子對此深為痛恨，所以主張「非攻」，不僅用了許多筆墨來指出其得不償失，而且還親自竭力加以防阻，這是十分值得讚揚的。可惜他提出的理由沒有被普遍接受，當時及後世掌握權威之人不斷地犯着他所指出的錯誤，使一般人們一再地蒙受浩劫。他顯然明白僅僅就利害立論，不易說服人們改變其掠奪的行為，所以他又提出兩點理由來支持其「非攻」之說。其一指出侵略和竊盜同樣是犯罪，並且以輕喻重，強調侵略戰爭的惡逆，這是極為易見的推理。其二說明戰爭的基本原因在於人之只圖利己，不能推己及人而「兼相愛，交相利」。孔子也說要推己及人，但是由近而遠，其愛是有差等的。儒者巫馬子對墨子說他愛其家人甚於其鄉人，愛其親人甚於其家人，愛其身甚於其親，無法一律平等地兼愛天下之人。所以不得不用己身的感覺為中心，去界定與他人的親疏關

係。這個說法很近情理，可以支持儒家「親親有殺」之說，而墨子的「視人之身猶如己身」則較遠於情理。所以假若巫馬子的話到此為止，恐怕墨子很難加以辯駁。不幸巫馬子將自己的話過分地申述了一番，大意說：防禦傷害，自然要先防衛自己；爭取利益，自然要先有利於己。倘若不能兩全，寧可害人，不可害己。墨子說你這番想法將藏在心裏呢，還是將公開說出來？巫馬子說他會公開說出來。墨子說那麼如果有一個人同意你的說法，就有一個人會要殺你而自利；有十個人同意你的說法，就有十個人會要殺你而自利；天下人都同意你的說法，天下人都想要殺你而自利。相反地如果有一個人不同意你的說法，認為你散佈惡言，就會殺你；有十個人不同意你的說法，認為你散佈惡言，就有十個人會殺你；天下之人都不同意你的說法，天下之人都會殺你。對你的說法同意和不同意的人都要殺你，你真是出言招禍了。〈耕柱〉墨子善辯由此可見一斑。但是此說雖然駁倒了巫馬子，並未能有力地支持墨子「視人之身，若視己身」的主張，更不必說「視人之家，若視己家；視人之國，若視己國」了。

　　所以墨子「兼愛」之說推至極致，要消弭人我之別，進而防止侵奪，恐無可能。許多宗教都有此理想，說它們的「真神」博愛世人。但是此說只是傳教者所用的美言，事實上愈重視傳播其教義的宗教，對於異教徒愈不容忍。墨子所說助商湯伐夏桀，助周武伐殷紂的那些鬼神，對於不敬奉天命的人也都極其嚴厲凶殘，而墨子並沒有認為不對。幸而他自己對於不仁不義，侵害他人的暴虐之徒，只設法防禦抵抗，並不主張加以反擊追殺。所以他的「兼愛」之說雖不完善，他的「非攻」之說是是真心誠意的。

　　第十一，墨子理論最大的問題在於社會規範的實施。他說天下之亂生於「一人一義」，所以主張由「天子」根據「天志」來制定規範，用「上同」之術來統一天下之是非，用告密的辦法來行發現犯規

行為，最後由「天子」用賞罰來施行規範。關於「天志」的問題已見上述。「上同」之說問題更大。如果只大致地要求人們採納一個共同的是非標準，接受一個共同的維持此標準的權威，因而取得大眾的安寧秩序，固無不可，甚至可以說是一般社會都會希望要做的；但是如果嚴密地要求人們在實際生活裏的言行完全合乎統治者的規定，使掌權之人不僅控制了人們的行為，而且控制了他們的思想，成為了絕對的獨裁者，就極可怕了，因為人之異於其他生物，主要在於人能夠自由思想，這是人的自然之性，剝奪了它，便使人失去了其獨特之處，阻塞了人之為人的發展，使人淪於蟲蟻，個人沒有什麼指望，群體也沒有什麼理想。這是墨子理論上的一個嚴重的錯誤。世間許多一神教都犯了此一錯誤，尤其是當它與權勢結合之時，為害最深。最明顯的實例是歐洲中世紀時，天主教與政權協同堅持《聖經》所載為唯一真理，用來迫害其他信仰，禁制其他觀念，造成了西方的「黑暗時期」。後來因為重新接觸希臘羅馬文化而引起了文藝復興和宗教改革，才使西方文明掙脫了桎梏而迅速發揚。

其次，墨子為使「上同」能夠實際上確切施行，提議建立一種告密的制度，迫使每一個人監視他人的行為，將有利和有害於社會的一舉一動，都直接上報於「天子」，使他能及時加以賞罰。這個制度對於人際關係有極大的傷害，使人們心存猜忌，互相刺探，每個人都將自己封閉起來，以致其間的信任合作十分困難，社會成了一盤散沙。日久之後，因為不告奸者與作奸者同罪，人們便難免因疑而誤告，或者挾仇而誣告，被害者當然會報復，以致鬥爭不止。

「上同」還會使常人與權威者之間的關係十分惡化，因為「天子」既「貴且智」於人民，當然不會尊重他們。雖說他應「上同」於天，但是在行使其權威時是否合乎天志全由他來決定，臣工可以勸誡，但無法強迫他接受。所以他可以用奉行天志之名來施展獨裁之實。其他

的人或者渾渾噩噩聽其擺佈，或貌似恭順而心存怨恨，或借其權勢為虎作倀。這樣的關係可以暫存不可能長在，當「天子」的缺失逐漸暴露，人民的忍耐逐漸消減，社會必將陷入大亂。

「上同」之說與告訐之術結合會引發這許多的後果，並非臆想，中外歷史上有過不少實例。孔子顯然能夠循理推測而預料及之，墨子則不能，但是那樣的後果應該不是他所樂見的。

第十二，「天子」不遵行「天志」怎麼辦？墨子反對暴力，當然不會贊成革命，而且如果「上同」施行得徹底，人民也沒有反抗的能力和機會。依照他的理論暴君在惡貫滿盈之時會受到「天譴」，由另一個由「天」所選擇的「貴且智者」取代。但是在此過程中，受害最大的卻是無辜的百姓。例如他所舉夏、商、周三代交替之時，天降水旱大災，警告末世之主等等事跡，百姓因而死傷者當然不計其數。所以這種「天譴」顯然不是一種妥當的辦法。所以墨子的治世理論雖以「天志」為依歸，但是「天」作為終極的權威，問題太多，他的真實希望只能落在「聖君」、「賢臣」身上。此點與孔子之說無異。孔子有一整套將人培養成君子，將君子培養成統治者的方法，墨子雖也提到君子應有的品質，但是沒有說明如何逐步培養。這是墨子理論上的另一個重大缺失。

簡而言之，墨子的理論多出於他個人對於當時情事的憤慨，對於問題的詮釋和解決辦法不盡合宜。但是那些問題大多至今尚存，如何加以比較妥當的認識和有效地解決，有待深思。

《莊子》

莊子

《史記》無莊子傳，只在〈老子、韓非列傳〉內簡單提到很少的幾點。此外《莊子》曾記錄了一些他的言行，可作補充。

〈老子、韓非列傳〉稱「莊子者，蒙人也，名周……與梁惠王、齊宣王同時。」後人考證他大約生於梁惠王（西元前370-318年）初，卒於宋亡（西元前286年）之前，享年八十左右。該傳又稱莊子「嘗為蒙漆園吏」，沒有說其在任時期；此外沒有說他曾擔任別的官職。《莊子》〈外物〉裏說「莊周家貧，故往貸粟於監河侯。監河侯曰：諾。我將得邑金〔采邑的收入〕，將貸子三百金，可乎？莊周忿然作色曰：周昨來，有中道而呼者。周顧視車轍中，有鮒魚焉。周問之曰：鮒魚來，子何為者耶？對曰：我東海之波臣也。君豈有斗升之水而活我哉？周曰：諾。我且南游吳越之土，激西江之水而迎子，可乎？鮒魚忿然作色曰：吾失我常與，我無所處。吾得斗升之水然活耳。君乃言此，曾不如早索我於枯魚之肆！」由此可見莊子貧困之甚。然而他不以此為恥，〈山木〉裏有一段說「莊子衣大布而補之〔穿著一件滿是補綻的粗布衣服〕，正緳系履〔用麻繩綁着破鞋〕，而過魏王。魏王曰：何〔為何〕先生之憊〔萎靡潦倒〕邪！莊子曰：貧也，非憊也。士有道德不能行，憊也；衣弊履穿，貧也，非憊也。此所謂非遭時也……今處昏上、亂相之間，而欲無憊，奚

可得邪？」

　　處於亂世之人，如有智慧，往往想對自己的生活，甚至身外的情勢加以改進，但是莊子不這麼想。〈老子、韓非列傳〉裏說「楚威王聞莊周賢，使使厚幣迎之，許以為相。莊周笑謂楚使者曰：千金，重利；卿相，尊位也。子獨不見郊祭之犧牛乎？食之數歲，衣以文繡，以入大廟。當是之時，雖欲為孤豚，豈可得乎？子亟去，無污我。我寧遊戲污瀆之中自快，無為有國者所羈，終身不仕，以快吾志焉。」

　　此事亦錄於《莊子》〈列禦寇〉。〈秋水〉裏則說「莊子釣於濮水，楚王使大夫二人往先 [先行致意] 焉，曰：願以境內累矣 [以國事麻煩你了]。莊子持竿不顧，曰：吾聞楚有神龜，死已三千歲矣，王巾笥而藏之廟堂之上。此龜者，寧其死為留骨而貴乎？寧其生而曳尾於塗中乎？二大夫曰：寧生而曳尾塗中。莊子曰：往矣！吾將曳尾於塗中。」

　　為什麼莊子不想出來以相國之尊執掌楚國大政，甚至進而影響更廣大的情勢？大約因為當時楚王專橫，官吏皆如飾物，與犧牛、死龜無異。莊子如應其召，必定受其擺佈，不是他願意的。

　　事實上當時的官吏往往還不如犧牛、死龜，因為他們活着就得卑躬屈膝去事奉君主，並且受其凌辱。〈列禦寇〉記錄了一例說宋王給了曹商從車數輛，命他使秦。秦王很高興，另賜給了他一百輛車。他回宋後對莊子說，像你這樣住在窮里陋巷，靠編織草鞋而窘困度日，以致面黃肌瘦，是我做不到的；與萬乘之國的君主晤談一次，就可以得車百輛，是我的長處。莊子答道：據說秦王有病，召醫診治，能夠使他的腫毒潰散的，就可以得到一輛車，為他舐痔瘡的，可以得到五輛車。所治之處愈低，所得的車愈多。「子豈治其痔邪？何得車之多也？子行矣！」莊子將曹商說得如此不堪，因為當時的秦王狂妄自大，左右都是諂媚小人，曹商必定也以此道取悅於他，才得厚賜，

其行卑鄙，所以莊子辱之。

〈秋水〉還記載了另一個莊子漠視名利之例：當惠施任梁國宰相之時，莊子去看他。有人對惠施說莊子想要來取代他的相位。「於是惠子恐，搜於國中三日三夜。」莊子見了他說，南方有一種鳥，名為鵷鶵。你知道嗎？牠自南海出發，飛往北海，途中非梧桐不棲，非練〔竹〕實不食，非醴〔甘〕泉不飲。一隻貓頭鷹捉到了一隻已腐爛的老鼠，當鵷鶵飛過之時，貓頭鷹怕牠來搶腐鼠，抬頭看着牠大叫「嚇！」「今子欲以子之梁國而嚇我邪？」將梁國的相位看作一隻腐鼠，莊子胸懷、志向之大，非一般名利之徒可以想像。

莊子不但漠視名利，甚至對於生死也不甚介意。〈至樂〉記載他妻子死後，惠施去弔喪，見他蹲着敲盆唱歌。惠施說，你和妻子生活了一輩子，她為你生兒育女，現在老而身死，你不哭也罷了，還要敲盆唱歌，未免太過分了吧！莊子說「不然。是其始死也，我獨何能無慨然〔哀傷〕！」但是想起她本來是沒有生命的；不僅沒有生命，甚至沒有形狀；不僅沒有形狀，甚至沒有氣息，只在恍惚有無之間，旋而變出了氣息，氣息又變出了形狀，形狀又變出了生命，現在又變而為死，就像春夏秋冬四季運行一樣。「人〔他妻子〕且偃然〔寧靜地〕寢於巨室〔安息在天地之間〕，而我噭噭然隨而哭之，自以為不通乎命〔生命之理〕，故止也。」

〈列禦寇〉裏說莊子將死，弟子們想要為之厚葬。莊子說我以天地為棺槨，日月、星辰為連璧、珠璣，萬物為殉品，我的陪葬之具還不夠嗎，還能夠再加些什麼更好的呢？弟子說「吾恐烏鳶之食夫子也。」莊子說「在上為烏鳶食，在下為螻蟻食。奪彼與此，何其偏也？」

莊子視生死猶如四季轉換，處己之喪葬若與萬物同歸，這種意境與行為實在不同凡響。〈天下〉裏說他「以天下為沉濁……獨與天

地精神往來，而不敖倪於萬物，不譴是非，以與世俗處。」《莊子》其他許多篇裏確實有不少段落表露莊子這種觀念和態度，但是「不譴是非」一項並不顯著——他對於許多人（包括孔子、老子，甚至堯、舜、三皇、五帝）的思想和行為很不以為然，曾經加以深刻的批判。他「與世俗處」，並不憤世嫉俗，但是不屑隨波逐流，不以生死名利為意，而堅持其獨特的想法，對於沈湎物欲的人說了很多話，希望來喚醒他們，後來集成了這本《莊子》。

‖ 《莊子》 ‖

此書有內篇、外篇、雜篇三部分，各分若干章節，其中大多與以上所提莊子的觀念和態度相符，大約是他自己所撰；另有一些（如〈說劍〉）與之顯然不合，可能是後人混雜進去的。書末有一章〈天下〉，略論先秦諸子的思想，有褒有貶，對他則極度稱讚，顯然是他的信徒所作。

此書的陳述方式很特殊，很少平鋪直敘。〈天下〉說，莊子「以天下為沈濁，不可與莊語，以巵言為曼衍，以重言為真，以寓言為廣」。〈寓言〉裏說「寓言」乃「藉外論之」[借他事以喻此事]；「重言」乃「所以已言也，是為耆艾」[用來中止爭辯的，耆老的話]；「巵言」則「日出，和以天倪，因以曼衍，所以窮年」[散漫無窮，卻附合自然之理]。為什麼莊子採取了這種寫作的方式？他用「寓言」因為他以一種不尋常的觀點去看事物，所得的印象不易為一般人了解、接受，所以要用一種比較易懂的話去闡明它，就像將一句話寄寓在另一句話裏，用作比喻（如魯侯養鳥、伯樂治馬）。他用「重言」一則為了明白說出某一論點，二則為了終止辯論，所以要訴諸為世所重之人（如黃帝、老子、孔子）或他虛構的睿智人物（如北海若、雲將、牧馬童子），為他們杜撰了一

些話來加重某種說法的分量。他用「卮言」似乎是說溜了口，乘興誇張（如他對曹商的譏刺和盜跖對孔子的批評，以及「道在尿溺」之說），但是其目的則在引起聽者注意某一些看法。〈寓言〉裏說「寓言十九，重言十七，卮言日出，和以天倪」，意謂《莊子》裏「寓言」佔了十分之九，「重言」佔了十分之七（二者多重迭），「卮言」則自然地散漫各處。這種論述的方式可以很有趣，但是可能會引起一些誤解，讀者不可太拘泥於其文辭，而應該探其大旨，心領神會。

　　因為《莊子》裏常常用各種筆法重複地申述某些相關之點，本章為之介紹也難免重複引用某些資料，希望讀者不要嫌其繁冗。此外因《莊子》偶而用了若干僻奧的字和詞，本章作了一些解釋，置在方括號內，以減少不熟悉古文的讀者可能感到的困難，希望不致見笑於大方。

　　莊子對於他所處的時世甚為不滿，雖然再三強調「無為」，實際卻想加以改造。因為此事體大，必需慎重為之，因此他對許多相關問題的思考，顯然比其前及同時的人所做的廣闊深遠得多，涉及宇宙萬物的起源、本質和變化，人在原始時期的生存狀態和規則，後世變化的原因，人生的意義和目的以及如何體現、達成等等。他以極其高妙的智慧和技巧建立了一套深奧的理論，但是沒有將它依照尋常的理則演繹出來，所以《莊子》諸篇未必各有主題，往往包含若干不相關聯的片段，而許多相關的片段又分別散見於數篇之內，以致全書有不少參差重複，再加上他又前前後後以「寓言」、「重言」、「卮言」夾雜着說，使人不易簡易地掌握其要旨。本文想將它清理出來，但是怕斷章取義，所以不憚其煩地引用其本文，揣摩其邏輯，然後將他有關上述幾個重要問題的見解介紹於下。

▌ 觀感 ▌

要破除人們的成見，最好從他們對於日常生活中若干事物的觀感開始。人們在日常生活中都會認為事物有大小、長短、高低、久暫，又有美醜、貴賤、善惡、是非、榮辱、可否⋯⋯。莊子指出大小等等都是從人的觀點，將不同的事物放在狹小的空間和短暫的時間裏，互相比較而得的印象；如果將它們放在高遠廣大的時空裏來看，這些差別都微不足道。至於美醜等等，則是個人好惡的判斷，更沒有確定的意義。

先說「大、小」。莊子在〈秋水〉篇描寫百川匯入黃河，河伯乃自以為大，待其東流至北海，舉目茫茫，才知自己之小，而北海若卻說「吾在天地之間，猶小石小木之在大山也⋯⋯。」這個寓言就是要說明百川、河、海的大小皆屬相對。對於這種看法河伯覺得不能接受，所以問：然而天地可以算是大，毫毛的尖端可以算是小吧？北海若說如果要定大小，就要先定觀點之所在。站在「至精無形」的細微之點看，萬物莫不大；站在「至大無圍」的殷埒 [特大] 之點看，萬物莫不小。因觀點之不同可以將天地看成「稊米」，將毫末看成「丘山」，所以大小沒有絕對的意義。

「大、小」是相對的，其他許多現象也是如此。例如「高、下」：〈逍遙游〉說北海的鵬鳥能展翅上擊九萬里，順風而至於南海；池沼裏的麻雀只能飛舞在茅草之間，上下方圓不過幾丈。二者相比固然有高下之別，但是從廣闊的觀點來看，因為「上下四方⋯⋯無極之外復無極」，所以九萬里與幾丈之別，並不足道。又如「久、暫」：世人多稱彭祖為長壽，殤子為短命。〈逍遙遊〉指出天地之間確有「小年」者，如「朝菌不知晦朔，蟪蛄不知春秋」；又有「大年」者，如楚南冥靈 [溟海靈龜]「以五百歲為春，五百歲為秋」，上古大椿「以

八千歲為春，八千歲為秋」。二者相比雖有不同，但是從長遠的觀點
來看，也是相對的，所以〈知北遊〉說「雖有壽夭，相去幾何？」又
說活着只是一瞬之間，猶如「白駒之過隙」，沒有什麼意義的現象。
〈齊物論〉則更誇張一點地說「莫壽於殤子，而彭祖為夭」。

　　關於「美、醜」，「好、惡」，〈齊物論〉問：人們睡在濕處會得
腰病，泥鰍會嗎？人睡在樹上會恐懼發抖，猿猴會嗎？這三者（人、泥
鰍、猿猴）之中「孰知正處？」人吃五穀魚肉，麋鹿吃草，蝍蛆吃小蛇，
貓頭鷹吃老鼠，這四者之中「孰知正味？」毛嬙和西施是世人公認的
美女，但是魚見了她們就潛入深水，鳥見了她們就飛向高空，鹿見了
她們就轉頭逃竄。這四者之中「孰知天下之正色？」

　　至於「是非」，「可否」，莊子指出當時的人對事物發表了許多
意見，例如儒、墨，各有是非。〈齊物論〉說「彼亦一是非，此亦一
是非」，兩者「以是其所非，而非其所是〔各以對方所非者為是，而以對方所是者
為非〕」。誰可以斷定什麼是「是」，什麼是「非」？甲乙二人各以所
見而辯，如果甲勝了，甲就是對了，乙就是錯了嗎？反之亦然。或許
二人都錯了，他們都無法知道。他們能請一位第三者丙來判斷嗎？因
為每個人都有自己的看法，假如丙的看法與甲或乙相同，他怎麼能來
作公正的判斷？假如他對甲、乙的看法都不同意，怎麼能來作公正的
判斷？甲、乙對丙都無所知，他們怎麼能依賴他呢？所以莊子說「天
下是非果未可定也。」〈至樂〉又說「天下非有公是也，而各是其所是。」
〈徐無鬼〉

　　「是非」既不可定，一切含有價值評斷的事、物、言、行，都成
了問題。〈逍遙遊〉問大鵬和小雀的飛躍，誰能斷定那一種較好？莊
子借棘〔商湯時賢人〕之口說小雀不羨大鵬之奮飛圖遠，自謂「我騰躍而
上，不過數仞而下，翱翔蓬蒿之間，此亦飛之至也。」〈秋水〉說井
底之蛙與東海之鱉，各述其樂，也是要說明物各有性，自適其然就

可，不應依照外來的標準來作評斷。世人大多在意於勢位、榮譽、富貴、貧賤，但是這些都是外在的價值，所以〈逍遙遊〉對於宋榮子不「數數然 [斤斤計較]」這些，而能「舉世譽之而不加勸，舉世非之而不加沮」，甚為讚許。〈讓王〉裏有一段說堯以天下讓善卷。善卷說「余立於宇宙之中⋯⋯春耕種，形足以勞動；秋收斂，身足以休食；日出而作，日入而息，逍遙於天地之間而心意自得，吾何以天下為哉？」此外又有兩段說莊子辭謝了楚王的聘請，譏刺了惠施和曹商的行為，都在說明人們可以有不同的價值觀，沒有一定的「貴、賤」可言。〈秋水〉裏引了北海若的話作為一個結論：「以道觀之，物無貴賤；以物觀之，自貴而相賤；以俗觀之，貴賤不在己。」

「大小」、「是非」等等沒有定論似乎可以接受，但是一般人覺得「虛、實」應該是確定的──有些現象如夢如幻，另一些則確實可靠。但是莊子認為這些亦屬相對。〈齊物論〉說他曾經夢為蝴蝶，翩翩飛舞，自得其樂，完全不知道自己是莊周，不久醒來，發現躺着的卻是莊周，因而不知道是莊周做夢成為了蝴蝶，還是蝴蝶做夢成為了莊周。這段話要說明的是「夢」和「覺」不過只是兩種現象，不必執意區別。他怕人不能領會，又在同一篇裏用長梧子對瞿鵲子所說的「重言」來加以點明：人「方其夢也，不知其夢也⋯⋯覺而後知其夢也，且有大覺而後知此其大夢也。」

「夢、覺」常使人聯想到「生、死」──人生猶如「大夢」，「大覺」就是夢的結束，就是死亡。一般人對死亡很是恐懼，所以盡量想求長生，尋找不死之藥，但是沒有成功的實例。莊子認為這麼做大可不必。〈齊物論〉裏長梧子說這麼做的人怎麼知道「悅生之非惑耶⋯⋯惡死之非弱喪而不知歸者耶 [戀生畏死不是迷途忘返]」？易而言之，生死只是兩個不同的境界。至於死後的境界是怎樣的，中外古今有很多猜測，大多認為人死後變成鬼，但是依舊「存在」，要為之作種

種準備，所以儒者主張厚葬；墨子更信鬼，但是大約認為鬼的需要很少，所以主張薄葬。於此二說莊子皆不以為然，他視「生、死」如「夢、覺」，已如上述，此外他又有一種生死變化之論，用了不少重言加以說明——在〈在宥〉裏說空同之山的廣成子告訴黃帝：「百昌 [萬物] 皆生於土而反於土。」在〈至樂〉裏敘述了滑介叔對支離叔所說的話：生命是「假借」了外物組成的，就像塵垢一樣暫時積聚在一起；死就是塵垢飄散了，聚聚散散，生死的變化就像日夜的轉換一樣。〈知北遊〉裏說黃帝告訴知 [一位求知者]：「生也死之徒 [隨從]，死也生之始，孰知其紀 [規律]。人之生，氣之聚也。聚則為生，散則為死。若死生為徒 [相從]，吾又何患 [憂患]。故萬物一也，是其所美者為神奇，其所惡者為臭腐；臭腐復化為神奇，神奇復化為臭腐。故曰通天下一氣耳。」同篇說老聃告訴孔子：「人生天地之間，若白駒之過隙，忽然而已……已化而生，又化而死……紛乎宛乎，魂魄將往，乃身從之，乃大歸乎！」此外又用了一些卮言、寓言來補充，如〈大宗師〉裏說子祀、子輿、子犁、子來皆能以「無」為首，以「生」為脊，以「死」為尻，知道生死存亡為一體；〈寓言〉裏說「萬物皆種也，以不同形相禪，始卒若環，莫得其倫 [端倪]，是謂天均 [天然的運轉之盤]」。〈至樂〉最後一段似乎將這些話的大意集合成了一套物種變化的理論，強調萬物的生死相通，迴圈變化。[1] 這當然只是臆說，不必深究。

生死既是悠忽之間往返的變化，對於死就不必太感傷了。〈大宗師〉說顏回認為孟孫才母親死了不戚不哀，哭泣無涕，卻被魯國人稱

---

1 該段大意説萬物都出於一些極其微小的種子叫做「幾」。它得到水之後就變成纖細如絲的苗，到了水濱成了苔，在高地上成了草，草根會變成蠐螬，草葉會變成蝴蝶，蝴蝶會變成一種灶下的蟲，過了一千日會變成一種鳥，這種鳥的唾沫生出了許多別的蟲和獸，包括在草野和竹叢中的虎豹。虎豹生馬，「馬生人，人又反入於機。萬物皆出於機，皆入於機。」這類物種變化的臆想，中外都曾流傳過。

讚為善於處喪，很是奇怪。孔子說孟孫才不知道為什麼生，也不知道為什麼死，只順自然變化，所以母死不感哀戚，只是隨俗而哭泣而已，他可以說已經知道處喪要義了。該篇又說子貢奉孔子之命去幫助處理子桑戶的喪事，發現子桑戶的朋友們在彈琴唱歌，就問他們「臨屍而歌，禮乎？」遭他們譏笑「惡知禮意」。子貢問孔子那些是怎樣的人啊？孔子說「彼，游方之外者也……彼方且與造物者為偶，而遊乎天地之一氣。彼以生為附贅懸疣，以死為決疣潰癰。夫若然者，又惡知死生先後之所在……彼又惡能憒憒然為世俗之禮，以觀眾人之耳哉？」這些話與孔子思想的要旨不合，應該也是莊子的卮言。

　　莊子對老聃很是推崇，但是為了闡明死不足哀之理，〈養生主〉有一段批評老子的話，說老子死後，秦失去弔唁，哭了三聲就離開了。他的弟子問他不是老子的朋友嗎，怎麼可以這麼草率呢？他說我以前以為老子是一位「至人」[極端高超的人]，現在才知道他不是，因為我在喪所裏見到有老年人哭他，像哭自己的兒子；有少年人哭他，像哭自己的母親。這是違背自然的。人應時而來，順時而去，安時處順，死只是古人所謂的「懸解」[解除倒懸之苦]，不必為之過分地悲哀。老子顯然沒有使他們了解此理，所以不能算是「至人」，不值得為其死而痛哭。這話大約也是莊子的臆說。

　　莊子自己確實不介意於死亡，所以其妻死後箕踞鼓盆而歌，自己將死又反對弟子為之厚葬。不僅此也，他甚至認為人死之後「偃然寢於巨室 [天地之間]」，存在得比活着時反而好些。為此他又造了一個「寓言」，說他自己去楚國途中，在路邊見到一具骷髏，他用馬鞭敲着它問：先生是貪生背理而至於這麼死於荒地的嗎？還是背叛國家，遭到刑罰誅殺而至於此？還是為非作歹，玷辱了父母妻兒而至於此？還是因饑寒之災而至於此？還是年盡壽終而至於此？問完了就將骷髏當作枕頭而睡。半夜裏夢見骷髏對他說：聽你的談話好像是一個善辯

之士，但是你所說的，都是人生在世時的累贅之事，死了就沒有這些事了。你要聽聽死者的說法嗎？莊子說：好。骷髏說：死者沒有君主在其上，沒有臣民在其下，也沒有四季該做的事，而能從容地與天地長久共存，即使是南面為王的樂趣也不及此。莊子不信，說：我使掌管生命的神靈恢復你的形體，還給你骨肉肌膚，將你送回到父母、妻兒、故鄉朋友那裏，你願意嗎？觸髏皺眉蹙額說「吾安能棄南面王樂，而復為人間之勞乎？」〈至樂〉

　　如果人們能夠像莊子一樣跕在高遠的觀點來看待生死，對於其他一切事物（大小、長短、壽夭、美醜、親疏、順逆、得失、勝負、高下、貧富、榮辱、善惡、是非、可否、苦樂……）自然都可以有一番不同的見解和感受；對於一切問題都可以有另一套處理的辦法，不至於落到一般人的困境之中。這就是莊子理論的起點。

▌ 自然與本性 ▌

　　人世裏甚至宇宙間的一切都是相對的，不確定的，沒有價值意義的嗎？倘若真是如此，莊子費了很多口舌來說明此點，有何必要呢？他指出了不少看法想法，加以批駁，甚至譏諷，又提出了一些看法想法，加以讚許，並予宣揚，可見他並不堅持一種絕對的相對觀，而只是反對某些為世俗所肯定的觀念。他自己卻肯定了另一些觀念，認為比那些世俗的觀念有較高的意義和價值。他所肯定的是「自然」──「自然」是有價值的，順從「自然」是有意義的。

　　「自然」指事物不借外力，自動演化的過程及其形成的狀態。〈天運〉裏說有人問「天其運乎？地其處乎？日月其爭於所乎？孰主張是？孰維綱是？孰居無事推而行是？意者其有機緘而不得已邪？意者其運轉而不能自止邪？雲者為雨乎？雨者為雲乎？孰隆施是？孰居無

事淫樂而勸是？風起北方，一西一東，有上彷徨，孰噓吸是？孰居無事而披拂是？」巫咸祒答道「天有六極五常」，換句話說這一切都是自然而然的常態，與莊子在〈知北遊〉所稱老子說的「天不得不高，地不得不廣，日月不得不行，萬物不得不昌，此其道與！」意思相同。〈秋水〉裏有一則「寓言」說明此點：夔 [傳說中的獨腳獸] 對蚿 [類似蜈蚣的多足蟲] 說我用一隻腳跳着走，很是便捷，你要動用一大群腳走路，不是很累嗎？蚿說不然，你不見人吐口沫嗎？噴出來的大者如珠，小者如霧，紛雜而下不可勝數。我只是「動吾天機，而不知其所以然。」蚿又對蛇說我用許多腳來行走，而不及你沒有腳的走得快，為什麼？蛇說「夫天機之所動，何可易邪，吾安用足哉？」

「天機」是什麼？莊子所說的，似指一種機能，存在於各種事物裏，可以不借外力而自行發動，而使事物運作。它來自天賦，不需學習取得，所以動用它時也沒有感覺勞神費力，更不知道產生某種效果的道理。這就是自然而然，因為這種機能是天生的，所以「自然」也常被稱為「天然」。

「自然」決定了宇宙之間萬物的形體、性向、行為，使其各合所宜。莊子指出人有自然的「常性」，能「織而衣，耕而食」，〈馬蹄〉、〈盜跖〉可以無需依賴外力，憑藉自己的才能而自給自足，安樂地生活。在伏犧、神農之輩的「至德之世」，人們便是如此，所以能夠「含哺而熙，鼓腹而遊」。〈馬蹄〉到了堯、舜之時還有這種可能，所以善卷日出而作，日入而息，春耕秋收，就可以生活得很好。〈讓王〉

在那種上古時代，人們處在「混芒之中」，過着這樣的生活，並未覺得什麼特別；到了帝堯之時，善卷卻認為能夠「逍遙於天地之間，而心意自得」，勝過了君臨天下，覺得這種各憑本能，自食其力，不受外來的拘束，順乎本性，自由自在的生活，是值得珍惜的。莊子特別注意於此，所以主張一切順從自然。

▎ 自然之受破壞 ▎

　　為什麼到了帝堯之時，才有人覺悟到這種生活方式的可貴？莊子說因為在此之前它已被「聖人」們用了許多非自然的規範加以限制了。為了解釋此點，他用了一個寓言說：「馬，蹄可以踐霜雪，毛可以禦風寒，齕草飲水，翹足而陸〔跳〕，此馬之真性也。雖有義台路寢〔高大寬廣的居處〕，無所用之。及至伯樂曰：我善治馬——燒之，剔之，刻之，雒之，連之以羈馽，編之以皁棧，馬之死者十二三矣；饑之，渴之，馳之，驟之，整之，齊之，前有橛飾之患，而後有鞭筴之威，而馬之死者已過半矣。」馬受了這種種折磨，就學會了反抗，而知「介倪、闉扼、鷙曼、詭銜、竊轡〔折斷軛木、掙脫頸軛、頂撞車具、吐出口勒、齧破韁索等等動作〕。故馬之知而態至盜者〔馬知道抗拒〕，伯樂之罪也。」〈馬蹄〉

　　馬如此，人亦然。莊子說「夫赫胥氏之時，民居不知所為，行不知所之，含哺而熙〔嬉〕，鼓腹而遊，民能以此矣。及至聖人屈折禮樂以匡天下之形，縣跂〔墊足高倡〕仁義以慰天下之心，而民乃始踶跂〔勉力〕好知，爭歸於利，不可止也。此亦聖人之過也。」〈馬蹄〉

　　誰是「聖人」？為什麼高倡「仁義」會生爭亂？

　　《莊子》屢屢提到「聖人」，而所指不盡相同。有時指一種理想的，高妙完美之人；有時指一些受世人尊崇的人，如黃帝、堯、舜、孔子等。前者被莊子稱為「真人」，將於下文詳述；後者則屢受他的批評。例如他指出黃帝戰於涿鹿之野，流血百里；〈盜跖〉堯攻叢、枝、胥敖〔三小國〕，禹攻有扈，皆使國為墟，民為鬼；〈人間世〉堯不慈〔殺其長子丹朱〕，舜不孝〔流其父瞽叟〕，湯放其主〔夏桀〕，武王伐君〔殷紂〕。〈盜跖〉這些「為世所高」的人皆有慚德。最惡劣的是他們擾亂了人心，破壞

了世間的安寧。在〈在宥〉裏莊子借老聃之口告訴崔瞿：「昔者黃帝
始以仁義攖［擾］人之心」，然後陳述了一番「重言」，大意說人心是
極易動搖的，可以上進，可以下墮，可以柔和，可以剛暴，可以向
善，可以向惡，一旦動搖起來便難以靜止，所以自黃帝之後，人的行
為便張惶不已，以致堯、舜為了要防止其流弊，忙碌到「股無胈，脛
無毛」去幫助人們謀生，又竭盡心智宣導仁義，制定法度，去防止惡
行，但仍不能掌控情勢，所以堯訴諸於暴力，將犯規之人如讙兜、三
苗、考工放逐到荒鄙之處，這是堯不能治平天下的明證。到了夏商周
三代之時天下更不安寧。在下的有暴虐的桀和蹻，在上的有孝直的曾
參和史魚，其間有儒墨各家，於是乎「喜怒相疑，愚知相欺，善否相
非，誕信相譏，而天下衰矣；大德不同，而性命爛漫［敗壞］矣。」執
政者乃不得不將法令制定得愈來愈嚴，刑罰施行得愈來愈重，天下乃
紛紛大亂，賢能的人退隱於山岩之下，君王憂懼在廟堂之上。這就是
莊子借黃帝之口所描述的「失道而後德，失德而後仁，失仁而後義，
失義而後禮」的過程。〈知北遊〉到了禮［一套使行為顯得妥當、文雅的規則］也失
落之後，便不得不單靠刑罰來強制人們，乃致「殊死者相枕也，桁
楊者相推也，刑戮者相望也，［被處死的人堆積在一起，戴着鐐銬的人前後相推，受刑
被殺的人處處可見］」而儒墨還在受暴力迫害的人群之間奮臂疾呼，宣導仁
義，其不知羞恥實在是太過分了，因為他們所說的仁義，其實正是各
種拘束人、傷害人的枷鎖和刑具；他們所讚許的曾參、史魚之行，其
實與夏桀和盜蹻所為，效果相似。〈在宥〉

　　《莊子》所毀最多的「聖人」是孔子。許多篇裏泛泛地譏諷他華

而不實的行為，與當時不少人的看法相同；[2] 比較重要的是指責他「狂狂汲汲」地宣導仁義禮樂。這有什麼不對？莊子認為第一因為仁義的適用有限，第二因為它們桎梏、扭曲人性，第三因為它們為害社會。

第一，關於仁義等類規範的「適用」，莊子指出了兩個缺點，一是其對象狹窄，二是其時效有限。先說對象：〈天運〉稱商大宰蕩問仁，莊子說「虎狼仁也」，然後解釋道牠們「父子相親，何為不仁」？這當然是從很狹小的觀點而言。大宰問什麼是最大的仁。莊子說「至仁無親」。大宰說無親則不愛，不愛則不孝，不孝可以說是「至仁」嗎？莊子說：話不能這麼講，「至仁」是一個極高極廣的意境，「孝」不足以說明它，因為一般所謂的孝只限於子女之待父母，對於關係稍遠的人就不適用了，若要勉強為之，先要以敬愛待天下之人，然後要使人我皆和諧相處，沒有絲毫顧慮，是極其困難的。所以他說「夫孝悌仁義、忠信貞廉，此皆自勉以役 [役使] 其德 [本性] 者也，不足多 [稱道]也。」

「仁」應該可以廣大地適用於任何人。孔子有此見解。〈天道〉說他去見老聃談仁義，老聃問他「何謂仁義？」他說「中心物愷 [和樂]，兼愛無私，此仁義之情也。」老聃說「夫兼愛，不亦迂乎？無私焉，乃私也。」大意是：「愛」和孝一樣，也是一種個人對個人的情感，要使一個人普遍地去愛所有的人，即使能做到，也是一條極為遙遠的路；至於「私」本來是一個人從己身出發的想法和做法，要想「無私」

2　〈盜跖〉篇稱孔子去見盜跖，想勸他改邪歸正，被盜跖大罵一頓說：「爾作言造語，妄稱文武，冠枝木之冠 [儒者好巧飾，戴華麗之冠]，帶死牛之脅 [取牛皮為大革帶]，多辭繆說，不耕而食，不織而衣，搖唇鼓舌，擅生是非，以迷天下之主，使天下學士不反其本，妄作孝弟而徼倖於封侯富貴者也……子之道，狂狂汲汲 [奔走營求]，詐巧虛偽事也，非可以全真也，奚足論哉！」〈列禦寇〉篇稱魯哀公問顏闔是否可以用孔子為大臣。顏闔說那將極其危險，因為「仲尼方且 [慣於] 飾羽而畫 [裝扮]，從事華辭，以支 [枝節] 為旨，忍性 [矯飾本性] 以視 [示] 民……使民離實學偽，非所以視民也。」〈外物〉篇稱老萊子告誡孔子說「丘，去汝躬矜 [驕矜的態勢] 與汝容知 [多知的容貌]，斯為君子矣。」

就是先認定了一己之念，才勉強企圖去消除它，去推展到兼愛，這種做法不僅極困難，而且全無必要，因為在自然的狀態裏，萬物都各依其情性（「天機」），遵循着一定的規則而存在和運作，人也應該聽任其本性，不必造作什麼特殊的仁義之類的規範。所以老聃說「夫子［孔子］若欲使天下無失其牧［生存之道］乎？則天地固有常矣，日月固有明矣，星辰固有列矣，禽獸固有群矣，樹木固有立矣。夫子亦放德［放任本性］而行，循道而趨，已至矣，又何偈偈乎揭仁義，若擊鼓而求亡子焉？意！夫子亂人之性也！」

為了說明在自然的情況裏萬物有自存之道不必依靠外來的扶持，莊子屢次說「泉涸，魚相與處於陸，相呴以濕，相濡以沫，不若相忘於江湖！」〈大宗師〉、〈天運〉當然，人們處於十分困難的情況下，相助相慰，也很可貴，但是這麼做只能減緩少數人一時之困，只是小仁，是不周全的，不如讓他們換到一個妥善的環境，各自無憂無慮地生活，不必為別人操心，甚至幾乎忘卻別人的存在。能使人們進入這樣的境界，才是「至仁」。所以莊子說「大仁不仁」〈齊物論〉——真正的「大仁」普及萬物，不會顯得對某些人，在某些時候特別愛護照顧。

莊子指出人為規範的適用對象狹窄之後，又指出其適用時效有限。〈天運〉裏說師金批評孔子想以先王的禮儀法度來教導、規範人們，因為「禮義法度者，應時而變者也」，甚至仁義，也是失道而後暫行的規範，乃「先王之蘧廬也，止可以一宿而不可以久處」。倘若不明白此點，只是模仿古人，猶如拿了已經在祭祀時用過的芻狗再陳列起來，帶了人們游居寢臥其下，像是在做夢或着了迷似的，不顧周圍的實際情勢，當然會被人輕蔑，甚至像東施效顰一樣，令人生厭。如果勉強想有作為，則像推舟於陸，不獨徒勞無功，而且必有禍殃，這就是孔子之所以在宋、衛、陳蔡之間受難的緣故。

第二，關於仁義等外來規範不合人的自然之性，莊子在〈天道〉

裏說孔子自稱所治之學「要在仁義」。老聃說「請問，仁義，人之性
邪？」孔子說「然。君子不仁則不成，不義則不生。仁義，真人之性
也。」易而言之，「君子」是生來有仁有義的。莊子覺得此說太膚淺，
所以在〈天運〉說「虎狼，仁也」。他指出「夫至德之世，同與禽獸
居，族與萬物並，惡乎知君子小人哉？……及至聖人，蹩躠為仁，
踶跂為義，而天下始疑矣」；「夫赫胥氏之時，民居不知所為，行不知
所之……及至聖人，屈折禮樂以匡天下之形，縣跂仁義以慰天下之
心，而民乃始踶跂好知，爭歸於利」。〈馬蹄〉所以仁義不是自然的人
性，猶如「駢拇枝指 [旁生的指或趾]」，〈駢拇〉不是人體的正常部分。

莊子認為仁義不僅不合人之本性，而且是賊害人的自然情性之
物。他在〈大宗師〉裏說堯時意而子想要找一條自由自在的生存之道
而去見許由。許由問堯教他怎麼做。意而子說堯教他「必躬服仁義而
明言是非」。許由說「堯既黥汝以仁義，而劓汝以是非矣，汝將何以
遊夫遙蕩恣睢轉徙 [自由自在，任意變化]之塗 [途]乎？」所以莊子認為仁
義不僅不是人的本性，而且將它看作是一種刑罰。他怕這一點還不夠
清楚，因而又說了許多「重言」加以點明，其一說用規矩來端正人的
行為就削損了人的本性；用仁義來安慰人心就使人失去了常情。他指
出天下有「常然」：彎的自彎，直的自直，圓的自圓，方的自方，黏
合的自黏合，不需外物、外力給以幫助，「故天下誘然 [自然]皆生而
不知其所以生，同焉皆得而不知其所以得，故古今不二，不可虧也，
則仁義又奚連連如膠漆纆索 [各種工具器材]而遊乎道德之間為哉？使天
下惑也。」〈駢拇〉其二說不幸的是許多不明此理的人，受了那些「聖人」
的仁義之說所愚弄，像是被他們散播的米糠迷糊了眼睛，又像是被他
們變成的蚊虻叮得通宵不寐，憤壞了心志，〈天運〉而「奔命於仁義」，
以致「傷性以身為殉」。「殉仁義」與「殉貨財」一樣，都是為了外
物而犧牲了人的本性，是沒有意義之事。〈駢拇〉

　　此前已經提到莊子說伯樂用轡索鞭筴桎梏了馬的本性，此處說「聖人」用仁義賊害了人的本性。「聖人」究竟用仁義做了些什麼？〈天運〉篇裏說子貢問三皇五帝治理天下，受到大眾的稱頌，而老聃卻以為他們不是聖人，為什麼？老聃說了一大篇「重言」來開導子貢，大意說黃帝、堯、舜、禹治天下的方法不一，但是都破壞了人們純樸的天性，一步一步趨向於分割人我，各是其見而非人之見，因而引起了糾紛，導致儒墨各家紛起。諸家在開始時還遵循理數，後來則混淆不清。為什麼會有這樣的結果？因為「三皇五帝」掩蔽了人對日月、山川、四時等等一切自然現象和真理的了解，他們的心智有如蠍子的毒尾，螫得一切生物都不能安定其本性，而他們竟自以為是「聖人」，真是可恥！〈天運〉

　　由於這些「聖人」攘亂了人心，使其自然的本性被扭曲了，因而產生了許多奇怪的行為，例如堯殺長子，舜流母弟，湯放桀，武王弒紂，王季為嫡，周公殺兄，直躬證父，尾生溺死，申子自埋，孔子不見母，匡子不見父等等，〈盜跖〉其悖情逆理實在驚人！

　　第三，關於仁義等規範「為害社會」，莊子指出因為仁義等等是外來的規範，人們受其拘束，失去了自主的思考和行為的能力，結果就使掌握了這些規範的詮釋和實施之權的人，也控制了人們的思想和行為。他在〈胠篋〉裏用了一個比喻來說明此點：人們為了預防小偷撬箱、開櫃而盜取財物，就將這些箱櫃用繩索綁緊，鎖鈕扣牢。這是世俗所謂的聰明之舉，但是大盜來時，將箱櫃背起而跑，唯恐繩索鎖鈕不夠牢固，所以他說世之「所謂聖者，有不為大盜守者乎？」然後他又舉一個更大的實例：「昔者齊國方二千餘里，所以立宗廟社稷，治邑屋州閭鄉曲者，曷嘗不法聖人哉！然而田成子一旦殺齊君而盜其國，所盜者豈獨其國邪？並與其聖知之法而盜之。故田成子有乎盜賊之名，而身處堯、舜之安，小國不敢非，大國不敢誅，十二世有齊

國，則是不乃竊齊國，並與其聖知之法以守其盜賊之身乎？」進而他以「重言」說聖人之治天下，製作了許多規範準則，如權衡以度輕重，符璽以定信實，仁義以正人情；但是大奸巨盜會將這些一併竊去作為己用。進而他又用「卮言」說「盜亦有道」──「夫妄意［猜度］室中之藏，聖也；入先，勇也；出後，義也；知可否，智也；分均，仁也」。五者具備才能稱是大盜，由此觀之，「善人不得聖人之道不立，蹠不得聖人之道不行。天下之善人少而不善人多，則聖人之利天下也少而害天下也多。故曰……聖人生而大盜起。」難怪常言道「竊鉤者誅，竊國者為諸侯」，因為大盜竊國，無不用仁義等等準繩來束縛人們，使他們對於手持這種準繩的人習慣性地順從，受其統治。這便是「諸侯之門，仁義存焉」的道理，「重聖人而治天下」，實在是「重利盜蹠也」。所以他說「聖人不死，大盜不止」。

仁義等規範有這三項大缺點，為什麼「聖人」要出來「以仁義攖人之心」？應該不是想來作亂造害，而是想要來改善人們的生活吧。〈天地〉篇裏有一則故事似乎可以說明此點：子貢在途中見到一位老丈從地道走入井中抱了一罐水出來澆菜，費力多而功效少。子貢告訴他有一種機械名為桔槔，後重前輕，可以很容易地從井中汲水，一天可以灌溉上百畦的菜圃。

發明桔槔之人顯然是為了節省人力，做較多的工作。這是一般「聖人」教導人們做的，所以子貢說「吾聞之夫子［孔子］：事求可，功求成，用力少，見功多者，聖人之道。」老丈聽了很不高興地哂笑說「吾聞之吾師，有機械者必有機事［機巧的作為］，有機事者必有機心［計謀和企圖］。機心存於胸中則純白不備；純白不備則神生［意念］不定；神生不定者，道之所不載［不能循道］也。吾非不知，羞而不為也。」莊子借此說出了一番極重要的道理：「機心」不僅可以用來發明「機械」，也可以用來做取巧的「機事」以追求功利，功利莫非是為了滿足慾

望，小慾已得必定追求大慾，結果必定造成大亂。為此他又借庚桑子之口說堯、舜之際「民之於利甚勤，子有殺父，臣有殺君，正晝為盜，日中穴阫 [挖牆行竊]。」所以「大亂之本，必生於堯、舜之間，其末存乎千世之後。千世之後，其必有人與人相食者也。」〈庚桑楚〉

由上述諸點可見世俗之「聖人」用心或無不可，但其作為卻造成了極大的災害。怎麼會有這樣意外的後果呢？莊子認為其源在於那些「聖人」的「小知」，就如蟬與鳩，只知蓬蒿之間數十尺的空間，不知有遼闊的北冥、南冥；菌和蛄只知一朝一季的時間，不知有千百年的靈龜、古椿。所以「井蛙不可以語於海，夏蟲不可以語於冰」，〈秋水〉「瞽者無以與乎文章之觀，聾者無以與乎鐘鼓之聲」。〈逍遙遊〉為了彰顯「小知」之害，莊子造了兩個寓言，其一說「昔者海鳥止於魯郊，魯侯禦 [迎] 而觴之於廟 [太廟]，奏九韶以為樂，具太牢以為膳。鳥乃眩視憂悲，不敢食一臠，不敢飲一杯，三日而死。」〈至樂〉其二說「南海之帝為儵，北海之帝為忽，中央之帝為渾沌。儵與忽時相與遇於渾沌之地，渾沌待之甚善。儵與忽謀報渾沌之德，曰人皆有七竅以視、聽、食、息，此獨無有，嘗試鑿之。日鑿一竅，七日而渾沌死。」〈應帝王〉為什麼魯侯「以己養養鳥」，儵、忽以人待渾沌？皆因其知太小。由此再進一步，莊子指出任何人的知識都屬有限。一個人無論如何努力，能夠學得的都只是一小部分。「譬如耳目鼻口，皆有所明，不能相通，猶百家眾技也，皆有所長，時有所用；雖然，不該 [兼備]、不徧 [遍]⋯⋯寡能備於天地之美」，然而「各為其所欲焉以自為方，悲夫！⋯⋯道術將為天下裂」。〈天下〉更可悲的是那些有了一點小知之人皆「得一察焉以自好」，自以為有了成就，因而自行炫耀。〈齊物論〉裏說這些人「大言炎炎 [氣焰逼人]，小言詹詹 [聒聒不休]」，以宣示其「成心 [成見]」，用繁而不實的話將單純的道理攪混了，而又不肯接受別人的看法，結果造出了許多「真偽」、「是非」，所以他

說「道惡乎隱而有真偽？言惡乎隱而有是非？道惡乎往而不存？言惡乎存而不可？道隱於小成，言隱於榮華，故有儒墨之是非」。又因各自以是其所非，而非其所是，引發了無窮的爭辯，所以他說「知也者，爭之器也」，〈人間世〉「辯也者，有不見也」。〈齊物論〉這種爭辯極為無謂，但是卻增加了無數抗爭，產生了無窮的惡果。

▌ 道 ▌

與「小知」相對的是「大知」。依照莊子的說法「大知」是對於既存於萬物，又通而為一的「大道」的領悟。「道」究竟是什麼？細讀其書，似乎可以見到關於「道」的幾個要點：

（一）「道」確實存在。《老子》說「道之為物，惟恍惟惚。惚兮恍兮，其中有象；恍兮惚兮，其中有物；窈兮冥兮，其中有精。其精甚真，其中有信。」《老子》〈二十一章〉《莊子》也說「夫道，有情有信……自本自根……自古以固存……生天生地」。〈大宗師〉〈知北遊〉裏說「道無所不在」並且用了一個十分誇張的「卮言」說明此點：「東郭子問於莊子曰：所謂道，惡乎在？莊子曰：無所不在。東郭子曰：期 [指明] 而後可。莊子曰：在螻蟻。曰：何其下邪？曰：在稊稗。曰：何其愈下邪？曰：在瓦甓。曰：何其愈甚邪？曰：在屎溺。東郭子不應。」

莊子這番卮言要說明的是：即使在最卑賤的事物裏也都有「道」。

（二）「道」雖存在，但不可聞，不可見，不可名，不可言，不可知。〈知北遊〉裏說「道不可聞，聞而非也；道不可見，見而非也」。那些自以為聞道、見道的人所聞所見的都不是真的「道」。「道」既不可聞，不可見，當然很難加以形容，尤其是用語言來描述，更為困難，所以說「道不當名」，無怪「天地有大美而不言，四時有明法而不議，萬物有成理而不說。」勉強為之，必不確切，所以莊子說「道

不可言，言而非也」，又說一般人「所以論道，而非道也。」〈則陽〉裏又很簡明地說「道之極，言不足以載。」言既不足說明道，所以道不能言傳。〈知北遊〉裏的一則寓言說知想了解「何思何慮則知道，何處何服則安道，何從何道則得道」，先問無為謂，三問而無為謂不答。次問狂屈，狂屈說「唉！予知之，將語若，中欲言而忘其所欲言。」最後問黃帝，黃帝說「無思無慮始知道，無處無服始安道，無從無道始得道。」知又問黃帝「我與若知之，彼與彼不知也，其孰是邪？」黃帝說「彼無為謂真是也，狂屈似之，我與汝終不近也。夫知者不言，言者不知，故聖人行不言之教。」莊子似乎怕這一點還不夠清楚，又用相似的話說泰清問無窮「子知道乎？」無窮說「我不知。」泰清又問無為，無為說「吾知道。」然後說他知「道之可以貴，可以賤，可以約，可以散。」泰清以二人之言問無始孰是孰非？無始說「不知深矣，知之淺矣……有問道而應之者，不知道也。」

　　（三）「道」既不可言傳，當然更不能形諸文字，所以後人讀書以學「道」自不能有所得。〈天道〉篇說了一段「重言」：「世之所貴道者書也。書不過語……語之所貴者意也。意有所隨 [指向]……不可以言傳也……視而可見者形與色也，聽而可聞者名與聲也。悲夫，世人以形色名聲為足以得彼之情。夫形色名聲果不足以得彼之情，則知者不言，言者不知，世豈識之哉！」接着他又捏造了一則故事說桓公在堂上讀「聖人之言」的書，輪扁在堂下製輪，聽了之後說那些書都是「古人之糟粕」而已，因為以製輪為例，要領悟了適當的技巧，得心應手，才能做得好。他無法用語言文字將這種技巧傳授給兒子，兒子乃不能繼承他的工作，所以他已經七十歲了，還在製輪。古人和他們那些不可言傳的本領都已消失，所以桓公所讀的，都只是一些無用之物。

　　（四）「道」雖難知，但其大要尚可體驗。〈知北遊〉裏說孔子向

老子請問「至道」。老子說「夫道，窅然難言哉！將為汝言其崖略 [大
要]：夫昭昭生於冥冥，有倫生於無形……天不得不高，地不得不廣，
日月不得不行，萬物不得不昌，此其道與！」

　　莊子曾一再借老聃之口說「天自高，地自厚，日月自明」，〈田子
方〉「天地固有常矣，日月固有明矣，星辰固有列矣，禽獸固有群矣，
樹木固有立矣。」〈天道〉這些話似乎說，就其大要而言，「道」是恒久
有常的，可以說是「道」之靜的一面。此外他又借老聃之口談萬物所
循的「昌亡」之「道」，說「人生天地之間，若白駒之過隙，忽然而
已……已化而生，又化而死。」又進一步說黃帝告訴知：「生也死之
徒，死也生之始，孰知其紀！人之生，氣之聚也；聚則為生，散則為
死。若死生為徒。」〈知北遊〉這些話似乎說「道」另有動的一面，是變
化巡迴的。但是無論動、靜，都自然而然，非外力所致。

　　「道」有動、靜，但是並非兩個獨立的部分，而是一體的兩面。
動的一面雖然變化不定，但只是表象，而且周而復始，並沒有改靜止
的基礎。所以莊子借廣成子之口告訴黃帝說「百昌皆生於土而反於
土……萬物芸芸，各復其根」。〈在宥〉又由黃帝告訴知：「故萬物一
也。是其所美者為神奇，其所惡者為臭腐。臭腐復化為神奇，神奇復
化為臭腐。故曰通天下一耳。」〈知北遊〉這個「一」，莊子稱之為「根」、
「本」、「宗」，說「陰陽四時運行，萬物死生方圓」，皆基於此。〈天道〉
要知「道」，一定要「通」此點，所以他說「天地雖大，其化均也；
萬物雖多，其治一也……通於一而萬事畢。」〈天地〉、〈知北遊〉這便是
「道」的「崖略」。

　　（五）「道」即是「理」。萬物通於一理，所以莊子說「道，理
也。」〈繕性〉「理」從「玉」，因為玉在石內，須剖石才能得之，所
以「理」有治理之義。石有固定的間隙，紋絡。治玉者須循着紋絡鑿
琢，才能剖石而不致將玉擊碎。石之紋絡就像一條路，依它而行便可

順利達到目的。這樣的紋絡與「道」有什麼關係？為了說明此點，莊子創作了一個庖丁解牛的寓言：文惠君的廚師用手、足、肩、膝去觸摸牛的身體，然後循着牛的肌肉的紋絡、骨節的閑隙處，用刀輕輕切入，牛便霍然而解，不知其死。如此者十九年，宰了幾千頭牛，所用之刀一點也沒有變鈍，還像新磨出來的一樣。文惠君稱讚他的技術，他說「臣之所好者道也，進乎技矣 [超過了技術]。始臣之解牛之時，所見無非全牛者⋯⋯ 方今之時，臣以神遇而不以目視 ⋯⋯ 依乎天理，批大郤 [隙]，導大窾 [穴]，因其固然，」所以他的刀在牛的肌肉筋骨之間全無阻礙，遊刃有餘。〈養生主〉在這裏莊子將「道」與「天理」並提，認為都是一條自然、「固然」的路。在他看來，天地之間處處都有這樣的路。〈達生〉裏說呂梁地方有一大瀑布「懸水三十仞 [二百四十尺]，流沫四十里，黿鼉、魚鱉之所不能遊也」。孔子看見一人沒在水中，以為是想自殺的，叫弟子們順着河岸去救他。但是在數百步之後，這人從水裏冒了出來，披頭散髮，上岸後邊走邊唱。孔子跟上去說「吾以子為鬼，察子則人也。請問蹈水有道乎？」那人說他沒有，只是「與齊 [臍，水之漩渦如臍] 俱入，與汩 [湧流] 偕出，從水之道而不私 [不任私意] ⋯⋯ 長於水而安於水 ⋯⋯ 不知吾所以然而然。」這段話也在說明：水也有理路，順之而行，並不困難。

　　此外《莊子》裏還在許多篇章談到「理」，也在闡明「道」即是「理」之意。例如音樂要「順之以天理」；〈天運〉聖人「生也天行，死也物化 ⋯⋯ 感而後應，迫而後動 ⋯⋯ 去知與故 [巧]，循天之理」；〈刻意〉不知大小、貴賤之相對的人「是未明天地之理」；〈秋水〉髑髏曝於路旁可能因為「貪生失理」而死；〈至樂〉「聖人者，原天地之美而達萬物之理」〈知北游〉「名利之實，不順於理」。〈盜蹠〉

　　「道」有動靜，「理」亦然。石紋雖是固定卻非始終一致，而是彎彎曲曲的，所以治者不能固執地向一個方向去鑿，而要懂得變通。

所以莊子說「知道者必達於理，達於理者必明於權。」〈秋水〉「權」指
衡量輕重，然後取其所宜。「道」雖是正途，但在必要時為了要避免
障礙，可以暫取曲徑以達目的。

　　依據以上這些資料簡而言之，「道」的具體細節雖然不可知，但
是其大略可以說就像一條自然蜿蜒，周轉無窮的路。

　　路可以是天然形成的，如河岸、山谷；也可以是人力開闢的，
如田蹊、馳道。二者皆可供人行走，其功用並無差別。但是將路稱之
為「道」，便加入了價值觀念，成了「理路」，而有了正道、邪道之
別。莊子所說的「道」僅指合乎自然之「理」的路，因為如前所述，
他認為「自然」是可貴的，而人（特別是世俗所謂之「聖人」）的作
為及其生產的事物，大多損壞了自然，所以是禍首、亂源；他們教人
走的路是「邪道」。

▎悟「道」▎

　　如果「道」不可言傳，莊子為什麼大談其「道」？而且還說了一
些似乎矛盾的話，例如在〈大宗師〉裏他說「夫道……可傳而不可
受，可得而不可見。」又說「道」曾由疑始以下經遇過參寥、玄冥等
八人而傳至女偊。可見有人能夠得道，傳道。他的意思大約是「道」
雖然不可以用語言文字傳、受，但可以有另一種方法來做。這種方法
非常困難。第一，只有某些具有特殊天分的人才能嘗試。第二，即使
這種人，也需要經過非常的訓練。〈大宗師〉裏說南伯子葵問女偊「道
可得學邪？」女偊說「惡，惡可！子非其人也。」然後說一定要有「聖
人之才」的人，受了已有「聖人之道」的人的教導，而且要經過相當
的時間和若干步驟才能得「道」──先要能「外天下 [超脫身外的世界]」
然後「外物 [超脫切身之事物]」，然後「外生 [超脫己身的生存]」。看破生死，

才能學道。〈田子方〉裏說孔子去看老聃，見他「形體掘若槁木，似遺物離人而立於獨也。」問他為什麼會如此。老子說他「游心於物之初」，將四支百體視為塵垢，死生終始看作晝夜，萬事不足患心，「已為道者解乎此。」孔子聽了告訴顏回說「丘之於道也，其猶醯雞 [酒甕中的小蟲] 與！微夫子 [老子] 之發吾覆也，吾不知天地之大全也。」〈人間世〉裏說顏回想去衛國教化其君，說了若干自己的計劃，使其從「道」治國。孔子說那些辦法「猶師心 [依照自己的成見] 者也」，如果執着不化，就不可能教化他人。顏回說他已想不出其他的辦法了，請孔子給以指點。孔子教他「齋」。顏回說他家窮，「不飲酒，不茹葷者數月矣。如此，則可以為齋乎？」孔子說那只是「是祭祀之齋，非心齋也。」顏回說「敢問心齋。」孔子說「若一志，無聽之以耳而聽之以心；無聽之以心而聽之以氣。耳止於聽，心止於符 [感應]，氣也者虛而待物者也。唯道集虛 [道集於無己空明之處]。虛者，心齋也。」〈大宗師〉裏記載了一段似乎是顏回去行了「心齋」之後，再去看孔子時二人的對話：

顏回曰「回益矣 [有長進了]。」仲尼曰「何謂也？」曰「回忘禮樂矣。」曰「可矣，猶未也。」他日，復見，曰「回益矣。」曰「何謂也？」曰「回忘仁義矣。」曰「可矣，猶未也。」他日，復見，曰「回益矣。」曰「何謂也？」曰「回坐忘矣。」仲尼蹴然曰「何謂坐忘？」顏回曰「墮肢體，黜聰明，離形去知，同於大通 [道]，此謂坐忘。」仲尼曰「同則無好 [偏好] 也，化則無常 [固執] 也。爾果其賢乎！丘也請從爾後也。」

這段話當然是莊子捏造的，重點在強調要「忘」去一切規範，以

及它們用以維持的行為和觀念，包括是非、榮辱、生死等，才能開始學道。他曾多次說孔子不能知道，而曾努力地去學道，很歉虛地接受教誨。例如上述他見了老子，聽到了「天自高，地自厚，日月自明」之後，自比為醯雞；又一次見了老子，說像見到了龍，使他「口張而不能嗋 [閉合]」，事後三日都不能說話。〈天運〉大公任告訴他「自伐 [誇] 者無功，功成者墮，名成者虧」，教導他不要「飾知以驚愚，修身以明汙，昭昭乎如揭日月而行」，企圖去影響別人。他聽了就「辭其交遊，去其弟子，逃於大澤」。〈山木〉他在周遊列國，迭次遭遇挫折之後，「親交疏，徒友散」，很沮喪地去請教於子桑雽。桑雽告訴他人以利相合者，遇難則相棄。所以「君子之交淡若水，小人之交甘若醴。君子淡以親，小人甘以絕。彼無故以合者，則無故以離。」孔子聽了就「絕學捐書」，不再企圖去教育他人了。〈山木〉〈漁父〉裏說他遇到一位漁父批評他「上無君侯有司之勢，下無大臣執事之官，而擅飾禮樂，選 [宣導] 人倫，以化齊民，不泰多事乎？」然後指出人有「八疵」、「四患」他似乎有了幾項。[3] 孔子聽了愀然而歎，然後問「丘再逐於魯，削跡於衛，伐樹於宋，圍於陳蔡」，但是他「不知所失，而離此四謗者何也？」漁父說「甚矣，子之難悟也！」然後教他不要「畏影惡跡」而疾走不休。並教他「慎守其真」，不必去求「妙道」。漁父說罷，撐船而去。孔子「侍水波定，不聞拏音」，才敢上車離開。

　　《莊子》裏有幾段似乎說孔子最後終於悟「道」了。例如子桑戶死後他的朋友「臨屍而歌」，子貢不解，孔子說「彼，游方之外者也，而丘，游方之內者也……而丘使汝往弔之，丘則陋矣。」然後解釋說那些人遊乎天地之間，「以生為附贅縣疣，以死為決疣潰癰……芒

3　漁父似乎認為孔子有「八疵」之中的「摠」（非其事而事之）、「佞」（莫之顧而進之）二者，又行「四患」中的「叨」（好經大事，變更易常，以掛功名）一項。

然彷徨乎塵垢之外，逍遙乎無為之業，彼又惡能憤憤然為世俗之禮，以觀眾人之耳目哉！」又進一步說他自己和子貢都是「天之戮民〔為世俗所制，從自然的觀點來看是受刑之人〕」，而知「道術」之人則一切順乎自然，不依賴人為的關注，像「魚相忘於江湖」。〈大宗師〉又如子貢受了為灌園丈人所譏，「卑陬〔慚怍〕失色，頊頊然不自得，行三十里而後愈」，將其事告訴孔子，孔子說「彼〔為圃者〕假修渾沌氏之術者也。識其一不知其二〔專一不二〕；治其內〔心〕而不治其外〔務〕。明白太素，無為復樸，體性抱神，以遊世俗之間者……渾沌氏之術，予與汝何足以識之哉！」〈天地〉〈天運〉裏說孔子年五十有一而不聞「道」，去請教於老子說「丘治詩、書、禮、樂、易、春秋六經，自以為久矣，熟知其故矣。以奸者〔干謁〕七十二君，論先王之道而明周、召之跡，一君無所鈎用。甚矣夫！人之難說也！道之難明邪？」老子說「六經，先王之陳跡也……夫跡，履之所出，而跡豈履哉？」然後說同種的動物，雌雄呼應，就可相感而受孕，稱之為「風化」，合則可，不合則不可，外力無法介入。孔子閉門思索了三個月，才想通了此理，回去見老子說「丘得之矣。」然後說鳥孵卵、魚傅沫[4]、蜂演化[5]、弟出生而兄啼哭，[6]都是自然的現象。然而他自己因鑽研六經，很久不與自然親近，失去了對人的自然之情的了解，當然不可能去教化別人了。老子聽了說「可〔這就對了〕，丘得之〔道〕矣！」

孔子想從六經裏去尋「道」，幾無所得，又向幾位已經「得道」之人問「道」，雖受指點，仍需經過一段時間思考之後才能體會。這

4　有些魚類雌魚產一片卵子於水面，雄魚布精液在其上，即可使卵受而成魚。中國古人即知此現象。

5　古人相信某些物類是從別的物類變化而成的，所以有「腐草成螢」之說。至於蜂類，大約因其腰細，不能孕育，所以古人也相信是變化而來的。

6　父母愛幼子，兄長被冷落所以哭泣。

種體會不是知識累積的結果，而是進入了一種特殊的境界後的頓悟。
這種境界大約是在「心齋」、「坐忘」後才能進入；這種頓悟大約是
不以耳聽而以「心聽」、「氣聽」，才能得到。對於古時生活在這種境
界裏的人而言，當然無需這種領悟，而可以自然地「同與禽獸居，族
與萬物並」，「端正而不知以為義，相愛而不知以為仁，實而不知以
為忠，當而不知以為信，蠢動而相使不以為賜。是故行而無跡，事而
無傳」；〈天地〉對於後世受過禮樂、仁義等等人為規範所拘束傷害的人
而言，要能領悟此道乃非常不易，所以孔子、顏回尚且下了極大的工
夫才能做到；不如他們之人則幾乎不可能了。〈秋水〉裏說公孫龍自
稱「少學先王之道，長而明仁義之行；合同異，離堅白；然不然，可
不可；困百家之知，窮眾口之辯」，可以說是一個博學多知之人，但
是聽到了莊子之道，「汒焉異之，不知論之不及與，知之弗若與」，
因而去請教於其師魏牟。魏牟將他比作井底之鼀，未見東海之大，
而竟然想了解莊子之道，「是猶使蚊虻負山，商蚷 [蚷，蚰蜒，細小爬蟲，俗
稱百足] 馳河 [游過黃河] 也⋯⋯是直 [簡直像是] 用管窺天，用錐指地也。」
公孫龍聽了「口呿而不合，舌舉而不下，乃逸而走」，當然不必說悟
道了。

　　總之，「道」的細節是無法說，無法學的，只有少數經過了極大
努力，可以領悟其大要。然而這只是那些已經為仁義所迷惑，禮法所
桎梏的人的問題。對於未受這些殘害之人而言，莊子的「道」只是自
然的路，只要能順乎自然的情性而生活，就會像在「至德之世」的人
那樣「端正而不知以為義，相愛而不知以為仁，實而不知以為忠，當
而不知以為信，蠢動相使而不以為賜」，〈天地〉生死動靜就合乎「道」，
無需特地去學。

▍道之用一：立身 ▍

養生、保真、順天機、去名利，重自由、安天命

　　莊子之時距「至德之世」已遠，一般人受仁義禮法之害已深，他想要幫助他們，但是又不可能一個個地去助人學「道」，所以他只是簡單地教人破除成見，以一個高遠的眼光看一切，以另一種方式來立身處世。這麼做也不容易，為此他花了極大的功夫，先用「寓言」來舉出若干現象，然後以「卮言」來推展此等現象可能演變的極致，然後以「重言」來點明要義。大致而言，他認為人在不同的環境裏，應有現象似異而實質相同的立身處世之方。

　　談立身處世，不得不考慮兩個基本問題：人「為何」及「應如何」而生存？莊子說在原始的「至德之世」，萬物各依其本性，順從其「天機」而生存，人當然沒有立身處世的問題。當這種狀態被「聖人」們以「小知」破壞，教人如何用機心謀功利以滿足其無窮之慾後，人們投機取巧，妄作非為，乃致大亂，「聖人」又創作了許多禮法來加以規範，一般人受了這些「桎梏」所束縛，只得忍受「天刑」。〈德充符〉在莊子看來這不是人該過的生活，所以他希望人們能解脫出來，自由自在，「汎若不系之舟」，〈列禦寇〉甚至「遊乎天地之一氣……仿徨乎塵垢之外，逍遙乎無為之業」，〈大宗師〉「入無窮之門，遊無極之野，與日月參光，與天地為常」。〈在宥〉這樣的生活，簡直比在「至德之世」裏的還好。當然這是莊子用「卮言」所誇張敘述的一種最高超的精神生活。實際上人該怎麼過活？他說首先要「養生」，其次要「葆真」，合起來才是「立身」過活之道。

　　神仙可以飄緲如風，無拘無束地遨遊於六合之間；人則不得不拖着一個笨重而不能自給的軀體，困頓於地上，依靠外物的滋養和庇

護而活着。取得外物必須付出代價，究竟要付出多少？〈讓王〉裏說韓、魏爭地，莊子借子華子之口問韓昭僖侯：「今使天下書銘於君之前，書之言曰：左手攫之則右手廢，右手攫之則左手廢，然而攫之者必有天下。君能攫之乎？昭僖侯曰：寡人不攫也。子華子曰：甚善！自是觀之，兩臂重於天下也，身又重於兩臂。韓之輕於天下亦遠矣，今之所爭者，其輕於韓又遠。君固愁身傷生以憂戚不得也！」然後莊子稱讚說「子華子可謂知輕重矣。」他要強調的是：人應重視其軀體甚於一切外物。在〈達生〉裏他又說了一番「重言」進一步闡明：「身外之物」，包括衣食、器物、名利、權勢等等，其中有些是養生必要的，有些則不然。即使是必要之物，一人所需也屬有限——「鷦鷯巢於深林，不過一枝；偃鼠飲河，不過滿腹。」〈逍遙遊〉——多取毫無益處，所以人不可貪得外物而傷身害生。然而許多人往往「棄生以殉物」。他將這種行為比作「以隨侯之珠彈千仞之雀」，而為世人所笑，因為「其所用者重而所要者輕也。」〈讓王〉他又將這種「喪己於物，失性於俗」不知本末的人稱為「倒置之民」。〈繕性〉可悲的是這種人很多，所以他歎道「自三代以下，天下莫不以物易其性矣——小人以身殉利，士以身殉名，大夫以身殉家，聖人以身殉天下……彼其所殉仁義也，則俗謂之君子；其所殉貨財也，則俗謂之小人。其殉一也。」〈駢拇〉

然而要不為物殉相當困難。〈山木〉裏說莊子曾見一隻鳥飛入栗林裏，他提起衣裳快步追去，拿着彈弓準備射牠，然後看見一隻蟬躲在樹蔭裏，一隻螳螂從隱蔽處要去捉蟬，那隻鳥就乘機要去啄螳螂。他突然悟到蟬和螳螂都以為了求取外物而忘記了自身，以致落入危險，而他自己亦復如此。果然，守林之人以為他要盜栗，就來驅逐並斥罵他。他回去後三天都感覺不快，說自己「觀於濁水而迷於清淵〔只注意於污濁的利得而忽視了明白的道理〕」，所以受到園丁的凌辱。

　　身外之物輕於身，但是身體，甚至生命，也不是最重要的。〈在宥〉裏說廣成子告訴黃帝：「百昌皆生於土而返於土」。〈知北遊〉裏說丞告訴舜：「汝身非汝有也……是天地之委形也；汝生非汝有，是天地之委和也。」同篇裏又說黃帝告訴知：生死相從，臭腐神奇相化；老聃告訴孔子人生如白駒過隙，化而生，化而死。〈至樂〉裏說「生者，假借也；假之而生生者，塵垢也。」〈齊物論〉說聖人「游乎塵垢之外。」因此僅僅保存軀體的存在並沒有多大意義，重要的是怎麼生存——要怎麼「立」身。

　　以上已經說過莊子指出萬物各有其特性，失其特性，即失其存在。他稱這種特性為「性命之情」，〈駢拇〉、〈在宥〉、〈天運〉、〈徐無鬼〉又稱之為「真」。「立身」除了維持軀體之外，還要保護其「真」。

　　「真」究竟是什麼？莊子借漁父之口告訴孔子：「真者，精誠之至也……所以受於天也，自然不可易也」，因而勸孔子「謹修爾身，慎守其真」，不可「苦心勞形以危其真。」又借老子之口告訴孔子如何去尋求人的情性之「真」：「古之至人，假道於仁，託宿於義，以遊逍遙之墟，食於苟簡之田，立於不貸之圃。逍遙，無為也；苟簡，易養也；不貸，無出也。古者謂是采真之遊」〈天運〉，換句話說，「真」就是最簡樸原始的人性。人要做人，就要保住其「真」。〈田子方〉「保真」之道非常不易。不同的人用不同的做法會產生不同的結果。《莊子》提到三種人和三種做法，其主要的不同在他們對於仁義禮法的桎梏和名利的誘惑的反應。關於仁義禮法之害，此前已有分析，現在要來說一下莊子對名利的看法，然後來探究三種人「保真」、「立身」的差別。

　　〈庚桑楚〉裏列舉了二十四個妨礙人「保真」的因素，其中六個可以悖人之志——富、貴、顯、嚴 [威勢]、名、利；六個可以謬人之心——容 [外表]、動 [舉措]、色 [姿色]、理 [辭理]、氣 [意氣]、意 [主意]；六個可以累人之德——惡、欲、喜、怒、哀、樂；六個可以塞人之

道——去、就、取、與、知、能。其中最有害的莫過於「名、利」。
為了說明名利之不足取，〈盜跖〉裏引了無足、知和兩位虛擬人物很
長的對話。大意說無足認為名利富貴是「長生、安體、樂意之道」所
以「人卒 [眾] 未有不興名就利者」，喜愛、追逐名利乃「人之性也」；
如果拒絕名利，「苦體絕甘，約養以持生」，必將「久病長阨」僅免
於死。知和說人固然需要外物以養生，但是不可失當、過分，尤其
不能只見當前，不顧後果。如果盲目地奮力謀取，「若負重行而上阪
[坡]」，必致精疲力竭，即使成功，當時已經無法充分享受，隨時又
怕被人盜竊搶奪，生活在恐懼之中，比貧困還苦。原因在於「知為為
而不知所以為 [只知盡力去做，而不知道為了什麼目的]」，結果即使「貴為天子，
富有天下，而不免於患」，及其患至，「或盡性竭財，單 [但] 以反一
日之無故 [用盡了已得的名利，以求一天的安寧] 而不可得」。這樣愚蠢的作為，
可以說是自尋死路，不能說是出於「人性」。

同一篇裏還有更精彩的一段對話，說明名利之偽及害。大意說
子張問滿苟得為什麼不修飭他的行為，使它合乎仁義禮法？因為行為
不修，就不能取信於人；沒有可信之名，就無法獲得職務；沒有職
務，就得不到實利。所以無論從名來看，或者從利來算，都應該修飭
行為才是。滿苟得不以為然，說事實上無恥的人多富有，虛誇之輩多
顯達，最大的名利幾乎完全出於無恥和虛誇的行為。子張說桀與紂雖
然貴為天子，卻被人鄙視；仲尼、墨翟雖然窮為匹夫，卻受人尊敬。
可見貴賤之分在於行為名聲之美惡。滿苟得指出德行、令名大多不
實，而且專為勢利作掩飾，所以說「孰惡孰美？成者為首，不成者為
尾」，「小盜者拘，大盜者為諸侯。諸侯之門，義士存焉」。那些自命
為有德行之人，實際上趨炎附勢，毫無廉恥，例如齊桓公殺兄取嫂，
管仲竟去做他的臣下；田成子弒君竊國，孔子竟去接受他的賞賜。
「論則賤之，行則下之」，這些高唱德行名聲的人「言行之情悖戰於

胸中」，豈不覺得矛盾不妥嗎？子張問如果不講求德行，「疏戚無倫，貴賤無義，長幼無序。五紀六位〔人倫秩序〕，將何以為別乎？」滿苟得反問「堯殺長子，舜流母弟，疏戚有倫乎？湯放桀，武王殺紂，貴賤有義乎？王季為適，周公殺兄，長幼有序乎？儒者偽辭，墨者兼愛，五紀六位將有別乎？」簡而言之，子張所謂的德行，古之「聖賢」都沒有做到，他為之倡言，實在只是虛辭。接着滿苟得說求名求利，都「不順於理，不監〔鑑，明〕於道」，因為都違悖了人的自然本性——過分地追求名利，而傷害了身心，便是殉於外物，「小人殉財，君子殉名，其所以變其情易其性則異矣，乃至於棄其所為〔應為〕而殉其所不為〔不應為〕則一也」。所以人既不應求名，也不該逐利，而要「與時消息」，「與道徘徊」——順從自然的本性。最後這一段顯然是莊子自己的話，借滿苟得之口而說出來的。

說明了名利之害，莊子進一步討論如避免。他指出事實上並非人人皆追逐名利，有一種人似乎天生就不在乎這些，而能自然地保持十分簡樸的物質生活和極端清純的精神生活。莊子稱他們為「真人」或「神人」、「至人」、「聖人」，說他們「能體純素」〈刻意〉，能「登高不慄，入水不濡，入火不熱」〈大宗師〉，「大浸稽天而不溺，大旱金石流、土山焦而不熱」〈逍遙遊〉，「大澤焚而不能熱，河漢沍而不能寒，疾雷破山而不能傷，飄風振海而不能驚」〈齊物論〉，能「去知與故，循天之理。故無天災，無物累，無人非，無鬼責。其生若浮，其死若休。不思慮，不預謀，虛無恬淡，而合天德」〈刻意〉。這些當然都是「卮言」，莊子意在強調如果人能專心一意「守素貴精」，使生活簡樸清純，便不會受外物所移，所害。為此他借了老子之口說了一套「衛生之經」，教人「抱一勿失，與物委蛇〔守住本性，順應自然〕」〈庚桑楚〉；又借廣成子之口答黃帝所問「治身長久」之道說：「抱神以靜，無搖汝精，乃可以長生。我守其一，以處其和，故我修身千二百歲矣，吾形

未嘗衰。」〈在宥〉這種人可以說是上上者，能自然而然地「保真」，得到的神奇的效果，但是為數極少，所以莊子只能舉出幾個虛構的例子。最具體的是〈大宗師〉裏說的孟子反、子琴張。他借了孔子之口說他們是「游方之外者」，「遊乎天地之一氣，以生為附贅懸疣，以死為決肒潰癰……忘其肝膽，遺其耳目……芒然彷徨乎塵垢之外，逍遙乎無為之業」。

世上最多的是一種平凡之人。他們的才能有限，志向不大，如果不好高騖遠，追逐名利，而能節欲知足，專心一意做好自己本分之事，也可以保真，順情適性，自由自在地生活。關於節欲知足，莊子指出人們生活所需，其實是有限的，多了全無用處，已如前述。關於一心專注，他舉了一些例子來說明:〈達生〉裏稱木工梓慶削木為鐻〔樂器〕，十分精緻，「見者驚猶鬼神」。但是他說並無妙術，只是在工作時「未嘗敢以耗氣，必齋以靜心。齋三日而不敢懷慶賞爵祿，齋五日不敢懷非譽巧拙，齋七日輒然忘吾有四肢形體……然後加手焉……器之所以疑神者，其是與!」〈知北遊〉裏說有一位「捶鉤者〔製劍匠〕」已經八十歲了，所製之劍沒有絲毫瑕疵。大司馬問他有何訣巧。他說「臣有守也。臣之年二十而好捶鉤，於物無視也，非鉤無察也」所以能夠繼續工作，「長得其用」。

介於「真人」與凡人之間還有另一種「士人」。他們有才能，可以有作為，因而有許多機會可以取得名利。他們應該如何保真立身，是莊子注意的重點。他那些關於名利之害的言論，主要是講給這一種人聽的。除了那番道理之外，他還舉出了許多例子告訴他們可以不被名利所困。〈讓王〉裏所舉最多，其一說子州支父、子州支伯都為了治其「幽憂之病」，分別推辭了堯、舜之讓天下。其二說舜又讓天下於善卷和石戶之農，也都被拒──善卷因欲保持他日出而作，日入而息，逍遙於天地之間而心意自得的生活，乃「去而入深山，莫知其

處」；石戶之農因不屑為「葆力〔費力治事〕之士」而「夫負妻載，攜子
以入於海，終身不反」。其三說舜又以天下讓其友北人無擇。北人無
擇說「異哉后之為人也，居於畎畝之中而遊堯之門！不若是而已，又欲
以其辱行漫我。吾羞見之。」因而「自投於清冷之淵」。其四說商湯
伐桀之後，讓天下於卞隨。卞隨說「后之伐桀也謀乎我，必以我為賊
也；勝桀而讓我，必以我為貪也。吾生乎亂世，而無道之人再來漫我
以其辱行，吾不忍數聞也。」然後就「自投稠水而死」。其五說湯
又讓天下於務光。務光推辭說「廢上，非義也；殺民，非仁也；人犯
其難，我享其利，非廉也。吾聞之曰：非其義者，不受其祿；無道之
世，不踐其土。況尊我乎！吾不忍久見也」就「負石而自沈於盧水」。
其六說伯夷、叔齊拒絕了周武王的爵祿之後說「今周見殷之亂而遽為
政，上謀而下行貨，阻兵而保威，割牲而盟以為信，揚行以說眾，殺
伐以要利，是推亂以易暴也。吾聞古之士，遭治世不避其任，遇亂世
不為苟存。今天下闇，周德衰，其並乎周以塗吾身也，不如避之以絜
吾行」就遁入首陽之山而餓死。其七說屠羊說不願接受楚昭王「三旌
〔公爵〕萬鐘」的不當之賞，而「復反屠羊之肆」。此外〈秋水〉裏說
莊子拒絕楚王之聘而願曳尾塗中，以免於落到被用作祭祀之龜「留骨
而貴」。在這些例子裏，授人以利的都有權勢，拒絕其利的多少是對
其權勢的否定。如果授者不能容忍，拒者必遭忌害，各視程度不同，
乃有可以全身而退或自尋短見之別。

　　誠然，人不謀名利，便可能落入貧困，「久病長陌」。但是如果
看破了名利，就能坦然處之，不以為苦。莊子又舉出了不少例子說明
此點。〈山木〉裏說莊子自己「衣弊履穿」而不憊。〈讓王〉裏舉了更
多的實例。其一稱孔子「窮於陳、蔡之間，七日不火食……而弦歌
於室……子路曰：如此者可謂窮矣。孔子曰：是何言也！君子通於
道之謂通，窮於道之謂窮。今丘抱仁義之道，遭亂世之患，其何窮之

為？故內省而不窮於道，臨難而不失其德，天寒既至，霜露既降，吾
是以知松柏之茂也。陳、蔡之隘，於丘其幸乎！孔子削（悄）然反琴
而弦歌。子路扢 [奮] 然執幹而舞。」莊子接着說「古之得道者，窮亦
樂，通亦樂，所樂非窮通也。道德 [得] 於此，則窮通為寒暑風雨之序
矣。」其二稱「曾子居衛，縕袍無表，顏色腫噲，手足胼胝。三日不
舉火，十年不制衣，正冠而纓絕，捉衿而肘見，納履而踵決。曳縰而
歌商頌，聲滿天地，若出金石。天子不得臣，諸侯不得友。故養志者
忘形，養形者忘利，致道者忘心矣。」其三稱「原憲居魯，環堵之
室，茨以生草，蓬戶不完，桑以為樞，而甕牖二室，褐以為塞，上漏
下濕，匡坐而弦。子貢乘大馬，中紺而表素，軒車不容巷，往見原
憲。原憲華冠縰履 [破帽破鞋]，杖藜而應門。子貢曰：嘻！先生何病？
原憲應之曰：憲聞之，無財謂之貧；學而不能行謂之病。今憲，貧
也，非病也。子貢逡巡而有愧色。原憲笑曰：夫希世而行，比周而
友，學以為人，教以為己，仁義之慝，輿馬之飾，憲不忍為也。」其
四稱孔子問顏回「家貧居卑」，為什麼不仕。顏回答道他有一些田地
可以供給簡單的需要。孔子改容而稱讚說「知足者不以利自累也，審
自得者失之而不懼，行修於內者無位而不怍。丘誦之久矣，今於回而
後見之，是丘之得也。」其五稱魯君聽說顏闔是一個「得道之人」，
派了使者送聘禮去。「顏闔守陋閭，苴 [粗麻] 布之衣而自飯牛。」使
者問明了那確是顏闔之家，便將禮物送上。顏闔說「恐聽者謬而遺使
者罪，不若審之。」使者還去問清楚了魯君的意圖，再回去找顏闔，
卻已找不到了。莊子說「道之真以治身……今世俗之君子，多危身
棄生以殉物，豈不悲哉！」

　　做到如伯夷、叔齊那樣清高有節，或像顏回那樣「坐忘」，或像
孔子、曾子、原憲那樣不為貧困而改其行，當然很好，但極難能。對
於一般士人，莊子告誡他們絕不可像曹商那麼無恥地追逐名利，但是

也不非議他們出仕，而只希望他們能出泥不染，不要為名利所羈。對於這種做法他也舉出了一個範例。〈田子方〉裏說孫叔敖三次被任命為楚國令尹 [相] 而「不榮華」，三次被免職而「無憂色」。隱士肩吾問他的感受。他說「吾以其來不可卻也，其去不可止也。吾以為得失非我也。」這種人並不遺世獨立，而願意接受人間的得失，但是認為得未必由於自己之功，失未必由於自己之過，所以不為之喜憂，而能我行我素，雖然順世曲全，卻能存其身，保其真。這是莊子認為士人至少應該做到的。

莊子自己採取了什麼典範來「保真」、「立身」？他似乎在心神上已進入了「真人」的境界。〈天下〉稱他「獨與天地精神往來……上與造物者遊，而下與外死生無終始者為友」，當然不願為了名利而失去自由，甚至不願像孫叔敖那樣出入仕途，而寧可「曳尾塗中」而不受楚王之聘。所謂「曳尾塗中」是怎樣的一種生活？〈讓王〉裏說顏回「有郭外之田五十畝，足以給飦粥，郭內之田十畝，足以為絲麻」，可以自給自足，所以不仕而隱。莊子似乎連這一點資產也沒，所以曾經做過漆園吏，後來或許辭職了，才居於陋巷，靠釣魚、編草鞋以養身養家，實在不得已時還要去借貸糧食。然而遺世隱居並不是他理想的生活方式。他曾以「重言」說「古之所謂隱士者，非伏身而弗見也，非閉其言而不出也，非藏其知而不發也」。〈繕性〉他之不仕，實在因為在當時的情勢下，一入官場便無自由可言，這是他絕對不願忍受的。

莊子生於亂世，既不願仕，又不能隱，該怎麼辦？在〈山木〉裏他說他與弟子在山中看見一株大樹，枝葉盛茂，但是木匠停在樹旁卻不去砍伐它。別人問他是什麼緣故，他說那樹沒有什麼用處。莊子說「此木以不材得終其天年夫！」出山之後，他們留宿於一位朋友家。朋友很高興，叫僕人煮鵝待客。僕人問家裏有兩隻鵝，一隻會叫，一隻不會叫，要殺那一隻。主人說殺不能叫的。次日弟子問莊子

「昨日山中之木以不材得終其天年，今日主人之雁 [鵝] 以不材死。先生將何處？」莊子笑着說「周將處乎材與不材之間」，但是「材與不材之間，似之而非也，故未免乎累……若夫萬物之情，人倫之傳 [習慣]……有為則虧……不肖則欺，胡可得而必乎哉！悲夫！」。易而言之，即使似乎是材又似乎不是材，人都不能避免俗累，真是可悲。

所以像莊子這樣的人究竟該如何立身，而「免乎累」？他又提出了一個妙方說可以行「神農、黃帝之法則」——「與時俱化，而無肯專為」。但是人生在世不可能對己身內外之事全無作為。〈人間世〉借孔子之口說這些事情包括「事親」、「事君」和「自事其心」。處理這些事須依照二個「無所逃於天地之間」的「大戒 [法則]」——「義」與「命」。事親應孝，事君應義，有所不得已，仍應為之而忘其身；「自事其心」則應「哀樂不易施乎前，知其不可奈何而安之若命」。換句話說，如果黃帝之法則也行不通，就只好認命了。

什麼是「命」？孔子曾屢次提到它。此前「論語詮釋」章曾說他似乎認為「命」是一群決定事物演變的因素，人能掌握此類因素越多，便可以越有效地左右演變的結果；如果掌握的不夠，結果便不如意。對於這樣的結果，可以稱之為「命」，但是它並非固定於事前，與尋常所謂的「宿命」不同。墨子則認為談「命」的都是宿命論者，而大加評擊；自己則倡「非命」之說，強調人可以憑自己的能力決定其所做之事的結果。雖然他相信天鬼最後可以肯定或否定人的作為，然而他認為這種事後的決斷與事前的命定，完全不同。

莊子說的「命」是怎樣的？〈達生〉裏說有個叫做孫休的人抱怨說他自己平居修身，臨難奮勇，但是種田屢逢荒年，出仕不遇明主，而且被鄉里擯斥，州部驅逐。他有什麼罪過，以至於遇到這樣的命運？〈大宗師〉裏說子桑貧困，彈琴而吟：「父邪！母邪！天乎！人乎！」然後說「吾思夫使我至此極者而弗得也。父母豈欲吾貧哉？天

無私覆，地無私載，天地豈私貧我哉？求其為之者而不得也。然而至此極者，命也夫！」〈秋水〉裏說孔子被困於匡而弦歌不輟，對子路說「我諱窮 [欲免於困頓] 久矣，而不免，命也；求通 [達於道] 久矣，而不得，時也。」〈大宗師〉裏說「死生，命也」。〈天運〉裏說老子告訴孔子「性不可易，命不可變」。由此可見莊子似乎認為「命」是一個不可知，不可解，不可避，又不可變的東西。人們對它的反應只能是消極承受，所以莊子在〈人間世〉和〈大宗師〉裏一再說人只能「知其不可奈何而安之若命」。值得注意的是他說安之「若命」——好像是由「命」所定，並非真是由「命」所定。這一點又可見於他將「命」與「時」並論。「時」是某一時間的大情勢，應該是許多因素造成，而不是先天為某人預定的，在此情勢中一個人可以有不同的作為，所以他在〈繕性〉裏用自己的「重言」說「當時命而大行乎天下，則反一無跡；不當時命而大窮乎天下，則深根寧極而待：此存身之道也」。換句話說，人在情勢可為之時，應該盡力而為；實在無能為力之時，應該退而保身，等待較好的機會。這顯然不是宿命者的立身處世之道，而與孔子的想法相近。但是在承認無可奈何之後，下一步的反應則二者有些差異——孔子發現伯牛生了不治之疾，歎道「命矣夫！斯人也而有斯疾也！斯人也而有斯疾也！」在顏淵死後，悲痛地說「噫！天喪予！天喪予！」莊子卻在喪妻之後鼓盆而歌，說她自生至死的變化猶如「春秋夏冬四時行也」，如果他跟着悲泣不止，豈非「不通乎命」，所以他就停止不哭了。〈至樂〉這種超脫，是孔子所沒有的。

　　孔、莊二人對「命」的態度，顯然與他們對一個基本問題的看法有關。這問題是：人為了什麼而活？孔子似乎認為「命」雖不可掌控，人活着就該不斷努力，使生活逐步改善，並繼續發展文化，「偈偈乎揭仁義，若擊鼓而求亡子」；〈天道〉、〈天運〉莊子則認為生死相替，猶如日夜轉換，乃不得不然之事，並無特別的意義，人沒有能力去作什麼

改變，何況人生如白駒過隙，悠忽而已，能夠做的事非常有限，因而也不必自設一個目的，勉力去追求。在這一點上，他又在〈大宗師〉裏用了一個寓言說：當一個鐵匠正在冶鐵之時，一塊鐵「踴躍曰：我且必為鏌鋣〔古良劍〕」。鐵匠「必以為不祥之金」。當造物者正在用泥土塑一個模子，那泥土說「人耳，人耳〔做一個人，做一個人〕」，造化者一定會以為塑出來的是個「不祥之人」。然後莊子借子來之口說：塑成一個人是可喜的嗎？萬物變化是無窮的，天地猶如一個大冶爐，造物者猶如一個大鐵匠，要做什麼都可以，「惡乎往而不可哉！」換句話說，人要自作主張，為自己定一個目的，為此而活，是極為不妥而且可笑的。萬物變異既是「造化」所為，人既無可奈何，一切順從就好了。這麼說來，「造化者」就是「命」嗎？莊子大約不會同意，因為如上所述，他認為二者有點差異——一般人所說的「命」巨細無遺，鐵定地鑄就了人生每一個細節；莊子的「造化者」則大而化之，只造成了「時命」，還留給人們一點自由以決定其個人的行為。

　　總而言之，莊子認為人活着，固然先要養生，但是更重要的是要保真，才能妥當地立身在世。對處於亂世之人而言，這極非簡易。為什麼？因為這不是一己之事，一個人活着必需與萬物及其他的人與物互動，這就是所謂「處世」，與「立身」是密切關聯的，所以如何「處世」是與人活着時候的另一個大問題。

▍ 道之用二：處世 ▍

相忘，自立、拒誘、委蛇

　　世有治有亂。莊子的「至德之世」，出現於太古及伏犧氏、神農氏、赫胥氏之時，那時候的人「與禽獸居，族與萬物並」，〈馬蹄〉「甘其食，美其服，樂其俗，安其居。鄰國相望，雞犬之音相聞，民至老

死不相往來」〈胠篋〉，人與物之間的關係很和諧，人與人之間的接觸不頻繁，當然處之甚易。當時應當還沒有統治與被統治的關係，即使有也十分疏遠，互不相擾，所以說「上如標枝，民如野鹿」〈天地〉。在莊子看來這是一種理想的狀態，他認為人與人之間最好不要有很多互動，一再說「泉涸，魚相與處於陸，相呴以濕，相濡以沫，不若相忘於江湖」〈大宗師〉、〈天運〉；如必需交往，也不宜過密，尤其不可以利相交。此前已經提到〈山木〉裏說孔子問子桑雽說當他在宋、衞、陳、蔡受難之時「親交益疏，徒友益散」，是什麼緣故。子桑雽告訴孔子說因為那些人與孔子之間都以利益相同而相與。

　　人與人之間如無利害關係，淡然相處是有可能，否則便很困難。在治與被治的關係建立之後，這點便特別顯著了，因為統治者要以己意控制人民，人民希望能自由自在，二者之間如何相處，便成了一大問題。莊子建議人們要能自立、知足（像善卷那樣日出而作，日入而息，春耕秋收，自給自足；或者像屠羊說那樣，宰羊為生；或者像他自己那樣釣魚，編草鞋，曳尾於塗中），因而可以不受權威者的利誘。其次要識破權威者的貌似尊賢，實加役使的詐術，像伯夷、叔齊、石戶之農、卞隨、務光那樣拒絕為虎作倀，粉飾不義，不得已而棄生以存其真。其次要以不材求免。此前已提到〈山木〉裏的一棵無用之樹，〈人間世〉裏又說齊國有一棵樹，「其大蔽數千牛，絜之百圍，其高臨山，十仞而後有枝，其可以為舟者旁十數」，圍觀者如市，但是一位木匠遂行不顧，說它是「散木 [無用之木]，以為舟則沈，以為棺槨則速腐……是不材之木也，無所可用，故能若是之壽」。晚上他夢見大樹對他說「文 [佳] 木」如「柤梨橘柚」，皆因其有用而「不終其天年而中道夭……物莫不若是……使予也而有用，且得有此大也邪？」該篇又說有一位叫做支離疏的殘廢畸形之人，不能當兵及服勞役，但是幫他人做一點簡單的工作，如「挫針 [縫衣] 治繲 [洗衣]、

鼓筴［籤去米穀］、播精［篩得米粒］」，不僅能夠糊口，還可以撫養十人。這些寓言都在告訴人們，如果遇到無奈的情勢，不能以其常態存身保真，可以出此下策，表現得無才，雖然未必無患，尚可免於權威者的利用或迫害。

　　這三種處世的建議似乎都很消極。的確，莊子從未提倡以積極的手段來反抗或改造現實，因為他認為即使用意不惡，這種行為也可能產生不良的後果。〈外物〉裏說老萊子告誡孔子宣導禮義，乃「不忍一世之傷而驁［忽視］萬世之患」；假如為了私利故意去做，結果當然更壞，如〈讓王〉裏說周武王及周公伐殷，用心先已不正，後乃「推亂以易暴」。其次，莊子的相對觀否定了一切事物的絕對價值，當然也否定了人們固執積極的行為。再次，他強調養生保真，盡力順乎自然的態度。這幾點都可能使人消極。但是莊子並不是逃避現實的人，他知道遺世獨立是不可能的，所以他並不教人人都那麼做，而認為在「時命」順時，人應該有所為；只有在「時命」逆時才僅求存身。

　　總之，莊子認為人應該領悟自然之道，立身處世不可師心自用，企圖照一己之念去做。生於亂世之人特別要注重養身保真，與外物和他人盡量減少接觸擠擦而求並存。〈庚桑楚〉裏說老子告訴南榮趎「衛生之經」要人像嬰兒那樣「動不知所為，行不知所之，身若槁木之枝而心若死灰」，毫無一己之念，一切順乎自然。既能自然而然，便無所謂是非、禍福，因而可以一無所求，「與物委蛇［像蛇似的以面掩地婉順曲折，與他物適應］，而同其波」。這是處亂世的上策。

▎道之用三：去亂返治 ▎

無為、絕聖棄知

　　春秋戰國之時人際關係已十分複雜，很少人能聽從莊子之說而

獨善其身；許多人不滿社會現狀，想加以變革。莊子對此的基本看法是：（一）世間原始的狀態是順乎自然合乎理想的。（二）當前的世局是偽聖以小知破壞了那種狀態的後果。（三）想要改善這種後果的人多屬虛妄。（四）應該停止並廢除那些企圖，另想較好的辦法。這些主張此前都已述及，尤其第一、二兩點，分析較細，不必再提。現在稍進一步演繹其餘二點：莊子認為如果想作改革之人目的僅在私利，結果必定失敗——猶如螳螂捕蟬，難免有黃雀在後，同樣要捕殺它，即使想保有既得之利，也可能招禍——豐狐、文豹便是因其美麗的皮毛而受「罔羅機辟之患」。〈山木〉此外因有感於綱紀陵替，而誠意想去亂返治的人，也難有所成，〈在宥〉裏說黃帝立為天子十九年，令行天下，但仍不知治道，所以去請教於廣成子說「吾欲取天地之精，以佐五穀，以養民人；吾又欲官 [調和] 陰陽，以遂群生。為之奈何？」廣成子說那些都是瑣細之事，雖然煩神竭力去做，於大事仍不足濟。〈天運〉裏說三皇五帝努力治天下而致大亂。〈在宥〉裏說堯、舜繼之，想加以改善，「愁其五臟以為仁義，矜其血氣以規法度」，忙碌到「股無胈，脛無毛——猶有不勝」，後來只得使用刑罰。然而刑罰只是以暴力強制，不能折服人心，於是有儒、墨之輩自抱奮勇前來協助，結果卻使人們「喜怒相疑，愚知相欺，善否相非，誕信相譏，而天下衰矣」。為政者不知所措，乃用刑更急，「釿鋸制焉，繩墨殺焉，椎鑿決焉」，天下乃「脊脊大亂」，「殊死者相枕，桁楊者相推，刑戮者相望」，「賢者伏處大山嵁岩之下，萬乘之君憂栗乎廟堂之上」。〈人間世〉有很長的一段說孔子與顏回討論改革之難，大意說顏回見到衛國君虐民困，想要去幫助整治，孔子對他說那是很危險的，因為倘若你以「仁義、繩墨 [法則] 之言」去論其國事，就會暴露出王公大臣們的缺點，他們就會來謀害你；倘若你不這麼做而遷就他們，就成了「以火救火，以水救水」的幫兇，也一樣地失去了自

我。顏回說如果他端正其言行，謙虛其心意，但是堅持其原則而努力去做，可以嗎？孔子說不行，衛君拔扈自大，即使每天偶而說以小善，還難有所成，何況你想鍥而不捨地去糾正他，使他至於大善呢？顏回說他將「內直而外曲」，謹守人臣之禮，而所說的都是古代聖賢的話，即使不順耳，也不是一己的主張，這麼做可以嗎？孔子說這麼做只能免於得罪，但是要想感化衛君仍然不夠，當然也不必談改革衛國國政了。顏回說我沒有更好的辦法了，究竟該怎麼做呢？孔子說你應該學習「心齋」，不要有意地想去做成一件事，如果能「入游其樊 [處在一個環境裏] 而無感其名 [不為其名利所動]。入則鳴，不入則止 [說得進的話就說，說不進的就不說]。無門，無毒 [不尋門路以進，不求藉口以退]。一宅而寓於不得已 [安靜以處，只在必不得已之時才有動作]，則幾矣 [大概就可以了]」。

〈人間世〉另一段說楚國一位縣令葉公子高，因為楚王派他出使齊國，責任重大，成與不成都可能有禍患，以致「朝受命而夕飲冰」，欲消減其「內熱 [憂慮]」，並且來求教於孔子。孔子說天下有兩樣無可規避的事——子應愛親，臣應事君。雖然知其無可奈何，或行之有所不得已，都該盡力去做，「行事之情而忘其身」，不可偷生怕死，畏縮不前。

這兩段話很能顯示孔子的態度，其實並沒有說出切實可行的辦法，不謹要求於顏回和葉公的都極困難，而且都會傷害其自然的身心。

依莊子之見宇宙間原來有一種自然的秩序：萬物（包括天地日月人獸草木）都各自循其天機，不得不然地動、靜、生、滅，迴圈不息，雖然共存而甚少干擾，雖然紛紜而和平安祥。這種秩序的道理玄妙精邃，不是常人所能知悉，更非任何人所能改變。那些人「以己出經式義度」，想來治理天下，在莊子看來猶如「涉海鑿河，使蚊負山」，只是一種騙人的「欺德」，〈應帝王〉所以三皇五帝都做不成，後

人用之更不必說了，因為那些「經式義度」本來就是因時因人而設，時過人異之後猶如周公之服對於猿猴，西施之顰對於醜女，徒貽恥笑而已。〈天運〉假如勉強去做，結果不僅如「以隋侯之珠彈千仞之雀」，即有所得亦不償失，而且還會有禍患，例如孔子就「伐樹於宋，削跡於衛，窮於商周，圍於陳蔡之間，七日不火食，死生相與鄰。」〈天運〉

總之，莊子認為要用三皇、五帝、堯、舜、孔、墨等人的辦法來改革當時的社會絕不可能。但是他自己也不滿意於當時的情況，他有什麼辦法？此前說過他對個人立身處世的建議，但是那只能獨善其身，要怎樣才能兼善天下？基本上他認為不要去想此事，因為要改革時局就要改變人的情性、行為，極為困難。〈天運〉裏說孔子向老子承認自己不能「化人」，後來竟「絕學捐書」，「辭其交遊，去其弟子，逃於大澤，衣裘褐，食杼栗，入獸不亂群，入鳥不亂行」。〈山木〉

孔子未曾這麼做。莊子又是在用寓言、巵言誇張其說，強調不是「大聖」，不要妄想「化人」。孔子尚且不能教化他人，一般泛泛之輩當然更不可能了。這些人最好都像他那樣「逃於大澤」，順乎自然，與禽獸和諧共處，至少也該像子州支父和子州支伯那樣，為了治療其「幽憂之病」，獨善其身，不去妄想治天下。〈讓王〉但是天下已亂，「不治天下，安臧 [臧] 人心」？〈在宥〉裏說崔瞿便以此問老聃。老聃答道千萬不可想去安置人心，因為它本來就浮動不穩，一旦被「攖」，便不可收拾，已如前述。莊子問如何去誘導人心向善？要使人聰明嗎？那會使人淫亂於聲色。要使人服膺仁義嗎？那會使人亂德悖理。要使人喜愛禮樂嗎？那會使人拘謹於儀式，放縱於嬉樂。要使人尊重聖知嗎？那會使人故作睿智，互相疵病。這聰、明、仁、義、禮、樂、聖、知八項，本是可有可無的，但如用來誘導人們，便使天下之人無法順從其自然的性命之情，而致天下不寧。此外他又提到統治者想用賞罰來誘導，但是人們既已背離了自然的本性，各行其是，

盜蹠、曾參、史魚之輩紛起，使得統治者「舉天下以賞其善者不足，舉天下以罰其惡者不給」。所以他說「聞在宥天下，不聞治天下也。」「在」指放任，聽人自由；「宥」指寬容，聽人自得。他接着問如果天下之人都不改易其本性，自由自在，自得其樂，「有治天下者哉？」

　　但是在莊子之時的人已經不能自由自在，自得其樂，甚至要養身葆真已甚不易——既不能都像支離疏那樣以不才自存，又極難走那伯夷、叔齊、卞隨、務光的自盡之路，其處境實在困難。其中的士人很可能感覺不得不出來處理眾人之事，這就是〈在宥〉裏所說「君子不得已而臨蒞天下」的情況。在此情況裏君子能做什麼？基本上莊子認為「道之真以治身，其緒餘以為國家，其土苴 [糟粕] 以治天下」，所以他說「帝王之功，聖人之餘事也」。〈讓王〉如果實在不得已，聖人怎樣去做「餘事」？莊子說「莫若無為」——讓事情自行發展，不加干涉。這算是「治」天下嗎？莊子說是。〈應帝王〉裏說天根問無名人：「請問為天下」。無名人說：「去！汝鄙人也，何問之不豫 [當] 也！」天根又再問。無名人說「汝游心於淡，合氣於漠，順物自然而無容私焉，而天下治」。

　　莊子說的「無為」甚為深奧，若加探究，可以見到它有理論與實踐兩面。先究其理論。如前所述他似乎說「道」可動可靜，而「靜」比較重要。「靜」就是「無為」。〈在宥〉裏說黃帝向廣成子請教治道，廣成子告誡他說「抱神以靜，形將自正。必靜必清，無勞汝形，無搖汝精。」〈天地〉裏說「古之畜天下者，無欲而天下足，無為而萬物化，淵靜而百姓定。」這是莊子的「重言」。他為什麼這麼說？〈天道〉裏有另一段他的話詳釋此理：

　　　　聖人之靜也，非曰靜也善故靜也，萬物無足以鐃心者故靜也。水靜則明燭鬚眉，平中准，大匠取法焉。水靜

猶明，而況精神！聖人之心靜乎，天地之鑑也，萬物之鏡
也。夫虛靜恬淡，寂漠無為者，天地之平而道德之至，故
帝王聖人休焉。休則虛，虛則實，實者倫矣。虛則靜，靜
則動，動則得矣。靜則無為，無為也，則任事者責矣。……
夫虛靜恬淡，寂寞無為者，萬物之本也。明此以南鄉，堯
之為君也；明此以北面，舜之為臣也。以此處上，帝王天
子之德也；以此處下，玄聖素王之道也。以此退居而閒遊，
江海山林之士服；以此進為而撫世，則功大名顯而天下一
也。靜而聖，動而王，無為也而尊，樸素而天下莫能與之
爭美。夫明白於天地之德者，此之謂大本大宗，與天和者
也；所以均調天下，與人和者也。與人和者，謂之人樂；
與天和者，謂之天樂。

　　簡而言之，「靜」之重要在於不以人力干預自然。在自然狀態
裏，萬物皆有其生存的能力，例如「鳥高飛以避矰弋之害，鼷鼠深穴
乎神社之下以避熏鑿之患」；〈應帝王〉「馬，蹄可以踐霜雪，毛可以禦風
寒，齕草飲水，翹足而陸」；〈馬蹄〉人則有「常性」，能「織而衣，耕
而食女同與禽獸居，族與萬物並……含哺而熙（嬉），鼓腹而遊」。
〈馬蹄〉不僅此也，甚至天地也無所作為──「天不產而萬物化，地不
長而萬物育」；〈天道〉「故曰天地無為也而無不為也」；〈至樂〉「從容無為
而萬物炊累〔蕃殖〕焉」，「渾渾沌沌……物固自生」，〈在宥〉所以「玄
古之君天下，無為也……古之畜天下者……無為而萬物化」。〈天地〉
就人事而言，這段話的結論是：「聖人休焉，休則虛，虛則靜，靜則
無為，無為也，則任事者責矣。」〈天道〉──統治者清靜無為，對一
切事務不加干預，從事各種事務之人便分別承擔起各種責任。責任分
明，萬事便自然就緒。

除了這些玄妙的理論之外，莊子也談「無為」的實踐。〈田子方〉裏舉了一個「實例」證明「無為」之用：周文王游於臧地，見到一位老者在水泮拿着釣竿，而其心神似乎別有所寄，思考着重大的事。大約是這種神態使文王很感尊敬，所以想舉拔他來周邦執政，但是怕父兄大臣不安，就對他們說他夢到一位面黑長鬚的人，騎着斑毛紅蹄的馬，大聲教他將國政託付於臧丈人。大臣們都說他夢到的是他的父親啊！文王說那麼將此事來占卜一下吧。大臣們說先王之命，無可疑慮，不必占卜了。於是文王就將國政委諸於臧丈人。他上任之後「典法無更，偏 [頗] 令無出」。三年後文王到全國去觀察，發現「列士壞植散群 [消毀了朋黨]，長官者不成德 [為官的不炫耀其功績]，斔斛 [私造的度量衡器] 不敢入於四境」。於是文王拜他為太師，請問他這種政績「可以及天下乎？」臧丈人聽了，「昧然而不應，泛然而辭，朝令而夜遁，終身無聞」。

這一段文字與姬昌聘用姜尚的傳說相似，但是與他處所見的不同，沒有說臧丈人留下來幫助文王伐商並建立周朝，而說他僅僅在職三年便悄然退隱了。這當然是莊子的創作，目的在說明有意治國，無論用何種辦法，都不能成功，只有「無為」，悉由舊章，不多擾民，才可以無過，免災。為什麼莊子說臧丈人不應文王之問，並且悄然隱去？因為文王想用臧丈人來幫助治理「天下」──大舉掌控周邦以外之地──這是臧丈人不願做的「有為」之事。

由以上所述的理論和實踐來看，莊子似乎認為聖君賢相想治國都須「無為」。然而《莊子》裏還有許多段落提出了另一種看法：倘若有一個不僅有大智慧而且又握有絕對權力的人蒞臨天下，其行為就可以大大不同。〈天地〉裏莊子說蔣閭葂勸勉魯君「服恭儉，拔出公忠之屬而無阿私」以使民和順。季徹說其結果「猶螳蜋之怒臂以當車軼，必不勝矣」。換句話說，他認為這是小人以小動作去做大事，一

定不會成功；大事一定要有大智之人，以非常的大動作來做，所以他接着說「大聖之治天下也，搖盪民心，使之成教易俗，舉滅其賊心，而皆進其獨志，若性之自為，而民不知其所由然」。此前曾提到莊子說老聃教崔瞿「無攖人心」，此處他又借季徹之口說「大聖」要「搖盪民心」，是什麼意思？莊子似乎說「搖盪」不是「攖〔騷擾〕」，而是清理——將人心裏的雜念澈底搖落，盪去，使它回復到清潔空虛的狀態，因而可以無思無慮，猶如嬰兒一般。

然而要回復到那種狀態極為不易，因為以前已有「三皇五帝」，以及等而下之的孔、墨之輩，在人的胸臆裏插入了無數「機心」和計較、欲利之念，在人的眼中撒下了仁義的眯糠，又在人的身上加上了禮儀法度的桎梏。人在這種情況下怎麼可能順其自然的性命之情，自由自在的生活呢？由於此一理路，莊子提出了一套非常的辦法。這套辦法不是真正的「無為」而是極其劇烈的「有為」——先將現有的桎梏去除，然後抑制自以為是的動作，靜待人們各別尋求適合其情性的生活——是「靜」之前的一番大「動」。〈徐無鬼〉裏說黃帝問途於一個牧馬童子，因其多知，問他如何「為天下」。小童說「夫為天下者，亦奚以異乎牧馬者哉！亦去其害馬者而已矣」。黃帝大為敬佩，「再拜稽首，稱天師而退」。所以治天下先要除去其害。此一動作說來簡單，卻不是常人能夠做的，黃帝不能，一定要「天師」才行，其他的「聖人」更不必說了。他們以及出乎其「小知」的作為都是害人的，應該要加以摧毀，所以莊子說要「絕聖棄知」。

此前已經大致說過「聖」和「知」的若干問題，現在為了要談「絕聖棄知」，還需稍加補充。「聖」在古時僅指多知，並無後來添加的道德意義。莊子仍從此說，他的書裏有許多段落談論「聖人」，將他們與「真人」、「至人」、「神人」、「大人」、「王德之人」〈天地〉並稱，強調他們「通乎大道」。但是他又指出另有一些人也被稱為「聖

人」，受到尊崇，例如在〈天運〉裏子貢說「三皇五帝」治天下，人皆稱之為聖，而老聃卻說「三皇五帝之治天下，名曰治之，而亂莫甚焉。」因為「三皇之知上悖日月之明，下睽山川之精，中墮四時之施」而「憯於蠣蠆之尾，鮮規 [細小] 之獸莫得安其性命之情」，而他們「猶自以為聖人。不可恥乎？其無恥也！」這些話顯示在莊子的心目裏有兩種「聖人」，一真一偽，其異主要在於所知之多少，大小。

此前提到「小知」是關於一些細小事物的枝枝節節的知識。莊子並不輕視萬物固有的小知，一個人如果能安於其小知而行為，不感其不足，則並無不可，所以他借斥鴳 [澤地小雀] 的口問「彼 [大鵬] 且奚適也？我騰躍而上，不過數仞而下，翱翔蓬蒿之間，此亦飛之至也。而彼且奚適也？」〈逍遙遊〉這種想法與他強調萬事萬物的價值皆屬相對的理論符合；他不以為然的是勉強求知和以小知相非。

關於勉強求知，莊子指出知識無窮無盡。他在〈養生主〉裏說「生也有涯，而知也無涯。以有涯隨無涯，殆已！」又在〈漁父〉裏說孔子遇到一位漁夫笑他好學「苦心勞形以危其真」，孔子說「丘少而修學，以至於今，六十九歲矣，無所得聞至教」。漁夫用了一個比喻說有一個人懼怕自己的身影，厭惡自己的足跡，所以就舉步逃避，「舉足愈數而跡愈多，走愈疾而影不離身，自以為尚遲，疾走不休，絕力而死。不知處陰以休影，處靜以息跡，愚亦甚矣！」換句話說努力好學尋求小知全無意義，不僅徒勞無益，而且還使人力竭而亡。

莊子最反對的是強以一己的小知為是，而以此去改變人的想法和行為。這是很危險的，因為凡有改變，原狀就被破壞了。在他看來改變事物本然的狀態是有害的，所以說「鳧脛雖短，續之則憂；鶴脛雖長，短之則悲」。〈駢拇〉促使這些改變的人都有罪過，所以說「純樸 [純全之材] 不殘，孰為犧樽！白玉不毀，孰為珪璋！道德不廢，安取仁義！性情不離，安用禮樂！五色不亂，孰為文采！五聲不亂，孰應六

律！夫殘朴以為器，工匠之罪也；毀道德以為仁義，聖人之過也」。〈馬蹄〉因此他進而斷言：「絕聖棄知，大盜乃止；擿玉毀珠，小盜不起；焚符破璽，而民樸鄙；掊斗折衡，而民不爭；殫殘天下之聖法，而民始可與論議」。〈胠篋〉

這段話十分強烈。誠然，否定珠玉的價值便無人要去偷盜，但是摧毀度量的工具和徵信的證據是否會使民不爭，則很難說；破壞一切準則如何可以使人們議論是非，更不易解。最困難的是怎麼去「絕」聖，「棄」知？

莊子在〈胠篋〉裏提出了一套建議：「擢亂六律，鑠絕竽瑟，塞瞽曠之耳，而天下始人含其聰矣；滅文章，散五采，膠離朱之目，而天下始人含其明矣；毀絕鈎繩而棄規矩，攦工倕之指，而天下始人有其巧矣；削曾史之行，鉗楊墨之口，攘棄仁義，而天下之德始玄同矣」。簡而言之就是要壓制那些具有特殊技能的人，摧毀他們使用的工具；禁止善辯之人出言，廢棄他們宣導的仁義等等規範，削除依據這些規範的事蹟記錄。

此一建議究竟應如何實施，莊子沒有確切說明，而一再以寓言、卮言、重言來強調其背後的理論，似乎有點繁覆。但是再仔細想一想，卻可以悟出這正是他的妙策。先說此策之用於「絕聖」。他雖說「聖人不死，大盜不止」，所以要「掊擊聖人」，〈胠篋〉但是沒有建議實際上如何鎮壓或殘害他們；他有一個非暴力而更澈底的做法──摧毀他們在一般人心目中的形象，使他們不再被認為典範。這就是為什麼他用了許多話來貶斥三皇五帝〈天運〉、黃帝、堯、舜、夏禹、商湯、周武，〈在宥〉、〈徐無鬼〉、〈盜跖〉指他們不知自治其身而擾人心，言仁義而行篡奪。更重要的是他對孔子一而再，再而三的批評。

首先他借了許多人之口來加以諷刺，[7]並且說孔子在聽了那些批評之後，大大地改變其言行。[8]

孔子的這些言行，不見於其他重要的文獻，與《論語》所記也大相徑庭。莊子為什麼製造出了這許多故事？因為三皇五帝、堯、舜、禹、湯、周文、周武都是遠古之人，他去攻擊他們，勝之不武；孔子雖也早已作古，然而其言行經弟子們的宣傳，到莊子之時還有很大的影響力，受到很多人的讚揚，認為他是「聖人」。莊子如能指出他的缺誤，便可將他以及他所稱頌並想模仿的那些「聖人」的形象摧毀，將他想重建他們種種偉業的努力抹殺，這才是「絕聖」最好的辦法。

接着「絕聖」，莊子說要「棄知」。如上所述他要棄的是「偽聖」們的「小知」。他的辦法又是從觀念上着手，去否定知識的意義和價值。關於此一辦法的理論已散見於此前諸節，現在再歸納成以下幾點：（一）知識無涯，而人生苦短，尋求知識將使人「敝精神乎蹇淺」，即使許多人的知識累積起來，結果也只「知在毫毛，而不知大寧」。

7　楚狂接輿說他不曉時勢，不知避禍。〈人間世〉兀者叔山無趾說他以諔詭幻怪之名[仁義禮樂]以教弟子，使之困於桎梏。〈德充符〉老子告訴他兼愛無私非人之情，〈天道〉仁義是先王之蘧廬，不可過分重視；如用以教人，將如播糠眯目，使人覺得天地四方易位，迷茫失其方向，又將如蚊虻噆膚，使人通昔不寐，不得安寧。〈天運〉師金說他教人以三皇五帝之禮義法度，不合時宜，猶如推舟於陸。〈天運〉老萊子教他「去汝躬矜與汝容知」，不可「不忍一世之傷而驁萬世之患」。〈外物〉盜跖罵他「作言造語，妄稱文武，冠枝木之冠，帶死牛之脅，多辭繆說，不耕而食，不織而衣，搖唇鼓舌，擅生是非，以迷天下之主，使天下學士不反其本，妄作孝弟而僥倖於封侯富貴」。〈盜跖〉漁父譏他無位無權而妄想干政化民，雖已在魯、衛、宋、陳蔡受辱還不知收斂，而繼續奔走，猶如「畏影惡跡」之人，「不修之身而求之人」，必難有所成。〈漁父〉

8　孔子在見老子論仁義之後「三日不談」，說似乎見到了龍，使他張口結舌。〈天運〉另一次聽老子說了教化之理後，三月不出門，自認不懂「風化」之道，不能「化人」。〈天運〉又一次聽老子說人應從其自然的性情不必故意去修德，孔子聽後告訴顏回說他自己好像甕中的小蟲，對大道幾無所知。〈田子方〉子夏說子桑戶死後其友「臨屍而歌」，孔子說「彼，游方之外者也；而丘游方之內者也。」然後說了一大套「方外」之人的德行，簡直就在複述莊子的話。〈大宗師〉孔子周遊列國求售其理論不成，十分感慨，聽了大公任和子桑雽分別教他不要招搖於世，不要以利與人相處，他就「絕學捐書」，「辭其交遊，去其弟子，逃於大澤」。〈山木〉

〈列禦寇〉（二）有些知識（如庖丁之解牛）只可體驗不能言傳，無法累積。（三）人們喜歡求知，得到了一些「小知」便自以為是，而互相爭議，所以說「天下好知，而百姓求竭 [糾結]」，〈在宥〉「知也者，爭之器也」。〈人間世〉（四）人的生活環境一直在變化，一時有用的知識，猶如祭時的芻狗，稍後便無用了。（五）瑣細的知識（如以桔槔取水以節省勞力，以「苞苴竿牘」〈列禦寇〉處理人事）會使人發展其機心，導致奸詐。（六）人以其「小知」坐井觀天，乃致「道隱於小成」；以此狹小的成見來判斷事理，指導行為，難免會造成偏差、桀誤，甚至禍患，所以說三皇五帝等人的「小知」之害「憯於蠣蠆之尾」。（七）「小知」之外另有一種「大知」，那是「真聖」用以「兼濟道物」而知「大寧」之知。「大寧」就是「大道」之所歸。「大道」就是「至道」。它「無所不在」，但是「不可聞」、「不可見」、「不可言」，必需像老子教孔子那樣先行齋戒以疏通其心靈，清洗其精神，破除其成見，然後才可以領略其「崖略」——天不得不高，地不得不廣，日月不得不行，萬物不得不昌；道如山若海，無可增損，只能順應，不能違悖——如此所得之知不是積學的知識，而是頓悟的智慧，是「大知」。由此所悟之「道」就是自然必然之「路」。古人未受「偽聖」愚弄之前循此路而行，自然而然，「人雖有知，無所用之」，「不以辯飾知，不以知窮 [究] 天下 [之事理]，不以知窮德 [人世之規範]」，〈繕性〉「知止其所不知」。〈齊物論〉後來因為「偽聖」以其「小知」加以干擾，這自然的「大知」便被掩蔽了。所以莊子要「棄」不是一切的「知」——「大知」當然不可棄；個人的「小知」與他人無礙的也不必棄；要棄的只是被用來否定他人、改變他人的想法和行為的「小知」。所以他雖然有限地「反知」，「去小知而大知明」，〈外物〉卻不是無理的「反智」。在這一點上《莊子》說得比《老子》清楚。

　　「絕聖棄知」的結果如何？莊子說「彼人含其明，則天下不鑠矣；

人含其聰，則天下不累矣；人含其知，則天下不惑矣；人含其德，則天下不僻矣」。換句話說，假如沒有人顯露其技巧、德行和辯才，人們便不會感到目眩心迷。但是當時之人已經受了桎梏，走入僻途。「絕聖棄知」至多只是使他們停止繼續向下走去。要想止亂救危，必需拉他們回頭走向未被「聖」、「知」破壞的原始境界，無知無慮，「玄同」其德，不與人比較、計較，而以其所能，得其所需，自滿自足地生活。老子已主張這麼做，但是知道要人們放棄以前已經獲得的文化成果（如舟車）十分困難，所以只想由其「真聖」用術誘引人們走回一個中途站。莊子的高招是否定一切絕對的觀念，指出大小、久暫、是非、善惡、都是相對的。既然如此，任何用以「改善」人的生活的工作還有什麼意義？還值得像那些偽聖用其小知所為繼續做下去嗎？人們如能接受他的看法，就會自動、樂意地回到他所說的「至德之世」。人們既然各循自然而為其所「應為」及「能為」，即使因智愚而分階層，也是「上如標技，民如野鹿」，不相干擾，人際乃可和穆相處；君子蒞臨天下，乃可「無為而無不為」。這便是莊子的去亂返治之道。

▎ 貢獻和問題 ▎

對於中國文化（哲理、政治、法制、文學等等方面），《莊子》有些什麼貢獻？〈天下〉裏有一段介紹並評論此書說：

> 芴漠無形，變化無常，死與生與！天地並與！神明往與！芒乎何之？忽乎何適？萬物畢羅，莫足以歸，古之道術有在於是者。莊周聞其風而悅之。以謬悠之說，荒唐之言，無端崖之辭，時恣縱而不儻，不以觭見之也。以天

下為沈濁，不可與莊語；以卮言為曼衍，以重言為真，以寓言為廣。獨與天地精神往來，而不敖倪於萬物，不譴是非，以與世俗處。其書雖瑰瑋而連犿無傷也，其辭雖參差而諔詭可觀。彼其充實不可以已，上與造物者遊，而下與外死生、無終始者為友。其於本也，宏大而辟，深閎而肆；其於宗也，可謂稠適而上遂矣。雖然，其應於化而解於物也，其理不竭，其來不蛻，芒乎昧乎，未之盡者。

這段話包含了四部分。其一指出莊子的理論的根源，其二說明《莊子》筆法，其三闡析莊子的心態和意圖，其四總結地評價此書。其說很精當，可以作為討論的基礎，茲稍加詮釋，並提出一些在此之外但是相關的問題。

首先說莊子的理論自有所本。自古有一些人覺得天地渺茫，萬象變幻，人生若夢，不知何為。莊子顯然有相似的觀感，所以說了許多話加以表明，還借用了許多虛構的人與物和一些歷史名人之口加以解釋、渲染，將這種觀感說得十分玄妙精彩，並且為它建立了深邃的理論基礎。

書中引用得最多的是老子的話，有的明白引述，[9] 有的反映、引申

---

9 例如〈胠篋〉、〈在宥〉：「絕聖棄知」見《老子》十九章；〈在宥〉：「萬物云云，各復其根」見《老子》十六章；〈至樂〉、〈知北游〉〈庚桑楚〉、〈則陽〉：「無為而無不為」見《老子》三十七、四十八章；〈在宥〉：「貴以身為天下，則可以託天下，愛以身為天下，若可以寄天下」見《老子》十三章；〈達生〉：聖人「為而不恃，長而不宰」見《老子》二、十、五十一、七十七章。

其意，[10] 因而老、莊之說頗為近似。但是細讀二書，可以見到一些重大的差異。最重要的是雖然老、莊都主張「無為而治」，然而其目的和做法卻甚為不同——老子主張「聖人」用「正言若反」、「欲取固予」等「微明」之術使人們迷迷惘惘地放棄了自己努力的成果，去到他要他們去的半原始「小國」，如果他們不服從，他就「鎮之以無名之樸」。這是以「機心」治國，是莊子最為不齒的。他認為「治」國之要在「正」人，要改正人的觀念和心態，然後讓人們自願地回到自然的境界。他又強調「正」人者一定要先能「自正」。〈人間世〉裏說顏闔問蘧伯玉如何可以輔君治國。蘧伯玉告訴他要「正汝身」。〈德充符〉裏說「唯堯、舜獨也正，在萬物之首，幸能正生〔身〕，以正眾生」。〈應帝王〉裏說「夫聖人之治也……正而後行」。「正」身是什麼意思？〈駢拇〉裏說「天下之至正」就是「不失其性命之情」。〈天運〉裏說「正者，正也」，以心為然者是為正，可見莊子認為「正」就是合乎自然之道不合者不「正」。自身「不正」者不可以「正」人「治」國，幾乎與孔子之說相同。他要去除「偽聖」及其「小知」，教人返

10 例如一切事物皆屬相對，見《老子》二章：「有無相生，難易相成，長短相較，高下相傾」，二十章：「唯之與阿相去幾何？善之與惡相去若何？」自然主宰一切卻無所喜惡，見《老子》二十五章：「人法地，地法天，天法道，道法自然」，五章：「天地不仁，以物為芻狗」。「道」與世俗規範有異，見《老子》一章：「道可道，非常道」。「道」衰而其他規範起，見《老子》三十八章：「失道而後德，失德而後仁，失仁而後義，失義而後禮」。「知」是引發許多問題之因，「小知」不足恃，所以要絕聖棄知，要絕學，見《老子》十八章：「知慧出有大偽」，十六章：「知常曰明。不知常，妄作凶」，十九章：「絕聖棄知民利百倍，絕仁棄義民復孝慈，絕巧善利盜賊無有」，二十章：「絕學無憂」。人應重身、葆真，減欲、去甚，知止、知足，見《老子》四十四章：「名與身孰親？身與貨孰多？」，十二章：「五色令人目盲，五音令人耳聾，五味令人口爽，馳騁畋獵令人心發狂，難得之貨令人行妨」，二十九章：「是以聖人去甚，去奢，去泰」，四十四章：「知足不辱，知止不殆」，四十六章：「禍莫大於不知足，咎莫大於欲得。故知足之足，常足矣」。天下不可為，見《老子》二十九章：「天下神器，不可為也。為者敗之，執者失之」。不可以知治國，而應使民愚，見《老子》十章：「愛民治國，能無知乎」，六十五章：「古之善為道者，非以明民，將以愚之。民之難治，以其知多，故以知治國，國之賊；不以知治國，國之福」，三章：「不尚賢，使民不爭……是以聖人之治……常使民無知無欲」。不可多事擾民，而應讓民自在自化，見《老子》五十七章：「天下多忌諱而民彌貧，民多利器國家滋昏，人多伎巧奇物滋起，法令滋章盜賊多有。故聖人云我無為而民自化，我好靜而民自正」，六十章：「治大國若烹小鮮」。

歸自然，就直率地鼓吹這一點，並沒有用什麼「微明」去愚弄人民，引導他們去到不上不下的「小國」。所以莊子雖然推崇老子，而其說另有基礎，並且包含了對老子的批評。

其次說《莊子》的筆法，〈天下〉指出莊子用「重言」、「寓言」、「卮言」的理由，以為不得不然。這種筆法產生了很特殊的效果——使艱深的理論變得容易了解並且給讀者一個生動有趣、深刻難忘的印象——這一點是其他思想家沒能做到的。[11]但是此法也有缺點。大概而言「重言」太深奧，「卮言」太誇張，「寓言」裏的比喻往往不切當。後者問題最大，容易使讀者被牽扯而偏離了主題，引起爭議，例如莊子說人喜食粟、鹿喜食草、蝍蛆喜食蛇、貓頭鷹喜食鼠，以強調沒有「正味」。誠然，不同類的動物有不同的嗜好，但是由此說明人類沒有共同的口味，未免失諸過當。

更不妥當的是莊子喜歡借用他人之口以述自己之意，在其「重言」、「寓言」、「卮言」中都可見到。如果借用的只是虛構之人，自無大礙；如果是歷史上的人物，便有問題，最顯著的是他常常提起孔子的言行，但是與其他典籍中所見的不同，甚至相反，都是恣縱不當的「無端崖之辭」，將孔子說得甚為不堪，會引起聽者的反感。此外他又屢次借孔子之口來說自己那一套見解，不夠率直。

其三關於莊子的意指。〈天下〉說他脫出了一般人瑣細、鄙陋的思慮而採取一種高遠的觀點和超越的心神來立身處世，逍遙自在。但

---

11 《莊子》裏有許多妙言趣喻，如鵬程萬里、庖丁解牛、無可奈何、相濡以沫、虛與委蛇、駢拇枝指、盜亦有道、東施效顰、見笑大方、坐井觀天、螳臂擋車、每下愈況、白駒過隙、以珠彈雀、捉衿見肘、無病自炙、善始善終、朝三暮四、偃鼠飲河、越俎代庖、山木自寇、以火救火、肝膽楚越、蚊虻負山、螳螂捕蟬、延頸舉踵、唇亡齒寒、神乎其技、井蛙之見、綆短汲深、魯侯養鳥、呆若木雞、初生之犢、空谷足音、豕虱苟安、鹵莽滅裂、得魚忘荃、搖唇鼓舌、分庭抗禮、吮癰舐痔、探驪得珠、能者多勞、櫛風沐雨、學富五車等等。人們樂於引用，成為了日常的成語，影響了人們的思想，使沒有讀過此書的人也易於洞悉事理，知所取捨、進退，可以說是莊子的一項特殊的貢獻。

是他知道這麼做極為不易，所以退而求其次教人盡量減欲、知足，以養生，保真，逃免身心受到過分的內外迫害。對於處於亂世，無可奈何的人而言，此一建議很有價值，可以使他們獲得一點精神上的避難空間。它是否會使人消極避世？此前已有分析，指出莊子並非逃避現實的人。但是一般讀者是否能夠了解他的真意，很難猜測。

最後對《莊子》的評語說其理論根據極多，可以演繹無窮，但是仍有許多未盡之處，待人深思。此評甚是。最重要的未盡之處有二，一是理論的結構不完整。莊子強調自然，將其「至德之世」描述得極為美滿，但是沒有明白說出此一理想世界必須有兩個假設──（一）自然界沒有災禍，而有豐富的資源，可以讓一切生物很容易地滋長；（二）生物皆無好惡之念，無相害之心，而能自制容忍，和平共存。缺此二者，世上便有匱乏、鬥爭。莊子沒有坦認這兩個假設，而只強調他說的理想世界在遠古之時確曾存在，是一種自然的現象。當然，對於假設，不必深究其實，但是如果它太過詭異，不近情理，就不易被人接受，以之為前提的理論就有問題。就《莊子》而言，其第一個假設或許還可以想像，但是需要一個更前的假設：人口相對地稀少；其第二個假設則純屬創見，需要加以說明──像孟子、荀子、告子等人對人性「善」、「惡」所見不同，各別花了許多口舌加以辯述──莊子似乎認為人性善良，但是未加「證實」。事實上《莊子》裏有些話似乎並不完全支持他的兩個假設，例如他說古人要耕作而得衣食，巢居以避猛獸，可見順應自然是不足維生；他又提到螳螂捕蟬，黃雀在後一事，可見生物相殘出於求生的必要，人類何以有異於此，他沒有說明。

《莊子》的另一個「未盡之處」是沒有充分解答兩個最基本的問題：萬物「為何」及「應如何」而存在？前者涉及目的，後者涉及方法，二者合併又涉及一個更深刻的問題──萬物（特別是人）存在

的意義。莊子對人在各種不同的情勢裏應該如何生活說得很多，對生命的意義和目的也說了不少，初看似乎玄妙圓通，但是仔細端詳，似乎有些問題。

先說生命的意義。莊子通觀天地萬物，發現天不得不高，地不得不廣，日月不得不明，四時運轉，生死相繼，各循一套準則，不能有絲毫變異。這種準則可以稱之為「自然律」，相信此者就否定了任何自由意志，這是對人和一切生物的能力沒有信心之人共同的看法。由於這種看法，他們就覺得人到世間來轉一圈就回到另一個境界，猶如一場悠忽之夢，沒有什麼意義可言，當然也說不上什麼目的。但是對一般人而言，雖然對生命的意義未必有多少見解，但是活着的時候，並不會覺得只是在做夢，許多事物都會使他有真實的感受 —— 歡欣痛苦，喜怒哀樂 —— 而欲趨避，所以有些事物對他是有意義的，例如可以給以溫飽的衣食、可以治療病痛的醫藥。由此推而廣之，許多前人所創可以減輕其勞苦的桔槔、舟車，以及更多可謀取生命安寧，拓展心靈的境界，使得生活安適美化的「文化」，都應該是有意義的，追求它們應該可以是人生的目標。

莊子認為一切都是相對的，文化本無什麼價值，何況它猶如桎梏，使人困頓；又會刺激慾望，使人肆其機心，可能陷於姦邪。所以追尋文化不可以是人生之目的。至於健康病痛、富貴貧困，都只是瞬間之事，如白駒過隙，又係出於「命」和「時運」，無法改變，為之喜憂，全無益處。他所關心的只是一時的心靈自由，又強調合乎自然就可自由，能夠自由自在地活着，是有意義的，所以追尋自由是人生之的目的。

但是此說頗有問題，因為自由只是活着的一種狀態，先要能活着，才能談自由，而如前所述人不能完全順乎自然而生活，要活着至少要有衣食維持溫飽，醫藥以治療病痛。自由既非最基本、切要的目

的，不該過分強調其重要性，所以莊子對人「為何而存在」這個問題的答案是不周全的。事實上人一直在尋求其他的目的，獲得了可觀的成就，是生存在莊子的「至德之世」裏的人無法想像，而很可能頗為欣羨的。誠然，人在尋求那些文化時可能走火入魔，迷失了原來的目的，尋得之後又可能加以濫用，造成許多災害，所以應該有所警惕和節制。如何使人適當地發展其潛在的智慧，達成各種人生目的，使人的存在有一種異於其他生物之存在的意義，這是應該深思的。

《孟子》

孟子

《史記》有〈孟子荀卿列傳〉將孟子與荀子、騶衍、淳於髡、慎到等人事跡並述，十分簡略。幸而《孟子》記錄其行止、言論之處頗多，加上其他經籍裏的資料，可知其生平大略如下：

孟子名軻，鄒國人，周烈王四年（西元前 372 年）生，赧王二十六年（西元前 289 年）卒，享年八十四歲。鄒近孔子故居魯，孟子仰慕孔子之道，但距其歿已百有餘年，只能私淑其學。學成，有賢名。五十三歲時因梁惠王召募賢士而至梁。[1] 惠王窮極奢華，不顧民間疾苦，而亟問致利復仇之術。孟子不願就仕。越一年惠王卒，孟子見其子襄王「望之不似人君」，乃去梁至齊。齊宣王好士，繼齊威王之後在都城稷門下築學宮，廣招賢者，稱稷下學士，且數百人，著名者孟子、騶衍、淳於髡、田駢、慎到、環淵等七十六人，皆賜第康莊，列官上大夫，不治而議。孟子尤受禮遇，宣王擬賜十萬鍾〔一鍾六石四斗〕采邑，期其久居。孟子不受，僅收粟帛餽養而為客卿，無官守、言責，朝王無定

1　周安王二十六年（西元前 376 年）魏、趙、韓三家分晉。周顯王四年（西元前 365 年）魏侯罃自安邑遷都大梁，在位三十六年（西元前 334 年）自立為王，世稱梁惠王。即立，改元「後元」。「後元」十二年以卑禮厚幣以招賢士。

期,然而屢以王道說宣王,希望藉以實現自己平治天下之志。為此他留齊約五年,終於因為宣王只望圖霸,不能行仁政,齊國大臣皆不識大體,不足有為,乃懷憾去齊,其後曾至宋、薛、滕、魯等國,往往後車數十乘,從者數百人,傳食諸侯,嘗與各國君臣論政,但均未久留。六旬後返鄒,以著述終老。

《孟子》

《史記》說孟子返鄒之後「與萬章之徒,序《詩》、《書》,述仲尼之意,作《孟子》七篇」。此書內容包括三大類:孟子周遊列國時與其君臣的對話、他對弟子們的疑問所作的解答、他自行陳述的足為言行法度之語。全書明白流暢,易讀易解,但是七篇之中的章節未必聯續,要經過整理歸納,才能見到孟子的若干主旨。其中最重要的是一方面抨擊當時各國執政者的腐敗和愚昧,批評許多士人的偏見和短視;另一方面指出一條非同尋常,然而他認為是確實可行之路,幫助人們脫出當時的困境,使個人的生命和群體的存在更有意義。

世局

西周初年的封建、宗法制度,歷經三百多年而逐漸鬆弛,周室東遷之後益趨式微。以前訂定有關各種人等的地位、職業和行為的準則,皆因政治權威衰落而無法維持。春秋之時世局已亂,到了戰國時期,亂象愈發嚴重。各國國內的情勢都不穩定,一則因為國君與卿大夫爭權,常常發生篡奪之事,例如晉獻公用士蒍之計殺盡桓、莊之族,魏、趙、韓三家分晉,齊大夫田成子篡齊,燕相子之篡燕;二則因為統治者腐敗無能,驕縱侈奢,而一般人民則生活於飢寒交迫

之中。

國際的情勢比國內的更為險惡。大國不斷地侵略小國，使小國以子女財帛竭力事奉一強或數強，以求倖免，但是終於被兼併或瓜分。大國之間的緩衝消失後，便引起了直接的鬥爭，規模愈來愈大，代價愈來愈高。春秋時期行車戰，大約車一乘配甲士三人，徒卒三十人。晉、楚城濮之戰，晉軍七百乘，士卒二萬餘人；楚軍較眾，戰車千乘，士卒三萬。戰一日，晉獲楚車百乘，士卒千人。其他如邲、鄢、鄢陵之戰，也不過一二日，傷亡亦屬有限。戰國時徵庶人為徒卒，大國各有數十萬至百萬之數。秦、趙長平之戰，歷時三年，趙軍大敗，降者四十餘萬人，秦盡坑殺之。其他大役，交戰國皆各興師數十萬，困鬥三五載，流血漂鹵，城野成墟。

對於這種內外交迫的情勢，各國君民都無法用傳統的制度和規範來應付，必須另覓蹊徑，於是有一批「遊士」的興起，為統治者服務。此類人物輩出，成為儒、道、墨、法、兵、農、名辯、縱橫、五行等家，但是大致上可以分為二大類，第一類周遊列國，直接與統治者交往。其中有的取得了權位，左右了國內和國際情勢，如騶衍、蘇秦、張儀；有的不治而議，如孟軻、荀況。這些人都受到很高的禮遇——蘇秦曾佩六國相印。騶衍適梁，惠王郊迎，執賓主之禮；適趙，平原君側行撇席；至燕，昭王擁彗先驅，請列弟子之座而受業，並為之築碣石之宮，親往師事之。至於齊國的「稷下先生」數十百人，受威、宣諸王之禮遇，已見前述。

第二類的士較少直接參與政事，而多考慮個人如何修身處世。其中有的致力於改變一般人的思想、行為，如楊朱、墨翟、莊周；有的以身作則，為人們樹立言行典範，如許行、陳仲子。這些人雖未建立顯赫的事功，但是受到群眾的尊崇和信仰。孟子說他那時候「天下之言，不歸楊則歸墨」〈滕文公下〉，又說楚國的許行「為神農之言」，

帶了徒眾數十人「衣褐，捆屨，織席以為食」。宋國儒者陳良之徒陳相及弟陳辛見到了大悅其道，便「盡棄其學而學焉」〈滕文公上〉。可見這些人的影響之大。

以上所述是一些顯而易見的現象。孟子對古來時局的變化另有一套自己的看法，認為世局敗壞的主因是執政者。他在〈告子下〉說，古時天子定期「巡狩」於諸侯之國，聽取其施政報告並觀察其實際情形。如果見到「土地辟、田野治、養老尊賢、俊傑在位」，則加慶賞；如果見到「土地荒蕪、遺老失賢、掊克在位」，則加譴責。諸侯定期到周廷朝見天子述職，「一不朝，則貶其爵；再不朝，則削其地；三不朝，則六師移之」。所以獎懲皆出於天子，諸侯之間沒有戰爭。到了春秋之時情勢大變。「五霸者，摟諸侯以伐諸侯者也」，但是他們還大致明白道義，其中最好的是齊桓公，他在葵丘會集諸侯，訂立了一個盟約作為共同的行為準則：一曰「誅不孝，無易樹子，無以妾為妻」；二曰「尊賢育才，以彰有德」；三曰「敬老慈幼，無忘賓旅」；四曰「士無世官，官事無攝，取士必得，無專殺大夫」；五曰「無曲防，無遏糴，無有封而不告」；最後強調：「凡我同盟之人，既盟之後，言歸於好。」孟子指出到了戰國之時諸侯皆犯此五禁。至於君臣之間的關係，他說「長 [助長] 君之惡其罪小，逢 [逢迎，奉承，強為之飾理] 君之惡其罪大。今之大夫，皆逢君之惡」，所以他說「五霸者，三王之罪人也；今之諸侯，五霸之罪人也；今之大夫，今之諸侯之罪人也」，又說「今之事君者曰我能為君辟土地，充府庫。今之所謂良臣，古之所謂民賊也。君不鄉 [向] 道，不志於仁，而求富之，是富桀也。我能為君約與國，戰必克。今之所謂良臣，古之所謂民賊也。君不鄉道，不志於仁，而求為之強戰，是輔桀也」。依照他此看法真是世風日下，不知將伊於胡底了。但是他在〈公孫丑下〉又說「五百年必有王者興，其間必有名世者。由周而來，七百有餘歲矣。以其數，

則過矣；以其時考之則可矣」。換句話說他認為歷史是有循環性的，久亂之後會繼之以平治。不僅此也，他還自許有平治之能，誇稱「夫天未欲平治天下也；如欲平治天下，當今之世，舍我其誰也？」

▎ 暴行 ▎

孟子對於當時一般統治者的行為稱之為「暴行」，大多遊士的言論稱之為「邪說」，分別加以嚴厲的批判。他特別提到的「暴行」有三：國內的權力鬥爭、統治者生活奢侈剝削人民、國際間的侵略戰爭。關於第一點他只說「臣弒其君者有之，子弒其父者有之」。〈滕文公下〉關於第二點他指出堯、舜之後「暴君代作，壞宮室以為汙池，民無所安息；棄田以為園囿，使民不得衣食……園囿、汙池、沛澤多而禽獸至」。〈同上〉的確，當時的統治者多有此等「暴行」，例如齊宣王坦認自己「好貨」、「好色」，有「雪宮」，又於郊關之內關囿方四十里，下令將殺其麋鹿者處以殺人之罪，如設阱於國中。〈梁惠王下〉梁惠王有臺池鳥獸之樂，以致「庖有肥肉，廄有肥馬，民有飢色，野有餓莩」。為什麼有此結果？因為梁國「制民之產，仰不足以事父母；俯不足以畜妻子」，所以人民「樂歲終身苦，凶年不免於死亡」。對於這種情形，執政者既「不知檢」，又「不知發〔開倉賑濟〕」。孟子斥之為「率獸而食人」。〈梁惠王上〉梁惠王抗議說「寡人之於國也，盡心焉耳矣。河內凶則移其民於河東，移其粟於河內。河東凶亦然。察鄰國之政，無如寡人之用心者。鄰國之民不加少，寡人之民不加多何也？」孟子說「王好戰，請以戰喻。填然鼓之，兵刃既接，棄甲曳兵而走，或百步而後止，或五十步而後止。以五十步笑百步，則何如？」梁惠王說「不可。直不百步耳，是亦走也。」孟子說「王如知此，則無望民之多於鄰國也。」〈同上〉他的意思是率獸食人之餘，移

民就食只是一種臨時性的辦法，沒有基本地改變暴政。

關於國際間的戰爭，孟子指出「春秋無義戰」〈盡心下〉。什麼是「義戰」？孟子說是「以仁征不仁」。他先舉了湯伐葛為例，說葛伯「不祀」、「仇餉」，[2] 湯征之，「十一征而無敵於天下。東面而征，西夷怨；南面而征，北夷怨。曰奚為後我？民之望之，若大旱之望雨也。」〈滕文公下〉之後又舉了武王伐殷為例，也用了同樣的話來支持其正當性。〈盡心下〉這種征伐之例，到了春秋時已經沒有了。

戰國之時的戰爭更是毫無正當理義可言的大的「暴行」。那時有的國君似乎生性「好戰」，例如梁惠王對孟子說「晉國〔梁原為魏，是晉的一部分〕，天下莫強焉，叟之所知也。及寡人之身，東敗於齊，長子死焉；西喪地於秦七百里；南辱於楚。寡人恥之，願比死者壹灑之，如之何則可？」〈梁惠王上〉其實在這些戰爭裏，梁國並非都是被侵略者，而且雖然遭遇到了挫敗，梁國並無滅亡之慮，梁惠王只因一己的意氣而欲再犧牲無數生命為已死者「灑之」。另外有的國君則懷有極大的野心，例如齊宣王自認「寡人有疾，寡人好勇」。所謂「好勇」，說穿了就是好戰，所以他問孟子「齊桓、晉文之事可得聞乎？」此二人是在春秋之時以武功稱霸的。孟子問齊宣王是否要肆其小勇，「興甲兵，危士臣，構怨於諸侯，然後快於心與？」他說「否，吾何快於是！將以求吾所大欲也。」孟子問「王之所大欲，可得聞與？」齊宣王笑而不答。孟子故意問那是「肥甘不足於口與？輕煖不足於體與？抑為采色不足視於目與？聲音不足聽於耳與？便嬖不足使令於前與？王之諸臣皆足以供之，而王豈為是哉？」齊宣王說「否，吾不為是

2　〈滕文公下〉說葛伯以無犧牲、無粢盛為詞不祀天地。湯居亳，送去了牛羊供祭祀，糧食給飢民，又遣其民去葛代耕。葛伯仍然不祀，並奪取了牛羊、糧食，殺死了一個拒不交出黍肉的童子。於是湯出兵討伐葛，「為其殺是童子而征之……為匹夫匹婦復讎也。」

也。」孟子說「然則王之所大欲可知已。欲辟土地，朝秦楚，蒞中國而撫四夷也。」〈同上〉齊宣王沒有否認。

齊宣王五年（西元前 315 年）燕王噲讓國於其相子之。國人不服，內戰甚烈。齊大臣沈同派人問孟子「燕可伐與？」孟子說「可。」有人問孟子是否曾勸齊伐燕。孟子說沈同只問燕是否可伐，他說「可」，因為「子噲不得與人燕，子之不得受燕於子噲」³這種背悖情理，害國害民之事是應該受到懲罰的，就像如果有人問殺人者是否可處死罪，他當然回答「可」；但是如果問誰可以將此罪人處死，他會回答說「為士師」。沈同沒有問誰可以伐燕，如果他曾這麼問，孟子會說「為天吏［替天行道之人］」而不是齊宣王。〈公孫丑下〉

齊宣王沒有思考自己是否為「天吏」便去伐燕，戰勝後問孟子「以萬乘之國伐萬乘之國，五旬而舉之，人力不至於此。不取［併吞］，必有天殃。取之，何如？」孟子說「取之而燕民悅，則取之。古之人有行之者，武王是也。取之而燕民不悅，則勿取。古之人有行之者，文王是也。以萬乘之國伐萬乘之國，簞食壺漿，以迎王師。豈有他哉？避水火也。如水益深，如火益熱，亦運［翻轉，以暴易暴］而已矣。」〈梁惠王下〉齊宣王不聽其言而併吞了燕國。諸侯將謀救燕。齊宣王問孟子怎麼辦。孟子說「今燕虐其民，王往而征之。民以為將拯己於水火之中也，簞食壺漿，以迎王師。若殺其父兄，係累其子弟，毀其宗廟，遷其重器，如之何其可也？天下固畏齊之彊也。今又倍地而不行仁政，是動天下之兵也。王速出令，反其旄倪，止其重器，謀於燕眾，置君而後去之，則猶可及止也。」〈梁惠王下〉齊宣王又不聽。燕人畔，齊敗歸，齊宣王說「吾甚慚於孟子。」〈公孫丑下〉

3　《戰國策》〈燕策一〉稱孟子曾勸齊宣王伐燕。然而孟子認為禪讓要有一定的條件（見下文），子噲授國與子之乃受謀士蠱惑，為不正。子之以權臣取燕實為篡也，故孟子非之。

　　所以孟子並非完全反對使用武力，如果是用來解救人民於暴政或外侮，他皆認可；他所反對的是侵略和併吞。在戰國時期，大國都在爭奪土地，但是他認為當時的大國都已經有很大的疆域，超乎其人民的需要，所以「爭地以戰，殺人盈野；爭城以戰，殺人盈城」，雙方皆喪失了千千萬萬的人民，奪得了土地沒有人加以使用，便成了廢墟曠野。因而他慨歎「不仁哉梁惠王也！……以土地之故，糜爛其民而戰之，大敗，將復之，恐不能勝，故驅其所愛子弟以殉之，是之謂以其所不愛及其所愛也」〈盡心下〉

　　更重要的是孟子認為想憑侵戰而統治天下則是絕不可能的。他猜中了齊宣王的「大欲」之後說「以若所為求若所欲，猶緣木而求魚也。」齊宣王說有這麼糟嗎？孟子說「殆有甚焉。緣木求魚，雖不得魚，無後災。以若所為求若所欲，盡心力而為之，後必有災。」〈梁惠王上〉然後解釋說小不可敵大，寡不可敵眾。齊以一國與當時其他大小略等的八國為敵，結果一定大敗。

　　所以對於幫助諸侯攻戰之人，孟子甚為不齒。當景春說「公孫衍、張儀，豈不誠大丈夫哉！[張儀說諸侯合縱破蘇秦連橫，久重於秦；公孫衍時從時橫，曾佩五國相印，常為約長] 一怒而諸侯懼，安居而天下熄」，孟子駁道他們所為無非逢迎、助長諸侯的暴行，「以順為正者，妾婦之道也」，〈滕文公下〉而且他們誘致了極多的戰爭，是「率土地而食人肉，罪不容於死」，所以他主張主張「善戰者服上刑，連諸侯者次之，辟草萊、任土地者次之」。〈離婁上〉

▎ 邪說 ▎

　　在分析了當時統治者的「暴行」之後，孟子又進一步去探究促使它們發生的一些思想。行為受思想的指導，「暴行」都由不當的思想

引發，所以孟子特別重視駁斥「邪說」，甚至對於未必引發「暴行」，但是足以混淆是非，錯亂視聽，使人誤入歧途或彷徨不知所措的想法和言論也要加以匡正。

（一）好利

第一個深入人心的思想是「利」。孟子初到梁國，梁惠王一見面就問他「叟不遠千里而來，亦將有以利吾國乎？」這一句簡單的問話引發了孟子一番強烈的反應：「王何必曰利……王曰何以利吾國？大夫曰何以利吾家？士庶人曰何以利吾身？上下交征利而國危矣。萬乘之國弑其君者必千乘之家，千乘之國弑其君者必百乘之家。萬取千焉，千取百焉，不為不多矣。苟為後義而先利，不奪不饜。」〈梁惠王上〉這些話似乎是孟子積蓄已久而爆發出來的憤激之辭，在〈告子下〉裏也有一段相似的話──宋牼去楚國勸阻秦楚構兵，途中遇到孟子，說他將告訴楚王戰爭之不利。孟子說「先生之志則大矣，先生之號[說法]則不可。先生以利說秦楚之王，秦楚之王悅於利，為人臣者懷利以事其君，為人子者懷利以事其父，為人弟者懷利以事其兄，是君臣、父子、兄弟終去仁義，懷利以相接，然而不亡者，未之有也。」

其實無論作為名詞或動詞，「利」本無是非。萬物（包括國、家、個人）想要取得必要的資源以利其生，沒有什麼不對。孟子所惡的是取不當之利。所謂「不當」有兩種意義：一謂過於所需；二謂與其他價值衝突。生物擷取外在物資供其所需以謀生存，乃是自然之舉，在一般的情形，所需是有限的，所謂「鼴鼠飲河不過滿腹，鷦鷯巢林不過一枝」。如果將求利作為人生主要目的，特別是那種企圖不斷追尋更多物質之利，便屬「不當」，因為過分之利，並非生存所需，而世間的物質資源有限，一人竭力爭取，難免會損害他人之需。

倘若將物質之利看得遠遠高過了人生的其他價值，特別是與人際的和諧安寧相關的若干原則如公平、正直、互助、相諒等等，便是進一步的「不當」。孟子認為當時各種鬥爭的主因在此二者，所以他承認自己也愛各種之利，但是如不能兼得，便要有所選擇。這便是他有名的「魚與熊掌」之喻：「魚，我所欲也，熊掌，亦我所欲也；二者不可得兼，捨魚而取熊掌者也。生亦我所欲也，義亦我所欲也；二者不可得兼，捨生而取義者也」〈告子上〉接着他作了一番僻奧的解釋，簡而言之可以這麼說：人除了口腹軀體之外，還有一些特質使之與一般禽獸有異。假如一個人有此認識，那麼即使為了生存，也不屑於做某些禽獸一般卑屈之事，例如去吃「嘑爾而與之」或「蹴爾而與之」的一口救命之食。不僅此也，即使是萬鍾俸祿、宮室美妾，如果其來路不正當，也不可昧然接受。為了要強調他對尋求不當之利的人的鄙視，他說了一個故事，將他們講得十分不堪：

> 齊人有一妻一妾而處室者，其良人出，則必饜酒肉而後反。其妻問所與飲食者，則盡富貴也。其妻告其妾曰：「良人出，則必饜酒肉而後反；問其與飲食者，盡富貴也，而未嘗有顯者來，吾將瞷良人之所之也。」蚤起，施從良人之所之，遍國中無與立談者。卒之東郭墦間，之祭者，乞其餘；不足，又顧而之他，此其為饜足之道也。其妻歸，告其妾曰：「良人者，所仰望而終身也。今若此。」與其妾訕其良人，而相泣於中庭。而良人未之知也，施施從外來，驕其妻妾。由君子觀之，則人之所以求富貴利達者，其妻妾不羞也，而不相泣者，幾希矣。〈離婁下〉

（二）兼愛、為我

除了普遍的圖利之念以外，另有兩種思想特別受到孟子的苛評，一是墨子的「兼愛」，一是楊朱的「為我」。他說當時「聖王不作，諸侯放恣，處士橫議，楊朱、墨翟之言盈天下。天下之言，不歸楊則歸墨。楊氏為我，是無君也；墨氏兼愛，是無父也。無父無君是禽獸也。」〈滕文公下〉這段話是他對公都子說「外人皆稱夫子好辯」，而作的辯辭，憤激之情溢於言表。墨子的理論已見前述。孟子除了說他「無父」之外，還說他「摩頂放踵利天下，為之」。〈盡心上〉楊朱的理論並無確切的紀錄。孟子除了說他「無君」之外又說「楊子為我，拔一毛而利天下不為也」。〈同上〉後人談論楊朱也都有類似的說法。

墨子之言滿天下，應該是因為他有眾多的信徒；楊子之言為什麼也這麼流行？因為這種思想其實由來已久。自東周以來世局日亂，許多人覺得十分厭惡，卻無力加以改變，只有盡量躲避污濁，保住一點自己的潔淨。孔子曾說「賢者辟世，其次辟地」。《論語》〈憲問〉《論語》裏提到的接輿、桀溺、晨門、荷蕢者等都屬此類。此外老子也說過許多話，強調貴生保真，不助長也不干預他人之事。[4] 莊子則傾其全力在說明這種思想，已見前章。孟子沒有評論老、莊，大約因為老子的話往往「正言若反」，難以確切指實；莊子晚於孟子，而且依其性格絕不會去稷下學宮那些地方湊熱鬧，也沒有遊走諸國發言求售，所以

4　讀《老子》者較少注意此點，所以在這裏舉出數例加以彰顯，如「貴以身為天下，若可寄天下；愛以身為天下，若可託天下」，〈十三章〉「古之善為士者，微妙玄通……保此道者不欲盈」，〈十五章〉「眾人熙熙，如享太牢，如登春台；我獨泊兮其未兆，如嬰兒之未孩……我獨異於人，而貴食母」，〈二十章〉「曲則全，枉則直……夫唯不爭，故天下莫能與之爭」，〈二十二章〉「飄風不終朝，驟雨不終日。孰為此者？天地。天地尚不能久，而況於人乎」，〈二十三章〉「知其雄，守其雌，為天下谿……常德不離，復歸於嬰兒」，〈二十八章〉「天下神器，不可為也。為者敗之。」〈二十九章〉「知止所以不殆」，〈三十二章〉「治人事天莫若嗇」，〈五十九章〉「聖人自愛不自貴」，〈七十二章〉「民之難治，以其上之有為……；民之輕死，以其求生之厚……。夫唯無以生為者，是賢於貴生」。〈七十五章〉

沒被孟子提到。

　　孟子為什麼那麼激烈地攻擊楊、墨，各以二字以蔽其說，繼而斥二人為禽獸？因為他要捍衛儒家的倫理思想。他說墨子「無父」，是指「兼愛」背悖了儒家「親親有等」，人際關係應依其宗族遠近而有親疏差別的觀念；他說楊朱「無君」是指「為我」忽視了儒家「君君，臣臣」，治人者與被治者之間應有上下關係的主張。在他看來這些思想和行為會造成世間的紛亂，為了防止這種後果，他勇敢地挑起了熄滅這兩種「邪說」的重擔，說周代在文、武及周公之後，「世衰道微，邪說暴行有作⋯⋯楊、墨之道不息，孔子之道不著，是邪說誣民，充 [阻] 塞仁義也。仁義充塞，則率獸食人，人將相食。吾為此懼，閑 [衛] 先聖之道，距楊、墨，放淫辭，邪說者不得作。作於其心，害於其事；作於其事，害於其政⋯⋯孔子成《春秋》而亂臣賊子懼⋯⋯無父無君，是周公所膺 [懲] 也。我亦欲正人心，息邪說，距詖 [偏] 行，放淫辭，以承三聖 [禹、周公、孔子] 者⋯⋯能言距楊、墨者，聖人之徒也」〈滕文公下〉

▌ 謬見 ▌

　　除了一般人的好利及楊、墨的為我、兼愛之外，孟子認為還有一項對於社會有重大影響的觀念——告子的「人性」論。他並沒有指它為「邪說」，但是認為它是種會誤導人們的思想和行為的謬見，所以也需加以澄清。

　　告子與孟子是同輩，兼治儒墨之道，對於「人性」有許多見解。孟子用了〈告子〉上下兩篇，從許多角度、層面，反復加以批駁。因為「人性」如何是他整個理論的關鍵之所在，所以需要稍為多花一些筆墨來陳述其要。

　　討論人的問題，難免要問人是否有一個特殊的「人性」。孔子曾說人「性相近也，習相遠也。」《論語》〈陽貨〉老子認為人在初生之時都是純樸的，「沌沌」、「昏昏」，「泊兮其未兆，如嬰兒之未孩」。《老子》〈二十章〉所以他要人「常德不離，復歸於嬰兒」。《老子》〈二十八章〉他們二位都沒有說人有什麼特性。墨子說人生來就對事物有不同的看法，「一人一義」，人各是其義而非人之義，以至於「父子兄弟作怨讎……如禽獸然」。《墨子》〈尚同〉所以他似乎認為「人性」是自大、自私的。莊子認為原始之時，「禽獸可係羈而遊，烏鵲之巢可攀援而闚」，人人「含哺而熙，鼓腹而遊」，《莊子》〈馬蹄〉「與麋鹿共處，耕而食，織而衣，無有相害之心」。《同上》〈盜跖〉所以他是相信人性本來是無害的。

　　〈告子〉裏起先說他認為「性猶杞柳也，義猶桮棬也。以人性為仁義，猶以木杞柳為桮棬」，似乎說人沒有什麼特性，就像一塊木材一樣可以用來做成杯盞容器；人也像一件素材，可以使之為仁義。言下之意木材也可以用做別的東西，人也可以使之有別的品行。這種想法與孔子、老子的相近。孟子駁問「子能順杞柳之性而以為桮棬乎？將戕賊杞柳而後以為桮棬也。如將戕賊杞柳而以為桮棬，則亦將戕賊人以為仁義與？」然後說「率天下之人而禍仁義者，必子之言夫。」當然杞柳被砍成木材做成器皿就不再是杞柳了，可見孟子認為人有特殊之性，仁義與否不是改變了人性而成的。但是如果說將人教導成合乎仁義，人就不是人了，猶如桮棬不是杞柳了，此喻似乎過當。

　　其次，告子說「性猶湍水也，決諸東方則東流，決諸西方則西流。人性之無分於善不善也，猶水之無分於東西也」。就水而言，這是一個很簡明觀察的結果，但是孟子卻不以為然。他說「水信無分於東西，無分於上下乎？人性之善也，猶水之就下也。人無有不善，水無有不下。今夫水，搏而躍之，可使過顙，激而行之，可使在山。是豈水之性哉？其勢則然也。人之可使為不善，其性亦猶是也。」這段

話很突兀。告子只說水向東向西，沒有提到上下。孟子指出水無不向下固然不錯，但是這與人性善惡有什麼關係？怎麼因「水無有不下」，就證明「人無有不善」而認定其為「人性」？至於水可以被激而向上，也是事實，但是這是外力所致，並非自然現象，而且就人而言，為什麼說只有某種行為──「為不善」──是被激成的？其他行為──如「為善」──不是可以也被激成嗎？

再次，告子說「生之謂性」。大約是為了強調與生俱來的本質，與世俗所謂的善惡無關。孟子又不以為然，問道「生之謂性也，猶白之謂白與？」告子說是。孟子說「白羽之白也猶白雪之白，白雪之白猶白玉之白與？」告子說是。孟子說「然則犬之性猶牛之性，牛之性猶人之性與？」這段話就更出人意外了。一個東西的顏色，應該只能說是它的一種表象，至多只能算是它極膚淺的「性」。譬如雞可以有黃色、白色、黑色、雜色等等，這是雞的表象。無論其為什麼顏色，公雞會鳴晨，母雞會產卵，這才是雞的重要之「性」。白羽、白雪、白玉除了白色的表象之外沒有其他共同之「性」；犬、牛、人當然各有其「性」，但是各不相同。孟子抓住「性」這個字，說因為人與牛都有「性」，問二者之「性」是相同的嗎？二者之「性」當然不同，告子但說各有其生來之性，孟子之問似乎是無的放矢。

告子說「食、色，性也。」就是要點破這種強辯，說明人有這二種需要，這才是「性」。然後他又接着說「仁，內也，非外也；義，外也，非內也。」其意在於說明人的行為準則有的比較容易懂，譬如「仁」，只要將心比心就可以體悟到，因而可以說是內在的；有些比較困難，譬如「義」，一定先要深切地了解行為者所處的社會結構、行為當時具體的情勢以及行為之後可能產生的後果。這種準則大多先由社會決定，一般人才接受而遵行，因而可以說是外在的。當時告子並沒有這麼細說，所以孟子追問「何以謂仁內義外也？」告子舉了一

例子說「彼長而我長之，非有長於我也；猶彼白而我白之，從其白於外也，故謂之外也。」意思是有一個人年長於我，我就尊敬他，並不是因為他有其他地方比我好。就像見到一個白色的東西，我就從它的外觀上認識它為白，所以對我而言，白是外在的。孟子說白馬的白與白人的白固然沒有區別，但是「不識長 [憫] 馬之長 [老] 也，無以異於長 [尊] 人之長 [老] 與？且謂長者義乎？長之者義乎？」意思是憐憫老馬與恭敬老人沒有差別嗎？而且恭敬老人是因為老人有義，還是恭敬他的人有義呢？在此孟子又在一個「長」字的不同涵義上搬弄，並無深意；更重要的是他的話無非是要說明尊敬老人這一行為不是因為老人有義行才受人尊敬，而是尊敬他的人自動的一種行為。然而這種見解出自一個有敬老習俗的社會，在其他社會則未必然。《墨子》〈節葬下〉指出，輆沐之國的人在祖父死後便將祖母丟掉，「曰鬼妻不可與居處」，並不認為這種行為是不義，所以敬老並不是必然與生俱來，「內在」之「義」。

告子又說「吾弟則愛之，秦人之弟則不愛也，是以我為悅者也，故謂之內；長楚人之長，亦長吾之長，是以長為悅者也，故謂之外也。」前一句說愛出於內心的喜歡，後一句說敬老是服從一種外來的禮俗以取悅長者。孟子又以為非，說「耆秦人之炙，無以異於耆吾炙。夫物則亦有然者也，然則耆炙亦有外與？」──吃秦人烤的肉和吃自己烤的肉，都可以引起相同的內在反應，所以愛秦人之弟和敬楚之老人，都可以是由內心發出的。這個比喻很難了解。不同的人烤的肉味道未必相同，要吃到口中才能說喜歡與否。對一般人而言，人際的關係皆因有了深度的接觸才會產生真切的感情。對於遠方不相識之人，未經交往，便自然地懷有愛敬之心，是不可能的。

孟子如此駁斥了告子還覺得意猶未盡，又借他與弟子們的談話再加批評。孟季子問公都子為什麼說「義內也」。公都子說「行吾敬

[將我內心的敬意表示出來]，故謂之內也」。孟季子說「鄉人 [同鄉之人] 長於伯兄一歲，則誰敬？」公都子說「敬兄」。孟季子問「酌 [敬酒] 則誰先？」公都子說「先酌鄉人」。孟季子說「所敬在此，所長 [酌] 在彼，果在外，非由內也。」公都子不能答，去告訴孟子。孟子說你可以問他「敬叔父乎？敬弟乎？」他將會說「敬叔父」。你可以說「弟為尸，[祭祖儀式中代表祖先的人] 則誰敬？」他將會說「敬弟」。你可以問這時候怎麼不敬叔父？他將說因為弟處在特殊的地位。你可以說敬鄉人也是因為他處在特別的地位。平常應該敬兄，在特殊的場合則臨時敬鄉人。孟子這番話當然是說「敬」是出自內心的，只是在不同的情況裏，所敬的對象可以不同。這一點固然不錯，但是所謂特殊的情況，卻非個別之人自己決定，而由外在的因素造成，所以內心的反應也並不是完全自然的。難怪公都子將孟子這番話告訴孟季子後，孟季子說「敬叔父則敬，敬弟則敬，果在外，非由內也。」公都子不理解孟季子之意，說「冬日則飲湯，夏日則飲水，然則飲食亦在外也？」此問很牽強。冷時想喝熱湯，熱時想喝冷水，固然是一種人的生理習性，但是這一點什麼能證明人在複雜的情勢裏，都會出乎內心自然地選擇某一種固定的反應呢？

　　告子又說「性無善無不善也。或曰性可以為善，可以為不善，是故文、武興，則民好善；幽、厲興，則民好暴。或曰有性善，有性不善，是故以堯為君而有象；以瞽瞍為父而有舜；以紂為兄之子，且以為君，而有微子啟、王子比干。今曰性善，然則彼皆非與？」此前他將人性與水性相比，只談東西上下的自然傾向，此處談善不善，則是人的價值評斷。為什麼這麼說？因為孟子說人性是善的，所以他提出了性可能（一）無善無不善，（二）可善可不善，（三）有善有不善。當公都子將告子這三種看法轉告孟子時，孟子說「乃若其情，則可以為善矣，乃所謂善也。若夫為不善，非才之罪也。」——從人的本性

而言，人是可為善的，這就是所謂「性善」。至於人之為不善，不能歸罪於其本性。此言將「性善」說得很籠統，為了否定了告子的第一種看法，他說「惻隱之心，人皆有之；羞惡之心，人皆有之；恭敬之心，人皆有之；是非之心，人皆有之。惻隱之心，仁也；羞惡之心，義也；恭敬之心，禮也；是非之心，智也。仁、義 、禮、智，非由外鑠我也，我固有之也。」他所謂的「心」，應該是指人們對於某些事物和情況的一些比較普遍的觀感。在他看來惻隱、羞惡、恭敬、是非這些觀感都是「善」的。進一步他又舉了一個實例來證明人皆「惻隱之心」：「今人乍見孺子將入於井，皆有怵惕惻隱之心，非所以內 [納] 交於孺子之父母也，非所以要 [邀] 譽於鄉黨朋友也，非惡其聲而然也。由是觀之，無惻隱之心非人也……。」〈公孫丑上〉的確，在他所說的情況下，一般人都會有「怵惕惻隱」之感。他接着又說「無羞惡之心，非人也；無辭讓之心，非人也；無是非之心，非人也。」但是對於這三種「心」，他並沒有提出任何實例證明「人皆有之」。事實上許多人都有不同的愛憎、是非。既然沒有共同的觀感，就不能說有同一種「心」。至於辭讓更是一種禮節，行之固然很好，不為者便斥之為不是人，未免過分。

　　為什麼孟子要武斷地說人都有這四種「心」？因為「仁、義、禮、智」是儒家最重視的美德，它們可以使人們親和而凝聚成一個有階層，有秩序的團體；但是如果它們只是一些外來的約束，用以鍍飾言行，便很膚淺，容易被人忽略廢棄，所以孟子要強調它們不是「外鑠」於人，而是人「固有之」，一再聲稱仁義是「內」在，不是「外」在。依此理路推展，將會引導至一個結論：因為人有他說的四種「心」，人都必然都是「善」的。然而他無法否認告子在其第二、三兩點提出的實例，所以他作了一個轉折說「惻隱之心，仁之端也；羞惡之心，義之端也；辭讓之心，禮之端也；是非之心，智之端

也」——人並不是生來就知道仁、義、禮、智；而只在內心存有仁、義、禮、智之「端」[萌芽]。它們或許可以說是一種粗略，原始的觀感，雖然猶如人之有「四體[肢]」，但是如果不加以適當地鍛鍊，仍不能致用，所以他又說「凡有四端於我者，皆知擴而充之矣，若火之始燃，泉之始達」，就可以充份地領悟、遵行仁、義、禮、智的美德而得到極善的成果。〈公孫丑上〉這句話有語病，即使不問何以証明有四端，怎麼又斷言人「皆知」擴而充之？不過這不是孟子此語的要點，他的要點是如果不好好的加以「擴充」，則會像芽苗一樣萎縮；如果遇到了不良的環境或外力的摧殘，更將變成畸形，不僅自趨滅亡甚至危害他人。這一點是顯而易見的，他卻費了許多口舌對說「富歲，子弟多賴[懶]；凶歲，子弟多暴。非天之降才爾殊也，其所以陷溺其心者然也。今夫麰麥，播種而耰之，其地同，樹之時又同，浡然而生，至於日至之時，皆熟矣。雖有不同，則地有肥磽，雨露之養，人事之不齊也。」此外他又用了一個比喻申述其意：

牛山之木嘗美矣，以其郊於大國也，斧斤伐之，可以為美乎？是其日夜之所息，雨露之所潤，非無萌蘗之生焉，牛羊又從而牧之，是以若彼濯濯也。人見其濯濯也，以為未嘗有材焉，此豈山之性也哉？雖存乎人者，豈無仁義之心哉？其所以放其良心者，亦猶斧斤之於木也，旦旦而伐之，可以為美乎？其日夜之所息，平旦之氣，其好惡與人相近也者幾希，則其旦晝之所為，有梏亡之矣。梏之反覆，則其夜氣不足以存；夜氣不足以存，則其違禽獸不遠矣。人見其禽獸也，而以為未嘗有才焉者，是豈人之情也哉？故苟得其養，無物不長；苟失其養，無物不消。孔子曰：操則存，舍則亡；出入無時，莫知其鄉。惟心之謂與？〈告子上〉

　　依照這個說法，人性可以因外在的因素而變，與告子提出的三個可能性相同。那麼為什麼孟子要堅持說「性善」？大約一則因為他深恨當時的暴行邪說，指為是世亂之源，又認定它完全出時君與士人，應由他們負完全責任，所以在理論上必需將一般人說成本性善良，然後申述剷除暴行邪說之必要。二則因為如果相信「性善」，在實踐上就比較容易實現「善」的後果——如果人性本善，雖然並不保證人都能變為善人，但因其內心已有善「端」，只要不去傷害它，將有害的因素（暴行邪說）去除，讓它能自然發展就行了；如果人性「無善無不善」，要使人向善，就需花比較多的工夫，先說明什麼是「善」，使人相信，然後一步一步促使人「向善」，並幫助他去除掉沿途的障礙；如果人「本性不善」，當然就更難以使其向善了。除了理論和實踐上的需要之外另一個可能是孟子強調性善也是對楊、墨的反應。楊朱主張「為我」，墨翟說人在沒有政教之前是「一人一義」，其前提似乎都是自大自私。這是孟子不能接受的。

　　孟子「性善」之說雖然不周全妥當，但是如果不去詰究其細節而從大處去看，可以發現他所注意的是一些極為基本的問題：人為什麼有異於其他生物而過着一種特殊的生活——人有什麼特性？因為人有了其特別的「人性」，人「能夠」並「應該」如何生存？告子等人也見到了這些問題的重要性，所以認真地參加了討論。其後荀子、商、韓等人都將人和所處的環境結合起來，細加研析，各有所見，用作了他們各別理論的基礎。

▐ 誤解 ▐

　　除了邪說、繆見，孟子還發現許多人對於當時流傳的若干有關儒家先聖的故事頗多誤解，因而感到迷惘。此外又有若干被不少人認

為值得信奉的觀念和仿效的行為與儒家的主張相悖，使得他們懷疑那些主張。他以孔子的私淑弟子自居，捍衛儒家思想為己任，覺得對於這些誤解應該加以釐清和糾正。

先說關於儒家的理論。儒家認為人際關係應該有親疏、上下之別，各人應該遵循相對的規範，如父慈子孝，君尊臣卑。楊朱「為我」，墨翟「兼愛」，便是對這些基本信念和主張的挑戰。孟子之時，人們也覺得有些儒家先聖的言行與此規範不合。在〈萬章〉裏孟子借了他與弟子的對話，極力對此種看法加以辯答。首先，弟子萬章問孟子為什麼傳說舜曾在田野裏向天號泣？孟子說因為他愛父母卻得不到他們的愛。萬章說為人子的應該「父母愛之，喜而不忘；父母惡之，勞而不怨」，舜心裏有怨懟嗎？孟子說一般人少年時希望得到父母的愛，及長就希望得到少女、妻子的愛，出仕之後就想得到君主的愛；舜卻不然，堯為天子，使其九個兒子、兩個女兒以及百官去聽命於舜，將國家的倉廩、牛羊都托付於舜，並且準備將帝位禪讓於舜，然而舜仍舊因為不得父母的愛而抑鬱於心，終身希求父母的愛，這是真正的大孝。

萬章又問《詩》裏說「娶妻如之何？必告父母。」舜既為大孝，應該信奉這個準則，但是他卻不告而娶了堯的兩個女兒，為什麼？孟子說男女成婚乃「人之大倫」，如果舜去稟告父母，而他們不答應，他就不能娶妻，因而「廢人之大倫，以懟父母」，這是更不好的，所以他沒有去稟告父母。萬章說堯也沒有事先告知舜的父母，就將女兒嫁給了舜。這是什麼道理（顯然萬章認為依照正常的禮節堯應該要告知）？孟子說堯也知道如果告知了，就不能將女兒嫁給舜了。孟子的意思是為了遵循一個較高的原則，有些細則是可以權宜處理的，只是沒有在此明說。此外，可以與舜為婚的女子應該很多，為什麼一定要悖父母之意而娶堯之二女？堯的女兒可嫁之人應該也不少，為什麼一

定要違反禮俗而委之於舜？萬章沒有追問，孟子也沒有解釋。

　　萬章又問舜的父親和後母以及他的異母弟象屢次想害死他。有一次象以為成功了，得意地說舜的牛羊、倉廩都歸父母，干戈、琴歸他，並且要使二位嫂子服侍他。說完了走到舜的居室，看見舜坐着彈琴，就忸怩地說很想念舜。舜說他正在思念百姓之事，你可以幫助我嗎？萬章問不知道舜是否清楚象要謀殺他。孟子說怎麼會不知呢？他對於象是極為悌愛的，「象憂亦憂，象喜亦喜」。萬章問那麼舜是在作偽嗎？孟子說「君子可欺以其方，難罔以非其道」。象假裝以愛兄之道來，舜就真誠地相信而喜，怎麼是作偽呢？

　　萬章又問象天天圖謀殺舜，舜成了天子卻僅僅放逐了象，為什麼？孟子說其實是給象一個封邑。萬章說舜「誅不仁」，將當時的四大凶犯共工、驩兜、三苗、鯀，都放逐或殺戮了，所以天下都信服他。象是極為不仁之人，而舜竟封他於有庳。有庳之人有什麼罪辜，要受到這種處分呢？對別的惡人加以誅戮，對自己的弟弟則給以封邑，仁人就可以這麼做嗎？孟子說仁人對自己的弟弟有怒不隱藏在心，有怨不蓄存很久，總是親愛相待，要使他富貴。舜封象於有庳就是要使他富貴。自己成了天子，弟弟卻仍是一個庶民，可以說是親愛他嗎？接着孟子又進一步解釋說天子派了官吏治理有庳，向中央政府納稅，進貢。象並沒有控制有庳，更不可能暴虐有庳人民，然而因為有庳之封，舜能能夠常常見到象。這才是舜的目的。

　　萬章又問「堯以天下與舜，有諸？」孟子說「否，天子不能以天下與人」。萬章問「然則舜有天下也，孰與之？」孟子說「天與之。」萬章說「天與之者，諄諄然命之乎？」孟子說「否，天不言，以行與事示之而已矣。」萬章問是怎樣做的呢？孟子說堯薦舜於天，暴〔曝〕之於民，「使之主祭，而百神享之，是天受之；使之主事，而事治，百姓安之，是民受之也」，所以說舜之得天下是「天與之，人與之」，

不是堯給他的。此外孟子還舉了一個證據：舜相堯二十有八載，非人之所能為也，天也。堯崩，三年之喪畢，舜避堯之子於南河之南，天下諸侯朝覲者、訟獄者，都不之堯之子而之舜；天下謳歌者，不謳歌堯之子而謳歌舜。所以說這是天意，是天與之，民與之。如果舜於堯崩之後，「居堯之宮，逼堯之子」，那就是篡奪了。

關於統治者地位的傳遞，還有一個問題。萬章問「人有言，至於禹而德衰，不傳於賢，而傳於子。有諸？」夏禹也是儒家的一個典範，所以孟子也加以捍衛說「否，不然也。天與賢則與賢，天與子則與子……禹薦益於天，七年。禹崩，三年之喪畢，益避禹之子於箕山之陰。朝覲、訟獄者不之益而之啟，曰，吾君之子也……丹朱 [堯之子] 不肖，舜之子亦不肖。舜之相堯，禹之相舜也，歷年多，施澤於民久，啟賢，能敬承繼禹之道。益之相禹也，歷年少，施澤於民未久。舜、禹、益相去久遠，其子之賢不肖，皆天也，非人之所能為也。」

依照儒家的倫理君臣父子之間有一定的上下關係。孟子的另一位弟子咸丘蒙問舜受禪為天子之後，南面而立，堯率領了諸侯北面而朝之，舜父瞽瞍也北面而朝之，因而孔子說那時侯的天下很是危險。孟子說這不是孔子的話而是齊東野人說的。依據《尚書》〈堯典〉，舜相堯二十八年之後，堯才崩殂。孔子說「天無二日，民無二王」，如果在此之前舜已立為天子，又率領了天下之人為堯服三年之喪，那是同時有兩個天子。孔子絕不會認可的。

咸丘蒙又問，《詩》裏說「普天之下莫非王土，率土之濱莫非王臣」。舜成了王，而瞽瞍卻不是臣，那是怎麼回事呢？孟子說那句詩所說的不是王與臣的關係而是說有一個人因為忙於王事而不能奉養父母，所以嘆道全天下都是國王的土地，全天下都是國王的臣民，為什麼我要這麼特別的勞苦呢？所以說論述詩句不可以表面的幾個文字，

損害了全句的意義；不能以一句的意義，損害了全詩的精神。說到孝親，最重要的是尊親，尊親之至，莫過於以天下奉養。舜為天子，恭敬小心地以天下養瞽叟，這是最大的孝。瞽叟為天子之父，還有比這更尊貴的嗎？

象屢次謀殺舜不遂，舜為天子封象於有庳，是為了親親；如果瞽叟殺了人，該怎麼辦？這是孟子的弟子桃應追問的。孟子說該拘捕他。桃應說舜不會禁止嗎？孟子說舜怎麼能禁止呢？瞽叟是自作自受啊。桃應說然後舜怎麼辦？孟子說舜將偷偷地背起瞽叟逃到海邊住下，終身快樂，忘記了曾為天子，因為他將丟棄天下看得像丟棄一雙破鞋一樣。〈盡心上〉

孔子的行為也受到一些人的質疑。他在魯國為司寇，未受信任；有一次跟隨君主大臣去祭祀天地，其後未見祭肉送來。他就沒有脫掉祭祀時戴的冠冕匆匆地離開了魯國。不了解他的人以為他是因為沒有分享到祭肉；了解他的人以為他是因為魯國君臣的無禮。孟子認為孔子故意做得像是不合禮地離去，因而讓自己背了一點細小的罪名，以免歸責於魯國政府，這種做法非同尋常。所以孟子說「君子之所為，眾人固不識也。」〈告子下〉

事實上孟子自己的行為也受到人們的誤解。他自許極高，不僅要言距楊、墨，繼承先聖，並且聲稱「如欲平治天下，當今之世，舍我其誰？」所以他周遊梁、齊、宋、薛、鄒、滕、魯諸國，都希望能取得官職，舒展其抱負。時人周霄見他熙熙惶惶，問他古時的君子也這麼求仕嗎？他說孔子三月無君，則皇皇如也。但是求仕要遵循道義，就像人都想要成家，但是不可以鑽洞偷看，翻牆幽會。「古之人未嘗不欲仕也，又惡不由其道」。〈滕文公下〉

什麼是求仕、任官之道？孟子到了一國卻不主動去求見國君。公孫丑問他「不見諸侯，何義？」他說一個人還沒有成為一位君主的

臣下，就不該去求見。勉強去做，「脅肩諂笑」，「其色赧赧然」，不是君子可以忍受的。〈同上〉萬章也提出了同一問題。孟子說庶人沒有職位而去見君主是不合禮的。〈萬章下〉

如果士人不去求見，君主是否可以召見呢？孟子說不可。君主可以召庶人去為國家服勞役，因為這是合乎道義的；也可以召職官，因為他們的職務就是為他服役。所以庶人無不從義而往役；孔子在魯任職，「君命召，不俟駕而行」。但是君主之召即使合乎義理，仍須依照一定的規矩去做，例如召庶人、有職之士、大夫，要用不同的旗幟，用錯了，被召之士可以不奉召。〈同上〉

可能因為孟子提到了那些形式細節，他的弟子說因而不見諸侯「宜若小然」，[氣度好像很小]倘若一見國君，大則可使之王，小則可使為霸，才是真正重要。古書裏就曾說「枉尺而直尋，宜若可為也」，[在小處委屈一點，在大處取得成就，應該是可以做的]孟子聽了大為不滿，舉了一些實例說明君臣行事不依規矩，必定難有好的結果。至於「枉尺而直尋」是指謀利而言。「如以利，則枉尋直尺而利，亦可為與？」如果士人不能守道，枉己而從人，更不可行，因為「枉己者，未有能直人者也」。〈滕文公下〉

孟子與萬章談同一個問題時更進一步反問君主為什麼要見士人？萬章說因為這位士人多聞而賢。孟子說「為其多聞也，則天子不召師，而況諸侯乎？為其賢也，則吾未聞欲見賢而召之也。」〈萬章下〉

孟子到一個邦國都由該國的大臣接待並為之譽揚。大約在齊國時因而成了齊國的貴賓「稷下先生」之一，雖未任職，但是受到了齊宣王的禮遇，究竟應如何相見，成了一個問題。〈公孫丑下〉對此有一段精彩的記錄：

孟子將朝王，王使人來曰：「寡人如就見者也，有寒

疾，不可以風。朝，將視朝，不識可使寡人得見乎？」對
曰：「不幸而有疾，不能造朝。」明日，出弔於東郭氏，公
孫丑曰：「昔者辭以病，今日弔，或者不可乎！」[孟子]曰：
「昔者疾，今日愈，如之何不弔？」王使人問疾，醫來。孟
仲子對曰：「昔者有王命，有采薪之憂［小病］，不能造朝。
今病小愈，趨造於朝，我不識能至否乎。」使數人要於路，
曰：「請必無歸，而造於朝！」

　　[孟子]不得已而之景丑氏宿焉。景子曰：「內則父子，
外則君臣，人之大倫也。父子主恩，君臣主敬。丑見王之
敬子也，未見所以敬王也。[孟子]曰：「惡！是何言也！
齊人無以仁義與王言者，豈以仁義為不美也？其心曰是何
足與言仁義也云爾，則不敬莫大乎是。我非堯舜之道，不
敢以陳於王前，故齊人莫如我敬王也。」景子曰：「否，非
此之謂也。禮曰父召，無諾；君命召，不俟駕。固將朝也，
聞王命而遂不果，宜與夫禮若不相似然。」[孟子]曰：「豈
謂是與？曾子曰：晉、楚之富，不可及也。彼以其富，我
以吾仁；彼以其爵，我以吾義，吾何慊乎哉？

　　夫豈不義而曾子言之？是或一道也。天下有達尊三：
爵一，齒一，德一。朝廷莫如爵，鄉黨莫如齒，輔世長民
莫如德。惡得有其一，以慢其二哉？故將大有為之君，必
有所不召之臣。欲有謀焉，則就之。其尊德樂道，不如是
不足與有為也。故湯之於伊尹，學焉而後臣之，故不勞而
王；桓公之於管仲，學焉而後臣之，故不勞而霸。今天下
地醜德齊，莫能相尚，無他，好臣其所教，而不好臣其所
受教。湯之於伊尹，桓公之於管仲，則不敢召。管仲且猶
不可召，而況不為管仲者乎？」

　　這一段裏明言孟子「將朝王」，然後說「不幸而有疾，不能造朝」。他給景丑氏的一套說詞固然不無道理，但是他為什麼不直接對齊宣王說？類似的情形還有兩個例子：孟子在齊國為客卿時，奉命去弔滕文公之喪，齊王又命權臣蓋縣大夫王驩為副使。來回齊、滕之間相當長的旅程中，二人朝暮相見，孟子沒有與王驩講過一句話。公孫丑問為什麼。孟子說王驩「既或治之〔將事情都攬在身上自己去做了〕，予何言哉？」〈公孫丑下〉另一次王驩去弔齊大夫公行子長子之喪，到了喪所，許多人都來與他寒喧，只有孟子不和他講話。他很不高興，說孟子輕視他。的確孟子不屑理他，因為在前後兩次的情況裏王驩的專橫和炫耀都是不合道理的。〈離婁下〉孟子沒有當面加以教訓，但是在〈告子下〉裏他說「教亦多術矣。予不屑之教誨也者，是亦教誨之而已矣。」。大約他想到孔子不教孺悲的作為吧。

　　孟子並不一概輕視當時的掌權者，事實上他因接受他們的饋贈，能夠「後車數十乘，從者數百人，以傳食於諸侯」。弟子彭更問他這不是太過分了嗎？他說如果不合道義，一筐飯也不該受於人；如果合乎道義，舜受堯禪讓了天下，也不以為過分。你以為我過分嗎？彭更說士人沒有做什麼事而得食是不可以的。孟子說農夫、織女、木工、車匠都以其生產所餘相交換而得食，現在有人在此，「入則孝，出則悌，守先王之道以待後之學者」，卻不能得食。為什麼你「尊梓、匠、輪、輿，而輕為仁義者哉？」〈滕文公下〉

　　但是孟子接受諸侯的饋贈不是無條件的。他在齊國起先與其他「稷下先生」一樣，作為賓客，受齊宣王仍粟帛之饋。後來被任為卿，但並無實職。齊宣王表示要給以十萬鍾之祿的采邑，他沒有接受。後來因為齊宣王不聽其言，他準備離齊，齊宣王說他想在國中為他造一所屋宇，給以萬鍾之祿，讓他長留於齊，「使諸大夫、國人皆有所矜式」。孟子聽了說假使他想要致富，此前辭去了十萬的俸祿，

現在卻接受一萬的賞賜，有這樣謀富的嗎？人沒有不想富貴的，但是倘若不依規矩去做，就像市場裏的一個卑賤的人，站到一個高處，東張西望，一心想將所有的利益全部壟斷〔獨佔〕，結果使人們都鄙棄他。孟子會這麼做嗎？公孫丑問「仕而不受祿，古之道乎？」孟子說不是的，他之不受祿因為起先見到齊宣王，覺得他不能成事，就有了離齊之意，後來因為齊國有戰事，不能辭去，然而長久留在齊國，不是他的心願。〈公孫丑下〉

　　孟子不僅不為了圖利而不受祿，他甚至對於一時的饋贈，也不一概接受。他離齊之時齊王贈送他一百鎰〔二千兩〕上等的黃金，他沒有接受；到了宋國卻接受了七十鎰；到了薛縣〔齊宣王庶弟靖郭君田嬰封邑〕又受了五十鎰。弟子陳臻問這是為什麼。孟子說宋君知道他將有遠行，送了旅費；薛公知道他沿途可能遇到危險，送了戒備費，都合乎情理。他在齊國並無作為，齊王送的黃金「是貨〔買〕之也。焉有君子而可以貨取乎？」〈公孫丑下〉

　　孟子舉了許多例子，用了許多話，為的是要說明儒家的思想和先聖們以及自己的行為的正確性，當時之人的懷疑都出於誤解，應該糾正。

　　除了楊、墨的「邪說」和一些人對儒家思想的誤解之外，孟子認為還有若干人的獨特言行也不妥當，對一般不加深思的人產生了不良的影響，所以應該予以駁斥。其中之一是許行的「神農之言」。〈滕文公上〉裏說許行自楚至滕，批評滕文公雖賢而「未聞道」，沒有能「與民並耕而食，饔飧〔自炊〕而治」，仍然有倉廩府庫，是「厲民而以自養」。陳相仰慕許行，盡棄其學而從之，並將其說告訴孟子。孟子問許行穿的衣服、戴的帽子、用的器具都是自己製造的嗎？陳相說許行要耕作，沒有辦法都自己去做，而是用收穫的穀類去與陶工、鐵工等人交換，因為「百工之事固不可耕且為也」。孟子說「然則治天下

獨可耕且為與？一人之身，而百工之所為備，如必自為而後用之，是率天下而路也 [奔走於路從事交易]，故曰或勞心或勞力；勞心者治人，勞力者治於人；治於人者食 [供養] 人，治人者食於人，天下之通義也」。然後他指出古代聖王皆竭盡心智，教導人民謀生處世，不可能有時間去耕作。最後他點明陳相原在中國學周公、孔子之道，現在卻背棄了它去改學南夷許行之說，猶如「下喬木而入於幽谷」。陳相另外提出一點說許行之道各人依其所長而生產，然後以物易物則「市賈不貳，國中無偽……布帛長短同，則賈相若……屨大小同，則賈相若」。孟子斥道「夫物之不齊，物之情 [質與量] 也……巨 [粗] 屨小 [細] 屨同賈，人豈為之哉？從許子之道，相率而為偽者也，惡能治國家？」

《孟子》記錄了以上兩點，指出農家之說的簡陋。因為許行質疑了儒家的理論和主張，使孟子用了甚為鄙薄的語氣稱他為「南蠻鴃舌之人」，又因陳相學於儒者數十年，「師死而遂倍 [背] 之」，及斥之為「不善變 [去善趨惡]」。〈滕文公上〉

然而重農思想非僅出於戰國之時，而是古來一向有的，所以公孫丑又問「《詩》曰不素餐兮。君子之不耕而食，何也？」孟子說「君子居是國也，其君用之，則安富尊榮；其子弟從之，則孝悌忠信。不素餐兮，孰大於是？」〈盡心上〉換句話說，對於社會的貢獻不限於農業生產，治國教民更值得受到報償。這就是孟子所謂的「食功 [因功績而得酬]」。〈滕文公下〉

另一位受到孟子苛評的人是陳仲子。齊人匡章對孟子說「陳仲子豈不誠廉士哉？居於陵，三日不食，耳無聞，目無見也。井上有李，螬食實者過半矣，將食之，三咽，然後耳有聞，目有見。」孟子說在齊國的士人中，陳仲子可以說是一號大人物了，但是怎麼能說他

廉潔？他出身齊國世家，兄長是國卿，有萬鍾的采邑。[5]他認為那是不義之祿，不願意分享，又認為乃兄的房屋是不義之室，所以避兄離母，到於陵去住。他所居之室，是伯夷那麼清廉之人造的嗎？或者可能是盜跖那樣貪婪之人造的呢？他所吃的糧食是伯夷那樣的人種的嗎？或者可能是盜跖那樣的人種的呢？匡章說那有什麼關係？他的住處和食糧都是用他編的草鞋或他妻子績的麻布去交易而得的。孟子說那麼，要充分地保持陳仲子的操守，他必須生活得像「上食槁壤，下飲黃泉」的蚯蚓才行。孟子的意思說蚯蚓完全不需依賴他人，而他人的廉潔與否則非陳仲子所能知，倘若他去與盜跖那樣的人做交易，能夠算是廉潔嗎？此外他又說有一天陳仲子回到老家，有人送一隻鵝給他兄長，他顯然認為是一項賄賂，就皺着眉頭說要這種呃呃叫的東而做什麼？另一天他回家，他母親殺了這鵝給他吃。他吃了，正好乃兄從外面回來，說這就是那呃呃叫的東西。他聽了就走出門嘔了出來。孟子又強調一次說要充分保持這種做法，陳仲子必須活得像蚯蚓一樣才行。因為他不知道妻子給他吃的食物是從怎樣的人那裏交易來的。

戰國時多數人的心胸裏塞滿了勢、利之念，行動時便趨炎附勢，爭權奪利。陳仲子於勢利隨手可得，而能一概擯棄，實在非同小可。孟子將他說得不如蚯蚓，未免過分。為什麼他如此苛求？因為陳仲子矯揉造作，但又做得不夠徹底；更重要的是為了表示一己的廉潔，背離了母兄，違悖了做人子、弟的正當德行。子路對荷蓧丈人說「欲潔其身，而亂大倫」，乃儒家所不屑為，而且也不是一種亂世求治的適當有效的想法和做法。為了闡明此點，孟子又說人們都相信假如不合道義地將齊國給予陳仲子，他不會接受，所以值得尊敬。但

5　古時「陳」、「田」同音，陳仲子即田仲子。田氏祖上為陳國公族，後避難入齊，歷任上卿，終篡齊。

是孟子不以為然，因為人的大倫在乎維繫親戚、君臣、上下的關係，進而平治天下。陳仲子沒有一點為國家、人民盡力的心意，他不受齊國，就像捨棄一筐飯、一碗湯。人們怎麼可以因為他有小節而相信他為大賢，可以有益於齊？〈盡心上〉

匡章自己是一個受爭議的人物。孟子弟子公都子問「匡章，通國皆稱不孝焉。夫子與之遊，又從而禮貌之。敢問何也？」孟子說世人所謂不孝是指不顧父母之養，行為不檢以致貽辱，甚至危害父母。匡章無一於此，而只是與父親爭執善惡是非，以致不相得。父子之間有了這種爭執，就妨害了恩情，這是不對的。匡章不得親近父親，就出妻屏子，以示懺悔，所以不能說是不孝。〈離婁下〉

齊國人都很崇敬管仲和晏嬰。孟子也不以為然。公孫丑問孟子「夫子當路於齊，管仲、晏子之功可復許乎？」孟子說「子誠齊人也，知管仲、晏子而已矣」，然後說曾西 [孔子弟子曾參之子] 批評管仲「得君如彼其專也，行乎國政如彼其久也，功烈如彼其卑也」。公孫丑說「管仲以其君霸，晏子以其君顯。管仲、晏子猶不足為與？」孟子說「以齊王，猶反手也」。〈公孫丑上〉

孟子之時七國爭雄，任何一國想「王天下」皆屬難事，何況齊國並未最佔優勢，說它可以輕易為之，當然十分誇張。孟子的真意在於貶斥管仲只注重富強，而以力服人，僅使齊國成一時之霸，而開百年之爭。儒家的理想不僅要統一天下，並且要以「王道」為之，所以管仲那種狹小的目光和成績，不值得讚揚。

孟子以上諸說雖似持之有故，但是未完全言之成理，其中重要數點已略分析如上，其他還有不少可議之處，可見其「好辯」，他自己說是「不得已」，其目的是在建立其救世之道，用心不惡。

▌ 治平之道 ▌

　　孟子便是在答覆了關於「人性」的問題，並且駁斥了相關的若干的「邪說」、繆見，去除了若干誤解，將人們的觀念豁清之後，提出了他認為人能夠並應該如何修身、處世，甚至治理國家、天下的辦法。

修身

　　人生在世該如何修身自立，如何與他人以及世間萬物相處？孟子以前的思想家都認為要遵循一套外在的準則，如孔子所說的由先世聖賢建立的規範、老子的「真聖」所指引的「道」、墨子想像的「天志」、莊子描述的自然律。孟子不以為然，而強調只要各人探索內心，就可以發現與生俱來的「善性」。一切修身處世的規範都出於此，它們是潛存在內的，不是從外加上去的。

　　「善性」如何導人修身？孟子說人有「是非之心」可以判別應為不應為。就個人而言，他說人「體有貴賤，有大小」，而以「一指」與「肩背」相比，說明體之大小。他又以不能思考，只能接受外來印象的「耳目之官」為「小體」，以可以思考而得道理的「心之官」為「大體」，進而說「養其小者為小人，養其大者為大人」，又說「從其大體為大人，從其小體為小人。」〈告子上〉

　　孟子無疑希望人，尤其是士人，都成為「大人」。如何成為「大人」？他認為應該養其心思，不可只養其軀體。堂高數仞，食前方丈，都是「大人」所不應該追求的。什麼是應該追求的？孟子認為就個人而言，應該是如何使自己先成為一個正直的人。什麼是「正」？孟子沒有直接的解釋，但是顯然認為人人都能直覺地了解正與不正，所以說「存乎人者，莫良於眸子。眸子不能掩其惡。胸中正，則眸子

瞭焉；胸中不正，則眸子眊焉。聽其言也，觀其眸子，人焉廋〔隱藏〕哉？」〈離婁上〉許多時候孟子所說的「正」與「義」相關。「義」有正當之意。孟子說「義」出於「羞惡之心」。人為什麼羞惡某些事物？因為它們不為常人所認可。孟子說「心之所同然者何也？謂理也，義也」。〈告子上〉所以「義」與「理」一樣，都是人們共同認為是合情理的，正當的；不合情理的，不為人們認可的，就是不正當的，「不義」的。

「不義」之事顯而易見，包括殺傷、盜竊、虐待、侮辱、剝削、奚落、欺騙、蒙蔽、誤導、陷害、壓迫等等方式去傷害他人以及奪取不當之利。不做這些事，只是消極地不讓自己成為「小人」或惡人；要成為「大人」還需進一步積極地思考重大的問題，培養恢宏的氣概，追求高遠的目標。孟子認為當時最重大的問題是亂，致亂之因包括人人唯利是圖，統治者的暴行以及知識分子的邪說。他認為高遠的目標是堯、舜、禹、湯、文、武、周公、孔子的理想世界。為了消除這些亂因，追求這些理想，他強調要培養一種「浩然之氣」。據他說「其為氣也，至大至剛，以直養而無害，則塞於天地之間。其為氣也，配義與道；無是，餒也。是集義所生者，非義襲而取之也。行有不慊於心，則餒矣。」〈公孫丑上〉簡而言之，「氣」是一種力量。人們常將它與「勇」結合而稱之為「勇氣」。勇氣有多種表現的方式，孟子舉了兩個例子：一為北宮黝之勇：「不膚撓，不目逃，思以一毫挫於人，若撻之於市朝；不受於褐寬博〔穿著粗衣的微賤之人〕，亦不受於萬乘之君；視刺萬乘之君若刺褐夫；無嚴諸侯，惡聲至必反之」。二為孟施捨之勇：「視不勝猶勝也。量敵而後進，慮勝而後會，是畏三軍者也。舍豈能為必勝哉？能無懼而已矣。」這兩種「勇」那一種比較好？孟子引了曾子的話說「吾嘗聞大勇於夫子〔孔子？〕矣：自反而不縮〔直〕，雖褐寬博，吾不惴〔敵〕焉；自反而縮，雖千萬人吾往矣」。〈公

孫丑上〉孟子當然以「大勇」為是，因為這種勇氣並不是直覺、盲目的強烈反應，而是經過慎審考慮後所產生合乎道義的一種動力。想要消除亂因，追尋理想的人一定要有這種勇氣才行。這種「氣」一定要不斷地以正道加以培養，要「勿忘，勿助長」。其間「助長」的為害尤甚，為此孟子造了一個「揠苗助長」的故事，〈同上〉是大家熟知的。

　　孟子說有了高遠的目標、恢宏氣度的人，不僅是「大人」而且是「大丈夫」，他將「居天下之廣居，立天下之正位，行天下之大道。得志與民由之；不得志獨行其道。富貴不能淫，貧賤不能移，威武不能屈。」〈滕文公下〉這就是個人修己的終極典範。公孫丑說這樣的道或志向「高矣，美矣。宜若登天然，似不可及也。」〈盡心上〉孟子說「羿之教人射，必志於彀。學者亦必志於彀。」〈告子上〉人立志一定要高，然後盡力去達到，切不可妄自菲薄地說「吾身不能居仁由義」。這是「自棄」，〈離婁上〉因為人既然都有善性，就都可以為仁義之行，都有成為「大人」，「大丈夫」的可能。所以他引了顏淵的話說「舜，何人也？予，何人也？有為者亦若是。」〈滕文公上〉又說「舜，人也；我，亦人也。」〈離婁下〉顏淵是大賢，孟子自己也不多讓，或許都可以做到像舜一樣，但是他又進一步說一般人也都可以做到。曹交問他「人皆可以為堯、舜，有諸？」他說「然。」曹交問「如何則可？」他說有什麼困難呢？只要努力去做就好了。烏獲能舉百鈞之重，就是鍛煉出來的。一般人說不能勝任妨效聖賢，其實只是不去做而已。為此他又用了一個比喻來說明：「徐行後長者謂之弟，疾行先長者謂之不弟。夫徐行者，豈人所不能哉？所不為也。」然後說「堯、舜之道，孝弟而已矣。子服堯之服，誦堯之言，行堯之行，是堯而已矣。」〈告子下〉他這的話固然似乎將事情說得太簡單了一些。事實上他承認做一個值得尊重的人，需要很大努力，所以說「天將降大任於是人也，必先苦其心志，勞其筋骨，餓其體膚，空乏其身，行拂亂其所為，所以動心

忍性，曾益其所不能。人恆過，然後能改；困於心，衡於慮，而後作。」〈告子下〉。

處世

　　人在完成修己之後才能妥善地處世——與他人及萬物相處。依照孟子的說法其道也不困難，只要將個人的善性，特別是其惻隱同情之心，推廣出去就行了——最先做到親親，其次做到敬老、禮賢、貴貴，交友，最後至於仁民，愛物。

　　親親是自然的。孟子說「孩提之童，無不知愛其親者。」〈盡心上〉但是如何愛，仍有講究。他似乎認為親子之間的愛是無條件的，所以盛讚舜之大孝，說雖然瞽瞍屢次企圖加害，舜依然慕之，甚至假設瞽瞍殺人之後，舜還拋棄了王位，入獄負之逃至海濱，終身奉侍他。齊國人皆稱匡章不孝，孟子卻不以為然，說他世俗所謂不孝者多指不顧父母之養，或者從欲、好鬥而致遺禍父母。匡章無一於此，只因他與父親「責善」。[6]〈離婁下〉孟子說「責善」是朋友相處之道，父子之間是不可以以善相責的，所以君子不教子，因為「勢不行也。教者必以正；以正不行，繼之以怒；繼之以怒，則反夷〔傷〕矣。〔子或曰〕夫子教我以正，夫子未出於正也。則是父子相夷也。父子相夷則惡矣。古者易子而教之。父子之間不責善。責善則離，離則不祥莫大焉。」〈離婁上〉可見孟子強調親親應當是絕對的。此點似與孔子所說的「事父母，幾諫」《論語》〈里仁〉有異。

　　但是如何表達對親人（尤其是父母）的愛，也該講究。孟子說「曾子養曾晳，必有酒肉；將徹，必請所與；問有餘，必曰有。曾晳

6　《戰國策》〈齊策〉裏說匡章之母得罪其父，其父殺之，埋於馬棧之下。匡章似曾勸其父不為已甚，而父不聽。匡章遂不得近父。

死，曾元養曾子，必有酒肉；將徹，不請所與；問有餘，曰亡矣。將復以進也。此所謂養口體者也。若曾子，則可謂養志也。事親若曾子者，可也。」〈離婁上〉子夏問孝，孔子說「色難」，《論語》〈為政〉意義相近。

　　以上所說的只是子事父母之道，是「孝」。父母應如何待子女？常言道「父慈子孝」。瞽叟顯然不慈。孟子明知而不論，是一闕佚。

　　尊敬長者，並非易事。魯國的樂正子大約是孟子喜愛的學生，魯國將使之為政，孟子說「吾聞之，喜而不寐。」〈告子下〉但是當他自魯到齊來謁見時，孟子說「子亦來見我乎？」樂正子說「先生何為出此言也？」孟子問「子來幾日矣？」樂正子說「昔者。」孟子說「昔者，則我出此言也，不亦宜乎？」樂正子說「舍館未定。」孟子說「子聞之也，舍館定，然後求見長者乎？」樂正子說「克有罪。」〈離婁上〉

　　孟子去齊，有人想要為齊王輓留他而來得稍晚，孟子靠臥在几上不予理會。來人說「弟子齊〔齋〕宿而後敢言，夫子臥而不聽，請勿復敢見矣。」孟子說「坐！我明語子。昔者魯繆公無人乎子思之側，則不能安子思；泄柳、申詳無人乎繆公之側，則不能安其身〔魯繆公派人照顧子思，才能留住子思。泄柳、申詳等人則因有人在繆公之側加以維護，才能安心在魯。〕子為長者慮，而不及子思〔沒有像侍子思那樣加以維護〕；子絕長者乎？長者絕子乎？」〈公孫丑下〉所以尊敬長老不僅要合乎禮儀，而且要為長者計謀、維護，當然是要十分用心的。

　　禮遇賢人更要小心。孟子說世有達尊者三：「爵一、齒一、德一。」〈公孫丑下〉賢人是有德有智之人，普通人見之，自然會加以敬禮；掌握權勢之輩則需特別注意，因為他們所有的不過是爵位、權勢，而賢者不僅有德而且可能年長，更重要的是賢士「樂其道而忘人之勢」。他們既不趨勢，權勢者「不致敬盡禮」，就不能與之接近，〈盡心上〉所以賢君要「恭儉禮下」。〈滕文公上〉最知此道的莫過於堯。堯知舜賢，「使其子九男事之，二女女焉，百官午羊倉廩備，以養舜於畎

畝之中。」〈萬章下〉晉平公知亥唐賢，有事去向他請教，他說進，平公就進；他說坐，平公就坐；他說吃，平公就吃，雖然只有粗食菜湯，也不曾不吃飽。但是平公只做到如此而已，並沒有給以官職，共同治理政事，一起分享功勞。所以平公只以一般士人相處之禮待亥唐，並沒有真正以待賢士之道待之。再次的是魯繆公之待子思。他沒有重用子思，卻「亟問，亟餽鼎肉」。孟子說「子思不悅，於卒也 [終於] 標 [拒] 使者出諸大門之外，北面稽首再拜而不受，曰今而後知君之犬馬畜伋。蓋自是臺 [始] 無餽也。」萬章問「敢問國君欲養君子，如何斯可謂養矣？」孟子說「以君命將之 [第一次送來]，再拜稽首而受。其後廩人繼粟 [繼續送粟來]，庖人繼肉，不以君命將之。子思以為鼎肉使己僕僕爾亟拜也 [頻頻拜謝] 非養君子之道也。」〈萬章下〉更差的是齊宣王，他假稱有疾，召孟子上朝來晉見。孟子也推說有疾不奉召，說如果因人賢而欲見之，「則天子不召師，而況諸侯乎？」〈萬章下〉「故將大有為之君，必有聽不召之臣。欲有謀焉則就之。其尊德樂道，不如是不足與有為也。」〈公孫丑下〉再下一等的是滕更。他是滕君之弟，有賢名，從學於孟子，但是孟子不答所問。公都子問為什麼。孟子說「挾貴而問，挾賢而問，挾長而問，挾有勳勞而問，挾故而問，皆所不答也。滕更有二 [挾貴、挾賢] 焉。」〈盡心上〉

　　貴貴不是一種自然的行為，因為一般所謂貴指的是擁有權威（特別是政治勢力）的人，他們的地位雖然也可能來自對於社會的貢獻，但是大多出於計謀武力或源於他人的餘蔭，並無內在必然值得尊重之處。如果某一權威者確有可貴之處，當然應該給以尊重，否則貴貴便是因為形勢所迫勉強的行為，所以貴賤之間的關係是相對的，不穩定的。對於此點古來就有許多闡述，孟子則說得格外透徹。他的名言是「君之視臣如手足，則臣視君如腹心；君之視臣如犬馬，則臣視君如國人；君之視臣如土芥，則臣視君如寇讎。」〈離婁下〉此外他樂道湯、

武革命，伊尹流放太甲，說君有大過，反覆諫之而不聽，貴戚之卿可以使之「易位」，異姓之卿可以去國，〈萬章下〉都在說明此理。

人際關係很普通卻又很複雜的是相與為友。人大多以聲氣相近而為友，但是雙方的背境也很有關係。一般而言，社會地位高下懸殊的人不易為友，特別是在高位之人，要記得孟子說的「友也者，友其德也」，不可以「挾長」、「挾貴」、「挾兄弟〔有權勢的親戚〕」，而去與人為友。魯繆公想與子思為友，問「古千乘之國以友士，何如？」子思不悅，說古人只說國君應該以士為師，未曾說過與士為友。孟子推釋其意說「子思之不悅也，豈不曰以位，則子，君也；我，臣也。何敢與君友也？以德，則子事我者也，奚可以與我友？」〈萬章下〉。如果處於高位之人有誠意與士為友，就應該去其權勢，站在平等的地位相交，如晉平公之與亥唐。在這一點上做得最好的是堯。他雖將二女嫁與舜，並使其九子與舜共事，但是當他與舜相見之時，各處其室，「迭為賓主」。這是「是天子而友匹夫」的典範。〈萬章下〉

朋友相處既是「友其德」便應該「責善」，這是「朋友之道」。〈離婁下〉朋友之道還有一點是重信。孟子問齊宣王「王之臣有託其妻子於其友而之楚遊者。比其反也，則凍餒其妻子，則如之何？」王曰「棄之。」〈梁惠王下〉孟子顯然同意。

人能妥善地親親、敬老、禮賢、貴貴，交友，進而推之便能至於仁民，愛物了。「仁民」基於「老吾老，以及人之老；幼吾幼，以及人之幼」；「愛物」基於「見其生，不忍見其死」，〈梁惠王上〉二者都是人的最基本的的善性——「怵惕惻隱」之心（「仁心」）——的表現。如能舉己之心而加諸於彼，孟子稱之為「推恩」，推至極廣，可以及於萬物。但是二者也有區別，孟子認為「仁」並不只是「愛」，所以他說「親親，仁也」，〈告子下〉、〈盡心上〉又說「君子之於物也，愛之而弗仁；於民也，仁之而弗親。親親而仁民，仁民而愛物」；〈盡心上〉

「堯、舜之仁不遍愛人，急親賢也」；〈同上〉「仁者以其所愛及其所不愛，不仁者以其所不愛及其所愛」〈盡心下〉可見在他看來「仁」的意義比「愛」稍狹，但是更深。它出於人對於其血親，尤其是子女對於父母的一種非常特殊的感情，與人對其他的人和萬物的感情有「質」的差別，所以他認為墨者夷之的「愛無差等，施由親始」〈滕文公上〉之說是錯誤的，人不可能「兼愛」眾人、萬物，只能將一般人都作為「人」看待；對物則以憐憫之情看待。

　　以上由孟子提出的修身處世的建議，是否能行，首先當然要對自己有信心，絕不可自暴自棄。孟子指出「人必自侮，然後人侮之……天作孽，猶可違；自作孽，不可活」。〈離婁上〉但是人雖自重，有些時候仍可能遇到外來的打擊。對於此一可能，孟子提出了一個對策：「君子以仁存心，以禮存心。仁者愛人，有禮者敬人……有人於此，其待我以橫逆，則君子必自反也：我必不仁也，必無禮也，此物奚宜至哉？其自反而仁矣，自反而有禮矣，其橫逆由是也，君子必自反也：我必不忠。自反而忠矣，其橫逆由是也，君子曰「此亦妄人也已矣。如此則與禽獸奚擇哉？於禽獸又何難焉？」〈離婁下〉修身處世能夠如此，可以說合乎情理了。所以孟子說這樣的人「無一朝之患」，不會為了一些微細的「橫逆」而苦惱。

　　遇到不順意之事能夠自反，如果發現自己有錯，能夠改過，當然是善莫大焉；如果發現錯不在己，將對方視為禽獸，不與計較，可以免於無謂之爭和一朝之患，也說得過去。但是孟子又說「患有所不辟也」，〈告子上〉可見他並不主張單純地躲避「橫逆」。他又說「自反而縮，雖千萬人吾往矣。」〈公孫丑上〉可見他認為自己正直無枉就該勇往直前，在關鍵之時甚至不惜「舍生而取義」。〈告子上〉這種想法比較更合乎他的氣概，因為他對是非之別十分堅持，而最鄙視那種認為道德有相對性，對於善惡含糊不明的人——這是儒家一貫的看法，孔

子將這種人稱為「鄉原」，是「德之賊」。〈盡心下〉

「鄉原」是被一鄉之人都認為是「原〔愿‧謹〕」之人。這種人批評孔子所謂的狂、狷之士說：狂放之人志大言誇而不能行；狷介之士孤高自賞而無作為；然後自陳其道說「生斯世也，為斯世也，善斯可矣。」這樣的人有何不是？孟子說他們都是「闇然媚於世也者……非之無舉也，刺之無刺也，同乎流俗，合乎污世，居之似忠信，行之似廉潔，眾皆說〔悅〕之，自以為是，而不可與入堯、舜之道，故曰德之賊也。孔子曰「惡似而非者。惡莠，恐其亂苗也；惡佞，恐其亂義也；惡利口，恐其亂信也……惡鄉原，恐其亂德也。」〈盡心下〉

所以個人修身應該循道守德，自反正直，應勇於進取，是為「狂」；不能行道，則卷而懷之，是為「狷」。二者都不是孔子所謂的「中道」，〈盡心下〉但是如果「不得中道而與之」，孔子認為狂狷還可以接受；絕對不可接受的是將自己變成「鄉原」，盜名欺世。孟子則要人修身處世不僅以可得免「一朝之患」為足，而要「有終生之憂」。什麼是終身之憂？他說「乃若所憂則有之：舜，人也；我，亦人也。舜為法於天下，可傳於後世；我由〔猶〕未免為鄉人也，是則可憂也。」〈離婁下〉

入仕

君子如何存「終生之憂」而「為法於天下」？古代的士人很少有繼承的資產，又不事農工生產或從商謀利，生活便很艱困，除了從事教育以外，另一條路是將其知識提供給政府，就是入仕。入仕並不容易，自身的條件及所用的方法與所求之目的都有關係。如果因為自身的條件不足或外在的情勢不適，士人就必需救貧，孟子曾說「仕非為貧也，而有時乎為貧。」為了救貧，當然無法多所希求，只要一個卑微的職務，將它做好，獲得一份薪資，免於飢寒就好了；勉強列於朝

廷而不能行道是可恥的。孟子說「為貧者，辭尊居卑，辭富居貧，惡乎宜乎？抱關擊柝 [守門打更]。孔子嘗為委吏矣，曰會計當而已矣。嘗為乘田 [管理畜牧] 矣，曰牛羊茁壯，長而已矣。位卑而言高，罪也；立乎人之本朝，而道不行，恥也。」〈萬章下〉

在正常的情形，有志之士求仕，當然都希望能舒展其抱負，所以不會甘於抱關擊柝，而要直接求知於國君。據說孔子「三月無君，則皇皇如也」，一般士人皆「三月無君則吊」。孟子認為這沒有什麼不對，但是他強調求仕之需雖切，仍需遵循一定的規矩。例如嫁娶，應該有父母之命、媒妁之言，不可不循正道私下「鑽穴隙相窺，踰牆相從。」〈滕文公下〉

什麼是士人不循正道而求仕的行為？萬章問：以前曾有傳說伊尹以烹飪之術求仕於湯，然否？孟子說「否，不然。伊尹耕於有莘之野，而樂堯、舜之道焉。非其義也，非其道也，祿之以天下，弗顧也……湯三使往聘之……吾聞其以堯、舜之道要湯，未聞以割烹也。」萬章又問：傳說百里奚屈身為僕，用了五張羊皮為禮物去求見秦穆公求職，[7] 然否？孟子說這是好事之徒捏造的話。百里奚是虞國賢大夫，秦滅虞得之，已年七十。穆公用之為相，大顯天下。「自鬻以成其君，鄉黨自好者不為，而謂賢者為之乎？」萬章又問：有人說孔子在衛國和齊國時都住在國君寵信的宦官家裏，想靠他們之助求仕，是真的嗎？孟子說這也是好事之徒捏造的話。孔子在衛住在顏讎由家。衛君寵臣彌子瑕與子路是連襟，對子路說如果孔子住在他家，他可以使孔子得到衛國卿相之位。孔子聽了說「有命 [得失在命，非自己所能左

7　《史記》〈秦本紀〉稱晉獻公滅虞，虜其大夫百里奚，以為秦繆公夫人 [晉女] 媵於秦，百里奚亡秦走宛。楚人執之。繆公聞百里奚賢，欲重贖之，恐楚人不與，乃使人謂楚曰：吾媵臣百里奚在焉，請以五羊皮贖之。楚人遂許與之……繆公釋其囚，與語國事……大說，授之國政，號曰「五羖大夫」。

右〕。」孔子「進以禮，退以義」，住到宦官家去以便求仕，「是無義無命也」，絕不是他會做的事。〈萬章上〉

正當的求仕之道是怎樣的？戰國之時的知名之士求仕，大多由當地官紳向其君主推薦，並安排面談，而孟子卻堅持「不見諸侯」，更不必說奉召進見，即使有人推薦，君主也要先來拜望他，理由是士乃「庶人」，自行求見諸侯是不合禮的。如果國有大役，庶人當然應該參與，否則便無奉召的義務；如果君主要見士人是為了其人賢而多聞，那麼就不該召喚，「天子不召師，而況諸侯乎？」萬章聽了問：「孔子，君命召，不俟駕而行。然則孔子非與？」孟子說「孔子當仕有官職，而以其官召之也。」〈萬章下〉一旦在朝任官，應君主之召乃是其職務，與無職之士是不同的。

在尚未任職之前，士人與君主面談之時應直陳其道，不可畏怯。孟子說「說大人則藐之，勿視其巍巍然。堂高數仞，榱題數尺，我得志弗為也；食前方丈，侍妾數百人，我得志弗為也；般樂飲酒，驅騁田獵，後車千乘，我得志弗為也。」〈盡心下〉當然更不可揣摩其意而加奉承。陳代說常言道「枉尺而直尋〔小處委曲一點，以求大處的正直〕」似無不可。孟子說「枉尺而直尋者，以利言也。如以利，則枉尋直尺而利，亦可為與？……枉己者，未有能直人者也。」〈滕文公下〉

面談之後，如果君主表示願意給以官職，士人是否接受，孟子又有一套看法。他先說了一個原則，然後再舉了一些實例加以說明。他的原則是「所就三：迎之致敬以有禮，言將行其言也則就之；其次，雖未行其言也，迎之致敬以有禮則就之；其下，朝不食，夕不食，飢餓不能出門戶，君聞之曰吾大者不能行其道，又不能從其言也，使飢餓於我土地，吾恥之，周之，亦可受也，免死而已矣。」〈告子下〉

孟子所舉的第一個實例是伯夷。依照他的說法，伯夷特別重視自己的清譽，不願被非道之人污染，所以「非其君不事，非其民不

使;治則進,亂則退」,「立於惡人之朝……如以朝衣朝冠坐於塗炭……是故諸侯雖有善其辭命而至者,不受也。不受也者,是亦不屑就已」。〈公孫丑上〉所以「當紂之時,居北海之濱,以待天下之清也」。〈萬章下〉

其次孟子舉了伊尹,說當商湯初次去聘請伊尹時,伊尹說「我何以湯之聘幣為哉?我豈若處畎畝之中,由是以樂堯、舜之道哉?」當湯第三次來聘之時,伊尹幡然而改曰「與我處畎畝之中,由是以樂堯、舜之道,吾豈若使是君為堯、舜之君哉?吾豈若使是民為堯、舜之民哉?吾豈若於吾身親見之哉?天之生此民也,使先知覺後知,使先覺覺後覺也。予,天民之先覺者也。予將以斯道覺斯民也。非予覺之而誰也?」〈萬章上〉然後就應聘出仕了。孟子甚至說伊尹為了那種理想而「何事非君,何使非民;治亦進,亂亦進」,〈公孫丑上〉曾「五就湯,五就桀」。〈告子下〉

第三個實例是柳下惠。孟子說他「不羞污君」,自稱「爾為爾,我為我。雖袒裼裸裎於我側,爾焉能浼我哉?」所以「由由 [隨和] 然,與之偕而不自失焉。」〈公孫丑上〉、〈萬章下〉為什麼?因為他是為民行道,不在乎誰是君主。

第四個實例是孔子,孟子說他「可以仕則仕,可以止則止。」〈公孫丑上〉、〈萬章下〉對於這四個人的就仕與否,孟子都表贊同。他說「伯夷,聖之清者也;伊尹,聖之任者也;柳下惠,聖之和者也;孔子,聖之時者也。」〈萬章下〉四者皆為聖人,雖「不同道,其趨一也」,〈告子下〉因為他們之仕與不仕皆視道之可行與否。但是他覺得伯夷的「清」過於「隘 [器量狹小]」,柳下惠的「和」過於「不恭 [不嚴肅]」,二者都不足為法。伊尹能「五就桀,五就湯」,救民於水火,是值得敬佩的,但是那是極端之例。真正值得效法的是孔子,因為孔子雖然曾被人批評為「知其不可而為之」,事實上他很清楚在某些情勢之下,

應該做什麼，可以做什麼，盡人事而聽天命。所以孟子說孔子是「識時」之聖，認為這是最合情理，可為士人仿效的典範。他說他自己不能與四聖相比，但是「所願，則學孔子也」。〈公孫丑上〉他在齊國不願接受祿任職，只做了客卿，顯然也因為他很明白當時齊國情勢，不容許他行堯、舜之道，所以「識時」而不受職。

士人求仕不易，去仕亦然。有大志向、大節氣之士，因求行道而仕，如不能行道，便應辭職，不可戀棧。如何確知不能行道，如何辭職去仕，都是重要的問題。孟子對此也提出了一個原則和一些實例來說明。他的原則是君主對任職之士「禮貌未衰，言弗行也，則去之；禮貌衰，則去之。」〈告子下〉

孟子所舉的實例第一是柳下惠，說他「不羞污君，不卑小官」，不在乎君主如何對待他，只要能自行其道，便不主動辭職，因為他「不屑去已」。〈公孫丑上〉這種不為了個人的感受而定去留，影響了自己為民服務的初衷，是極可貴的，然而孟子並不完全贊成，他認為正當的實例是孔子。孔子任魯國司寇，齊選美女八十，舞於魯城南高門外，季桓子與定公微服往觀，怠於政事三日，其後行郊祭 [祭天地於郊] 又不依禮送分祭肉與大夫，「禮貌衰」，孔子乃決定辭職。孟子自己於齊，則因不能行其道，而辭萬鍾之俸而去。

如何辭職離去，也大有講究。《孟子》裏一處說孔子去齊「接淅 [漉米未乾] 而行」；去魯「遲遲而行」。前者為去他國之道，後者為去父母國之道。〈萬章下〉、〈盡心下〉另一處卻說孔子去魯極為匆促，「不稅冕 [不脫去祭時所戴之帽] 而行」，大約是為了引出孟子對孔子離魯的解釋：「不知者以為為肉也，其知者以為為無禮也。乃孔子則欲以微罪行，不欲為苟去。君子之所為，眾人固不識也。」〈告子下〉然而此「解」卻不易懂，因為孔子冕而從祭，祭畢返宅，當即脫冕。分送祭肉當在稍後，所謂「不稅冕而行」，不合情理，應該只是描寫孔子倉促離去，其心

懷不愉乃人情之常，孟子所謂「微罪」，未明所指，所以說孔子離魯「遲遲而行」應該比較可信。

孟子自己離齊之時，也慢慢而去，因此受到批評。尹士說他「不識王之不可以為湯、武，則是不明也；識其不可，然且至，則是干澤也。千里而見王，不遇故去，三宿而後出晝 [晝縣]，是何濡滯也？」孟子聽了說「夫尹士惡知予哉？千里而見王，是予所欲也；不遇，故去，豈予所欲哉？予不得已也。予三宿而出晝，於予心猶以為速。王庶幾改之？王如改諸，則必反 [返] 予。夫出晝，而王不予追也，予然後浩然有歸志。予雖然，豈捨王哉？王由 [猶] 足用 [足以] 為善。王如用予，則豈徒齊民安，天下之民舉安。王庶幾改之，予日望之，予豈若是小丈夫然哉？諫於其君而不受，則怒，悻悻然見於其面，去則窮日之力而後宿哉？」尹士聽了說「士，誠小人也。」〈公孫丑下〉

所以士莫不求仕，如何求，受與否，留或去，都有原則。此外，對於得失、去留，應持怎樣的態度，也極重要。孟子認為仕為行道，與個人的情緒無關。公孫丑問「夫子加齊之卿相，得行道焉，雖由此霸王不異矣。如此，則動心否乎？」孟子說「否，我四十不動心。」公孫丑問「不動心有道乎？」孟子說他善於培養「浩然之氣」，此氣「配義與道」，「則塞於天地之間」，〈公孫丑上〉有了這麼大的志氣，個人的情緒就不足道了。所以當他致仕去齊，充虞在途中問「夫子若有不豫色然。前日虞聞諸夫子曰君子不怨天，不尤人。」孟子說「五百年必有王者興，其間必有名世者。由周而來，七百有餘歲矣。以其數，則過矣；以其時考之則可矣。夫天未欲平治天下也；如欲平治天下，當今之世，舍我其誰也？吾何為不豫哉！」〈公孫丑下〉

孟子不事生產，然而在他成名之後竟能後車數十乘，從者數百人，以傳食諸侯。彭更以為太過分了，說「士無事而食，不可也。」孟子說木工、車匠都可以受人之資，「今有人焉，入則孝，出則悌，

守先王之道，以待後之學者」，〈滕文公下〉這種教育人群之功為什麼不可以得到報酬？但是如果僅憑學生的束脩，要維持他那樣的生活是不可能的。他的主要收入是諸侯、大臣們的饋贈，而這一點便很有問題。

春秋戰國時上等之士如齊國的稷下先生們都受到國君或權貴的供養。但是孟子認為如此「託 [寄]」生是不對的，〈滕文公下〉因為他們「議而不治」，沒有為國家做什麼事。孟子自己任齊國任客卿而不受祿，僅僅接受了齊君的一些餽贈，在其辭去之前齊王忽然提議要為他在齊都建屋並給以萬鍾之餽，都被他拒絕。這些行為很使人困惑，因為都涉及「利」，所以萬章問「君餽之粟，則受之乎？」孟子說「受之」。萬章問「受之何義也？」孟子說「君之於氓也，固周之 [君主對一般貧困人民都加以周濟]」。萬章問「周之則受，賜之則不受，何也？」孟子說「不敢也」。萬章問「敢問其不敢何也？」孟子說「抱關擊柝者，皆有常職以食於上 [接受薪俸]；無常職而賜 [受賞賜] 於上者，以為不恭 [非禮] 也。」萬章問「君餽之，則受之。不識可常繼乎？」孟子說魯繆公不用子思，卻屢屢派人送肉去。子思將使者摒於門外。然後對萬章說出了一番國君養君子之道，〈萬章下〉已見前述。

對於這些答覆萬章仍不滿意，又提出了一聯串相關的問題，孟子一一作答，原文過長，茲述其大意如下：萬章問如果尊貴者用了不義而取得的財富給予你，你可以接受嗎？孟子說如果該人以道義相交，循禮而給，甚至孔子也會接受的。萬章說如果有人在國郊攔路搶劫了財物，也依規矩來與你交往，並循禮給你財物，你也可以接受嗎？孟子說殺人越貨，自古以來應有死罪。這種人的財物當然是不可收的。萬章說今日的諸侯取諸於民與強盜搶劫全無不同，只要他依禮節送財物來，君子也就受下，請問這是什麼道理？孟子說你以為若有聖王興起，會將今日的諸侯一例誅殺呢？還是先加以教育，如仍不悔

改，才加以誅殺呢？而且將取得不是自己的東西，一概說成是搶劫，這是將「義」擴充到極端的說法。當年為了取得祭祀用的犧牲，魯國人都爭奪獵得之物，孔子也參與爭奪。萬章說孔子為仕不是為行道嗎？孟子說是的。萬章說行道怎麼可以從事爭奪？孟子說孔子先用書面寫下了祭祀的法則，規定得到獵物之後不可移作他用，希望這種爭奪是有限制的。萬章說當這種希望不能實現時他為什麼沒有辭職離去？孟子說孔子在觀察那些規定所生的作用。他在朝廷停留了三年，當那些作用應該可以產生時卻仍沒有產生，他知道其主張難以實現，然後才辭去。〈萬章下〉

为政

　　入仕之後如果能取得高位可以「為法於天下」，或者治理一國、一地的政事，該如何作為或不作為？孟子有鑑於當時一般君臣之無道，特別將不當的作為提出來警告入仕之人。臣下對君主先意承旨，「脅肩諂笑」的行為被他用曾子的話稱之為「病於夏畦」，〈滕文公下〉當然可恥。他在齊國時說當時「齊人無以仁義與王言者，豈以仁義為不美也？其心曰是何足與言仁義也」，〈公孫丑下〉他認為這是莫大的不敬。更嚴重的是他說「今之事君者曰我能為君辟土地，充府庫。今之所謂良臣，古之所謂民賊也。君不鄉 [向] 道，不志於仁，而求富之，是富桀也。我能為君約與國，戰必克。今之所謂良臣，古之所謂民賊也。君不鄉道，不志於仁，而求為之強戰，是輔桀也。」〈告子下〉此外他又說「求 [冉求] 也為季氏宰，無能改於其德，而賦粟倍他日。孔子曰求非我徒也，小子鳴鼓而攻之可也。由此觀之，君不行仁政而富之，皆棄於孔子者也，況於為之強戰──爭地以戰，殺人盈野；爭城以戰，殺人盈城──此所謂率土地而食人肉，罪不容於死。故善戰者服上刑，連諸侯者次之，辟草萊，任土地者次之。」〈離婁上〉

　　大約因為管仲會諸侯，伐蠻夷，以力服人，所以孟子稱其「功烈如彼其卑也」。〈公孫丑上〉至於子產以其乘輿濟人於溱洧，則被他譏為不知為政。〈離婁下〉他認為治平天下應該有一套不同的辦法，要從大處，基本之處着手。那就是他所謂的施行「仁政」。什麼是「仁政」？先要問什麼是「仁」。此前已經分析過，現在再簡單地提一下。孟子說「仁也者，人也。合而言之，道也。」〈盡心下〉「仁」出自人最基本的「怵惕惻隱之心」，任何人如果能將心比心，便可了解他人也有這種感情，因而將他們看作與自己一樣的是「人」，就是相待之道了。在執政者而言，最重要的是以「仁」待民，了解民心而以同情之心待之，便是「仁政」。孟子說「諸侯之寶三：土地、人民、政事。」〈盡心下〉無土地、人民，當然沒有國家可言。「政事」就是如何管理土地、人民之事。對於天子而言，既為天下之共主，即有天下之地，管地便在治民之次，所以孟子說「得天下有道：得其民，斯得天下矣。得其民有道：得其心，斯得民矣。得其心有道：所欲與之聚之，所惡勿施，爾也。」〈離婁上〉

　　人民所欲、所惡的各是什麼？孟子之時的經濟主要在農業，而農民的生產的技能很低，所需的土地又被國家所控制，掌握國家權威之人用賦稅剝削人民的人力和農作收獲，以至在上則「庖有肥肉，廄有肥馬……率獸而食人食」，在下則「民有飢色，野有餓莩」，一般人民「樂歲終身苦，凶年不免於死亡」。〈梁惠王上〉因此可以想見一般人民所惡的是繁重的賦稅和不時的「役〔勞役和兵役〕」，所欲的是一些基本的生活資源和必要的時間用來生產，使他們可以養父母、保妻子，不至於凍餒、流亡。

　　一國的政事當然非入仕之人完全決定，還要與君主配合。如果君臣能合作做到去民之所惡，給民之所欲，便可治國甚至得天下。孟子將此理告訴公孫丑，說「以齊王，猶反手〔掌〕也」。公孫丑很感

疑惑，說「以文王之德，百年而後崩，猶未洽於天下；武王、周公繼之，然後大行。今言王若易然，則文王不足法與？」孟子說商代自湯至於武丁「聖賢之君六七作……紂之去武丁未久也，其故家遺俗、流風善政，猶有存者」，而且又有賢臣多人相輔，所以「久而後失之」。但是戰國之時情況已大為不同：「王者之不作，未有疏於此時者也；民之憔悴於虐政，未有甚於此時者也。飢者易為食，渴者易為飲……萬乘之國行仁政，民之悅之，猶解倒懸也。故事半古之人，功必倍之，惟此時為然。」〈公孫丑上〉所以他對齊宣王說倘若能行仁政，則「天下仕者皆欲立於王之朝，耕者皆欲耕於王之野，商賈皆欲藏於王之市，行旅皆欲出於王之塗，天下之欲疾其君者皆欲赴愬於王。其若是，孰能禦之？」〈梁惠王上〉。反之，如果一國施行暴政，就會驅使其民去施行仁政之國。「民之歸仁也，猶水之就下，獸之走壙也。故為淵敺魚者，獺也；為叢敺爵﹝雀﹞者，鸇也；為湯、武敺民者桀與紂也。今天下之君有好仁者，則諸侯皆為之敺矣」，行仁政者「雖欲無王，不可得已。」〈離婁上〉基於此理，他對梁惠王說「王如施仁政於民……可使制梃以撻秦楚之堅甲利兵矣。彼奪其民時，使不得耕耨以養其父母，父母凍餓，兄弟妻子離散。彼陷溺其民，王往而征之，夫誰與王敵？故曰仁者無敵，王請勿疑」。〈梁惠王上〉此外他又舉了商湯伐葛為例，說當時「天下信之。東面而征，西夷怨；南面而征，北狄怨。曰奚為後我？」〈梁惠王上〉他甚至說不僅大國齊、梁可以王天下，連小國滕，「絕長補短將五十里也，猶可以為善國。」〈滕文公上〉什麼是「善國」？孟子說就是行仁政之國。他說「以德行仁者王，王不待大。湯以七十里，文王以百里。」〈公孫丑上〉所以他對滕文公說「苟為善，後世子孫必有王者矣。」〈梁惠王下〉

這些道理似乎很明顯，但是許多君主卻看不清楚。為了消除這個盲點，孟子提出了一件小事：齊宣王不忍見一頭牛被牽去殺了釁

鐘，下令用一隻羊去代替。孟子抓住了這個「不忍」之心，說「是心足以王矣」，並進一步稱以羊易牛之令是「仁術」。齊宣王聽了很高興，說孟子的話「於我心有戚戚焉」，然後問「此心之所以合於王者，何也？」孟子說如果他能將不忍見牛被殺之心，推展出不忍見民被害之心，「舉斯心加諸彼」，做到「老吾老以及人之老，幼吾幼以及人之幼」，就可以王天下了。他指出「古之人所以大過人者無他焉，善推其所為而已矣。」他稱這種「推其所為」為「推恩」，強調說「推恩足以保四海」，可以使天下「運於掌」。〈梁惠王上〉

　　君主如何「推恩」？孟子說那很簡單，只要「與民同樂」就可以了。梁惠王在其囿中沼上看看鴻雁麋鹿，問孟子「賢者亦樂此乎？」孟子說「賢者而後樂此……文王以民力為臺為沼，而民歡樂之……樂其有麋鹿魚鱉。古之人與民偕樂，故能樂也。」〈梁惠王上〉齊宣王在雪宮也問孟子「賢者亦有此樂乎？」孟子說「為民上而不與民同樂者亦非也。樂民之樂者，民亦樂其樂」。齊宣王又問「文王之囿方七十里，有諸？」孟子說「於傳有諸」。齊宣王說「若是其大乎？」孟子說「民猶以為小也……芻蕘者往焉，雉兔者往焉，與民同之，民以為小，不亦宜乎？」〈梁惠王下〉君主喜歡某類事物，如果能讓人民也能享有，那麼無論他喜歡什麼都可以。齊宣王喜歡音樂，孟子說只要「與民同樂」就無不可。他沒有說怎麼做，但是說如果人民聽到齊宣王的鐘鼓之聲、管籥之音，都「欣欣然有喜色」，就好了。齊宣王又說他「好貨」、「好色」。孟子說以前周的始祖公劉「好貨」，而也顧及人民的生活，使他們「居者有積倉，行者有裹糧」；周的先祖古公亶父「好色」，而也顧及人民的家室之需，使當時的社會「內無怨女，外無曠夫」。所以倘若齊宣王也能如此，他的「好貨」、「好色」，對他之王天下沒有什麼妨礙。〈梁惠王下〉換句話說，「與民同之」並不困

難，只要將心比心即可。齊宣王能夠不忍一牛之死而推恩免之，應該可以想到萬民之苦而推恩救之。孟子說如果一個人「力足以舉百鈞而不足以舉一羽，明足以察秋毫之末而不見輿薪」，當然是不合情理的。如果一個人說他不能「挾太山以超北海」，那是真的不能；如果他說他不能「為長者折枝」，那是「不為」而不是「不能」。齊宣王「恩足以及禽獸，而功不至於百姓者……為不用恩焉」，他之沒有王天下，是「不為也，非不能也。」〈梁惠王上〉

　　「推恩」、「與民同樂」，都只是原則。孟子說「徒善不足以為政」，〈離婁上〉實際上究竟該怎麼做？什麼是「仁政」的具體內容？他說「仁政必自經界始」。〈滕文公上〉因為當時人民生活困苦的重要原因之一是沒有確切而且可以長久使用的土地——「恆產」——讓他們安心盡力去從事生產工作。所以孟子所說的「仁政」首先要使人民可以有「恆產」。他說「民之為道也，無恆產者無恆心。苟無恆心，放辟邪侈，無不為己，及陷乎罪，然後從而刑之，是罔 [網] 民也。焉有仁人在位，罔民而可為也？」怎樣使人民有恆產？他說先要畫定「經界」。古代國家將土地分配給人民耕作，其辦法因時因地而異。其中有所謂「井田」之制，依孟子說是「方里而井，井九百畝 [將一平方里之地作為一個井形的單位，每井九百畝]，其中為公田，八家皆私百畝。」〈滕文公上〉一「家」應該是指一個壯丁之家，他得到了一百畝的土地，努力耕作，「數口之家，可以無飢矣」。在此地上畫出五畝，作為住宅，周圍種了桑樹，養了家畜，就能使「五十者可以衣帛」，「七十者可以食肉」了。〈梁惠王上〉孟子將同樣的話對梁惠王、齊宣王各說了一遍，可見他之重視此點。至於壯丁以外之人，包括無子的老人和無父的幼兒，或已無力耕作，或還沒有受田的人，則由政府另外特別周濟。孟子說文王治岐，對於這些鰥、寡、獨、孤的人，「發政施仁，必先斯

四者」。〈梁惠王下〉

　　為了改善人民的生活，除了給他們「恆產」之外，還要減輕他們的賦稅，包括兵役、勞役和各種課徵。孟子反對當時爭權奪利的戰爭，當然痛恨為此而要求的兵役。當時權勢者常常徵用民力從事各種徭役，孟子對此並不反對，但是強調「無奪其時」，不可以在農忙時期徵用，以致妨礙生產。至於稅收，他也認為是必要的，因為社會必須有治人的「君子」，和治於人的「野人」。君子勞心，無暇耕作，所以要「食於人」[依賴他人而得食]，野人勞力，從事生產，用以「食人」[供養統治者]。「無君子，莫治野人；無野人，莫養君子」，這是「天下之通義」。為了達成這個目的，孟子說夏、商、周三代分別用「貢」、「徹」、「助」之制，都是 十分農田取其一分收穫的稅法。他建議滕國「野九一而助 [在國郊行井田，由大家助耕公田，以其所獲徵稅]，國中什一使自賦 [在國都內的土地沒有劃成井狀，就各就其所獲抽十分之一的稅]」。至於「君子」[各級官吏]，因為不事生產，所以要領俸祿，另外各給以「圭田」五十畝，僱人耕作，以其所獲作祭祀之用。如果他家還有未仕的壯丁，則各給田二十五畝，以其所獲補助家用。這些田地是否也要繳稅不詳。事實上孟子雖說他的這些建議，都是「古制」，但是自認「此其大略也」，如予實施，則尚待負責之人「潤澤之」。〈滕文公上〉

　　當時執政者因生活奢侈，戰爭瀕繁，常感稅收不足，對於孟子的建議不以為然。曾任魏國相的白圭故意對他說「吾欲二十而取一，何如？」孟子說不可，那是北方名為貉的偏僻小國的做法。該國只生產小米，沒有城郭、宮室、宗廟、祭祀之禮，也沒有許多官司和外交往來，所以二十取一就夠了。但是在中國因為有了這些事物、制度和情勢，怎麼能夠辦得到？瓦器太少，就不足社會之用，國家怎能缺少資產供給制度和統治者之需？他接着說十中取一乃是「堯、舜之

道」，欲輕於此者是「大貉、小貉」；欲重於此者是「大桀、小桀」。
〈告子下〉

十一之稅是否夠國家之用？孟子沒有討論這個問題。大約在他看來當時執政者侈靡遇度，又濫事鬥爭，許多支出本屬浪費，應該節省；更重要的是他認為十一之稅已是人民能夠負擔的極限，多過於此人民即將陷於飢寒。他指出：「今也制民之產，仰不足以事父母，俯不足以畜妻子。樂歲終身苦，凶年不免於死亡。」〈梁惠王上〉人民「惟救死而恐不贍」，國家的存在對於他們還有什麼意義？所以孟子強調行仁政要立即並徹底。滕國的大臣戴盈之說要施行十一之稅，並且去關市之徵，現在還不能，先減輕一些，等來年才施行可以嗎？孟子說「今有人日攘其鄰之雞者。或告之曰是非君子之道。曰請損之，月攘一雞，以待來年，然後已。如知其非義，斯速已矣，何侍來年。」〈滕文公下〉

國家之存在不僅在幫助人民獲得溫飽。孟子說一般人「飽食、暖衣、逸居而無教，則近於禽獸」，〈滕文公上〉所以明君制民之產，使人溫飽之後，要「驅而之善」。什麼是「善」？孟子說就是「孝、弟、忠、信」。怎樣去使人得以如此？他說要「設為庠序學校以教之」。人人學得了孝、悌、忠、信，「入以事其父兄，出以事其長上」，〈梁惠王上〉社會就「善」了。

一個邦國的人民都能不飢不寒，老者衣帛食肉，頒白者不負載於道路，並且都知道孝悌忠信，他們自然勇於為善，如遇外侮，他們可以「制梃以撻秦楚之堅甲利兵」；倘若鄰邦有亂，陷溺其民，他們會跟隨其長上往而征之，解其倒懸之苦，此一邦國必定可以王天下。「仁者無敵」，這是孟子所稱仁政的終極後果，也是他用來游說各國

君主的主題，他曾反覆地說明此點。[8]當時天下之人無不希望脫出戰亂的困境，連孟子稱之為「望之不似人君，就之而不見所畏焉」的梁惠王之子襄王，也「卒然問曰『天下惡乎定？』」孟子說「定於一」，然後用極簡單的話說「不嗜殺人者能一之」，天下沒有不跟隨，服從他的。又進而解釋說「王知夫苗乎？七八月之間旱，則苗槁矣。天油然作雲，沛然下雨，則苗浡然興之矣。其如是，孰能禦之？今夫天下之人牧，未有不嗜殺人者也。如有不嗜殺人者，則天下之民皆引領而望之矣。誠如是也，民歸之，猶水之就下，沛然誰能禦之？」〈梁惠王上〉

孟子認為「仁政」有普遍的適用性。大國行之五年，小國行之七年，「必為政於天下矣」。〈離婁上〉他不僅以此說大國之君，甚至對滕文公也勉勵他以方五十里的小邦這麼做，說其後世子孫必有王者出。然而滕文公無法等待後世來解決當前齊、楚二強交相煎迫的問題，所以請教孟子該怎麼辦。孟子說「是謀非吾所能及也。無已，則有一焉：鑿斯池也，築斯城也，與民守之，效死而民弗去，則是可為也。」滕文公顯然不滿意此一答覆，孟子說另一個辦法是像周先祖太王居邠，狄人來侵，太王不忍其民受害，乃棄其地而遷於岐山之下。請滕文公「擇於斯二者」。〈梁惠王下〉

另外，宋國也有類似的問題。萬章問「宋，小國也，今將行王政，齊楚惡而伐之，則如之何？」孟子說以前諸侯殘害其民，商湯伐之而王天下。現在宋〔商之裔〕如能行仁政，「四海之內皆舉首而望之，

---

8 〈公孫丑上〉裏有一長段與〈梁惠王上〉、〈離婁上〉等章相似的話：孟子曰「尊賢使能，俊傑在位，則天下之士皆悅，而願立於其朝矣。市廛而不征，法而不廛，則天下之商皆悅而願藏於其市矣。關譏而不徵，則天下之旅皆悅而願出於其路矣。耕者助而不稅，則天下之農皆悅而願耕於其野矣。廛無夫里之布，則天下之民皆悅而願為之氓矣。信能行此五者，則鄰國之民仰之若父母矣。率其子弟，攻其父母，自有生民以來，未有能濟者也。如此，則無敵於天下。無敵於天下者，天吏也。然而不王者，未之有也。」

欲以為君。齊楚雖大，何畏焉？」〈滕文公下〉

　　以上所述只是一些大綱，不能算是施行「仁政」的細則，要確切施行，還有無數問題。孟子自己說「徒法不能以自行」，〈離婁上〉即使有好的政策，仍需有人推行。他認為在他那個時代，首先是需要一位明君。明君最要之務是選用賢臣來治國。用賢先要去除不肖之臣。孟子說「與讒諂面諛之人居，國欲治，可得乎？」〈告子下〉齊宣王問如何才能用賢去不肖。孟子說如果君主的近臣、大夫都說某人賢良，君主不可輕信，要在國內之人都說該人賢良之後，君主才加以觀察，見證其確實是賢良，才予任用；如果君主的近臣、大夫都說某人不可，君主也不可輕信，要在國內之人都說他不可之後，君主才加以觀察，見證其確實不可，才給以斥懲。〈梁惠王下〉

　　君主選擇了賢才，就該依禮聘用，已如前述，並且要給以敬重信賴，讓他充分發揮其才能，切不可自作主張，要求他順從。孟子給齊宣王一個比喻說「為巨室，則必使工師求大木。工師得大木，則王喜，以為能勝其任也。匠人斲而小之，則王怒，以為不勝其任矣。夫人幼而學之，壯而欲行之。王曰姑捨女所學而從我，則何如？今有璞玉於此，雖萬鎰，必使玉人雕琢之；至於治國家，則曰姑捨女所學而從我，則何以異於教玉人雕琢玉哉？」〈梁惠王下〉

　　君主雖然委政於臣，但是仍應負擔最終的責任。有一次孟子責備齊國平陸地方的邑宰孔距心未能妥善治理其地，以致「凶年饑歲」人民「老羸轉於溝壑，壯者散而之四方者幾千人。」孔距心說這不是他能夠有所作為的。孟子說「今有人受人之牛羊而為之牧之者，則必為之求牧 [牧地] 與芻矣。求牧與芻而不得，則反諸其人乎？抑亦立而視其死與？」孔距心說「此則距心之罪也。」另一天孟子將這番談話告訴齊宣王說「王之為都 [地方長官] 者，臣知五人焉。知其罪者，惟孔距心。」齊宣王說「此則寡人之罪也。」〈公孫丑下〉齊宣王尚知治國的

最終責任在他肩上。但是孟子用了一個比喻對他說「王之臣有託其妻子於其友，而之楚遊者。比其反也則凍餒其妻子，則如之何？」齊宣王說「棄之。」孟子說「士師不能治士，則如之何？」齊宣王說「已之」。孟子說「四境之內不治，則如之何？」齊宣王不答，「顧左右而言他」，〈梁惠王下〉畢竟不肯認罪。

「賢臣」是有志向高遠，堅毅不屈之人。孟子認為賢臣最大的任務是「格君心之非」而使之「正」，因為「君正莫不正，一正君而國定矣。」〈離婁上〉孟子稱這種賢臣為「法家拂士」，說國內無此者「恆亡」。〈告子下〉此外，賢臣之事為行「仁政」。「仁政」之最終目的是要「王」天下。王天下除了需要有志於此之君，還要有助成此志之臣，孟子稱之為「名世者」。〈公孫丑下〉他看不起管仲，就是因為他得君專，任事久，而僅僅使千里萬乘之齊國稱霸諸侯而已。〈公孫丑上〉至於鄭國的子產執政，用自己乘坐的車子接送人們過渡溱水、洧水，則更被孟子譏為「惠而不知為政」，因為他若及時修築橋樑，人民便沒有涉水過河的問題了，怎麼可能一個個地幫人去渡津呢？所以他說「故為政者，每人而悅之，日亦不足矣。」〈離婁下〉孟子崇敬的賢臣一是伊尹，因為他欲以湯為堯、舜之君，民為堯、舜之民而出仕，〈萬章上〉就職之後，自任以天下之重，因太甲「顛覆湯之典刑」而放諸於桐，及太甲悔過，又反之，使民大悅。〈萬章上〉另一位是周公，因為他「相武王，誅紂伐奄……天下大悅」，〈滕文公下〉在職之時「思兼三王 [夏禹、商湯、周文]，以施四事 [四時政務]」。〈離婁下〉

▌ 君臣、君民關係 ▌

由此可見在孟子的心目裏，欲行仁政而平治天下，明君、賢臣，缺一不可。二者之間應該如何相處？他強調君臣的關係不能是單

純的主從，而應有適度的互相尊重，甚至制衡。齊宣王問國君與大臣的關係，孟子既認為大臣的主要責任在格君心之非，所以答道「貴戚之卿，君有大過則諫，反覆之而不聽，則易位；異姓之卿，君有過則諫，反覆之而不聽，則去」〈萬章下〉齊宣王問依照禮制，去國之臣仍需為舊君服喪，在怎樣的情況下該這麼做呢？孟子說如果國君能安養人民，聽取臣下的諫言，有一個大臣因故而去國，國君先在他要去的地方為他作妥善的安排，並派人護送他出國，如果他三年還不回國，然後才去收還他的采邑，這稱為「三有禮」。在這種情況下，離國之臣便應該為舊君服喪。「今也為臣，諫則不行，言則不聽……有故而去，則君搏執之，又極 [醜] 之於其所往，去之日遂收其田里，此之謂寇讎。寇讎何服之有？」此外他對齊宣王說了一個原則：「君之視臣如手足，則臣視君如腹心；君之視臣如犬馬，則臣視君如國人；君之視臣如工芥，則臣視君如寇讎。」〈離婁下〉

　　君臣之間可以勢若寇讎，但是依照傳統的觀念，上下之制是固定的，君主無論如何惡劣不肖，臣民皆無可奈何，不能反抗，所以孟子說貴戚之卿可以迫君易位，齊宣王便勃然變色，當然更不能接受非本族之臣的叛逆了，所以他又問「湯放桀，武王伐紂，有諸？」孟子說「於傳有之。」齊宣王說「臣弒其君可乎？」孟子說「賊仁者謂之賊，賊義者謂之殘，殘賊之人謂之一夫。聞誅一夫紂矣，未聞弒君也。」〈梁惠王下〉齊宣王對此有何反應，《孟子》裏沒有下文，但是不難想像他是不以為然的。孟子之所以「不遇」於齊，大約與他的這些主張有關。

　　至於君民之間的關係，孟子沒有說得那麼細。有些適用於君臣關係的準則當然不能適用於君民關係。他說君主應「保民」，應「制民之產」，使人民能「仰足以事父母，俯足以畜妻子，樂歲終身飽，凶年免於死亡」，然後「謹庠序之教」，使其知孝、弟、忠、信之義。

〈梁惠王上〉人民則應盡忠於國家，奉養君上，在國有外侮時奮力疆場，「死其長」以捍衛社稷。〈梁惠王下〉所以君民之間的關係也是相對的。但是他又說「民為貴，社稷次之，君為輕。」〈盡心下〉這種想法與他所說的「桀、紂之失天下也，失其民也。」〈離婁上〉是一致的，但是在實際的情況下，究竟如何體現這一原則，他沒有詳說。

▌ 貢獻和問題 ▌

孟子「欲正人心，息邪說，距詖行，放淫詞，以承三聖 [禹、周公、孔子]」，並且自稱當時要平治天下「捨我其誰？」實際上他做了一些什麼？先看具體之事，他曾勸勉梁惠王、齊宣王克制私慾，避免戰爭，推仁心，行仁政，與民同樂，結果可以說一無所成；他建議滕文公制民之產，也未被採用；他說宋、滕等小國不必怕大國侵略，只要行王政便可使其人民抗拒齊楚的堅甲利兵，甚至可以進而為政於天下，當然沒有見效；他教宋牼不要以利而要以仁義去勸秦楚不要構兵，也無後果。所以孟子的事功實在無可稱道；他的貢獻主要在於他的若干理論，值得注意。

孟子處於一個新的時代，在其混亂的情勢裏找出了一個根本的問題：爭利。他將「利」狹義地解釋為物質利益和追求此種利益的行為。人需物質之利無可厚非，他所反對的是過分的唯利是圖，罔顧個人和社會的其他價值。這種現象在近代資本主義的社會裏顯得十分突出。此一主義雖然也有其貢獻，但是其毒害則愈來愈嚴重，比禽獸在野地裏的行為原則更可怕。禽獸在飽食之後會有一段時間退隱休息，而人的慾望無窮，會不斷地求利，乃致不奪不厭，而在既得之後，不免恐懼隨時被他人所奪，因而繼續不斷準備鬥爭，人間乃永無安寧。孟子此項先見，是一個重要的貢獻。

　　對於狹義的「利」，人們可以有幾種不同的反應。莊子似乎說這種「利」是完全不必要的，人在沒有被「偽聖人」操縱而破壞了自然的環境之前，順其有限的欲念，各取所需，不相干擾地生活，本可以不必逐利。這種想法太遠離現實。楊朱的主張與此相近，強調人各利己，然而既不利人，也不損人，所以拔一毛以利天下，取天下一毛以利己，都不可以做。但是早在孟子之前，人們已經熟知「一身所需，百工為備」，不得不分工合作，遺世獨立的生活是不可能的。另一種想法是墨子所提倡的「兼相利」──人人除了謀一己之利，也為天下所有的人謀相同之利。但是利既是狹義的物質資源，是有窮的，如遇匱乏，該如何分配便成問題，要人人皆視人如己，違反了個體的求生本能，實屬難能。這三種想法與後世的「虛無主義」、「無政府主義」、「公社主義」等等近似，[9]很能引人遐思，但無實施的可能。孟子稱之為「邪說」，點破了它們推至極端之後的不合情理，是另一個重要的貢獻。

　　以上所說是最明顯的兩點。此外孟子還對個人生命的價值和意義、社會的結構和目的，皆有深入的分析，提出了根本性的新想法，然而因為他沒有明說，而隱藏在他對於若干事件的陳述和評論裏，不易引人注意。

　　關於個人，他認為就生物個體而言，人之所以異於獸者幾希。倘若人只求個體的生存，飽食、煖衣、逸居而無教，則近於禽獸，就沒有什麼好說的了。但是人必竟與禽獸有異，其異在於人不只求溫飽、繁殖而已，並且還考慮如何求之。因為人的能力有限，必需在人群中分工合作，才能生存，在此求生過程中個人如何自處，處人？孟

9　　是所謂 nihilism, anarchism, communism. 西方哲學裏至今仍有倡導者。

子說要發揮人的特性，以仁存心，以義存心，由親親而仁民而愛物。此外並且要立大志，養浩然之氣，使自己成為富貴不能淫，貧賤不能移，威武不能屈的大丈夫，不僅要如此修身獨善，更要進一步幫助世人——「得志與民由之」——使眾人都能居仁由義，過一種「人」的生活。孟子說這不是妄想，是可以做到的，所以他強調「舜何人也？予何人也？有為者亦若是。」他說這是顏淵的話。顏淵是大賢，但是孟子顯然認為至少士人都應該以他為榜樣。孟子自己就充分地表現出了這種意向，所以他「說大人則藐之」，求仕則「不應召」，不受祿，不奉君之惡而格君心之非，甚至自許以平治天下之任。他這些言行大大地提高了士人的志趣和尊嚴，更為所有的人指出了生命的價值和生存的意義，是極其值得稱道的。

　　孟子對社會整體的架構也有特殊的看法。他當時的社會雖然紛亂，但是還保留着周初樹立的貴族、平民兩個主要階層，以及春秋以後新生的士人群。貴族掌控了政權，一般民眾挑着生產勞動的重擔而受剝削和壓迫，二者的地位和工作發生變動的可能性很小。士人們遊走於二者之間，靠着他們的知識而求生，則可能或上或下進入兩個階層。孟子基本上接受了這種情況，但是對每個階層的人提出了一種新的行為準則——統治者應該要知仁義，行仁政，與民同樂；人民應該要供養貴族；士人應該為國施政，教育人民。如果不稱其職，各層之人都可能受到懲罰。平民可能被判刑而降為奴隸，這是由來已久的處分，孟子沒有多說。他注意的是士人、官吏和君主的行為。如果不符合他提出的準則，就要受到貶黜。

　　先說士人。士人在野應以德行為人師表，切不可成為同乎流俗，合乎污世，居之似忠信，行之似廉潔，似是而非，閹然媚時，公然亂德的「鄉原」，而被正人君子所鄙棄。其次說官吏。士無不求仕，但求仕有道，不可以用卑鄙的手段，「鑽穴」、「踰牆」而得之。

入仕之後要救民生之苦，格君心之非，不可逢君之惡，只圖國之富強，而成為僻土地，充府庫，與約國，戰必克的「民賊」，因為君不向道，不志於仁，而求富之，或為之強戰，都是助其為惡。所以他聲稱臣之善戰者應服上刑，連諸侯者次之，僻草萊、任土地者次之。最後說君主。孟子之時君主世襲已成傳統，但是他卻盛讚堯、舜禪讓，指出舜出於農耕平民，並且又倡言夏代首次的傳子仍以民意為基礎。對於世襲之主他認為可以因不受諫而被貴戚之卿所廢。至於暴虐的「一夫」甚至可以被人民放伐。所以他說「民為貴，社稷次之，君為輕。是故得乎丘民而為天子……諸侯危社稷則變置。犧牲既成，粢盛既潔，祭祀以時，然而旱乾水溢，則變置社稷 [祭天地而不得其佑，而罹旱潦之懲，變置社稷謂廢其國，實即去其君統]」，可見他雖然襲用傳統語言，實際上卻打破了傳統，重新安排人在世間的存在意義和社會中的階層地位，使人從與禽獸相同的生理慾求裏解脫出來，去追尋一個高遠的「人」的生活方式和目的，又使人從傳統的階層桎梏裏釋放出來，各憑自己的能力和德行生存，並且幫他們樹立了反抗外來干擾和壓力的正當性。這種理論促使人們對舊有的許多觀念、習慣、制度、規範等等重新思考，其潛在的影響力不可忽視。

孟子雖然很有創見，但是其理論和言行也有一些問題。現在先舉出幾個實例，然後加以歸納分析，試圖發現其原因。

一、孟子強調「人性善」，有羞惡、恭敬、是非等「心」，分別是「義」、「禮」、「智」之「端」。但是除了以「見孺子將入於井」而產生的「惻隱怵惕」來證明同情心（「仁」心）之外，沒有提出任何證據支持人都有其他三種「心」。

二、他強調善性之端會自然萌發出仁、義等等心態並演變為內在的行為規範，所以說仁、義、禮、智「非由外鑠我也，我固有之也」。關於他的「性善」之說的許多強辯已析述於前，在此要另提一

個問題：他承認外在的環境對人的行為有決定性的影響，說「一齊人傅之，眾楚人咻之，雖日撻而求其齊也，不可得矣。」〈滕文公下〉果然如此，則強調性善究竟有多大意義？

　　三、假如在各種情況之下，人都會有相同的經驗，或許可以證明義、禮具有客觀的確定性，所以它們可以出於內心又有外效的規範。但是在〈離婁下〉裏孟子說「大人者，言不必信，行不必果，惟義所在」，而在若干情況下，「義」又可以有不同的解釋，因而有「非義之義」、「非禮之禮」，那種「義」和「禮」是「大人弗為」的。什麼是「非義」、「非禮」的「義」和「禮」？孟子似乎認為在一般了解的「義」和「禮」之上另有一個更高的準則來決定其正確與否。那是怎樣的一個準則？他沒有說明。「大人」如何去決定「為」與「不為」？他提出一個辦法叫做「權」。「權」原意是衡量輕重，進而指「權宜」，即衡量後取其所宜，就是變通之意。淳于髡問「男女授受不親，禮與？」孟子說「禮也。」淳于髡問「嫂溺則援之以手乎？」孟子說「嫂溺不援是豺狼也。男女授受不親，禮也。嫂溺援之以手者，權也。」〈離婁上〉有人問屋廬子「禮與食孰重？」屋廬子說「禮重」。那人又問「以禮食則飢而死，不以禮食則得食。必以禮乎？」屋廬子不能對，轉問於孟子。孟子說「金重於羽者，豈謂一鈎 [半兩] 金與一輿羽之謂哉？取食之重者與禮之輕者而比之，奚翅 [何止於] 食重。」然後教屋廬子告訴那人說「紾 [扭轉] 兄之臂而奪之食則得食，不紾則不得食，則將紾之乎？」〈告子下〉其意也在說明事與禮各有輕重，應該權衡之後才決定在某一事上某一種禮是否應該遵守。但是這麼做很不容易。陽貨要見孔子，既不願以禮下士，又不願失禮召士，就趁孔子不在居處時送了一隻蒸熟的小豬去。依禮士人受了大夫的餽贈是應該回謝的，然而孔子不屑陽貨之為人，不願去他家回謝，就趁他不在家時也送了一隻蒸熟的小豬去。如此表面上維持了禮，但是全無實際的精神，這

是不是「非禮之禮」？

什麼是「非義之義」更令人困惑。孟子稱舜為大孝，說瞽瞍殺人之後，孟子先說司法者可以將瞽瞍拘禁，可見他認為那是合乎「義」的，但是他又說舜將破獄劫囚，逃亡於海濱，以免瞽瞍受國法制裁。殺人者死，是自古以來一般人認可的「義」。或許孟子的意思是逃亡等於流放，也是一種刑罰。但是殺人是一罪，破獄劫囚是另一罪。舜為天子，不僅容忍其一，而且自犯其二，他的行為合乎「義」嗎？或者他聽任其父服刑是一種「非義之義」？或者他認為在「殺人者死」這個自古被一般人接受的「義」之上還有一種更高的「義」？那是怎樣的一種「義」？孟子沒有說明，結果讓舜給天下作了一個極壞的榜樣。如果人人效仿，天下還可治嗎？而且堯極其鄭重地薦舜於天，暴舜於民，然後禪讓天下於舜，並非給舜以一件私人禮物，而是交給舜一個重大的責任。舜可以不接受，但是既已接受，便該肩起這個重擔，來為天下人治理天下事。天下不是舜的私產，怎麼可以棄之如破鞋，遺蒼生於亂世，只為了對父親一人盡其孝道，何足以報堯？何足以對世人？

此外孟子對舜不告而娶，孔子斷然離魯，匡章背父離家，他自己不朝而吊等事都不以為非，是否都涉及他所說的義上之義、禮上之禮？他說「君子之所為，眾人固不識也」。君子的行為不能為眾人領悟，怎麼可以作為他人的典範？

四、孟子說當時世亂之因是人皆好利，故不奪不厭，但是沒有說明好利之心由何而生。他說「凶歲，子弟多暴」，〈告子上〉大約是指外在的環境惡劣便會損害人的善性，使人暴戾、自私、貪婪、爭奪。但是戰國之時的統治者的生活都不會受凶歲的影響，為什麼大多殘暴、貪婪？

五、孟子談到修身處世，說要養浩然之氣；要居仁由義；要富

貴不能淫，貧賤不能移，威武不能屈。談到處世，說要居天下之廣居，立天下之正位，行天下之大道；要親親、友德、敬長、尊賢、貴貴；要交也以道，接也以禮；與權勢者處應該說大人則藐之，不奉召，不託於諸侯；遇橫逆則要自反，自反不縮則慊，自反而縮則勇；得志則與天下由之，甚至可以與堯、舜相侔。實際上該怎麼做？孟子沒有細述。無怪公孫丑說這些修身之道高矣！美矣！宜若登天然似不可及也。孟子說「大匠不為拙工改廢繩墨，羿不為拙射變其彀率。君子引而不發，躍如也，中道而立，能者從之。」〈盡心上〉可見他也明白其修身處世之道的困難，然而他又說人皆可以為堯、舜。此語固然是說人有此潛能，但是他又對曹交說「堯、舜之道孝弟而已矣。子服堯之服，誦堯之言，行堯之行，是堯而已矣。」〈告子下〉聽來又很簡易。其說如此玄奧，教人如何適從？

　　六、孟子談治國平天下強調要行「王道」、「王政」，將它們極端美化，說都是古人施行過的「先王之道」，而「遵先王之法而過者未之有也。」〈離婁上〉「先王」究竟是些什麼人？孟子「言必稱堯、舜」。〈滕文公上〉《孟子》裏單獨提到堯三十三次，舜七十三次，合提堯、舜二十七次。但是關於他們實際的施政，除了有一段說「堯之時，天下猶未平，洪水橫流，氾濫於天下。草木暢茂，禽獸繁殖，五穀不登，禽獸偪人……堯獨憂之，舉舜而敷治焉。舜使益掌火，益烈山澤而焚之，禽獸逃匿。禹疏九河，瀹濟漯，而注諸海……然後中國可得而食也……后稷教民稼穡，樹藝五穀，五穀熟而民人育……使契為司徒，教以人倫……。」〈滕文公上〉此外多為讚揚之語。除了堯、舜，孟子還提到商湯、周文王、武王、周公，應該也可以算是先王，但是也沒有細說他們的仁政。他自己轉述的只是授田於民，輕徭薄賦而已。然而他對於這些空泛的仁政卻主張要立即徹底地實施。戴盈之說想要逐步地減稅，孟子諷刺說這猶如從日偷一雞改為月偷一雞。梁惠

王救災，使民移地就食，孟子說這猶如五十步笑百步。這些話豈非強人所難？

　　七、孔子曾說「善人為邦百年，亦可以勝殘去殺矣。」《論語》〈子路〉孟子卻說施行仁政者並不困難，大國行之五年，小國行之七年，便可「為政於天下」。此語使公孫丑之惑滋甚，說周文王百年而崩，猶未洽於天下，文王不足法嗎？孟子說因為時勢尚不利於文王。他甚至又對梁襄王說只要「不嗜殺人者」為政，便可「一天下」。此語實在聳人聽聞。孟子解釋說「今夫天下之人牧，未有不嗜殺人者也。如有不嗜殺人者，則天下之民皆引領而望之矣」，猶如「七八月之間旱，則苗槁矣。天油然作雲，沛然下雨，則苗浡然興之矣。其如是，孰能禦之？誠如是也，民歸之，猶水之就下，沛然誰能禦之？」〈梁惠王上〉換句話說梁襄王之時勢利於統一。當時滕文公應該是一個「不嗜殺人」的為政者，為什麼他未能「一天下」？孟子只好推諸於天，說因為那時天未欲平治天下。天什麼時候要平治天下？如果治亂決定於天，他自己的努力有什麼意義？

　　八、《論語》〈憲問〉裏記載了孔子對子路的話「桓公九合諸侯，不以兵車，管仲之力也，如其仁！如其仁！」；又對子貢說「管仲相桓公，霸諸侯，一匡天下，民到於今受其賜」；又說「齊桓公正而不譎，晉文公譎而不正。」然而當齊宣王問「齊桓、晉文之事可得聞乎？」孟子說「仲尼之徒，無道桓、文之事者，是以後世無傳焉。」〈梁惠王上〉為什麼他這麼說？《尚書》〈武成〉稱武王伐殷，「血流漂杵」，而《孟子》〈盡心下〉稱孟子說「仁人無敵於天下」，武王「以至仁伐至不仁」，該役絕非如此慘烈，因而說「盡信《書》，不如無《書》。吾於〈武成〉取二三策而已矣。」〈盡心下〉古籍所載的言與事可以任意取捨嗎？孟子的取捨有何依據？

　　九、人有喜惡乃自然之情，《史記》〈孔子世家〉裏說「定公十四

年，孔子年五十六，由大司寇行攝相事，有喜色。門人曰聞君子禍至
不懼，福至不喜。孔子曰有是言也。不曰樂其以貴下人乎？」雖然他
之所以喜，不是因為自己得福，而是能因而使其治下之人得福，但是
畢竟是喜，是很自然之情。孟子在齊不得志而去，當充虞說「夫子若
有不豫色然。前日虞聞諸夫子曰君子不怨天，不尤人。」他說「彼一
時，此一時也。五百年必有王者興，其間必有名世者。由周而來七百
有餘歲矣。以其數則過矣，以其時考之則可矣。夫天未欲平治天下
也；如欲平治天下，當今之世，舍我其誰也？吾何為不豫哉？」〈公孫
丑下〉失去了一個平治天下的機會，而說並沒有不快，甚出人情之常，
而事實上當有人想要為齊王輓留孟子而來得稍晚，他就出言相譏，這
不是「不豫」嗎？而且君子不怨不尤，可以因時而異嗎？

　　十、萬章問「今之諸侯取之於民也，猶禦 [盜] 也。苟善其禮際
矣，斯君子受之，敢問何說也？」孟子說「子以為有王者作，將比今
之諸侯而誅之乎？其教之不改而後誅之乎？」孟子顯然知道萬章要逼
他承認不可受來路不當之財，他不願直接答覆，轉而辯稱即使是王者
再起，也不能將這些行同盜賊的諸侯一概誅罰，而要先加以教育他
們，使他們知其行為之不義，等到教之而不改，然後才加以誅罰。孟
子以王者師自許，必曾告誡所見之諸侯橫徵暴斂之不當，但是顯然沒
有一個因而改過的。他雖無法加以誅罰，但是至少可以拒絕他們的不
義之財吧？他既沒有否定萬章將當時的諸侯都比作盜賊，卻又不拒絕
他們的饋贈，顯然不妥，然而卻又提出了另一套理由：「夫謂非其有
而取之者盜也，充類至義之盡也。孔子之仕於魯也，魯人獵較，孔子
亦獵較。獵較猶可，而況受其賜乎？」——將取非其所有的行為都稱
為「盜」，是將「盜」的含義擴充到了極致，不免太過分了。在打獵
的時候孔子也會去取未必是他自己所穫的獵物，何況接受已取得獵物
之人的分賜呢？這話不錯，但是將諸侯暴斂於民比作打獵；將自己接

受諸侯的饋贈比作接受獵物，不是也很奇怪嗎？

十一、齊宣王因不忍牛被殺釁鐘，令易以羊，至多也是為德不卒，而且實屬無謂，豈不知所食牛羊不知凡幾？孟子不指出此一偽善，而盛讚其有「不忍」之心。然而既稱「不忍」，則牛羊有何區別？他說因為見牛不見羊而且以小易大是可以諒解的，其實這只是為齊宣王找了一個遁辭。至於是由此推演而說可將此「不忍」推之而行「仁政」於天下，那麼要將那些人作為羊，那些人作為牛？

以上幾個例子是略讀《孟子》的人都會感覺到的問題。孟子對它們都有解答，但是讀者不一定都能接受。事實上當時與他對話之人，可能也未必滿意，但因《孟子》裏總是讓他下結語，對方除了認輸，甚至自愧為「小人」之外，沒有再辯的機會。但是今日的讀者可以對這些問題繼續討論。

想要處理一個問題的人，必需找出它的原因，然後研擬出解決的辦法。社會問題的原因大多很複雜，什麼是最主要的，往往人異其見，所以認真思考的人會提出一點來假設為問題的主因。其假設愈接近一般人所體驗、認知的事實情理，愈易用來解釋問題的眾多表象，據此建構起來的辦法愈可能成功地解決問題。孟子當時戰亂頻仍，他說其主因在於人的慾利之心，但是又說人生而有仁、義、禮、智之端的心。對於前者他沒有指出其由來，對於後者他沒有充分地給以證明，所以二者都只能算是假設。他用前一個假設來說明世亂，用後一個假役來設計救亂之策，但是他既承認人的行為最終必受環境的影響，性善的假設並無必要，由此而生的仁、義等規範也無必然性，所以才有「非義之義」。好利為當時致亂之因這個假設是對的，但是人並不都好利，常言道鷦鷯巢林，不過一枝；偃鼠飲河，不過滿腹。在平常狀況下，一般人並非永不知足。好利貪婪，不奪不厭之心是特殊環境的產物。孟子當時人口大增，可以開發的土地日少，各個邦國猶

如被困在一個有限區域的獸群，向外覓食的可能愈來愈小，終於自相殘殺，弱肉強食。但是他似乎認為情勢還沒有那麼嚴重，所以他雖反對邦國之間的戰爭，卻沒有仔細研究如何直接地去處理當時外在環境裏的問題，只說人有善性，可以知仁義，因而他強調治國平天下「亦有仁義而已矣」。但是他又說仁義可以有若干層次的意義，使人難以遵從。而且許多人的善性既已因環境之迫，變得像像牛山濯濯，不復美好。他們（尤其是那些已經掌握權勢之輩）已經背棄了善性和仁、義、禮、智等等規範，以暴力相向，以求自存。教他們重新發現善性而加推廣，誠如援木求魚。他一方面承認徒善不足為政，另一方面又堅持只要有不忍人之心，統治者便足以保四海。由於這些矛盾的想法，他對於當時社會上的許多現象都無法妥當地解釋。此外他所建議的仁政顯得空泛無用，甚至可以用作暴政的藉口，而卻又強調其可行甚至易行。實際上一國受到侵略，他只能教其統治者死守或棄國，當然不能解決問題，國際之間乃戰爭不止。戰爭是為了那些人而犧牲那些一人？對此種種他似乎未曾自問其理論是否有缺誤，只見他一再曲曲折折加以辯解，甚至對一般人認定的是非、前人的言行和古籍上的記載皆隨意取捨，用來維護其理論和他自己的言行。最後當其理論已經顯然不可用，他還推說天沒有要平治天下！他一再說要學孔子，但是孔子不好辯，而注重「自訟」，曾經感歎「已矣乎！吾未見能見其過而內自訟者」，《論語》〈公冶長〉而自己則隨時反省其言行，如果發現有過失，絕不加以文飾，而立即坦然地認錯並加改正。他在陳國時，其司敗 [官職，猶司寇] 問「昭公知禮乎？」孔子說「知禮」。孔子退，司敗揖巫馬期而進之，說「吾聞君子不黨，君子亦黨乎？君取於吳為同姓，謂之吳孟子。君而知禮，孰不知禮？」巫馬期以告，孔子說「丘也幸，苟有過，人必知之」。《論語》〈述而〉他到了武城，聞弦歌之聲，莞爾而笑道「割雞焉用牛刀？」當時他的弟子子游為該地之宰，

抗議說「昔者偃也聞諸夫子曰君子學道則愛人，小人學道則易使也。」孔子說「二三子，偃之言是也。前言戲之耳。」《論語》〈陽貨〉他還一再說「君子恥其言而過其行」，《論語》〈憲問〉「過而不改，是謂過矣」，《論語》〈衛靈公〉都是強調人要力求知過、改過。其親炙弟子皆深得其教——子夏說「小人之過也必文」，子貢說「君子之過也，如日月之食焉。過也人皆見之，更也，人皆仰之」。《論語》〈子張〉孟子的言行是否有過，姑且勿論，而其好辯，則近「文飾」，或者可以說是「遁辭」。他自稱「私淑」孔子，而其行為實去孔子遠矣！

　　殷末大亂之後，經過周武王、周公等大力整頓，建立了許多制度規範，使世局穩定了一段時間，其後即逐漸敗壞。不少人想勉力維護，孔子便是其代表。但是由於社會現實的變遷，那些制度和規範所據的基礎已經崩裂，修復已無可能，所以少數有識之士開始思考改革的辦法。他們看出主要的亂因是在各種權勢的集中和世襲。老、莊建議廢除政治權威，但是其說過於虛玄；墨子主張由天子開始逐級向下選舉賢能來治國，但是最終要訴諸天意，也屬渺茫。孟子見到當時統治者荒淫無道，人民飢寒勞瘁，遊士欺妄助虐，十分忿慨痛心，想要改革，但是沒有提出確切可行的辦法，僅僅創說了若干理論，希望能引導人們的思想從傳統的桎梏裏解脫出來。他的想法雖然先進，但其說法仍然拘泥於傳統的用語，受縛於君臣、上下、主從等等的文字，不僅不能直接明白地一醒人們的耳目，而且很容易被保守分子篡用，使他所說之話背後隱藏着的革命性意義被扭曲，甚至被執政者刪禁。[10]因此他基本上他只是一個批判者，無補於改變世局，更不必說平治天下。《史記》說當時「秦用商君，富國強兵；楚、魏用吳起，戰

10　明太祖朱元璋於洪武二十七年（1394）刊《孟子節文》，刪《孟子》原書八十餘條，皆與批判政治權威有關。

勝弱敵；齊威王、宣王用孫子、田忌之徒，而諸侯東面朝齊。天下方
務於合縱連衡，以攻伐為賢，而孟軻乃述唐、虞、三代之德，迂遠而
濶於事情，是以所如者不合」，似屬實情。然而他教人努力去做大丈
夫，養浩然之氣，尋求正義，確實可使有志之士心嚮神往。中國歷代
多難，而人們能屢仆屢起，與他的號召有關。[11]後世稱他為儒之「亞
聖」，良有以也。

11　試讀文天祥「正氣歌」必生此同感。

《荀子》

▌ 荀子 ▌

　　《史記》〈孟子、荀卿列傳〉敘荀子事跡甚簡，周秦至漢有關其言行的散記亦不詳細。茲據諸說略述其要。

　　荀子名況[1]，趙人，生年不詳，約後孟子三四十年，曾於齊湣王 [西元前 323-284] 時說其相孟嘗君田文，戒之以勝人之道《荀子》〈強國〉。齊襄王立時 [西元前 283 年] 荀子年已五十，在齊國稷下「最為老師」，曾三任祭酒。後離齊，曾適趙，與臨武君議兵於孝成王前〈議兵〉，又曾適秦，與秦相范雎論政〈入秦〉。旋至楚，考烈王八年 [西元前 262] 楚相春申君黃歇用之為蘭陵令，二十五年 [西元前 238] 春申君被殺，荀子去職，仍居蘭陵，著書數萬言而卒，年約八十餘。

▌ 《荀子》 ▌

　　《荀子》共三十二篇，前二十七篇陳述荀子之見，應該是他所

1　荀子古時亦稱孫卿。劉向稱況著為《孫卿新書》。或謂「孫」乃避漢宣帝劉詢諱，然而漢時尚不諱嫌名；或謂「荀」、「孫」乃聲轉，「卿」乃尊稱，不知然否。世傳況著唯唐揚倞注本，名之為《荀子》。

著。其後〈大略篇〉似係他的弟子們記錄他的言行概要。〈宥坐〉、〈子道〉、〈法行〉、〈哀公問〉、〈堯問〉五篇則是他們所集儒家傳聞，與荀子要旨不盡相合。

戰國之時各國的執政者集權日甚，專橫日著，一般士人地位大降，所以《荀子》之辭大多委宛，即使討論具體的問題，也沒有提出具體的解決方案，只說了一些原則，至多僅僅舉出若干往例作為說明。其中〈成相〉仿役者之歌，〈賦篇〉用詩人之詠，多借它事它物喻意明理而為勸勉諷諫，更是空泛隱晦。然而就其理論而言則大致清楚。第一，他審察了當時的世局，找出了致亂的兩大原因為昏瞶的政治和錯誤的觀念，批判了對當時的執政者的作為以及若干謬說。第二，他分析了當時較新的一種政治主張 —— 法治，指出了它的許多問題。第三，他探索了治世之方，發現了治的「原」和「流」，主張謹擇君子以施行禮法，仔細討論了君子的教育和修養以及禮和法的基礎、功能和關係。第四，他陳述了君子的治國之道，第五，他描述了一種理想世界，提出了一些人人應該努力尋求的目標和應該遵循的途徑。

世局與亂因

荀子在〈富國篇〉裏將當時的邦國歸入四類：一為「亂國」，其境內田疇穢，都邑露 [敗壞]，候徼支繚 [斥侯關徼密佈]，其朝廷貴者不賢，治者不能；二為「辱國」，其官吏重財輕禮，外侮日至；三為「治國」，其軍民安業，官吏好法，朝廷隆禮；四為「榮國」，其上下皆寬於計數，謹於禮義，賢者貴，能者任，污者修，悍者愿。「亂國」與「辱國」的國君必是「貪主」、「闇主」；「治國」、「榮國」之君則是「明主」。以往曾經有過「治國」、「榮國」，但是在戰國後期荀子所見的大多是「亂國」、「辱國」。他描述說：

今之世而不然，厚刀布之斂，以奪之財；重田野之稅，以奪之食；苛關市之徵，以難其事。不然而已矣，有〔又〕掎絜伺詐〔尋錯侍故〕，權謀傾覆，以相顛倒，以靡敝之。百姓曉然皆知其污漫暴亂，而將大危亡也，是以臣或弒其君，下或殺其上，粥〔賣〕其城，倍其節，而不死其事者。〈富國〉

庸主

國家衰亂的原因很多。荀子特別歸責於「人主」（大概也包括其大臣）的昏庸，說「今君人者，急逐樂而緩治國」，〈王霸〉「今人主有大患：使賢者為之，則與不肖者規之；使知者慮之，則與愚者論之；使修士行之，則與污邪之人疑之，雖欲成功，得乎哉！譬之是猶立直木而恐其景之枉也，惑莫大焉」，〈君道〉「今上不貴義，不敬義，如是，則天下之百姓，皆有棄義之志，而有趨姦之心矣，此姦人之所以起也」。〈強國〉

齊湣王時北併宋，西卻秦，摧三晉，臣諸侯。王及大吏矜功不休，百姓不堪。荀子至齊勸其相國說「處勝人之勢」者，應「行勝人之道」，折服了他人之國，應該以仁義安撫歸順者，不可加以壓迫，更不可繼續侵奪其地，以致受害者聯合起來反抗，使情勢逆轉，以致「勝人」者反而敗亡。〈強國〉但是齊國君臣顯然並未採納其說，後來果然諸國攻齊，大敗之。

荀子曾入秦，秦相范睢問他「入秦何見？」他盛讚治理之當，但是仍有缺失，所以說「然而縣之以王者之功名，則倜倜然不及遠矣！」〈強國〉他認為治理得當僅僅使國家安寧，還不足使它成為禮義流行的王道之邦——「榮國」。其意在求全，但是說得很委婉。當然秦國也未重視其說。其後他的弟子李斯背王道而用霸術，竟使秦一統天下，並且進而廢棄仁義，施行苛政，賊害人的生命、情性。他若身

後有知，想必極為遺憾吧！

謬說

　　荀子當時民間流行着若干謬說，混淆人們的思想，使得社會紛亂。為了清除這種現象他寫了一篇〈正論〉加以糾正。例如當時盛傳「堯舜擅讓」。荀子說沒有這回事，因為天子勢位至尊，道德純備，當其在世之時，天下無隱士，無遺善，無人可以受禪；天子死後，聖王已沒，天下無聖，也無人可以受禪。如果天下有聖，無論其為天子之子或三公，則「以堯繼堯」，不可稱為禪讓。至於說天子老衰而禪，也不正確，因為天子分天下之事於王公，垂拱而治，心至愉，形不勞，所以百官有老而天子無老。又如有人倡言「湯、武篡奪」，荀子也說不然，因為桀、紂雖為聖王後嗣，但是不材不正，暴虐無道，使百姓疾之，諸侯叛之，實際上已失去了天下，成為獨夫；湯、武修道行義，天下歸之，實際上已王天下。所以應該說桀、紂自亡天下，湯、武未曾弒君。又如有人說「堯不能教化其子朱，舜不能教化其弟象」。荀子指出教化只能施諸常人，不能及於嵬瑣之輩。任何時代都有嵬瑣之輩，朱、象不受教化並非堯、舜之過。又如有人說「湯、武不能禁令」以致「楚、越不受制」。荀子說王制本來就因屬地遠近而異，楚越與諸夏受制不同，並無不當。

　　以上諸點與實際政事無關，荀子卻覺得應加辯解，但是他的論述恐怕也不易被人接受。除此之外，他指出了另一些前人的理論為害更甚。在〈解蔽〉中他說「今諸侯異政，百家異說，則必或是或非，或治或亂。」在〈非十二子〉中他說「假今之世，飾邪說，文奸言，以梟亂天下，欺惑愚眾，矞宇嵬瑣使天下混然不知是非治亂之所存者，有人矣。」他特別舉出了十二個這種人，說其中十個的言行皆「持之有故，言之成理，足以欺惑愚眾」，另外二個對於先儒之道

未能辨別真偽，也可能混淆是非、影響治亂，因此他將十二人分成六組，各加批評。

首先受批評的是它囂和魏牟。荀子說他們「縱情性，安恣睢，禽獸行，不足以合文通治」。它囂不見於他書，其說無可考。魏牟，可能是莊子時人，其說「縱情性，安恣睢」似指放任自然，與莊子主張相近，所以荀子說他如禽獸，無法使之合乎禮義，通於治道。

第二，荀子批評了陳仲、史鰌，說他們「忍情性，綦谿利跂，苟以分異人為高，不足以合大眾，明大分」。陳仲即齊國的陳仲子，其兄陳戴為齊世卿，祿萬鍾，他以兄之祿為不義而不食，以兄之室為不義而不居，被孟子譏為不如蚯蚓。史鰌即史魚，孔子稱讚他正直，說他「邦有道如矢，邦無道如矢」。荀子說二人都能克制自己的情性，堅持自己認為的高潔操行，所見與孔子相似，但是他指出這種行為無法和合廣大的群眾，辨明重要的社會分際與責任。

第三組被批評的是墨翟和宋鈃。荀子說他們「不知壹天下建國家之權稱，上功用，大儉約，而僈差等，曾不足以容辨異，縣君臣」。墨翟之說已見前述。宋鈃見於《莊子》及《孟子》。荀子對他們的批評一是過分注重功用（墨子強調不能增加生產，無惠於民的事皆不必做；宋鈃有「人我之養畢足而止，無益於天下者，明之不如已」之說《莊子》〈天下〉）；二是太講究儉約（墨子反對厚葬久喪，甚至主張非樂；宋鈃除了主張節約並欲彌秦楚構兵，因為戰爭是最大的浪費）。在荀子看來這些言行忽視了人際的自然差等，破壞了因而產生的社會結構和規範，使得國家失去了權衡上下輕重的能力，社會失去了分工合作的機制。

第四組是慎到和田駢。荀子說他們「尚法而無法，下修而好作，上則取聽於上，下則取從於俗，終日言成文典，反紃 [審] 察之，則倜然無所歸宿，不可以經國定分」。《史記》稱二人「皆學黃老道德之術」，為「稷下先生」。〈孟子荀卿列傳〉荀子對他們的第一點批評似乎指

他們崇尚一種高妙之法（自然法？）而否定了實際的人為法令。其下諸語似乎指他們好辯說，上下取捨，左右逢源，但是其言論沒有宗旨，因此不能作為建立制度和規範的依據。

第五組是惠施、鄧析。荀子說他們「不法先王，不是禮義，而好治怪說，玩琦辭，甚察而不惠，辯而無用，多事而寡功，不可以為治綱紀」。惠施、鄧析分別見於《莊子》、《左傳》，皆善辯。此處荀子只指出他們蔑視傳統的政治權威和規範，提出了反常的理論並以詭巧之說加以辯護，其說雖妙，但是不切實際，不足為治事的準則。

第六組受批評的是子思與孟軻。荀子說他們「略法先王而不知其統，然而猶材劇志大，聞見雜博。案往舊造說，謂之五行，甚僻違而無類，幽隱而無說，閉約而無解。案飾其辭，而祇敬之，曰：此真先君子之言也。子思唱之，孟軻和之。世俗之溝猶瞀儒 [愚朦之儒]、嚾嚾然不知其所非也，遂受而傳之，以為仲尼、子弓 [2] 為茲厚於後世」。子思是孔子之孫，《孟子》內曾屢次提及，頗加崇敬，但是未詳其說。此處荀子說他與孟子都大略地遵循先王之法，而不知「王法之要」古今相通，是為其「統」。他們二人不知此「統」，只知道許多先王事跡，藉以創說，瑣細蕪雜，不能一貫以明之，而自高其說，稱之為真正「先君子」的理論。一般愚蒙之人，不能辨識其非，乃信其所說，相為傳習，以為孔子、子弓僅僅就因為這些理論而見重於世。這是子思、孟軻所犯的錯誤（此外荀子又認為孟子倡言「性善」是一重大錯誤，未見於〈非十二子〉，將於本文下節析述）。

2　子弓或當指冉雍，字仲弓，孔子七十二弟子之一，以德行著稱。《論語》〈公冶長〉稱冉雍「仁而不佞」，孔子說「焉用佞？」可見他默認仲弓為仁。仁是孔子給人的最高稱許，在〈憲問〉裏他曾說管仲「九合諸侯不以兵車」，因而稱讚他「如其仁！」在〈雍也〉、〈顏淵〉、〈子路〉記仲弓與孔子問答皆合大體。大約因此孔子認為仲弓可以承擔大任，所以說他是「犂牛之子騂且角，雖欲勿用，山川其捨諸？」甚至說「雍也可使南面。」荀子敬稱之為子弓，並屢與孔子並提，原因當在於此。

　　荀子對十二子的批評太過簡略，而且未必中肯。重要的是他指出了這些人的理論有一個共同的缺點：「蔽」。因為各有所蔽，不能見到「道」之整體，失於偏頗——墨子蔽於實用而不知文化，宋子蔽於從欲而不知行德，慎子蔽於循法而不知尊賢，申子蔽於乘勢而不知用智，惠子蔽於言辭而不知實事，莊子蔽於天然而不知人為。所以他說「故由用謂之，道盡利矣；由欲謂之，道盡嗛〔快意〕矣；由法謂之，道盡數〔術〕矣；由勢謂之，道盡便〔便宜〕矣；由辭謂之，道盡論矣；由天謂之，道盡因〔自然因果〕矣」。這幾種看法「皆道之一隅也」，而「道者體常而盡變，一隅不足以舉之。曲知之人，觀於道之一隅，而未之能識也，故以為足而飾之，內以自亂，外以惑人，上以蔽下，下以蔽上，此蔽塞之禍也。」〈解蔽〉

　　「蔽塞之禍」產生了偏見，偏見影響了行為。為了免於蔽塞，智者應該「兼陳萬物，而中縣衡焉」——通盤地觀察萬物，然後用心中懸着的一支秤加以判斷，以得到完整平衡的見解。有了這樣的見解，才能辨清是非，明白什麼該做不該做，才不致誤入蹊徑而歸於正道。這就是荀子自以為有別於十二子之處。

▌ 正論 ▌

道

　　什麼是「道」？《荀子》裏提到許多「道」（「大道」、「小道」、「天道」、「人道」、「公道」、「私道」、「王道」、「霸道」、「君道」、「臣道」、「偷道」、「奸道」、「傭徒之道」），但是又說「天下無二道」，〈解蔽〉而這種「道」「非天之道，非地之道，人之所以道也，君子之所道也」。〈儒效〉所以荀子要談的只是人應該走的路，特別是君子走的路。那是怎樣的路？他自問自答說「道也者何也？曰禮義、辭讓、忠信是

也。」〈強國〉又簡單地說道就是「禮義」之道，又稱之為「堯、舜、湯、禹之道」〈性惡〉，是「人道之極」〈禮論〉。

名

　　人因蔽而不能見道之全貌，以小知而論大道，當然多誤，其始往往在用字定義，即所謂「制名」。古人將指示、陳述事物的語言文字皆稱為「名」，將事物稱為「實」。「名」是人造的，與「實」之間本無必然的關係，在許多簡單的情況裏，只因若干人對某一「實」給了一個「名」，然後因「約定俗成」，使這個「名」與「實」之間建立了一種關係，而被多數人接受，倘若有人不從眾而「析辭擅作」，對這個「實」給了另一個「名」，就像另創了一套度量的工具，會使人疑惑，而生出許多辯訟。在若干比較複雜的情況裏，因為有許多「實」具有共同之處，又有相異之處，這些同異要待專家仔細區分，各別給以大類和細目之「名」，常人才易接受。另外有些「實」係某些人所發現或創造出，就由他們命「名」，這些名一旦被定下了，他人也不可任意變更。這種「名」、「實」相符的情形便被認為「正確」，否則便是「不正」，便會產生混淆、紛爭。荀子指出其前的若干辯士，如宋鈃的「見侮不辱」，墨子的「聖人不愛己」和「殺盜非殺人」，乃是「用名以亂名」；莊子的「山淵平」，墨子的「𧼈豢不加甘，大鐘不加樂」，乃是「用實以亂名」；公孫龍的「白馬非馬」，乃是「用名以亂實」。〈正名〉因而他像孔子一樣覺得應該「正名」，所以寫了〈正名〉，其說甚為艱澀，但是可以大概了解如上。他特別指出禮義道德等等行為規範都是古代聖王制定的「實」和「名」，說「刑名從商，爵名從周，文 [儀文] 名從禮 [禮經]」，有別於一般人約定俗成的「散名」。他又說「王者之制名，名定而實辨……慎率民而一焉。故析辭擅作，以亂正名，使民疑惑，人多辯訟，則謂之大奸，其罪猶

為［偽造］符節度量之罪也」。如果人民「莫敢託為奇辭以亂正名」，則「其民愨，愨則易使……一於道法而謹於循令矣……今聖王沒，名守慢［漫濫］，奇辭起，名實亂，是非之形不明，則雖守法之吏，誦數［經典］之儒，亦皆亂也。若有王者起，必將有循於舊名，有作於新名［改變亂正之新名］」。〈正名〉

然而因為天下紛亂，沒有聖王可以「臨之以勢，道之以道，申之以命，章之以論，禁之以刑」，「正名」之事只有靠君子去做。此事甚為不易。荀子說要先教人認清事物之「實」，然後告訴他們已經被多數人接受之「名」，再說明為什麼如此，反覆為之，才能使人明白「名」和「實」之間的「正當」關係。在確知「名足以指實」之後，才能使「辭足以見極」〈正名〉——談論事理才能真切，其過程不致歪曲歧雜，其結果才能正當確實。他認為這種「辯」是君子的責任，所以在批評了十二子之後說：

> 若夫總方略，齊言行，壹統類，而群［集］天下之英傑而告之以大［太］古，教之以至順……則六說者不能入也，十二子者不能親也。無置錐之地，而王公不能與之爭名，在一大夫之位，則一君不能獨畜，一國不能獨容，成名況［況］乎諸侯，莫不願以為臣，是聖人之不得執者也，仲尼、子弓是也。一天下，財萬物，長養人民，兼利天下，通達之屬莫不從服，六說者立息，十二子者遷化，則聖人之得執者，舜、禹是也。〈非十二子〉

這就是荀子認為的立天下之正名，樹學術之正統，是孔子、子弓，以及天下仁人志士應該做的事。他唯恐此意不明，又說「今夫仁人也，將何務哉？上則法舜、禹之制，下則法仲尼、子弓之義，以

務息十二子之說，如是，則天下之害除，仁人之事畢，聖人之跡著矣。」〈非十二子〉可見荀子認為「仁人」得勢必需掌握「聖王」之道的要旨，摒除十二子的「六說」，解脫人們的蒙蔽，去除地們的謬見，才能進而輔正時主，平治天下。孔子、子弓曾有此志，但不幸未曾得勢。然而天下仁人志士仍應以他們為法，努力以赴。他自己著書立說，也是為了此一目的。茲將他特別着重的幾點樹立「正道」、「正統」之見，即其「正論」，稍加析述如下。

天、命

名、實不符之事極多，有些初看不很清楚，細審之後可以發現影響甚大，其中之一是「天」，其二是「命」。自古以來，人類對於其若干無法理解其因果的事故都說是「天生」或「命定」如此。老、莊稱之為「自然」。孔子之見有異於此，雖然他也承認有些大事的發生與否似乎牽涉到一種不可知的外力，稱之為「天」、「命」，但是並不相信它是事先有意設定來決定事情發展的東西，所以他主張人們應該盡其所能去改善其生活，甚至「知其不可而為之」。孟子基本上接受了這種想法，而似乎更積極了一些，主張在若干極端的情勢下，人可以用劇烈的手段改變現狀。墨子非「命」，因而否定了許多傳統的制度（如政權世襲）和習俗（如厚葬、久喪），但是最終仍不得不推出一個不可測的「天」來解釋當時的政治、社會情勢，甚至支持「天子」的極權。

荀子大反諸子之說，指出「列星隨旋，日月遞炤，四時代御，陰陽大化，風雨博施，萬物各得其和以生，各得其養以成，不見其事而見其功，夫是之謂神。皆知其所以成，莫知其無形，夫是之謂天。」〈天論〉這句話所描述的可以說是物理學之「天」，是一些沒有意志的因素。它們影響了萬物的存在，但是看不出來有什麼企圖，而似乎是

不得不然。莊子說「天不得不高」，《莊子》〈知北遊〉就在說明此點。荀子在〈天論〉裏一再討論這個問題，似乎也同意這種看法。他首先說自然界有些不常見的現象如「星墜木鳴」，使人們感恐懼而問「是何也？」他說「無何也，是天地之變，陰陽之化，物之罕至者也。怪之可也，畏之非也。」當時流行「天人相應」之說，所以有人問「雩﹝求雨之祭﹞而雨，何也？」他說「無何也，猶不雩而雨也」。誠然如此，為什麼許多人，特別是受人尊重的「君子」，都做那些祭祈的儀式呢？他說「日月食而救之，天旱而雩，卜筮然後決大事，非以為得求也，以文之也。故君子以為文，而百姓以為神。以為文則吉，以為神則凶也。」坦白一點說，百姓那麼做是由於愚昧迷信，君子也這麼做只是隨俗，並以此文飾他的行為，顯得他關心百姓的禍福，並不相信會有什麼好處，也不影響他實際該做的事。

　　然而人的生活確實受到天的寒暑、水旱影響，人應該做些什麼來應付？荀子說應該「明於天人之分」，讓「天」自行其所必然，而要人自行其所當然。天、人各行其道，人便有可能決定其後果。他說：

　　　彊本而節用，則天不能貧；養備而動時，則天不能病；修道而不貳，則天不能禍。故水旱不能使之飢渴，寒暑不能使之疾，祅怪不能使之凶。本荒而用侈，則天不能使之富；養略而動罕，則天不能使之全；倍道而妄行，則天不能使之吉。故水旱未至而飢，寒暑未薄﹝迫﹞而疾，祅怪未至而凶。受時與治世同，而殃禍與治世異，不可以怨天，其道然也。故明於天人之分，則可謂至人矣。

　　換句話說，自然界的變遷並不可畏，可畏的是人禍，他稱之為「人祅」。什麼是「人祅」？他說「楛耕傷稼，耘耨失薉，政險失民；

田薉稼惡，糴貴民飢，道路有死人，夫是之謂人祅。政令不明，舉錯不時，本事不理，夫是之謂人祅。勉力不時，則牛馬相生，六畜作祅，禮義不修，內外無別，男女淫亂，則父子相疑，上下乖離，寇難並至，夫是之謂人祅。」

　　一般人如能盡力做該做的事，避免不該做的事，便可防禦天災，平安生活，國家亦然。但是許多人，包括孟子，都說世事興衰是有天命決定的。荀子問「治亂天邪？」然後答道「日月星辰瑞曆〔曆象〕，是禹、桀之所同也，禹以治，桀以亂，治亂非天也。」又說「天不為人之惡寒也輟冬」，「天行有常，不為堯存，不為桀亡」。知道了天循其常規而行，所以「聖人不求知天」，不必去揣摩天的什麼奧秘，當然也不要想祈求它為人而有所變化，而着重在掌握其常規而設法應付，甚至據此常規而加以利用。他說「大天而思之，孰與物畜而制之！從天而頌之，孰與制天命而用之！望時而待之，孰與應時而使之！因物而多之，孰與騁能而化之！思物而物之，孰與理物而勿失之也！願於物之所以生，孰與有物之所以成！故錯人而思天，則失萬物之情。」

　　總而言之，在荀子看來對一個自然而然的「實」（物理的「天」），給以一個有意志含義的「名」（類似鬼神的「天」），「名」、「實」不符，是致亂之因。

　　這是一個革命性的想法。對於此前的人而言，「制天」、「制命」是不可思議之事。荀子這想法反映了人們自信的增加，認為至少在某程度上，人們已經可以不必完全受制於一種不可知，不可違的神秘力量。這種自信其實已在孔子思想裏萌芽，荀子才將它演繹成為一種理論，可以稱之為「制天論」，是人類進化途中的重要一步。

人性

　　另一個與濫名近似之舉是對於一個事實給以一個不當的形容

詞。孟子說性「善」，在荀子看來便犯了此誤，需加糾正。他認為人性「惡」才切合事實，因而寫了一篇〈性惡〉，又在若干其他篇章裏反複陳述，頗為繁雜。茲整理一番，略述其要如下。所引之語多出自〈性惡〉，如又見於他篇則另標明。

　　首先，他先對「善」、「惡」下了一個定義，說「凡古今天下之所謂善者，正理平治也；所謂惡者，偏險悖亂也。」這當然是依據他個人的價值觀而定的——他痛恨紛擾，所以將「亂」等於「惡」；他愛好秩序，所以將「治」等於「善」。

　　其次，他說孟子形容人性為「善」，是因為「不及知人之性，而不察乎人之性、偽之分」。依照他的看法「性」是「天之就 [成] 也，不可學，不可事 [不能以人力改變]」，如「飢而欲飽，寒而欲煖，勞而欲休」，這是「堯、舜之與桀、跖」，「君子之與小人」同一的「性」。〈性惡篇〉「偽」謂「人為」，如人雖飢，「見長 [長者] 而不敢先食者，將有所讓也；勞而不敢求息者，將有所代也。夫子之讓乎父，弟之讓乎兄；子之代乎父，弟之代乎兄，此二行者，皆反於性而悖於情也。」他又進一步指出孟子說人性善，其有不善，都是因為喪失其性的結果，乃是一種謬論，因為性既然是與生俱來，就不會自行喪失，所以說「所謂性善者，不離其樸而美之，不離其資而利之也……若夫可以見之明不離目，可以聽之聰不離耳，故曰目明而耳聰也。」倘若人之心中之「善」可以離失，就不是人天生的「性」了。

　　其次，他指出一般之人特別注重若干基本的欲求，說「人之生固小人」只求口腹之欲，「呥呥而噍 [嚼]，鄉鄉而飽」，〈榮辱篇〉此外還廣泛地唯利是圖，無視於其他。然而在一定的情勢之下，世間的食物和其他的「利」皆屬有限，人人「欲惡同物，欲多而物寡」，〈富國篇〉如順其情性則必然相爭而不肯辭讓。爭則必亂，必致「強者害弱而奪之，眾者暴寡而譁 [譁] 之，天下之悖亂而相亡不侍頃矣。」為了自利

而相爭在他看來就是「性惡」的表現。他又說人在求欲之時相爭，滿足其欲之後便相忘。為此他造出了一段堯、舜之間的對話：「堯問於舜曰人情何如？舜對曰人情甚不美，又何問焉──妻子具而孝衰於親，嗜欲得而信衰於友，爵祿盈而忠衰於君──人之情乎，人之情乎，甚不美！又何問焉！」

再次，他說「古者聖人以人之性惡，以為偏險而不正，悖亂而不治，故為之立君上之勢以臨之，明禮義以代之，起法正以治之，重刑罰以禁之，使天下皆出於治，合於善也。」基於此一見解，他問「今誠以人之性固正理平治〔善〕耶？則惡用聖王，惡用禮義矣哉？」然後自答說「故檃栝之生，為枸木也，繩墨之起，為不直也，立君上，明禮義，為性惡也。」

▎ 社會、權威、規範 ▎

先秦八哲的理論都是為了改善人的社會而作，對於社會的源起及其必要的因素所見各異。荀子說人性相同，「飢而欲飽，寒而欲煖，勞而欲休」，〈性惡〉「好榮惡辱，好利惡害，是君子、小人之所同也」。〈榮辱〉人有共同的好惡，如何能夠滿足可以有不同的方法。孟子相信性善，所以認為人們會自動分工合作，自動地產生一些規則，以行生產分配。荀子相信性惡，說「人生而有欲，欲而不得，則不能無求，求而無度量分界，則不能不爭。爭則亂，亂則窮」。〈禮論〉為了要避免這種結果只有靠外力來加以制約，說「古者聖王以人之性惡，偏險不正，悖亂不治，故為之立君上之勢以臨之，明禮義以化之」。〈性惡〉所以在他看來社會是由「聖王」創設，靠其所立的權威（君上）和規範（禮義）而維繫運作。

關於權威，荀子說可因其優劣分為三等：（一）「道德之威」，指

統治者「禮樂則修，分義則明，舉措則時，愛利則形」，因而百姓「貴之如帝，高之如天，親之如父母，畏之如神明」，國內「賞不用而民勸，罰不用而威行」。（二）「暴察之威」，指統治者不能修禮、分義，但是「其禁暴也察，誅不服也審，刑罰重而信，誅殺猛而必」，因而百姓被劫於形勢，受振於誅殺。（三）「狂妄之威」，指統治者「無愛人之心，無利人之事，而日為亂人之道，百姓讙敖則從而縛之，刑灼之」，因而百姓「下比周、賁潰以離上」，國家「傾覆滅亡可立而待」。〈強國〉

關於規範，他說可因其由來及基礎而分成數類，處於上下許多位階。就其由來而言，他認為堯、舜、禹三代「先王」及周初文、武「後王」所定者最高。〈非相〉、〈王制〉、〈不苟〉就其基礎而言，凡「順於人心」者如「禮」，應處上位。他又將不同身份之人應該遵循的規範加以分別其重要程度，先說人君，他引了孔子之言說「大節是也，小節是也，上君也；大節是也，小節一出焉，一入焉，中君也；大節非也，小節雖是也，吾無觀其餘矣」，〈王制〉但是沒有明白指出什麼是「大節」、「小節」。其次他提到人臣，說有「大忠」者「以德復君而化之」，「次忠」者「以德調君而輔之」，「下忠」者「以是諫非而怒之」，〈臣道〉但是也沒說明各級規範的具體內容。再次提到一般人民，說「入孝出弟，人之小行也；上順下篤，人之中行也；從道不從君，從義不從父，人之大行也」，〈子道〉明白地指出「道」、「義」高於「順」、「篤」和「孝」、「弟」，但是未曾像孔、孟那樣對各種規範多作詮闡。

荀子只對兩種規範的性質、功能、由來、依據以及施行的辦法做過詳細的論述，其一是「禮」，其二是「法」。

禮

荀子對「禮」講得極多，除了寫一篇〈禮論〉之外，在其書許多章節裏都提到「禮」。茲加分析如下：

　　第一，關於「禮」的性質和功能，荀子一再說「禮者表也。」〈天論〉、〈大略〉，又將「禮」比作「繩」、「衡」、「規矩」、「刑范」。〈禮論〉、〈彊國〉。「表」謂標誌，例如顯示水深的標竿；「繩」、「衡」等等是度量曲直、輕重、方圓、式樣的器具。他的意思是「禮」可以像「表」那樣防止人滔溺，又如各種工具那樣有度量人的行為妥當與否的功能。

　　第二，關於「禮」的由來，荀子相信人性惡，當然不能像孟子那樣說人可以探索內心而得知規範，所以有人問「人之性惡，則禮義惡生？」他說「凡禮義者，是生於聖人之偽，非故 [固] 生於人之性也。」「偽」指「人為」，非「自然」。他接着解釋道「陶人埏埴以為器，然則器生於陶人之偽，非故生於人 [陶？] 之性也；工人斲木而成器，然則器生於工人之偽，非故生於人 [木？] 之性也；聖人積思慮習偽故 [以前人為的成果]，以生禮義而起法度，然則禮義法度者，是生於聖人之偽，非故生於人之性也。」〈性惡〉

　　第三，關於「禮」的根據。荀子說「禮也者，理之不可易者也」，〈樂論〉又說「禮以順人心為本，故亡於禮經而順人心者，皆禮也」，〈大略〉又說「禮有三本：天地者生之本也，先祖者類之本也，君師者治之本也……故禮，上事天，下事地，尊先祖而隆君師。」簡而言之，「禮」的根據是不可變易的「理」，這種「理」存在於人心，是人人都能體會的，因此遵循此理而制定的行為規範，能夠順於人心，即使沒有載於講述「禮」的經典，都可以是「禮」。人心都知道應該尊敬天、地、祖先、君主和師長，所以最基本的「禮」就是依據這種心意而制定的。說了這些話之後荀子舉出了一些例子加以闡明，包括「大婚」、「大饗 [祭祖]」等，而說得最細的是喪、葬之禮，因為許多人都認為久喪厚葬是一種浪費。他花了許多篇幅給以辯護，說「禮者，謹於治生死者也。生，人之始也；死，人之終也……君子敬始而慎終……夫厚其生而薄其死，是敬其有知而慢其無知也，是奸人之道

而倍叛之心也。」〈禮論〉此點與性惡說異，禮基於理，理即人情，人
皆知理，人情非惡？

第四，關於「禮」之目的。荀子指出人生而有「欲」，但是可以
滿足人欲之物有限，所以會發生爭亂。「先王惡其亂也，故制禮義以
分之，以養人之欲，給人之求，使欲必不窮乎物，物必不屈於欲，兩
者相持而長……故禮者養也」，就像「芻豢稻粱，所以養口。」〈禮論〉
「禮」是一種規範，怎麼可以有此效果？這個問題牽涉到荀子對物資
的生產和分配的一種特別的看法。古時的生產多靠人力，產量有限，
一般人皆有匱乏之虞，所以墨子常「昭昭然為天下憂不足」。荀子卻
甚不以為然，他說「夫天地之生萬物也，固有餘足以食人矣，麻葛繭
絲鳥獸之羽毛齒革也，固有餘足以衣人矣。夫有餘、不足，非天下之
公患也，特墨子之私憂過計也。」〈富國〉而且因為他相信人可以「制
天」，克服天災，所以「禹七年水，湯七年旱，而天下無菜色。」〈富
國〉然而為什麼他當時之人會有匱乏？他說因為人太貪婪，指出「貴
為天子，富有天下，是人情之所同欲也。然則從人之欲則勢不能容，
物不能贍也。」所以要免於匱乏不在於增加生產，而在於使人各知其
應有之「分」。什麼是一個人「應有之分」？他認為人有賢與愚，能
與不能，不可「均事業，齊功勞」，而應該依其才能與努力，從事不
同的工作，做出不同的成績，得到不同的報酬，三者集合起來就是一
個人應有的「分」。所以他說「故先王為之制禮義以分之，使有貴賤
之等，長幼之差，知、愚，能、不能之分，皆使人載 [任] 其事，各得
其宜，然後使愨 [穀] 祿多少厚薄之稱 [當]，是夫群居和一之道也。」
〈榮辱〉簡而言之，就是先要將人區別成各種品類、等級，然後給以不
同工作和待遇。依照這樣的辦法，無論物資多少，人人各從其已定之
分，就沒有爭執，社會便安定了，所以他說「恭敬辭讓所以養安」，
「禮義文理所以養情」──不僅是「養口」，而且要「養安」、「養情」，

要人心情安寧愉快。這一點與墨子的主張均富（或均貧）不同，因為如果不分等級，將使賢、愚，能、不能，難以分工，以致減少生產，所得不足，因而使人心情不平，這是「兩喪之」；而荀子的辦法則可使人「兩得之」。〈禮論〉

第五，關於「禮」的施行。荀子說可繁可簡，要依人力和資源而定，重要在於「文」[儀式] 和「情」[心意] 的配合。繁「禮」的儀式隆重，可能超過心意的誠摯；簡「禮」的儀式儉略，可能不足表達心意的懇切，二者都不妥當。最好的「禮」是「文理情用相為表裏，竝行而是」，荀子稱之為「中流」，〈禮論〉是君子應該做的。〈哀公〉裏記載了魯哀公問，穿着禮服就可以算是合禮嗎？孔子說為了表示適當的心意，在行某種禮的時候穿某種服裝是應該的。這段對話就是在說明「禮」、「情」相配之理。但是這一類的話都甚空泛，荀子並沒有細說「禮」該如何實施。究其緣故，大約因為許多的「禮」本來出自習俗，又經過了長久經驗和智慧的洗煉，已經被多數人認為是善和美的行為規範，而願意遵循，以此互勉，並且用來教育子女。這些規範的要旨被記錄下來，成為了「禮書」，包括現在還存的的《儀禮》、《禮記》等。《禮記》〈曲禮〉舉出了許多細微的日常起居、飲食、灑掃、應對、進退的禮節，顯然相信以此教育幼童，使他養成習慣，由此開始，其後便自然地易於遵循較為複雜而有深奧意義之禮。〈經解〉裏說「禮之教化也微，其止邪也於未形，使人日徙善遠罪而不自知也」，就是出於此一信念。

樂

古時「禮」、「樂」並稱，許多的禮在施行之時有音樂相配。《荀子》裏有一篇〈樂論〉，批評墨子的「非樂」，強調音樂之重要，說「[聲] 樂之入人也深，其化人也速」，能移風易俗，為聖王所重。該

篇內容，大多與《禮記》〈樂記〉之說近似，但較簡略。[3] 首先荀子說人有情緒，會「發於聲音」。聲音也會影響情緒，如哭喪之聲會使人

3　《禮記》〈樂記〉係纂集儒家關於音樂理論而成，內容重複累贅，但因儒重視「樂」，認為它具有極大的化人、治事功效，說得很玄妙難解，所以在此略加析述。舉其要旨大有三點：第一，人因「外物」使其「心動」，產生各種情緒，就會發出各種聲音，如有「哀心」者，其聲「噍以殺」，有「樂心」者，其聲「嘽以緩」，有「喜心」者，其聲「發以散」，有「怒心」者，其聲「粗以厲」，有「敬心」者，其聲「直以廉」，有「愛心」者，其聲「和以柔」。相對地聲音也會反過來影響人的情緒，所以說「噍殺之音作而民思憂，嘽諧慢易之音作而民康樂，粗厲之音作而民剛毅，廉直之音作而民肅敬，寬裕之音作而民慈愛，流僻之音作而民淫亂」。這一點大致不錯。人（甚至其他動物）在不同的形勢、心情時，是會發出不同的聲音，而聲音也可以影響情緒，如人在「桑間濮上」、戰場、宗廟、鄉里、閨門之內，所出之聲，所生之情，自不相同。如果以樂器表達，也會作不同的選擇，如鐘、磬、絲［琴瑟］）、竹［簫笙］、鼓的音響可以使人感覺威嚴、清明、淒切、悠逸、騷動。這些說法都與常識無異。第二點說聲音與音樂「相近而不同」。聲音有「姦」、「正」，音樂有「德」、「溺」。「姦聲感人而逆氣應之，逆氣成象而淫樂興焉。正氣感人而順氣應之，順氣成象而和樂興焉。」問題是「姦」、「正」通常是指道德倫理的價值判斷，因此什麼聲音是「姦」，什麼聲音是「正」，很難想像。子夏說「鄭音好濫淫志」、「宋音燕女溺志」、「衛音趨數煩志」、「齊音敖辟喬志」，皆是「溺音」而非「德音」，將聲音是否使人「溺於色」而「害於德」為準，別為「姦」、「正」，相當玄妙，殊非常人之見。第三點說音樂（至少「正音」）是先王所作，目的在以節制人情使其免於「肆溺」而近於「和順」。「和」是極重要的一種狀態，指天地間「百物有別而皆和合」的一種秩序，所以說「樂者天地之和也」，「大樂與天地同和，故百物不失節」。「節」就是秩序，表現在音樂上就是宮、商、角、徵、羽五個音階。若將它們組合得當便可成為樂曲，用來表達不同的意境、情緒。如果組合不當，便成了噪音。這一點也易了解，但是儒者又將這五個音階比諸於人事，說「宮為君，商為臣，角為民，徵為事，羽為物，五者不亂則無怙懘之音矣。」又說「宮亂則荒，其君驕；商亂則陂，其臣壞；角亂則憂，其民怨；徵亂則哀，其事勤［多勞而無功］；羽亂則危，其財匱。五者皆亂，迭相陵，謂之慢，如此則國之滅亡無日矣。」此說玄妙，非常人能夠理解。儒者的解釋是「八風從律［音律］而不姦［亂］，百度得數而有常，小大相成，終始相生，倡［唱］和清濁，迭相為經，故樂行而倫清，耳目聰明，血氣平和，移風易俗，天下皆寧。」此外又造出了一段魏文侯與子夏的對話來進一步加以說明，大意稱魏文侯問「古樂」與「新樂」之異。子夏說「古樂」係君子依照音律章法所作，用以「正六律，和五聲」，「進旅，退旅」［整齊有序］，有助於人「修身及家，平均天下」；「新樂」則不然，「進俯，退俯」［俯僂雜亂］，縱情汎濫，「不知父子」［逢反上下輕重章法］，導人肆意作亂，以致於危亡。這番解釋仍使人覺得一頭霧水。音樂既是「外物」感動人心而生，是人與物之間的事，怎麼忽然一跳而成了人與人之間的關係，不知是何邏輯，令人莫明其妙。然而仔細研析《荀子》〈樂論〉和《禮記》〈樂記〉，可以發現其實它們並沒有說「樂」有獨立的社會功能。整體而言，它們始終將「樂」與「禮」並論。「禮」是人與人之間的行為規範，「樂」只是配合「禮」的音效。因為儒家相信「禮」可以使人修、齊、治、平，而古時統治者行「禮」，確實都伴有音響，「樂」因而似乎與有功焉。後世「禮」逐漸成了形式，很少人再誇大它的功能，「樂」與「禮」失聯，只成了表達個人情意的聲音，當然沒有人再牽強附會，肆意推演其社會效應了。《孟子》〈梁惠王下〉稱梁惠王面有慚色地說「寡人非好先王之樂，直好世俗之樂耳」，《禮記》〈樂記〉稱魏文侯說「吾端冕而聽古樂則唯恐臥，聽鄭、衛之音則不知倦」，皆足說明春秋戰國時期即有此現象，所以儒家論樂，獨樹一幟，但與常識距離太遠，難為一般人接受，荀子勉為之說並無新意，只為駁斥墨子而已。

心悲，行伍之歌會使人心傷，鄭衛之音會使人心淫，韶武之章會使人心莊。如果這種種聲音發之而「不為道〔章法〕」，便「不能無亂」。大約因為他相信人「性惡」，所以常常會不循章法而亂。他又說「凡姦聲感人而逆氣應之。逆氣成象而亂生焉；正聲感人而順氣應之，順氣成象而治生焉」。他所謂的「姦聲」大約是指放縱不羈的聲音，會致亂，所以他接着說「先王惡其亂也，故制雅頌之聲以道之，使其聲足以樂而不流，使其文足以辨而不諰，使其曲直繁省廉〔簡〕肉〔豐〕節奏足以感動人之善心，使夫邪污之氣無由得接焉」。這種「雅頌之聲」便是合乎適當章法的「正聲」音樂。這種音樂「其感人深，其移風易俗易」。所以他說「故樂者，治人之盛也」，「樂者聖人之所樂也」。將音樂說成了政治的工具和手段，並且十分強調其功能，時人及後人似乎都不能充分了解，因而墨子有「非樂」之說，荀子極不以為然，說「君子明樂，乃其德也〔為的是它的德化之功〕，亂世惡善，不此聽也，於乎哀哉！」

法

荀子特別強調「禮」，但是《荀子》裏也常提到「法」，時而用作動詞，指「效法」，如「法先王」，「法後王」；時而用作名詞，指一般的法則，如「人無法，則悵悵然」；或指法律，如「有法者依法行，無法者以類舉」。大約因此荀子沒有寫一篇〈法論〉。現在將他散見於許多章節裏有關法律的論說集合起來，陳述於下。

荀子認為「禮」與「法」有密切的關係，說「禮者法之大分〔成分〕，類之綱紀〔要領〕也」，〈勸學〉、〈王霸〉「非禮是無法也〔否定了禮，便沒有法可言了〕」。〈修身〉但是二者並非一物，其間有同有異。他常將「禮」比作規矩、繩墨，在〈榮辱〉裏他將「法則」與「度量、刑辟、圖籍」同稱為「數」，所以他認為「禮」、「法」都是度量他物的器械和數據。

這是「禮」與「法」相同之處。但是進一步看其他篇章，可以見到他心目裏「禮」與「法」有很多差異。

第一，就二者的內在性質而言，「法」比較粗淺，出於習俗或掌握權威者的規定，並無必需然的性質，荀子認為它只是「械數」；〈君道〉「禮」雖然也可以出於習俗或「聖人」的創作，也是「偽」物，但是它必需合乎「人情」、「事理」，而且在其外表之下，還有深一層的意義，可以說是「禮之義」，因為有了此「義」，就比法為廣、為奧，可以作為「法之大分，類之綱紀」，用以補充法之不足，評斷法之當否。

第二，就二者的社會價值而言，「禮」以情理為基礎，所以應該都與社會利益相契合；「法」未必有情理的基礎，因此可以或善或惡，所以荀子說有「治法」、「亂法」、「王者之法」、「霸者之法」、「亡國之法」，〈王霸〉而「禮」則無此等分別。

第三，從二者的實際施行來看，差異最大。首先看二者施行的範圍。「禮」是合乎情理的行為準則，應該可以廣泛地適用於所有的人；「法」僅為獎勵或懲戒某些特殊行為而立，所以只適用於若干特定的人。其次看它們施行的方法。在這一點上，「禮」與「法」的差異最複雜也最突出，因為（一）「禮」的施行幾乎完全依賴教育（尤其是對幼兒生活細節上的教育），使人年長之後，自然地表現出一種善良優美的行為；「法」雖然也有指導行為的作用，但其施行多在事後，並非普及教育，尤其不是初期教育的教材。（二）「法」的條文雖然可以很多，但是終究有限，不像「禮」那麼對於生活細節有無微不至的規定。（三）「法」的準則既不能靠幼時養成的習慣自然地表現於一般人的行為，只得靠權威者強制施行。（四）「禮」與「法」雖然都像權衡、繩墨，但是「禮」有人的情理及習慣為基礎，受大眾的認定；「法」則純是「械數」，容易被權威者濫用。

　　以上諸點並非艱深高妙之論，然而《荀子》曾以很多篇幅加以申述，因為當時已有「法治」之說流行，荀子不否認法之重要，但是認為過分「以」法、「依」法為治，會產生許多弊病，必需加以辨認、說明。

　　古時對於違反社會規範之事，情節重者由君相、司寇處理，情節輕者由各級「士師」聽斷。聽訟要平和，使人直言無忌；如果態度威猛，人便不敢竭盡其情。至於論斷，依荀子所說要「有法者以法行，無法者以類舉」，盡量做到「無隱謀，無遺善，百事無過」。〈王制〉要做到這樣的結果是極不容易之事。「有法者以法行」，只適用於有確當可用的條文之案，然而世事萬變，即使是「聖人」也不可能對所有可能發生的案件預先立法加以規範，所以司法者在處理若干案件時可能無法可循。這種案件如係對於社會安寧秩序沒有重大不良影響的民事糾紛，一般國家皆依照習慣或「法理」處理。如果涉及個人或社會的重大權益，被認為是一種罪行，現代國家大多採取「刑事，法律未規定者不罰」的原則。中國古時以為各種權益都應該加以適當的維護並促進，所以創設了一套極為廣泛的規範「禮」以培養一切的行為，而以數量有限的「法」作為最低的準則，來明確指定若干行為應該絕對禁止。但是對於其他會產生不良形響的行為，治國者不可以不聞不問，仍需加以妥當的處理。如何處理？荀子說「無法者以類舉」，〈王制〉、〈大略〉所謂「類舉」，是將一件無法可循的案件找出其某些最基本的要素，再尋找有此要素而又有另外一些比較普通的要素，因而已受法律規範的案件，將這兩種案件歸為同一類。例如過失殺人的案件，因為此行為有致人死亡的結果，不能不認為是一罪行而歸入殺人一類，但是細析其事，必竟與蓄意殺人不同，所以不能直接適用殺人之法，而只可「舉」出此法作為參考，而將此法所定原則上適用於一切殺人案件的刑罰調整輕重，以配合案情而作出妥當的處分。這種做法

早已見於《書經》〈呂刑〉。該篇強調慎刑，告誡司法官「勿用不行 [未制定施行文法]，惟察惟法 [務必明察而遵循現行之法]」。如果沒有現行可循之法，則「上下比罪」，將一個罪行的情節與同類罪行相比，如果法律所定的刑罰對本案的情節而言太重或太輕，就予以加減，稱為「上刑適輕下服，下刑適重上服」。荀子之說就是此意。

但是要如此「比」並不容易，因為現行之法既然不明顯確切地可以適用，一般對現行法律十分清楚的人也會不知所措。荀子將這種情形稱為「法教之所不及」，〈儒效〉將這種人描寫為「尚法而無法，終日言成文典，反紃察之，則偶然無所歸宿」，說慎到、田駢便屬此類。〈非十二子〉倘若要求有所「歸宿」，就要尋找「類」。此事之難，在於法的文字簡略，只指出某事可以或不可以做，如「殺人者死，傷人及盜抵罪」，沒有說出為什麼要如此處理的理由。若能了解社會的一個重要目的是在保護人的生命、身體和財產，就可將各種方式、程度的殺、傷、奪取財產的行為分別歸入幾「類」，然後比較其輕重，分別作成適當的處理。荀子稱這種法律條文背後的理由為法之「義」，這種探索此「義」的過程為「議法」，說「法而不議，則法之所不至者必廢」，〈王制〉「不知法之義而正法之數者，雖博，臨事必亂」。〈君道〉他又指出「議法」可以用「禮」為指標，因為「禮者法之大分 [成分]，類之綱紀 [要領] 也」，〈勸學〉、〈王霸〉「非禮是無法也 [否定了禮，便沒有法可言了]」。〈修身〉「禮」也是人為的規範，但是比「法」的涵蓋廣，更重要的是有道德的基礎。道德標示出了崇高的社會目的，荀子常常以一個「義」字簡稱之。「禮」是道德的具體要領，「法」是若干粗略的規定，要尋找社會目的，就應該將「義」、「禮」、「法」綜合起來看。荀子稱這種做法為「統」，強調君子要「推禮義之統」。〈不苟〉一個人能「法先王 [用聖王之法]」，而且「統禮義」，就可以「以淺持博，以古持今，以一持萬……倚 [奇] 物怪變，所未嘗見也，率然起一方，則舉統類

而應之，無所儗怎 [疑慮不安]，張法 [舉出適當之法條] 而度之，則晻然若合符節」。〈儒效〉這種做法與此前他在〈非十二子〉所說君子應「總方略，壹統類」以息爭議，是相同的。

在刑事案件裏司法者除了要引用現有的，或以「類舉」的方法去找到可以「比附援引」的法條以斷罪之外，還要進一步決定適當的刑罰。「刑」的初意與「型」有關，就是要強制使人就範。其方法可以有多種，包括虐害精神、限制自由、傷害肢體、剝奪生命。在中國古代最普通的是最後兩種，但是也有傳說上古之時的刑罰都是象徵性的。〈正論〉裏說「世俗之為說者曰：治古無肉刑而有象刑——墨黥 [塗墨於面以代黥刑]，慅嬰 [以草（慅）為冠飾（嬰）以代劓刑]，共艾畢 [割（艾）蔽膝（畢）以代宮刑]，菲對屨 [以粗麻鞋（對一枲）以代刖（菲）]，殺赭衣而不純 [以紅土染無邊之衣代斬首]。」荀子說：

是不然。以為治邪 [假使古時真是治世]？則人固莫觸罪，非獨不用肉刑，亦不用象刑矣。以為人或觸罪矣，然則是殺人者不死，傷人者不刑也。罪至重而刑至輕，庸人不知惡矣，亂莫大焉。凡刑人之本，禁暴、惡惡，且徵 [懲] 其未也。殺人者不死，而傷人者不刑，是謂惠暴而寬賊也，非惡惡也。故象刑殆非生於治古，並起於亂今也。治古不然，凡爵列、官職、賞慶、刑罰皆報也，以類相從者也。一物失稱，亂之端也。夫德不稱位，能不稱官，賞不當功，罰不當罪，不祥莫大焉。昔者武王伐有商，誅紂，斷其首，懸之赤旆。夫徵暴誅悍，治之盛也；殺人者死，傷人者刑，是百王之所同也，未有知其所由來者也。刑稱罪則治，不稱罪則亂。故治則刑重，亂則刑輕，犯治之罪固重，犯亂之罪固輕也。〈正論〉

　　簡而言之，荀子認為刑罰應該有實效，其輕重應該與罪之輕重相「當」，象徵性的刑罰與實際的罪行不相當，所以不可行。由此推論則獎賞也應該與功之大小相「當」。此點極為重要，所以他一再強調「刑當則威，不當則侮；爵當賢則貴，不當賢則賤」，〈君子〉賞罰絕不可僭濫，「若不幸而過，寧僭無濫」，因為賞僭不過利及小人，刑濫則害及君子。〈致士〉

　　如何使用刑賞而求得實效？荀子說必需「先教」。對此他有一段很詳細的解釋：

　　　賞慶、刑罰、埶詐之為道者，傭徒鬻賣之道也，不足以合大眾，美國家，故古之人羞而不道也。故厚德音以先之，明禮義以道之，致忠信以愛之，尚賢使能以次之，爵服慶賞以申之，時其事，輕其任，以調齊之，長養之，如保赤子。政令以定，風俗以一，有離俗不順其上，則百姓莫不敦惡，莫不毒孽，若祓不祥；然後刑於是起矣。是大刑之所加也，辱孰大焉！將以為利邪？則大刑加焉，身苟不狂惑戇陋，誰睹是而不改也哉！然後百姓曉然皆知循上之法，像上之志，而安樂之。於是有能化善、修身、正行、積禮義、尊道德，百姓莫不貴敬，莫不親譽；然後賞於是起矣。是高爵豐祿之所加也，榮孰大焉！將以為害邪？則高爵豐祿以持養之；生民之屬，孰不願也！雕雕焉縣貴爵重賞於其前，縣明刑大辱於其後，雖欲無化，能乎哉！故民歸之如流水，所存者神，所為者化，而順，暴悍勇力之屬為之化而愿，旁辟曲私之屬為之化而公，矜糾收繚之屬為之化而調，夫是之謂大化至一。〈議兵〉

簡單地說就是要先以政教之，使民知善惡，而為趨避。經過一段時間之後之後，才行「進退誅賞」。

但是此一原則似乎可以有例外，〈宥坐〉裏說了兩個故事：

（一）孔子為魯司寇兼代國相，上任才七天，就誅罰了少正卯。弟子問為什麼。孔子說「人有惡者五，而盜竊不與焉。一曰心達而險，二曰行辟而堅，三曰言偽而辯，四曰記醜而博，五曰順非而澤。此五者，有一於人，則不得免於君子之誅，而少正卯兼有之，故居處足以聚徒成群，言談足以飾邪營 [熒惑] 眾，強足以反是獨立 [顛倒是非，不受勸改]，此小人之桀雄也，不可不誅也。」然後說商湯、文王、周公、太公 [呂尚]、管仲、子產，各曾誅罰這一類人。這個故事想說明的是，對於某些人而言，「先教」是沒有必要的。

（二）孔子為魯司寇，有父子相訟者。孔子拘之，三月不予審理。其父請終止此案，孔子就釋放了他們。魯國執政季孫很不高興說孔子告訴他為國家必以孝，現在逆子訟父該殺，而孔子竟將他釋放了。孔子聽了嘆道「嗚呼！上失之，下殺之，其可乎？不教其民而聽其獄，殺不辜也。三軍大敗，不可斬也，獄犴不治，不可刑也；罪不在民故也。嫚令 [怠慢於執法] 謹誅 [嚴刻於施刑]，賊 [害] 也；生也有時，斂也無時，暴也；不教而責成功，虐也。已此三者，然後刑可即也。《書》曰：義刑義殺，勿庸以即，予維曰未有順事。言先教也。故先王既陳之以道，上先服之；若不可，尚賢以綦 [教] 之；若不可，廢不能 [罷斥不能施教之官吏] 以單 [憚，使畏懼] 之。綦三年而百姓從風矣。邪民不從，然後俟之以刑，則民知罪矣……今之世則不然，亂其教，繁其刑，其民迷惑而墮焉，則從而制之，是以利彌繁而邪不勝……今夫世之陵遲亦久矣，而能使民勿踰乎！。」〈宥坐〉這個故事強調「先教」不只是在上者要求人民如何作為，還需要從事於「身教」，並且要改善人民生存的環境，使他們不僅知道是非，而且能夠趨避。

　　《荀子》這兩個故事反映出了荀子最耽心的一件事——法之被濫用。除了前述衡石可被濫用外，他還舉出了許與其他的「械數」，如用以為信的符節、契券，用以為公的探籌、投鈎，都可能因為君主的好權謀、好曲私，而使臣下百吏變本加厲地用來欺詐、偏險，豐取、刻與。〈君道〉這個法令易被濫用的事實，使荀子發展出了一套比孔、孟更為明確周詳的人治理論。他說：

> 故械數者，治之流也，非治之原也；君子者，治之原也。官人守數，君子養原；原清則流清，原濁則流濁。故上好禮義，尚賢使能，無貪利之心，則下亦將綦辭讓，致忠信，而謹於臣子矣。如是則雖在小民，不待合符節，別契券而信，不待探籌投鈎而公，不待衡石稱縣而平，不待斗斛敦概而嘖。故賞不用而民勸，罰不用而民服，有司不勞而事治，政令不煩而俗美。百姓莫敢不順上之法，象上之志，而勸上之事，而安樂之矣。故藉斂忘費，事業忘勞，寇難忘死，城郭不待飾而固，兵刃不待陵而勁，敵國不待服而詘，四海之民不待令而一，夫是之謂至平。〈君道〉

　　因此他的結論是「有治人，無治法。羿之法非亡也，而羿不世中；禹之法猶存，而夏不世王。故法不能獨立，類不能自行。得其人則存，失其人則亡。法者治之端也；君子者法之原也。故有君子則法雖省，足以徧矣。無君子，則法雖具，失先後之施，不能應事之變，足以亂矣。不知法之義，而正法之數者，雖博，臨事必亂。」〈君道〉又說「故有良法而亂者有之矣；有君子而亂者，自古及今，未嘗聞也。」〈致仕〉

▎ 君子 ▎

求學

　　「人治」之要在於得人，妥當之人被稱為「君子」。此前所述諸子也都強調「君子」之重要。老、莊似乎說這種人是天生的。墨子沒有明說他們如何而來。孟子說任何人能夠發揚其固有的善性便可成為「大人」，其說甚玄。孔子和荀子都認為「君子」是良好教育的成果。荀子對此點說得特別詳細。

　　首先，他指出人雖性惡，但其行為有極大的可塑性。他說人皆有「可以知之質、可以能之具」只要加以適當的教化誘導，便可使人做適當之事而成為「君子」，甚至像夏禹那樣的「聖人」。為什麼人不都是「君子」？他說因為一般人未能「積善」（努力學習做「好事」）。〈榮辱〉

　　可學的事很多。荀子指出世間事物無數，一個人雖「沒世窮年不能徧也」，而且事物一直在變化，所以一個人「其所以貫理焉雖億萬」，仍「不足以浹萬物之變」，其結果「與愚者若一」。〈解蔽〉但是他又指出有些事物，例如農工的技藝以及辯者所論的「充虛之相施易也，堅白同異之分隔也」，與為人治世無關，不值得學，「不知無害為君子，知之無損為小人」。〈儒效〉因為他認為教育之目的在於培養君子，所以說要教以「聖王」之學——「聖也者盡倫〔理〕者也，王也者盡制者也。兩盡者足以為天下極矣」。〈解蔽〉他所說的「倫」、「制」，即人文社會之學，他認為君子之學應到此為止，更具體地說「學惡乎始？惡乎終？曰：其數〔項目〕則始乎誦經，終乎讀禮。」〈勸學〉「經」指當時已有的《詩》、《書》、《春秋》之類，「禮」特別指當時專門講述禮儀要義的「禮書」。《詩》、《書》輯存了古代人們的經驗和智慧，是人們生活的依據。「禮」是根據這些經驗和智慧所制訂出來的具體

規定，是人們行為的準則，最為重要，因為「水行者表深，使人無陷；治民者表亂，使人無失。禮者，其表也」，〈大略〉人不知禮便無法立身處世，更不可能成為君子了。所以他說「故學至乎禮而止矣，夫是之謂道德之極。」

讀「禮」不難，但是不該是只是記憶「禮書」之文。重要的是要掌握「禮」的要旨（「隆禮」），像提起了衣裳的領口，一舉手就可以將事理整頓順當。對於初學之人此事甚為不易。荀子有感於俗語所謂「蓬生麻中，不扶而直，白沙在涅，與之俱黑」，〈勸學〉而指出學「禮」要找到適當的師友。良師可以教人誦經讀禮，並且「以身為正儀」來指導人的行為，益友可以扶持人「防邪辟而近中正」，所以他強調「非我而當者，吾師也；是我而當者，吾友也；諂諛我者，吾賊也。故君子隆師而親友，以致惡 [厭惡] 其賊。」〈修身〉在師、友之中當然以良師更為重要，因為人性惡，自私自利，「生固小人」，只知「飢而欲食，寒而欲煖，勞而欲息，好利而惡害」，「無師無法 [外在的行為準則]」則唯利之見耳」，〈榮辱〉所以「人無師法而知則必為盜 [竊利]，勇則必為賊 [殘殺]，云能則必為亂，察則必為怪，辯則必為誕」，〈儒效〉又說人「可以為堯、禹，可以為桀、跖，可以為工匠，可以為農賈」。〈榮辱〉有了師法才不至於偏入歧途。

良師益友可以有助人了解規範，下一步是如何去遵循，使言行合於規範。此事更難。荀子說「道雖邇，不行不至；事雖小，不為不成。」〈修身〉為學修身乃是人生大事，需要自己持久不斷地一點一點去做。他指出「不積跬步，無以至千里；不積小流，無以成江海。騏驥一躍，不能十步；駑馬十駕，功在不舍。鍥而舍之，朽木不折，鍥而不舍，金石可鏤。螾無爪牙之利，筋骨之強，上食埃土，下飲黃泉，用心一也。蟹六跪而二螯，非蛇蟺之穴無可寄託者，用心躁也。是故無冥冥之志者，無昭昭之明；無惛惛之事者，無赫赫之功。」〈勸學〉

修身、處事

求學的目的何在？荀子說「古之學者為己，今之學者為人」。〈勸學〉「為人」是「為禽犢〔贈品〕」，以取悅於他人，是他所不齒的；「為己」是「美其身」，使自己完善，才是求學的首要目的。「美其身」，就是修身，使人之剛強者柔和，勇猛者平寧，急躁者安徐，狹隘者寬閒，貪卑者高尚，〈修身〉在獨處時能「致誠」，以「誠心守仁」，「誠心行義」，〈不苟〉能「慎獨」，猶如「芷蘭生於深林，非以無人而不芳」，〈宥坐〉能「自知」，知是非而「分是非之分」〈不苟〉乃至於「不怨天，不尤人」〈榮辱〉能「長慮顧後」，以「節用御欲，收斂蓄藏」〈榮辱〉在與人相處之時，能「體恭敬而心忠信，術〔作為〕禮義而情愛人」，〈修身〉高於人時能「寬容易直以開導人」，低於人時就「恭敬撙絀以畏事人」，〈不苟〉能「崇人之德，揚人之美」而不諂諛，「正義直指，舉人之過」而不毀疵，〈不苟〉能坦率而正直，使人覺得「易知而難狎……交親而不比」，〈不苟〉能「寬而不慢，廉而不劌，辯而不爭，察而不激，寡立〔獨立特行〕而不勝〔以氣凌人〕，堅強而不暴，柔從而不流〔隨波逐流〕，恭敬謹慎而容〔從容〕」。

求學的另一個目的是學會處理事務，能「勞苦之事則爭先，饒樂之事則能讓」，「身勞而心安，為之；利少而義多，為之」〈修身〉能「先義而後利」，〈榮辱〉「求利也略……行道也勇」，〈修身〉「義之所在……不顧其利……重死持義而不撓」。然而因為天下之事極為繁雜，未必可以用同一種方法處理。所以他又說「知當曲直」，「與時屈伸」，「以義屈信變應」。〈不苟〉這一點可以說是最難能可貴的。荀子稱之為「至文〔最高的文理教化的表現〕」。對能夠如此修身處事的人譽為「古之處士」、「士君子」。〈榮辱〉

處理事務要先取得相關之人的信任，修身便是為此作準備。荀子說「君子能為可貴〔使自己可貴〕，不能使人必貴己；能為可信，不能

使人必信己；能為可用，不能使人必用己。故君子恥不修，不恥見汙；恥不信，不恥不見信；恥不能，不恥不見用。是以不誘於譽，不恐於誹，率道而行，端然正己，不為物傾側。夫是之謂誠君子。」〈非十二子〉因為君子注重自身的善，就不在乎外在的評價，所以「志意修則驕富貴，道義重則輕王公，內省而外物輕矣」，〈修身〉「是故權利不能傾也，群眾不能移也，天下不能蕩也，生乎由是，死乎由是。」有這樣修養的人才能受人尊敬信賴，才能妥善處理大事。荀子將這種修為稱之謂「德操」，將有此修為者稱之謂為「成人」、〈勸學〉「大人」、〈解蔽〉「誠君子」。〈非十二子〉這樣的人可以「橫行天下，雖困四夷，人莫不貴……人莫不任」。〈修身〉這樣走遍天下都受人尊貴信任的「士君子」，才是可以治國平天下的人，所以他總結說求學、修身「始乎為士，終乎為聖人」。〈勸學〉「士」是能夠妥當地立身處世的「君子」，「聖人」是指足以治國平天下的人。

▌治世▌

士君子和聖人如何治世？荀子說「君子治治，非治亂」，〈不苟〉不是整頓亂局，像將一片污泥攪動一番，而是要先將亂因、亂象去除，然後才佈置可以治平之局。前一工作主要在駁斥邪說和正名已如前述，後一工作極繁，但是有一些原則必需遵循。荀子提出了兩點──「靜」和「中」。第一，治亂者當然不可自亂，所以要靜。荀子說「人心譬如槃 [盤] 水，正錯 [安置] 而勿動，則湛濁在下而清明在上，則足以見鬚眉而察理矣。微風過之，湛濁動乎下，清明亂於上，則不可以得大形之正也。心亦如是矣，故道之以理，養之以清，物莫之傾，則足以定是非決嫌疑矣……中心不定則外物不清……水動而景搖，人不以定美惡。」〈解蔽〉第二，除亂者的作為不可太過或不

及，應該「比中而行之」。什麼是「中」？荀子說「言必當理，事必當務……凡事行，有益於理者立之，無益於理者廢之，夫是之謂中事。凡知說，有益於理者為之，無益於理者舍之，夫是之謂中說。事行失中，謂之姦事；知說失中，謂之姦道。」〈儒效〉依此解釋，「中」可以說就是「合理」、「適當」。決定「當」否，要靠「衡」——秤。心中有了一支秤，便可知「當」否。秤要靜止不動才能度量他物的輕重。

立分

亂因何在？荀子一再說因為人沒有守其「分」，如果人人能遵守其「分」，就不會有爭亂。但是如果資源匱乏，人無法滿足其欲，怎麼望他守其「分」？荀子提出了兩個看法：一，世間有足夠的物資供人所需，已見前述。二，「欲」受「心」所控制，「心」可以說是「意志」，它之是否可行，視其是否合理，所以荀子說「欲過之而動不及〔有欲而無行動〕，心止之也。心之所可中理，則欲雖多，奚傷於治……心之所可失理，則欲雖寡，奚止於亂」因此只要人能知理，「欲雖不可盡，可以近盡也；欲雖不可去，求可節也」。〈正名〉欲既可控制，「分」便可守，亂便可免。

為什麼不同身份的人可以享有不同量的資源？這問題使許多人感到不滿。所以許行主張君主親耕；墨子強調貴者節用；孟子雖然不講平等，但是也說要君主與民同樂。荀子之見與眾不同。第一，他認為「分均則不偏〔遍〕」〈王制〉，將一切資源平均分配不可能遍及所有的人。第二，他從另一角度來看資源的分配，先着眼於社會事務的運作，指出這種運作不能由各人獨立去做，因為個人「力不若牛，走不若馬」，〈王制〉而且一身所需是「百技所成」，然而一人不能「兼技」，不能「兼官〔管〕」，「離居不相待則窮」〈富國〉，必須群居。成群還不

足成事，因為「群而無分則爭，爭則亂，亂則離，離則弱，弱則不能勝物」〈王制〉，所以必需分工合作。為此目的人應該依其能力分入若干類別，荀子稱之為「分」。社會上最重要的兩種「分子」是在分工合作時所需的領導者服從者。能夠為眾人「定分」者可以說是「聖人」，人們對於他當然應該崇敬；對於領導實際工作的人則需給以權威，荀子稱之為「勢位」，說「勢齊則不壹〔一致〕……眾齊則不使……兩貴之不能相事，兩賤之不能相使，是天數也」，又說「勢位齊而欲惡同，物不能澹〔瞻〕則必爭，爭則必亂，亂則窮矣」，又說「先王惡其亂也，故制禮義以分之，使有貧富貴賤之等，足以相兼臨〔統領〕者，是養天下之本也，《書》曰維齊非齊，此之謂也。」〈王制〉所以勢位高的，負責領導、指揮群眾的人應該「貴」，不同於一般人民。「貴」的表徵是什麼？他說「先王聖人……知夫為人主上者，不美不飾之不足以一民也，不富不厚之不足以管下也，不威不強之不足以禁暴勝悍也，故必將撞大鐘，擊鳴鼓，吹笙竽，彈琴瑟，以塞〔滿足〕其耳；必將錭琢刻鏤，黼黻文章，以塞其目；必將芻豢稻粱，五味芬芳，以塞其口」。〈富國〉為什麼「先王、聖人」覺得統治者要富貴才能「一民」、「管下」？荀子說能夠管而得當，「治萬變，材萬物，養萬民，兼制天下者」，是為「仁人」，天下「得之則治，失之則亂」，百姓都依賴他，「故相率而為之勞苦，以務佚之，以養其知也……以養其厚〔仁厚〕也……以養其德也。故仁人在上，百姓貴之如帝，親之如父母，為之出死斷亡而愉者，無他故焉，其所是焉誠美，其所得焉誠大，其所利焉誠多」，「故美之者，是美天下之本也；安之者，是安天下之本也；貴之者，是貴天下之本也」。〈富國〉換句話說，百姓為了防亂，甘心情願地給統治者以較多的資源作為酬勞，他並不是無故享受富貴。

這番道理並不妥當，因為真正為民服務者不該只是為了得酬，

而且治人者並無必要豪華的享受。堯舜在位，所得不逾監門之養。至於人民對他感激，那是另一回事，而且也不必特別供給他物資的報答。荀子未見於此，而在說了他的道理之後，又批評墨子的「節用」和「非樂」，說將「蠛然衣麤食惡，憂戚而非樂……上功勞苦，與百姓均事業，齊功勞。若是則不威，不威則罰不行，賞不行則萬物失宜，事變失應……既以伐其本，竭其原，則焦天下矣……故墨術誠行，則天下尚儉而彌貧，非鬥而日爭，勞苦頓萃而愈無功，愀然憂戚非樂而日不和。」〈富國〉

總之，荀子認為人應各有其「分」，有給統治者富且貴是為了使他能夠有「勢位」來「管下」、「一民」、「防亂」、「為治」。統治者包括君主和各級官吏，他們之「為治」自有不同之道。所以荀子寫了〈君道〉、〈臣道〉二篇為之說明，此外在若干其他篇章又一再加以申詳。茲分別略述於下。

為君

荀子在〈君道〉裏說「君者儀 [標竿] 也，民者景 [影] 也，儀正而景正」，意思是君主要治國必需先正其身。有人問他如何「為國」，他說「聞修身，未聞為國也。」〈君道〉此前提到他討論「君子」如何修身，但是沒有明白指出「君主」該怎麼做。綜觀《荀子》各篇，可以見到他強調的是存仁，守義，循道，尊禮。在〈富國〉裏他說「王天下，治萬變，材萬物，養萬民，兼制天下者，莫若仁人之善也。」在〈王霸〉裏他說「百里之地可以取天下」，其要在於人主是否能「致忠信，著仁義」。在〈君道〉裏他說聖人「仁厚兼覆天下……行義塞於天地」。在〈大略〉裏他說「先王先仁然後禮」，就是說要先以仁存心，然後才施行禮法。在〈議兵〉裏有一段對話：李斯對荀子說「秦四世 [孝公、惠王、武王、昭王] 有勝，兵強海內，威行諸侯，非以仁義為之

也,以便 [便利之勢術] 從事而已。」荀子說「非汝所知也。汝所謂便者,不便之便也。吾所謂仁義者,大便之便也。彼仁義者,所以修政者也。政修,則民親其上,樂其君,而輕為之死⋯⋯秦四世有勝,而諰諰然 [恐懼貌],常恐天下之一合而軋己也,此所謂末世之兵,未有本統也。湯之放桀也⋯⋯武王之誅紂也⋯⋯皆前行素修也,此所謂仁義之兵也。今汝不求於本,而索之於末,此世之所以亂也。」

基於這些看法,荀子說「人主仁心設焉,知其役也,禮其盡也,故王者先仁而後禮,天施然也。」〈大略〉能以仁義為先,然後施政,便能自然地治國化民。他並舉了夏禹作為一例說「禹之所以為禹者,以其為仁義法正也。」〈性惡〉禹是古代聖王,所以荀子強調要君主修身治國皆須「法先王」。他的〈勸學〉、〈榮辱〉、〈非相〉、〈非十二子〉、〈儒效〉、〈王制〉、〈富國〉、〈君道〉、〈彊國〉、〈正論〉、〈禮論〉、〈樂論〉、〈解蔽〉、〈性惡〉、〈君子〉、〈大略〉、〈宥坐〉諸篇莫不申論「先王之道」。其「道」主要在為世人「定分」,「使群」,「制禮」,「作樂」,「為天下生民之屬,長慮顧後而保萬世」,使之「群居和一」,是為「至平」之道。〈榮辱〉他所謂的「先王」多指堯、舜。〈王制〉、〈性惡〉〈大略〉裏說「先王之道,則堯、舜已」。但是他又說「聖王有百,吾孰法焉?」然後自行回答說「文久而息,節族久而絕⋯⋯欲觀聖王之跡,則於其粲然者矣,後王是也⋯⋯故曰欲觀千歲,則數今日;欲知億萬,則審一二;欲知上世,則審周道;欲知周道,則審其人所貴君子。」〈非相〉可見他所說的「聖王」還包括夏、商、周的賢主。所謂「周道」就是文、武、周公之道,這三位是受人貴重的君子,是荀子所說的「後王」,是堯、舜、禹、湯之後的聖君,不是一般佔有國君之位的人。「先王」事跡已因年久而不詳,然而「千萬人之情,一人之情是也;天地始者,今日是也;百王之道,後王是也。」所以如果人主能「審後王之道,而論於百王之前,若端拜而

議，推禮義之統，分是非之分，總天下之要」就可以「治海內之眾若使一人」。〈不苟〉因此荀子教人君「法後王」，其實與「法先王」是相通的，因為「後王之成名 [制訂名義]，刑名從商，爵名從周，文名從禮，散名之加於萬物者，則從諸夏之成俗」，〈正名〉因此，時君不可捨先王之法，「好自用」，「析辭擅作」以致亂，而應該「不識不知，順帝 [先王] 之則」。〈修身〉

「法先王」並不是刻板地遵循古代留下的法規。法條有窮，人情萬變，前文已經提到用法時應該「有法者依法行，無法者以類舉」，「舉」也者，先要「議法之義」，要「統禮義」。荀子「論百王之道」又說君主應「端拜而議，推禮義之統」，強調「禮」、「法」和許多度量的工具一樣，是否能用以求得正確的結果要看使用者，特別是君主，是否正直。此外他又指出為君之道首在「立義」、「立信」，而不可「立權謀」，說「用國者，義立而王，信立而霸，權謀立而亡」，並舉出了實例——湯、武行義而王，五伯守信而霸，齊閔王好權術而身死國亡。用權術之所以敗亡是因為這種君主「不務張其義，齊其信……如是則臣下百姓莫不以詐心得其上矣。上詐其下，下詐其上，則是上下析 [離析] 也。如是則敵國輕之，與國疑之，權謀日行，而國不免危削，綦 [極] 之而亡」〈王霸〉

除了「法先王」並且以信義守之這個為君的正道之外，荀子還列舉了若干具體的做法。

第一，君主應「愛民，如保赤子」，雖孤、獨、鰥、寡也不遺棄。〈王霸〉愛民有道，不是「拊循之，唲嘔之，冬日則為之饘粥，夏日則與之瓜麮，以偷取少頃之譽」，這只是「偷道」；也不是「傮然要時務民 [紛紛地限時役民]，進事長功 [趕事求功]，事進矣而百姓疾之」，這是「姦道」。好的君主「為之不然，使民夏不宛暍 [苦於暑熱]，冬不凍寒，急不傷力，緩不後時，事成功立，上下俱富」。〈富國〉

庶民的心願是極單純的，如果沒有重大的天災，他們只希望能有一點土地，不因傜役妨害了耕種，不被稅斂奪盡了收穫。所以荀子又申述「節用裕民」之道只需「量地而立國［耕田區域］，計利［地之所出］而蓄民［民之數］，度人力而授事……使衣食、百用出入相揜［當］……輕田野之稅，平關市之徵，省商賈之數，罕興力役，無奪農時，如是則國富矣，夫是之謂以政裕民。」〈富國〉依照他的說法，這麼做的結果，資源一定有餘，只要合理地分配，人人都不虞匱乏。所謂「合理」就是「合禮」，因為「禮」就是用來「定分」的。人人依「禮」而分享資源，「貴賤有等，長幼有差，貧富輕重皆有稱者，故天子袾褸衣冕，諸侯玄裷衣冕，大邦卑冕……」，是謂「節用」，但是與墨子所說人人一律「蹙然衣麤食惡」不同。〈富國〉

君主如何對待人民，人民就就有相對的反應。荀子說聖君如湯、武者，「興天下同利、除天下同害。天下歸之」，然後「厚德音以先之，明禮義以道之，致忠信以愛之，賞賢使能以次之，爵服賞慶以申重之，時其事、輕其任以周齊之」，是故百姓「貴之如帝，親、之如父母，為之出死斷亡而愉」，反之倘若君主對人民「汙漫突盜以先之，權謀傾覆以示之，俳伏侏儒婦女之請謁以悖之，使愚詔知，使不肖臨賢，生民則致貧隘，使民則綦勞苦」，是故百姓「賤之如尫，惡之如鬼，日欲司閒而相與投藉之，去逐之」。〈王霸〉他又用了兩個比喻來說明君民的關係。其一將民比為馬，君比為輿中之人，說「馬駭輿」猶「庶人駭政」，則「君子不安位」。其二將君民比為舟與水，說「君者舟也，庶人者水也。水則載舟，水則覆舟」。〈王制〉由此他更進一步說「天之生民，非為君也；天之立君，以為民也」。〈大略〉可見他雖不輕君，但實重民，然而比孟子之說則有所不及，因為世局不同，君權日強，他自己也沒有以前士人那分豪氣了。

第二，君主要有知人之能，要能如繩、墨、規、矩那樣衡量人

的品格、才能，「既錯 [置] 之而人莫之能誣也。」〈王霸〉荀子稱這種辦法為「材人 [度量人才]」。依他的看法，人主在這方面的工作最重要的是度量三種人材：一是「官人使吏之材」，指擔任一種特定的工作和受人驅使的吏員，他們的材質是「愿愨拘錄 [謹慎勤勞]，計數纖嗇，而無敢遺喪」。二是「士大夫、官師之材」，其特性是「修飾端正，尊法敬分，而無傾側之心，守職循業，不敢損益，可傳世也，而不可使侵奪」。三是「卿相輔佐之材」，他們「知隆禮義之為尊君也，知好士之為美名也，知愛民之為安國也，知有常法之為一俗也，知尚賢使能之為長功也，知務本禁末之為多材也，知無與下爭小利之為便於事也，知明制度、權物、稱用之為不泥也。」〈君道〉在此三種人才之中當然以卿相為最重要，因為他「列百官之長，要百事之聽，以飾朝廷臣下百吏之分，度其功勞，論其慶賞，歲終奉其成功以效於君，當則可，不當則廢」，可以說是「君者之樞機」、「人主之寶」〈君道〉人君舉國而與之共治，「國者天下之大器也，重任也，不可不善為擇所而後錯 [安置] 之……故與積禮義之君子為之則王，與端誠信全之士為之則霸，與權謀傾覆之人為之則亡……然則彊、固 [楛，破敗]，榮、辱，在於取相矣」，因而「君人勞於索之」，務必要找到適當之人，「能當一人而天下取，失當一人而社稷危」，既得適當之人，人主便可「休於使之」，如湯用伊尹，文王用呂尚，「身有何勞而為？垂衣裳而天下定」，所以荀子一再說君主要「慎取相」，〈王霸〉並且寫了一篇〈成相〉，盛道賢相之重要說「人主無賢，如瞽無相」。

第三，君主經過仔細觀察考察之後，發現了賢能之人，則要「無恤親疏，無偏貴賤，唯誠能之求」，〈王霸〉「懸貴爵重賞以招致之」，然後分給工作。荀子稱之為「官人」，使「士大夫分職而聽，建國諸侯之君分土而守，三公揔方而議」。〈王霸〉在其受任之後要「顯設」之，頒以職銜；要「藩飾」之，給以各等冠弁衣裳、黼黻文章，便足

以辨貴賤，「使臣下百吏莫不宿 [守] 道、鄉 [向] 方而務」。〈王霸〉更重要的是君主應給賢能之人以信任，不容愚者論之，不肖者規之，〈君道〉也不可以自用其智，「與臣下爭小察而綦偏能」，〈堯問〉因為天下至大，百事叢脞，人主無由知之，無能為之，倘若勉強去做，勞苦耗頹，那是墨子的「役夫之道」，〈王霸〉難以成功。所以荀子說人主應「好要不好詳」，應「守約」，只掌握住重大的政策、政務，不干預臣民的工作。為此他舉了魏武侯謀事，臣下莫能逮為例而非之，說：諸侯「得師者王，得友者霸……自為謀而莫己若者亡」。〈君道〉所以人君除了有賢相之外，更能「官人」而當，有百官以「鎮撫百姓，應待萬變」，〈君道〉就能「守至約而詳，事至佚而功，垂衣裳，不下簟席之上」而治，荀子稱這是「君人者之要守」，是「人主之職」。〈王霸〉

　　第四，君主於「官人」之後，為了免於「昏闇孤獨」而受臣下蒙蔽、愚弄，荀子說要用便嬖左右為耳目，卿相輔佐為基杖，對臣下加以考覈管束——「禁 [限定] 之以等」，「度之以禮」，「稽之以成 [成績]」，「校之以功」，「與之舉錯遷移而觀其能應變」，「與之安燕而觀其能無流慆」，「接之以聲色權利、忿怒患險而觀其能無離守」。荀子稱此為「用人之法」。〈君道〉

　　第五，考覈的結果應該加以陟黜。古時「禮」尚未定，故有世家，由其族人依昭穆之序出任世職，但是在「禮制」已立之後，則應依之而定去留，「雖王公士大之子孫也，不能屬於禮義，則歸之庶人；雖庶人之子孫也，積文學，正身行，能屬於禮義，則歸之卿相士大夫」。荀子稱此為「王者之政」。〈王制〉

　　第六，君主為政宜明不宜密。荀子特列提出此點，因為當時世俗之說曰「主道利周 [秘密、幽隱]」。他大不以為然，說「主者民之唱 [倡導] 也，上者下之儀 [儀表] 也，彼將聽唱而應，視儀而動。唱默則民無應也，儀隱則下無動也……若是則與無上同也，不祥莫大焉」。君主

既有倡議便該公開、明白地宣示出來，使人民易於知曉、遵循。所以說「上宣明則下治辨矣⋯⋯上周密則下疑玄矣⋯⋯疑玄則難一⋯⋯是亂之所由作也。故王道利明不利幽，利宣不利周。」〈正論〉公開明白的宣示還有一個重要的效果就是可以避免偏頗，所以說「公生（於）明，偏生（於）闇」。〈不苟〉主道公明不僅可以使臣民得知所從，而且可以防止他們「比周 [私結朋黨]」。臣民為何比周？因為主道幽險不明，偏曲難知，使他們玄疑不安，畏懼而求自保，一則「漸 [欺] 詐」，二則結黨。用以「陶 [諂] 誕 [妄] 比周以爭與 [相與之人]」，「賣 [奔] 潰 [散] 以離上」。〈彊國〉黨羽既成，只圖私利而害公，國家便陷於危亡了。

第七，為了確切掌握國政，君主必需「立威」。此前已提到荀子說「威有三：有道德之威者，有暴察之威者，有狂妄之威者」。簡述其意謂上等的君主能修禮樂，合理地制定各種之「分」，適時推行妥當的政策，遵循法則對待臣民，則「百姓貴之如帝，高之如天。親之如父母，畏之如神明，故賞不用而民勸，罰不用而威行，夫是之謂道德之威」。其次的君主不能修禮、制分、適時、循法，卻能「禁暴也察，誅不服也審，其刑罰重而信，其誅殺猛而必」，然而「非劫之以形勢，振之以誅殺，則無以有其下 [掌控臣民]，夫是之謂暴察之威」。下等的君主「無愛人之心，無利人之事，而日為亂人之道，百姓讙敖 [抗議] 則從而執縛之，刑灼之⋯⋯夫是之謂狂妄之威」。立道德之威者安強，立暴察之威者危弱，立狂妄之威者滅亡。所以荀子說君主對於「此三威者，不可不孰察也」。〈彊國〉

第八，一般人論治國都會提出賞、罰兩項，以為是必要的手段。此說甚為粗淺，因為人固然欲賞，但是如果所受之賞不及所受之害，賞便失去了作用。荀子在〈議兵〉裏說凡人做事「為賞慶為之，則見害傷焉止矣」，「勞苦煩辱則必奔，霍焉離耳。」所以用賞以導民是「傭徒鬻賣之道」。至於刑罰，至重莫過於死，倘若以此使民衛

國，「大寇則至，使之持危城則必畔，遇敵處戰則必北」，甚至叛變，
「下反制其上」。賞慶、刑罰既「不足以盡人之力，致人之死」，統治
者無論如何以威勢權術用此二者，也不能治國，所以古代聖王羞而
不道，另用一套可以「合大眾，美國家」的辦法。以荀子的話說那
是「厚德音以先之，明禮義以道之，致忠信以愛之，尚賢使能以次
之，爵服慶賞以申之，時其事，輕其任，以調齊之，長養之，如保赤
子」。能如此先行教化，乃能「政令以定，風俗以一」，如果還有人
「離俗不順其上，則百姓莫不敦惡，莫不毒孽，若祓不祥；然後刑於
是起矣。是大刑之所加也，辱孰大焉！將以為利邪？則大刑加焉，身
苟不狂惑戇陋，誰睹是而不改也哉！然後百姓曉然皆知修上之法，像
上之志，而安樂之」。〈議兵〉

為臣

　　治國不能只靠君主，還須有各級官吏。《荀子》裏有一篇〈臣
道〉，一般性地討論為官吏之道。又有一篇〈成相〉，特別申述官吏
之首的「相」應該如何輔弼君主。此外還有一些有關的議論散見於其
他篇章。

　　各級官吏都是從事政府工作之人。「相」特別重要因為他參與重
大政策的擬定。這一點在古代尤然，因為君主世襲，養在深宮，長於
婦寺之手，未必有才能和意願治理繁劇的政事，往往將責任交於一個
親信，為國之「相」。與他相比，其他官吏都只是奉命行事執行政令
而已，所以荀子說明主不親操國政而急得良相，得之則「身佚而國
治，功大而名美，上可以王，下可以霸。」〈君道〉

　　何謂良相？簡單地說就是荀子所謂的「君子」。君子已如前述是
守仁義，行禮法之人。〈致士〉裏說「君子也者，道法之摠要也，不
可少頃日曠也。得之則治，失之則亂。得之則安，失之則危。得之則

存，失之則亡⋯⋯傳曰治生乎君子，亂生乎小人，此之謂也」

君子如何治國？荀子強調國之大臣要（一）認清他對於國家的責任而設計一套可行的政策，（二）建立一個他與君主之間的適當的關係，（三）選擇足以實施行政令的官吏，（四）主持政令的施行，（五）妥善地教養賞罰吏民。

關於君子對國家的責任，荀子在〈臣道〉裏說是「外距難」，「內一民」［齊─人民之意向行動］。如何達到這些目的？他認為要有兩大政策──使國富，使國強。為此他寫了〈富國〉、〈彊國〉，還在其他若干篇裏申述其細節。

為了使國富，執政者要使田野相其饒瘠，什一而賦，關市幾而不徵，山林澤梁以時禁發而不稅，草木榮華之時斧斤不入山林，魚鱉孕育之時罔罟不入水澤，春耕夏耘，秋收冬藏，不失其時，使民有餘財。〈王制〉其次，為國者要「節用裕民」，「上以法取」，不濫事征奪，而「以禮節用」，不容官吏貪歛。如此開其源，節其流，使天下有餘而上不憂不足，而「上下俱富」。〈富國〉

為了使國強，必需有精良的軍備和英勇的戰士。荀子以鑄劍一事為例說，要有美好的金屬、模型、冶工、火候，經過錘煉以剝脫其雜質，砥礪其鋒刃，才能造成莫邪那樣的良劍。要有一支強勁的軍隊，不可只是汎濫招募，以賞罰驅使之，因為這辦法只是「傭徒鬻賣之道」，所得的只是「干賞蹈利之兵」。這種軍隊「大寇至，使之持危城則必畔，遇敵處戰則必北，勞苦煩辱則必奔，霍然焉離耳」。若要使之入可以守，出可以戰，必需加以「剝脫」──淘汰不可用之人，然後加以、「砥礪」［磨煉］，「訓誨」──非僅磨煉其戰鬥技能，並且誨之以為何而戰之理。結果乃能「兵勁城固，敵國不敢嬰［攖］」。〈彊國〉然而這些是建軍之後的事，更重要的是先行「附民」，因為「用兵攻戰之本在乎一民⋯⋯士民不親附，則湯、武不能必勝，故善附

[安撫使之順從] 民者，乃善用兵者也」。如何「附民」？除了使其無慮匱乏，必需加以教化，使百姓「化善，修身，正行，積禮義，尊道德」，而能「合大眾 [和於全民]，美國家 [愛其國家]」，對於統治者「貴敬、親譽」，「曉然知修上之法，像 [因應] 上之志」，以至於「百將一心，三軍同力」，「聰明警戒，和傳 [搏] 而一」。這是荀子所說的「大化至一」。能如此「一民」，然後使之攻戰，就會「延之若莫邪之長刃，嬰之者斷；兌 [銳] 則若莫邪之利鋒，當之者潰；圜居而方止，則若磐石然，觸之者角摧」。有如此之兵，其國乃強。〈議兵〉

　　與君主相處，一般人都說臣民要盡忠，荀子說忠有「大忠」、「次忠」、「下忠」已見上述。他又說在君主「有過謀、過事」，忠臣必需加以匡正。尤其當君主之過可能「危國家，殞社稷」之時，「大臣、父兄」應能「進言於君，用則可，不用則去」，是謂「諫」；「進言不用則死」，是謂「爭」；能「率群臣百吏而相與強君、矯君，君雖不安，不能不聽，遂以解國之大患，成於尊君安國」，是謂之「輔」；能「抗君之命，竊君之重，反君之事，以安國之危，除君之辱，功伐足以成國之大利」，是謂之「拂」。他強調「故諫、爭、輔、拂之人，社稷之臣也，國君之寶也……傳曰從道不從君，此之謂也。」〈臣道〉

　　「從道不從君」之說自古有之，所以荀子說「傳曰」。孔子曾說「所謂大臣者，以道事君，不可則止。」季子然問「然則從之者與？」孔子說「弒父與君，亦不從也。」《論語》〈先進〉孟子說「賊仁者謂之賊，賊義者謂之殘，殘賊之人謂之一夫。聞誅一夫紂矣，未聞弒君也。」《孟子》〈梁惠王下〉《孝經》〈諫諍〉記曾子問「從父之令，可謂孝乎？」孔子答道「是何言與，是何言與？昔者天子有爭臣七人，雖無道，不失其天下。諸侯有爭臣五人，雖無道，不失其國。大夫有爭臣三人，雖無道，不失其家。士有爭友，則身不離於令名。父有爭子，則身不陷於不義。故當不義，則子不可以不爭於父，臣不可以不爭於君。故當

不義則爭之，從父之令焉得為孝乎？」《孝經》作者不詳，可能是孔子弟子。其義則與孔、孟大旨不悖。荀子所說「從道不從君，從義不從父」，〈子道〉應該是古代儒家傳統主張，但是孔子只說為臣者諍諫不為君用則止，孟子則稱貴戚之卿可以使君主去位，臣民可以放伐獨夫。荀子介於孔、孟之間，認為臣工雖不可放伐危及社稷之君，但是可以強之，矯之，抗之，反之，而成為國君之寶。這是他的理想，然而臣工未必都需要並能夠「諫、爭、輔、拂」，所以又提出了一套比較現實的建議：君子事君要視君之情況而定。君有「聖君」、「中君」、「暴君」。「事聖君者，有聽從無諫爭……恭敬而遜，聽從而敏，不敢有以私決擇也，不敢有以私取守也，以順上為志」；「事中君者，有諫爭無諂諛……撟然剛折端志，而無傾側之心，是案曰是，非案曰非」；「事暴君者，有補削無撟拂……崇其美，揚其善，違 [諱] 其惡，隱其敗，言其所長，不稱其所短……柔而不屈，寬容而不亂，曉然以至道而無不調和，而能化易。」〈臣道〉

除了事君，國相、大臣還要主政。為此他必需持身以正，處事以明，退姦進良。對於持身一事，荀子特別重現，提出了三個原則：一曰「衡聽」──朋黨比周之譽，君子不聽；二曰「顯幽」──殘賊加累之譖，君子不用；三曰「重明」──隱忌壅蔽之人君子不近，貨財禽犢之請君子不許。〈致士〉此外他還進言於齊國 [約在湣王時] 之相，告以「勝人」之道──一種可以與人相共通，相兼容的「公道通義」，就是「禮、義、辭讓、忠信」。〈彊國〉

國相不可能親理一切庶政，必需選擇適當之人為奉行政令之官吏。〈王制〉裏舉出了這種官吏甚多，包括「司空」掌通溝澮、築堤建橋；「治田」視地之肥墝，教民耕作收藏；「虞師」管理山林、藪澤；「工師」理百工，備器用；「治市」安商旅，通貨財；「司徒」掌教化；「司馬」主兵備；「司寇」正法則，論刑罰；「宰爵」知賓客，備祭祀。大

約皆經國相推薦而由國君任命。〈彊國〉裏說為相者上得專主 [得君主的完全信任]，下得專國 [專斷國政]，如果能「求仁厚明通之君子而託 [薦諸於]王焉，與之參國政，正是非」，就可以使全國之人皆行仁義，賢能之士、好利之民都願意來依附，此國便可「一天下」了。

國相既然選用官吏，使之奉行政令，當然也負監督考核之責。因為賞罰黜陟之權在於君主，已如上述，大約國相在分別其下官吏之賢不肖之後，上陳國君，由其處分。

重儒

綜合以上所述，可見治國要有「明主」、「良相」和賢能的官吏。依照荀子開出來的條件，這些人都應該是大大小小的「君子」。但是他似乎認為這還不夠。〈彊國〉裏有一段說他去了秦國，秦相應侯 [范雎，封於應] 問他「入秦何見？」他說入境見到山川美，形勢險；人民風俗淳，「甚畏有司而順」，像是「古之民也」；各地官府「百吏肅然，莫不恭儉敦敬，忠信而不楛 [濫權]」，像是「古之吏也」；進了國都，「觀其士大夫，出於其門，入於公門，出於公門，歸於其家，無有私事也，不比周，不朋黨，倜然莫不明通而公也」，像是「古之士大夫也」；上了朝廷，見到「聽決百事不留，恬然如無治者」，像是「古之朝也」；整個國家「佚而治，約而詳，不煩而功，治之至也，秦類之矣。」但是「懸之以王者之功名，則倜倜然其不及遠矣！」為什麼？他說「殆無儒邪！」

秦國到了應侯之時在國際上已經「四世有勝」，「威 [國勢] 強乎湯、武，廣 [國土] 大乎舜、禹，然而憂患不可勝校 [計算] 也，諰諰然常恐天下之一合而軋己也」，因為用的是「力術」。這一點不難了解。為什麼民眾馴服，官吏肅慎，朝廷果決，已近乎「治之至也」，而仍不足道，內不及王者之功名，外不能一天下？荀子說為沒有儒者為國之故，言

下之意是一般的明主、良相、賢臣還不夠，要有儒者執政才行。

儒者執政就可以王天下？然而有人說「儒無益於人之國」，秦昭王便以此問荀子。荀子說儒者未出仕是國家的良民，「雖窮困凍餒，必不以邪道為貪，無置錐之地，而明於持社稷之大義……雖隱於窮閻漏屋，人莫不貴之……居於闕黨……孝悌以化之」。如果出仕，則是「王公之材……志意定乎內，禮節修乎朝，法則度量正乎官，忠信愛利形乎下……通於四海……則天下應之如讙……近者歌謳而樂之，遠者竭蹶而趨之……通達之屬，莫不從服。」他稱這種儒者為「人師〔王者之師〕」，並且舉了一個例說「仲尼將為司寇，沈猶氏〔羊販〕不敢朝飲其羊〔增其體重〕，公慎氏〔其妻淫亂〕出其妻，慎潰氏〔奢侈之徒〕踰境而徙，魯之粥〔鬻賣〕牛馬者不豫〔誑〕賈〔市官〕」。儒者能「在本朝則美政，在下位則美俗」，以至於此，怎麼可以說無益於人國？〈儒效〉荀子為了說明此點寫了〈儒效〉，並且在其他數篇裏大事稱讚儒者齊民治國的功能，不勝盡錄。

〈儒效〉裏說儒者也有上下之別。穿戴着儒服儒冠，口道先王而不知其義，像墨子那樣欺矇愚者而求衣食的，只是「俗儒」；能夠法後王，言行已有大法，雖然不能齊法教之所不及，然而內不自以誣，外不自以欺者是「雅儒」；能夠法先王，統禮義，一制度，以淺持博，以古持今，以一持萬，辨仁義之類如別白黑，倚物怪變，卒然起一方，能舉統類而應之，張法而度之者是「大儒」。他說君主即使只用「俗儒」，就可以使國家免於敗亡；如果能用「雅儒」就可以使國家安定；如果能用「大儒」，則雖是百里之地的小國，「久而後三年」，可以使「天下為一，諸侯為臣」。他對於這種「大儒」也舉了一例：周武王滅紂後不久崩，天下尚未穩定，周公恐天下叛周，便屏置年幼的成王，自就天子之位，聽斷天下，殺管、蔡二弟及殷後嗣武庚，新立諸侯之國七十二，其中姬姓者五十三，分給以殷民，然後教導成

王，使論於道，及其能撥跡於文、武，乃歸還天子之位，自返於封地周。這種敢於在危急之時排除誹難，負擔責任，能使國家免於夭亡，至於長治久安，而最後能自離權位，退而為臣的作為，乃是荀子所謂的「大儒之效」。〈儒效〉

至道大化

大儒在位究竟能將國家治理成怎麼個樣子？此上已經提到荀子所說的「大化至一」的境界，另外他又描述了一個「至道大形」的情況：

> 至道大形：隆禮至法則國有常，尚賢使能則民知方，纂論公察則民不疑，賞克罰偷則民不怠，兼聽齊明則天下歸之；然後明分職，序事業，材技官能，莫不治理，則公道達而私門塞矣，公義明而私事息矣：如是，則德厚者進而佞說者止，貪利者退而廉節者起。《書》曰：「先時者殺無赦，不逮時者殺無赦。」人習其事而固，人之百事，如耳目鼻口之不可以相借官也。故職分而民不慢，次定而序不亂，兼聽齊明而百姓不留，如是，則臣下百吏至於庶人，莫不修己而後敢安止，誠能而後敢受職；百姓易俗，小人變心，姦怪之屬莫不反愨。夫是之謂政教之極。故天子不視而見，不聽而聰，不慮而知，不動而功，塊然獨坐而天下從之如一體，如四肢之從心。夫是之謂大形。〈君道〉

這種「至道大形」〈君道〉就是由特別傑出之人（「大儒」）行「禮」，施「法」，而實現的理想世界。所謂天子「塊然獨坐」，使天下如四肢之從心，是他竭力教化所致，與一般所謂的「無為而治」大異其實。

▍ 貢獻與問題 ▍

《荀子》有許多貢獻，也有不少問題，有的部分貢獻多於問題，有的部分則相反。現在先說前者。第一項顯著的貢獻是否定「天」，不信「命」。他對「命」的看法似乎與孔子的近似，與宿命論迥異。這兩項意見與後世的科學理論相符，可惜顯然並沒有說服一般信天宿命之人。

《荀子》的第二項顯著的貢獻是非議傳統的社會階層制度。他承認社會應有階層，以便人們分工合作，但是不贊成世襲制度，而主張不同階層之間可以有流通性，視各人的修養和作為所得的成績而定，特別要看他是否能「屬〔遵行〕於禮義」──能者雖是庶人可以「歸之卿相士大夫」，不能者雖是王公士大夫之子孫，應該「歸之庶人」。個人地位的升降在古代歷史上已有一些著名的先例。到了春秋戰國時代，更有若干白衣卿相，但是幾乎沒有因為「屬於禮義」，而是以霸道及縱橫術遊說時主而得。至於一般貴族淪為庶人甚至皂隸的，則歷來多有，或出於人口增加，或因為政治鬥爭，皆與禮義無關。荀子主張將這種以禮義為準的階層流通，只是一個理想，時至今日仍難體現，這是一個實際的問題。

《荀子》第三項顯著的貢獻是主張人際關係應當有相對性。〈王霸〉裏將此點說得最清楚：如果執政者待人民能「如保赤子」，人民就會「貴之如帝，親之如父母，為之出死斷亡而愉」。反之，如果執政者虐待人民則「百姓賤之如尪，惡之如鬼，日欲司閒而相與投藉之，去逐之。卒有寇難之事，又望百姓之為己死，不可得也」。孔子說「審吾所以適人，適人之所以來我也」，[4] 就是說明這相對之理。

4　〈王霸〉此語不見於《論語》。不知引自何處。

荀子說當時諸國的君主「厚刀布〔錢財〕之斂，重田野之稅，苛關市之征，椅絜伺詐，權謀傾覆，百姓曉然皆知其污漫暴亂，是以臣或弒其君，下或殺其上，粥〔賣〕其城，倍〔背〕其節，而不死其事者，無它故焉，人主自取之」。〈富國〉由此導出了「從道不從君，從義不從父」的主張，可以說是人際關係最好的原則，但是在實際的關係裏，如何將「道」和「義」辨認清楚是一個問題。

《荀子》的第四項貢獻是對「法」的論述。他雖然沒有寫一篇〈法論〉，但是對「法」的來源、功能、目的、施行等方面都有一些看法。事實上他很重視「法」，曾說「人無法，則倀倀然〔不知所適〕；有法而無志〔識〕其義，則渠渠然〔拘謹不能應變〕；依乎法而又深〔悉〕其類，然後溫溫然〔舉止裕如〕。」〈修身〉在這一點上他與此前所述諸子之注重禮教，忽視法律的態度不同，可以說他為「法」與其他社會規範（特別是「禮」）之間建起了一個橋樑。他為此所作的努力可以從他談「法」的來源和基礎上看出來。他屢言「法先王」，但是沒有說出什麼是「先王」之法，而只說「先王（聖王）」曾「制禮義」，又一再說「禮者法之大分，類之綱紀也」，「非禮是無法也」，所以在他心目裏「法」只是「禮」的一部分表象，因此可以說也是「先王（聖王）」制定的，或者應該是後世權威者依據「禮」或「理」（「禮也者，理之不可易者也」〈樂論〉）而制定的。他將「禮」和「理」舉出來作為「法」的正當性的基礎，是一種貢獻。然而他終究認為與「禮」相比，「法」有許多缺點，要靠「禮」去補充修正。此外他指出了兩個根本問題：（一）法條有限，不足以應人事；（二）法為械數，可被濫用。對於前者，他的答案是「有法者依法行，無法者以類舉」；對於後者他的答案是「官人守數，君子養原」。「官人」指法吏，「守數」就是嚴格地遵守條文，不許濫用。「君子」是正直之人，「養原」除了指保養其正直之外，應該還包括培養其「議法」、「舉類」的能力，以釐清「法」

的精神和目的，然後找出同類的法，比附援引。荀子相信「原清則流清」，「法」就可以不被濫用了。他這兩個答案頗有見地，成為了後世遵行的準則。[5]

　　然而荀子的「法論」仍有不少問題，主要在於「法」的施行。其一是他所說的「類舉」和「比附」。此一做法雖有必要，但是賦予了司法者太大的自由。即使他並無偏私，而以至誠尋求「法之義」，然後擴張或縮小解釋某些現存的法律，結果仍難以預料，以致法律之適用失去了穩定性；如果他不能誠正自制，而受不當因素的左右則後果更不堪設想，可以「所欲活則傅生議，所欲陷則予死比」。到了後世類比之先例日多，司法者為求便捷，往往隨意引用，乃致法律的可信性日減，權威性日降，淪為統治者恣意濫權的工具。

　　其二是所謂「先教」問題。「先教」指施行法律之前應先將其所獎所禁之點教育人民，這是儒家一貫的主張。〈宥坐〉就以人民未受「先教」為孔子三月不審父子互訟作辯護。但是當時魯國之民顯然已受「暴」、「虐」甚久，而所受教化不足，如果司法者都三月不理訟獄，魯國恐怕會更亂，所以〈宥坐〉之說似屬誇張，難怪孔子弟子沒有將它編入《論語》。該書〈子張〉章裏提到魯卿孟孫氏使陽膚為士師，陽膚請教其師曾子該怎麼做，曾子說「上失其道，民散久矣，如得其情，則哀矜而勿喜」。可見曾子認為司法官吏應該聽訟，但不可

5　漢以後對於法條不足以應人事，而又易被濫用這兩個問題曾反覆討論。晉惠帝（259-307）時因政出群下，每逢疑獄，各立私情，刑法不定，獄訟繁滋。於是有尚書斐頠、三公尚書劉頌、汝南王亮、各上書，東晉元帝（276-323）時主簿熊遠、大理衞展亦進言，或曰上古議事以制，不為刑辟，而夏殷及周，皆書法象魏，以求文之直準。但因法文有限，仍有看人設教，隨時之宜，臨時議處，以求曲當之說。然而諸臣大認為「法蓋粗術，非妙道也」，「看人設教，隨時制宜」應在立法之初，當時既已矯割物情，起為經制，事後不宜求法外之小善，以小善而奪法，捨法逐善，猶如無法，人無所循，雖小有所得必大有所失。所以建議基層司法官「守文」，法無正文，依附「名例」處斷，正文、名例所不及，皆勿論。如不能不論而理有窮塞，則使大臣釋滯。如事有時宜，則由人主權斷。見《晉書》〈刑法志〉。這種辦法大致為後世採用，所以有州縣以上逐級霖核以至於皇帝審定死罪之制。

因審出實情而喜，只能為那些未受教化而為非之人感到悲哀，並加以憐憫，不苛刻待之而已。

荀子雖然強調「先教」，但是〈王制〉卻又說「元惡不待教而誅」。〈宥坐〉裏所述孔子誅少正卯一事似乎便以此為理由，然而與孔子一再說的「不教而殺謂之虐」，《論語》〈堯曰〉相悖，而且此篇所稱「五惡」，依常情而論，沒有一件可以算是罪行，只能說有此諸點者性情乖怪而已，至於「聚徒成群」、「飾邪熒眾」、「反是獨立」，至多只是宣揚其與眾不同的意見，並沒有煽動人群，危害社會安寧的的實際行動，如加懲罰，可以說是「誅心」，與周公誅管、蔡不同，因為管叔、蔡叔勾結殷後武庚反周，犯了叛國罪，是有實際行動的。事實上周公反對「誅心」這種做法，《韓非子》〈外儲說右上〉裏說齊有狂矞、華仕兄弟二人，相約「不仕而事力，無求於人」。太公呂望封於齊，使吏執而殺之。周公在魯，急傳而問何以殺賢者。太公說「是昆弟之議曰不臣天子。是望不得而臣也；不友諸侯，是望不得而使也；耕作而食之，掘井而飲之，無求於人，是望不得以賞罰勸禁也。且先王之所以使其民者，非爵祿則刑罰也，今四者不足以使之，則誰為君乎？」這種「據勢」、「用術」以制民，「勢不足則除之」，乃正宗法家的做法，是儒家周公、孔子所不屑為的。

為了支持「元惡不待教而誅」，〈宥坐〉又舉了湯誅尹諧、文王誅潘止，管仲誅付里乙，子產誅史付，諸事皆不詳。《左傳》記魯昭公六年（西元前536年）鄭子產鑄刑書，二十年（西元前522年）子產卒。孔子聞之，出涕曰「古之遺愛也」。魯定公九年（西元前501年）駟歂為政於鄭，殺鄧析而用其竹刑［鄧析鄭大夫，來受君命而改刑法，書諸竹簡］，距子產之死已二十年。〈宥坐〉之言不知何據。此篇本係荀子後學所纂，或許不足代表他的思想，但是〈王制〉所言應該是他說的。此言肅殺，與此後所述商韓之論相同。

　　《荀子》貢獻小而問題大的有五項：

　　（一）「性惡」之說。「人性」如何，古來就有許多假設，都沒有充分的事實證明其是非，所以不值得深論。重要的是以某一假設能否有助於建立一種理論，更重要的這種理論是否能夠對現實世界裏的事情作出較易被接受的解釋。荀子以「性惡」為其理論的基本假設，又說了許多話來加以「證實」，都不成功。第一，人求溫飽是「性」，因資源不足而鬥爭，固然不當，但是人也可以互助合作來滿足溫飽，並不一定要鬥爭，所以為求溫飽而鬥爭並非其「性」使然，不能因而說人「性」是惡。第二，以聖王、禮義之存在來証明人性惡則是倒果為因。莊子將聖王、禮義比作伯樂和彎策之害馬，便是一個很好的反駁。第三，更重要的是他說「禮」的根據是「理」，而「理」存於人「心」。固然「理」只是邏輯，並無「善惡」的含意，但是如果人「心」裏有「理」，就很難說「心」裏只有惡念。所以用它為基礎而建立的理論與人情齟齬，無法解釋人的一些基本的情感——「愛」和「仁」。荀子承認人情有「愛」，引申之即為「仁」，所以說「仁，愛也」。〈大略〉「性惡」可以解釋各種憎，也可以解釋某些愛（因為人自私，無不愛己，所以可以推展而愛若干於己有利的人和事物）。但是「愛」是一種複雜的感情，可以因為許多其他的理由而生，例如孟子所說的怵惕惻隱之心，就沒有明顯的「為己」的成分。荀子一再強調統治者要愛民，也許還是出於功利之心，但是他也說君子「術禮義而情愛人」，似乎並沒有為了利己。這種愛是「禮義」訓練出來的嗎？「禮」是外來的規範，可以使人合乎規矩，可以教人在某些情勢下應該「愛」他人，但是這不是自然的感情。自然發生的「愛」是怎麼來的？荀子強調「性惡」，對於常見的陌生人互相救助，甚至犧牲自己生命之事，將如何解釋？

　　（二）崇拜傳統。〈天論〉否定了人對於外在神秘力量的信仰，

將人從消極頹唐的宿命觀念的陷阱裏拯救出來，卻又被〈禮論〉過分強調「先王」之道，而使人套上了傳統規範的枷鎖，彊化在「後王」的模型裏，無法自主地去適應新的環境，發展新的能力，開拓新的前途，創造新的生活目的和生命的意義。荀子似乎也怕有這樣的結果，所以在《荀子》有些章節裏曾說「禮」可依「理」而變通、增減，但是整體而言，他的主張仍是保守的，因此在時勢變遷之後，其影響就有限了。他一再說「聖人之不得勢者」應該「群天下之英傑而告之以大〔太〕古」，「今夫仁人也，將何務哉？上則法舜、禹之制，下則法仲尼、子弓之義」。〈非十二子〉「太古」的情勢是怎樣的？「舜、禹之制」的內容如何？他並未細說。他強調「千萬人之情，一人之情也；天地始者，今日是也；百王之道，後王是也」。「後王」僅指周初文、武、周公，但是周初到他的時代情勢已經大變。最主要的是人口的增加。如果沒有重大的天災人禍，人口自然增加，十分快速。韓非說古時一人有五子不為多，祖父未死就會有二十五孫。從周初到戰國大致即是如此。人口的增加必然影響個人、社會、國家的各方面。先說國家政制，周初建立的封建是靠其宗法維持的，由周族的尊長掌握最高的政權，其子弟後輩逐級分別管理一部分人民與土地。不久之後各級貴族之間上下的輩分發生了參差，道義上的尊卑便生了問題，統御便有了困難，進而因為爭權奪利而鬥爭，使得原來制定各人地位、權利、義務的綱紀規範、禮樂制度逐步崩壞。在社會上貴族人口增加，使其下層成員可得的資源（包括采邑、官職、俸祿）逐級減少，只得靠傳佈其文藝、武術，以爭取生存，造成了一個新的階級「士」。他們大多力爭上游，乃促使原有的階級之間發生了更多的的流動。其次在經濟上，最初地廣人稀，可以實行「井田」制度，人口增加之後此制便日益鬆弛，得不到土地的人民就業於工商者日多，改進了生產的技術和產物的運銷，逐漸產生了資本的累積，增加了貧富的差距，激化了爭

奪的戰爭。由於這許多基本的改變，周初設計的種種制度和規範幾乎完全失效，荀子當然不可能不清楚，但是他別無長策，只能想像古代（主要是周初）的情況，將它美化成理想世界，視為應該保存仍傳統，教人回復過去，但是沒有說出確切可行的辦法，徒然說了許多仁義禮法的道理，富國強兵的原則，使人覺得空泛渺茫，難以適從。

（三）過分強調「禮」為最妥當的規範。人生在世需要遵循的規範很多，荀子特別提出「禮」，盛道其精妙完美，有潛移默化之功能，為立身、處世、治國之準則。此說並非他的創見，其前儒家已有各種「禮書」詳述此旨。然而他的理論有不少缺陷。首先，他所推崇的乃是周初之禮，所以強調「法後王」，「不識不知，順帝之則」，「無有作好，遵王之道；無有作惡，遵王之路」。但是「禮」必竟是一時一地之人所循的行為規則，由於上述各種情勢的變遷，「禮」的表象已經無法保存，雖然他說「千萬人之情，一人之情也」，「禮」之「義」百世不變，又說合於「理」者雖不見於「禮書」仍可以是「禮」，但是他承認一般人沒有能力了解「禮」的精義和事情的「至理」，自不免將許多的「禮」看成沒有意義的形式，進退揖讓，交換玉帛，甚是無謂，因而不予重視，再加上權威者一再故意濫用，使舊「禮」更成了笑柄。荀子之崇「禮」，乃被譏為不識時務，想要用它來修齊治平更被視作迂論。

更重要的是他雖然說「理」是「禮」的基礎，但是沒有說明「理」是什麼。物與物之間有一定的關係和相互影響的規則，是為「物理」，是一種客觀存在的東西，人可以經由觀察、思考、檢驗而認識、了解它。人與人之間也有這樣的「理」嗎？古今中外的人都或多或少知覺有些事是可以或不可以做的，這種知覺通常被稱為「道德」。它不像由政治、宗教或哲學的權威者所制定的規則那麼明確，但是卻常被人們用來衡量那些規則，決定是否接受它們，所以可以說

高於它們。荀子說人可以「從道不從君」，可見他承認「道德」的存在和至高性。他曾說「道」就是「禮義、辭讓、忠信」，但是這些只是「道德」的條目，他沒有探究「道德」的來源、內涵和特質。倘若「道德」出於人們普遍的知覺，可以說是出於人的本性嗎？它就是人間的「理」嗎？倘若「理」存於「人性」，豈不證明人有天生知覺是非、當否的潛能？如果有，還可以說人「性惡」嗎？如果人「性惡」，人間的「理」會有什麼內涵和特質？據此出於「性惡」之「理」而制定的「禮」會不會與一般人知覺的是非（「道德」）衝突？如果有此可能，「禮」的基礎豈非很不穩固嗎？那麼何必特別加以強調「禮」，而不像孔、孟那樣直溯於為人們普遍知覺的「道德」作為規範的基礎？

荀子總是將「禮」和「樂」結合在一起說，固然因為他那時候的貴族行禮多配以樂，現代的考古人類學則指出人們自古就知道享受音樂。先秦諸子中談「樂」的不多。《莊子》〈齊物論〉提到「人籟」、「地籟」、「天籟」，教人欣賞各種音樂。《墨子》〈非樂〉說「子墨子之所以非樂者，非以大鐘、鳴鼓、琴瑟、竽笙之聲，以為不樂也……雖耳知其樂也，然上考之不中聖王之事，下度之不中萬民之利，是故子墨子曰，為樂非也。」可見墨子也認為音樂能產生一種感官的享受。孔子也喜歡音樂，《論語》〈述而〉說「子在齊聞韶，三月不知肉味，曰：不圖為樂之至於斯也。」但也只說它感人之深。荀子則特別強調音樂有種種社會的功能，殊屬勉強。

（四）沒有提體的辦法來實行其主張，僅僅說了一些原則。例如他說要使國家「上下俱富」，然而他的致富之道，比孟子所舉的「仁政」（定經界、給田地、鼓勵耕織、勿奪其時、輕徭薄賦）還顯得簡略。他在最後提出「漸〔重〕慶賞，嚴刑罰」，作為施行之法，說這樣可以使賢者進，不肖者退，「萬物得宜，事變得應，上得天時，下得

地利，中得人和」，「財貨渾渾如泉源，汸汸如河海，暴暴如丘山，不時焚燒，無所藏之」，〈富國〉說這是「儒術誠行」的結果。儒家固然認為行「仁政」可以裕民富國，但是沒有主張用慶賞、刑罰來促成，這是荀子的創見，顯然是「法術」而非「儒術」，而且無論如何，他說的結果，未免太神奇了。

（五）過於重視「人治」，說「有治人，無治法」，指出「法」為械數，易被濫用，必需有「君子」來司法。固然，俗語說政治之良窳在一二人心之所向。孔子說君子、小人之間有「風行草偃」的效應。但是「君子」必竟難得。荀子提出了一系列的教育修養的辦法，究竟產生了多少實效，很難確證，而且即使由此培育出了君子，他們不一定有機會執政，即使有了機會，也不一定能體現其理想，因為他們必竟只是為人作嫁，要看君主的決定，除非君主也是君子，或者君子就是實質的君主，如周公，他因當時特殊的情勢自己特殊的地位，才能以非常的作為平亂、安國、立制、齊民，而奠定周代數百年之基礎。荀子稱他為「大儒」，但是實屬例外，其他被稱為「大儒」者，包括孔子在內，都極少治國的成效，就是因為生不逢時，沒有遇到明君。〈宥坐〉裏指出「夫遇不遇者時也……君子博學深謀不遇時者多矣！」孔子聖矣，荀子「將聖」，〈堯問〉裏說「荀卿迫於亂世……上無賢主……天下冥冥」，沒有一個邦國之君將他視為「大儒」而許之以國政，以致他只能屈居蘭陵，明哲保身而已。歷史上致亂者固然可以說都是「小人」，但是平亂者的「君子」不多，可見「人治」之不可靠。這是此下《商君書》、《韓非子》二書之所以加以力斥的緣故。

荀子生於戰國後期，親見了國家、社會、個人的許多問題，思索了它們的根源，批駁了道、墨之說，特別詳細地分析了法家的長處和短處，顯然是希望世人不要被諸家誤導。他自己提出了若干辦法，基本上承襲了儒家的思想，強調傳統的規範和實踐。其重視人治一點

雖多爭議，但是政治裏的人的因素確實是最大的主宰力。他指出此
點，而又認可了法的實用性，其說可謂顛撲不破，值得稱道。唐宋以
下有以其性惡說而加而加譏剌者，其實他之主性惡與孟子之主性善，
皆屬假設，用以為其理論出發點，重要在其理論，而二人之論皆為勉
人為善，固無大異。究諸細節則荀說實比孟說為精慎，後世揚孟抑
荀，多因士人屈於權勢，不敢直言專制暴政之非，藉孟子放伐之言洩
其積鬱而已。荀子之時已受權勢壓制。其弟子作〈堯問〉即指出此一
點，說他「懷將聖之心」，「其善行，孔子弗過」，固屬濫譽，但是他
強調人臣應「從道不從君」，人子應「從義不從父」，主張在朝為官
應「諫、爭、輔、拂」，都顯示出他的意旨，可惜他「不遇時」，「不
得其政」，不能成功，但是「志修德厚，孰為不賢」，可以說是對他
為人為學的公正評語。

《商君書》

▎商君▎

　　據《史記》說商君之祖姬封乃周武王同母弟，於成王為康叔。武王另二弟管叔、蔡叔與殷紂子武庚祿父作亂。周公姬旦平亂之後，命康叔為衛君治殷餘民。西周夷王命衛君頃侯為侯，東周平王進衛候和為公，其後遂姓公孫。公孫鞅為衛庶孽公子，故稱衛鞅。衛鞅少年好刑名之學，於周顯王時居魏，不見用。

　　其前，秦之先人在西戎，姓嬴氏。西周末犬戎入侵，殺幽王。秦襄公以兵送平王東遷，受岐山以西之地為侯。至繆公〔西元前695-621年〕而盛，後衰，失地於三晉，為諸侯所卑。及孝公立〔西元前361年〕，下令曰：「寡人思念先君之意，常痛於心。賓客群臣有能出奇計強秦者，吾且尊官，與之分土。」衛鞅聞此，遂去魏至秦，說孝公以「帝道」、「王道」，皆不中聽，再說以「霸道」。孝公「不知膝之前於席也，語數日不厭」。孝公三年〔西元前359年〕衛鞅為左庶長，「卒定變法之令」。令既具未佈，恐民之不信，乃立三丈之木於國都南門，募民有能徙置北門者，予十金。民怪之，莫敢徙。復曰，能徙者予五十金。有一人徙之，輒予五十金，以明不欺，卒下令。初行之時民多言其不便，甚至太子犯令，衛鞅刑其傅公子虔，黥其師公孫賈。後公子虔復犯令，衛鞅劓之，又以初言令不便者及後言令便者皆為亂民，盡

遷之於邊境，其後民莫敢議令。治秦十年，「道不拾遺，山無盜賊，家給人足，民勇於公戰，怯於私鬥」。他自己曾參與戰事，以謊言誘殺魏公子卬，破其軍。魏割河西之地與秦。秦封衛鞅於商十五邑，號為「商君」。秦富強後，天子致胙於孝公，諸侯畢賀。斐駰的《史記集解》說商鞅之治也「內刻刀鋸之刑，外深斧鉞之誅，步過六尺者有罰，棄灰於道者被刑。一日臨渭而論囚七百餘人，渭水盡赤，號哭之聲動於天地，蓄怨積仇比於丘山」。然而他自己顯然不以為過，甚至自以為豪。《史記》說地曾問故人趙良「子觀我治秦也，孰與五羖大夫 [百里奚] 賢？」趙良說百里奚相秦六、七年，「三置晉國之君，一救荊國之禍，發教封 [國] 內，施德諸侯」，而自己「勞不坐乘，暑不張蓋，行於國中，不從車乘，不操干戈，功名藏於府庫，德行施於後世」，及其死也，「秦國男女流涕」，這是百里奚以德治秦的結果，而商君所為則與之大異，他出門必需「後車十數，從車載甲，多力而駢脅者為驂乘，持矛而操闒戟者旁車而趨」，此一物不具，他就不敢外出，可見他自知力之不足恃。趙良遂引《書》告誡他說「恃德者昌，恃力者亡」，勸他「歸十五都 [商君封地]，灌園於鄙，勸秦王顯巖穴之士，養老存孤，敬父兄，序有功，尊有德」，他就可以少安。他不聽，一則當然因為他自己的慾念，捨不得放棄其得來不易的富貴；二則更重要的是他知道其「力治」、「法治」的理論，不如「德治」之說，也知道有很多遊說之人會與他競爭，所以他騎虎難下，只得繼續一意孤行，結果付出了可怖的代價──孝公卒後，太子立為惠王，公子虔之徒告他「欲反」。依商君處罰「將過」之法，對於「欲反」之人即可捕拿，惠王乃發吏捕之。商君亡至關下，求宿於客舍，舍人不納，說「商君之法，舍人無驗 [求宿者身份證件] 者坐之」。他喟然而嘆說「嗟乎，為法之敝一至此哉！」似乎在這時他才醒悟酷法之害，但已晚矣。後去之魏，魏人弗受，返至商邑，欲發邑兵擊鄭，被秦兵攻

殺，秦惠王更車裂其屍，滅其家。

《商君書》

商君執秦政，參與國內鬥爭與國際征戰，恐少閒暇。《商君書》應非其所著，而是後人蒐集其言其事並加以申述而成。本文此下所稱「商君」，就是指他及其申述者。此書的理論與此前所析諸家之說迥異，而與韓非等主張以法治國之人所持相近，故被後人列為法家之作，但是其理論極為粗疏，只因除韓非外其他諸人之說多已缺佚，所以在此加以討論。

當時的邦國猶如被困在鐵籠裏的野獸，為了生存，不得不互相鬥爭，以至弱肉強食。求仕於邦國的人，自然地特別注意如何避免這個惡運。商君提出的辦法是要國家富強。為此必需考究什麼事物和舉措可以使國家富強；什麼事物和舉措會使國家貧弱；國家要用什麼策略來促進富強，避免貧弱；人民會有什麼反應；統治者應該如何應付；二者應如何互動；國家富強的最終目的是什麼；個人可以有什麼目的等問題。

國家富強、貧弱之因

戰國之時為什麼有些邦國貧困？商君認為完全由於人民不事農墾之故。他說「民之內事莫苦於農」，〈外內〉而人無不畏難而選擇簡易的工作。他提到了商賈、工藝、言談遊說三種比務農簡易之事，指出「言談之士事君之可以尊身也，商賈之可以富家也，技藝之足以糊口也，民見此三者之便且利也，則必避農」。〈農戰〉三者之中商賈之可以富家是因為賤買貴賣，趁人之急，贏取利潤；工藝之人可以糊口

是因為製作淫巧之物，售諸權貴而得酬金，二者雖有不是，然而還需出一些資本，用一些勞力，也還有一些社會的功能，所以沒有受到商君的嚴斥。言談之士僅以點慧的口舌游說人君，而受其奉養，甚至可以取王公大臣之位，因而誘引人民羨慕效尤，以致捨農遊食，實在可惡。所以他對於這些人做了極為酷刻的批評。第一，他誇張地說這些人為數甚多，「輩輩成群」，大體包括了宣揚《詩》、《書》、禮、樂、善、修、仁、廉、辯、慧、孝弟、誠信、貞廉、仁義、非兵、羞戰等學說的士人。他稱這些人為「學民」、「詩書辯慧者」、「辯說之人」，貶之為「六蝨」，指責他們蠱惑了執政者，騙取了政府的職務，無所貢獻而坐享俸祿。〈六蝨〉第二，因為他們為數多而噬食不止，將他們比作「螟、螣、蚵蠋」，雖然「春生秋死」，但是「一出而民數年乏食」。〈農戰〉第三，他說這些人還有一項更為可惡的行為——「隨從外權」——依附、借用外國的關係到本國來取得官爵權勢，進則曲主，退則慮私。〈農戰〉第四，最重要的是這些人所宣揚的知識、德行不僅無用而且有害。他指出「辯慧，亂之贊〔助〕也；禮樂，淫佚之徵〔召〕也；慈仁，過之母也；任譽，奸之鼠也。」〈說民〉仁慈怎麼會生出過錯？他說「仁者能仁於人，而不能使人仁；義者能愛人，而不能使人愛」。〈畫策〉空口教人「仁」，不會有什麼實效，反而因為倡言寬恕而縱容人去犯過，使他們肆無忌憚。除了「仁」之外，其他道德的條目也有相似的問題，例如「義」，他說一般人所稱之「義」是指「立民之所好」，「廢其所惡」。他認為這是錯誤的，因為這樣的做法會使人「安其所樂……樂則淫，淫生佚」，佚生亂，「亂則民傷其所惡〔受到所惡的大害〕」。所以合乎真正道德（他所謂的「至德」）的做法不是教人

1　《商君書》的不同篇目裏將他們列舉為「八者」，〈去強〉、〈說民〉「十者」、〈農戰〉、〈去強〉、〈靳令〉、〈弱民〉「十二者」、〈靳令〉，數目不確，無非表示其眾多而已。

去行「仁」、「義」，而是要推行使人不能「為不仁，為不義」的「治天下之法」。〈畫策〉

　　為什麼有些國家衰弱？商君認為是由於人民畏戰。他說「民之外事，莫難於戰」。〈外內〉這一點不言自明，各國人民莫不知此。畏戰者是否可以避戰？他說「今境內之民皆曰農戰可避……豪傑務學詩書，隨從外權；要靡 [細民] 事商賈，為技藝，皆以避農戰」。〈農戰〉如果人民能學詩書，事商賈，為技藝以謀生，當然就不去辛苦事農，冒險從軍了。所以商君說「農戰之民千人，而有詩書辯慧者一人焉，千人皆怠於農戰矣。農戰之民百人，而有技藝者一人焉，百人皆怠於農戰矣」。〈外內〉

致富強去貧弱之策

　　國家富強有賴於農戰，而商賈、工藝、游說之民誘民離農避戰，是致國家貧弱之因，所以商君認為國家為求富強必需遵循兩個基本政策：一為「重農」，二為「教戰」。為此他又提出了許多辦法。

重農

　　關於「重農」，他先指出了一個原則：「欲農富其國者，境內之食必貴，而不農之徵必多，市利之租必重，則民不得無田 [墾殖]。無田不得不易其食；食貴則田者利，田者利則事者眾。食貴，糴食不利，而又加重徵，則民不得無去其商賈技巧，而事地利矣」。〈外內〉（除了商賈技巧之外，「六蝨」更在應「去」之列，不在話下。）然後他又建議了若干具體的策略，其中最基本的是「徠民」──以秦國邊區荒蕪草茅之地招徠三晉鄰國之民，「使之事本 [從事耕作本業]」，利其田宅 [給以田宅之利]，復之三世 [免其三代兵役]，稱之為「新民」，以其耕

作所獲「給芻糧」，供養秦國國民所組成之軍隊。〈徠民〉此外將「重農」政策說得更確切的是〈墾令〉裏所列舉的二十點。茲稍加整理如下：

（一）「民無得擅徙」，以免人民「愚心躁欲」，離開了定居之處，不事耕作而「無所於食」。

（二）「國之大臣、諸大夫，無得居遊於百縣」，使「農民無所聞變見方，無從離其故事［習慣的工作］」。

（三）「聲服［淫聲、異服，奢靡玩好］無通於百縣」，使民「行作不顧，休居不聽」，一意務農。

（四）「無得取庸」，使「大夫［高官］、家長［貴族世家之長］不建繕［不能僱人從事建築、修繕的工程］」，以免妨礙農事；使他們的「愛子不惰食［怠惰而仍得食］，惰民不窳［懶散］」，以免田地荒蕪。

（五）「無以外權任爵與官」，不將爵祿、官職授與享有外來的權勢人，以禁阻「博聞辯慧」的「學民」去結交外國，而迫其定居務農，並且防止他們引誘人民避農。

（六）對於「祿厚而稅［食邑之稅］多，食口眾」的貴族卿士之家，「以其食口之數，賦而重使之」，使依附這種家庭，游惰不事農耕的人口改而從農。

（七）「出餘子［卿大夫嫡長以外之子］之使令［服役之法令］，以世使之［依其世系次序而使服役］」，又高其解舍［嚴格考核其黜陟］，令有甬［使有固定職事］，官食槩［薪資］，不可以避役……則不游事人［遊居服事於他人］」，可以使之務農。

（八）「一山澤」，由國家專有高山大澤，禁止人們任意進入採樵、打獵、捕魚以謀生，使怠惰不肯務農而又多欲之人無所於食，轉而務農。

（九）「廢逆旅」，使旅行困難，包括廢除旅舍，以致「奸偽、躁心、私交、疑農之民不行，逆旅之行無所於食」，不得不定居務農。

（十）「商無得糴，農無得糶」，使商人不能於豐收時低價收購糧食，留到饑荒時高價出售贏取大利，人民就怯於從商。樂於務農。

（十一）「訾粟而稅」，一切賦稅都以糧食計算並繳納，可以避免官員「為邪」，詐欺、剝削農民，並且使非農人口依賴農民。

（十二）「重關市之賦」，使商人負擔沈重的賦稅，因而遲疑、猶豫，可使農民畏懼從商。

（十三）「貴酒肉之價，重其租 [稅]，令十倍其樸 [成本]」，使「商酤 [販賣酒肉之商] 少，則上不費粟，民不能喜酣奭，則農不慢，大臣不為荒飽，則國事不稽 [拖延]。」

（十四）「以商之口數 [名下人口] 使 [管理] 商，令之 [其] 廝、輿、徒重 [多] 者，必當名 [名數與實相符]……則商勞 [負擔重]，商勞則去來賚送之禮無通於百縣……則農事必勝。」

（十五）「送糧無得取僦 [酬]，無得反庸。車、牛、輿重 [多] 設必當名」，使為政府運送稅糧之人不得向農民收取費用，回程也不得私載貨物，所用運輸的牛、車等都必需切實無虛。農民就不會被剝削。

（十六）「令軍市無有女子而命其商，令人自給甲兵使視軍興……使軍市無得私輸糧者……輕惰之民不游軍市，盜糧者無所售，送糧者不私稽……農民不淫，國粟不勞」，[2] 一則可以防止私糶糧食與商人而減少應繳的賦稅，二則使國家支付軍需的「國粟」不致緊迫，農民便不得不從實務農。

（十七）「重刑而連其罪」，重罰犯法之人而且令其家屬連坐，使「褊急之民不鬥，很剛之民不訟，怠惰之民不游，費資 [奢侈] 之民不

2　此令疑有誤失之字，故難確解，大意謂駐軍的營區內有市場，由商人經營。因為服役之人應自備軍裝及武器，軍糧應由人民依政府規定輸送供應軍人所需，所以市場的功能有限。但是軍糧可能不足，有人偷運私糧入營求售，隨之而有「輕惰之民」及婦女「游軍市」，引起種種問題，所以要加以禁止。

作，巧諛惡心［心地奸惡］之民無變［詐變］」，而皆一心於農。

（十八）「無得為罪人請於吏而饒食之」，使「奸民無主」，「奸民無樸［本］，農民不敗。」

（十九）「無宿治［遲延處理公務］」，使「邪官不及為［求取］私利於民，百官之情［事務］不相稽［拖延］」，農民便不會受害，而可以有時間耕作。

（二十）「百縣之治一形［方式］」，各地的官吏都依照統一的法令、標準、程序、格式辦事，農民的本業受到保障，不致困惑被欺，而能安心務農。

〈墾令〉裏在以上諸條之末皆曰「則草必墾矣。」其理雖未盡確切，但是它們對於抑制官、商對農業的妨礙，應該有一些效果。

教戰

因為當時弱肉強食，各國無不強調「教戰」，但是商君所說的「戰」，不是自衛之戰，而是侵略之戰，因此之故他所建議的辦法很是特別。首先要「塞淫道」，一則消除「六蝨」，禁止他們憑其口舌騙取官爵，二則抑制工藝商賈，不許他們輕易獲利。進一步他又具體地說明以「賞」、「刑」為驅民作戰之法，規定「利祿官爵，摶出於兵」，使天下豪傑賢良以至一般人民為求利祿官爵者都奮勇從軍。[3]〈賞刑〉這種獎賞之法對於從戰之人應該是一種鼓勵。

3　秦代獎賞之制甚繁，《商君書》〈境內〉大致說凡與敵國戰，「短兵［持刀劍之兵士］」能斬敵首一級者，「複［免其勞役］」，「益田一頃，益宅九畝」，「除［除其役］庶子一人」；「屯長、百將［基層戰鬥單位之長］」堅持不退，能斬敵首三十三級以上者，「盈論［敍官］」，賜爵一級；攻城圍邑之戰，能斬敵首八千級以上，或野戰，能斬敵首二千級者，各級軍官皆盈論，但積功得爵不過於「公乘」。得爵且得官者可得「賜虜［戰俘］」、「賜邑」或「稅邑」三百家或六百家。「客卿」盈論可就「正卿」。《史記》〈秦本紀〉「集解」引《漢書》說「君為法於秦，戰斬一首，賜爵一級，欲為官者五十石。其爵名一為公士，二上造，三簪裊，四不更，五大夫，六官大夫，七公大夫，八公乘，九五大夫，十左庶長，十一右庶長，十二左更，十三中更，十四右更，十五少上造，十六大上造，十七駟車庶長，十八大庶長，十九關內侯，二十徹候。」

　　然而對於不願出戰之人，獎賞未必能使其「皆盡其胸臆之知，竭其股肱之力，出死而為上用」，〈賞刑〉所以商君再進一步建議政府要迫使人民「不得不戰」，〈畫策〉首先規定「四境之內，丈夫、女子，皆有名於上，生者著，死者削」，〈境內〉使得政府可以循此名冊徵兵。其次又以嚴刑規定人民居住於一定區域之內，「入行間之治，連之以伍，辨之以章，束之以令」，使無所逃避，「遷徙無所入」，「拙無所處，罷 [疲] 無所生」。〈畫策〉逃避兵役既不可能，人民乃會在軍興之時，「父遺其子，兄遺其弟，妻遺其夫，皆曰不得 [勝]，無返。又曰失法離令，若 [汝] 死，我死」，「是以三軍之士從令如流，死而不旋踵。」[4]〈畫策〉

　　綜合上述，可見商君的富國強兵政策第一步要將人民的力量團結起來，他稱之為「摶力」。用此力量務農，農業興盛，國家就富足。但是富足之後人民可能會奢侈、懶散，誇言詩書，妄行禮樂，浪費了國力，這種人猶如毒素一般，會產生紛亂災禍，所以第二步為了際止這種浪費，要將積蓄的力量適當地用掉，他稱之為「殺力」。最好的殺力辦法就是發動對外的戰爭，一則可以將國內的「毒輸於敵國」，〈去強〉、〈靳令〉二則可以勝敵獲利。他稱能「摶力」又能「殺力」的國家為「攻敵之國」。這種國家「必強」；能「生力」而不能「殺力」的國家為「自攻之國」。這種國家「必削」。〈說民〉、〈一言〉、〈去強〉、〈靳令〉

愚民、弱民、辱民、勝民、制民

　　國家要「摶力」、「殺力」先要建立政府的權威，迫使人民服從。為此商君又提出了一套特殊的辦法。第一步是「愚民」，要禁止國之

4　〈兵守〉稱秦設壯男一軍、壯女一軍、老弱者一軍。不知此處所稱是否即此「三軍」。

大臣、諸大夫、博聞辯慧之人居游各地，以免人民「聞變見方」而「好學問」。人民「不貴學問則愚」，〈墾令〉「民愚則易治也」。〈定分〉第二步要「弱民」，規定「訾粟而稅」，使「農無得糴」，又「廢逆旅」，使外務、商賈、遊說、傭工之民無所與食，又重其稅，使其貧困。農民有粟可繳稅，但又令他們「以食出爵」，不容其有餘糧，因而弱而無餘力，「民弱則尊官」。〈弱民〉第三步要「辱民」，使「辯知者不得貴，游宦者不得任，文學私名不得顯」，以見「不戰之辱」，〈外內〉又使一般人民定居於「鄉治之行間 [什伍組織]」，不得遷徙，避戰之人「拙無所處，罷無所生」。〈畫策〉平時既羞辱以刑使其從戰，〈弱民〉戰時更使「五人束簿為伍，一人死而剄其四人」。〈境內〉民「見不戰之辱則苦生」。〈外內〉人民受此屈辱便失去尊嚴，自感卑下，被統治者所「勝」，所「制」，不敢反抗。

▎ 人性 ▎

　　上述這些策略可以迫使人民務農、趨戰，但是所用的威脅利誘，實是荀子所說的「傭徒鬻賣之道」，人民遇到更大的威或利，便會渙然離散。如何能使人民樂意去做這些困難、危險之事，仍是一大問題。商君認為其答案就在執政者的手中，他說「道民之門，在上所先。故民可令農戰，可令游宦，可令學問。」〈君臣〉在上者怎麼會有這麼大的能力？這問題涉及到商君對「人性」的看法和理論。〈算地〉說「民之生，飢而求食，勞而求佚，苦則索樂，辱則求榮，此民之情也」；「民之性，度而取長，稱而取重，權而索利」；「民生則計利，死則慮名」。為了求利，人可以「為盜賊，上犯君上之所禁，下失臣子之禮」，犯法、辱名、危身而不止，是為「失禮之法」；為了求名，人可以「衣不煖膚，食不滿腸，苦其志意，勞其四肢，傷其五臟」，

是為「失性之常」。〈賞刑〉甚至說「民之欲富貴也，共闔棺而後止」。簡而言之，人為了滿足某些需求，可以無所不用其極。其中最明顯的是「利」和「名」，具體一點說就是「富」與「貴」。人追尋此二者不惜犯法、傷身，至死方休。

這種過分的欲念乃是一般人最大的缺點，可以被他人利用。商君說「人有好惡之情，故民可治也」。〈錯法〉他的「聖人審權以操柄，審數以使民」一語，〈算地〉就在說明此點。「權」指統治者的權勢，「柄」指用來控制人的把柄，「數」指衡量輕重的數術，用了這些東西便可以驅使人民。具體而言就是要由統治者掌握了人的好惡之情，用更好和更惡的事物去引誘、逼迫他們，翻轉他們自然的好惡。但是如上所述政府能夠用的數術只有獎賞和懲罰兩項，用它們來改變「人性」是不夠的，所以商君建議了一種更赤裸、強暴的辦法來制服人民。首先，他說一般人民都自私自利，罔顧公益，統治者應該將他們都視為「奸民」，對於少數例外之人不必重視，因為「章 [表彰] 則匿過，任 [重罰] 則罪誅」，〈說民〉「國以善民治奸民，必亂至削；國以奸民治善民，必治至強」。〈去強〉因而他主張治國者要不顧民情，徹底將他們制服，使他們完全失去自我而屈從於國家。為了說明此點他指出「昔之能制天下者，必先制其民者也；能勝強敵者，必先勝其民者也。故勝民之本在制民，若冶於金，陶於土也」。〈畫策〉統治者應該像冶工、陶匠那樣將金屬或陶土鍛煉、塑製成他們所要的物件。

實際上怎樣去鍛煉、塑製人民？商君提出了一套策略，限制人民可走的路，使他們落入政府為他們所鑄的模子裏。他稱此為「塞淫道」，「啟一門」。「淫道」就是可以逃避農戰之道，「一門」就是開向田野、戰場之門。〈算地〉具體的辦法是由政府施行「壹務」、「壹賞」、「壹刑」、「壹教」。「壹務」是要「尊農戰之士，下辯說技藝之民，而賤遊學之人……開公利 [農戰之獎]，塞私門 [為私勞私行請託之途]」。〈壹言〉「壹

賞」是使「利祿官爵，摶出於兵，無有異施」。〈賞刑〉「壹刑」是要「卿相、將軍、以至士大夫、庶人，不從王令，犯國禁，亂上制者，罪犯不赦」，強梗避戰者更有「常刑不赦」。〈賞刑〉「壹教」是告示人民「富貴之門，要在戰而已」，將他教到「聞戰而相賀」，平日「起居、飲食，所歌謠者，戰也」，以致「當壯者務於戰，老弱者務於守。死者不悔，生者務勸」，〈賞刑〉最後會使「民之見戰也，如餓狼之見肉」。〈畫策〉統治者能夠將人訓練成狼，可以說真的將人民的好惡情性改變了。由他來誘引驅策人民，便可以使他們完全服從他的命令，去做違背其本性之事——盡力於農田，效命於戰場，這是「教戰」之極。

政策與法令

　　古代邦國的政策，多由統治者以命令出之，所以說「王言為令」。這種命令可以稱為「政令」，未必記錄成文，更少公佈於眾，施行之時有相當的彈性，可以「因事制宜」。到了「刑鼎」的鑄造並展示之後，此「令」的位階便被提高，成為了「法令」，施行時應該嚴格遵守其條文。商君的許多政策是以「法令」形式頒佈的。他對於「法」的理論需要稍加探究，先說法的制訂、依據、目的、特性等問題，然後談與法的施行有關的問題。

法之制訂

　　法與道德、習慣、禮儀等規範不同，是由少數人制訂的，商君特別指出應該由具有獨特之智的人為之。他說「法者，所以愛民也；禮者，所以便事也」，但是「愛民」、「便事」都不容易，尤其是當時勢變易之時，一般人皆闇於成事、安於故習，學者則溺於所聞，墨守成規，不足以論此外之情勢；只有「知者」能「見於未萌」，察覺到

將發生的變化，而設計出因應的辦法。雖然他們的主張出於獨知之慮，因而「見負於世」，「見訾於民」，但是人民是愚昧的，「可與樂成，而不可與慮始」，所以「論至德者，不和於世；成大功者，不謀於眾」，苟可以強國，知者應該不法其故，「無顧天下之議」而制定新法。[5]〈更法〉換一句當時流行的話說，法應該由「聖人」制訂。

法之依據

法的依據是什麼？商君說「聖人之為國也，觀俗立法則治，察國事本則宜」。〈算地〉又說「法不察民之情而立之則不成」。〈一言〉這些話似乎與方才說的「聖人」依其獨特之知而立法有悖。但是商君在此處所說的「觀俗」是究察已有之俗，然後決定應留應革，所以他說「聖人之為國也，不法古，不修 [循] 今，因世而為之治，度俗而為之法」，〈一言〉並非隨順已有之習俗成規。至於國之「本」，在商君看來只是農戰二事，他說「國之所以興者農戰也」，〈農戰〉「民不歸其力於農，即食屈於內；不歸其節於戰，外兵弱於外」，〈慎法〉「故聖人之為國也，入全民以屬農，出令民以計戰……入使民盡力則草不荒，出使民致死則勝敵」。〈農戰〉

法之目的

關於法之目的，一般人會想到如何尋求公西正直，商君不談這些「微妙」之事，〈定分〉只講立法是為了「勝民」而「使無邪」，〈說民〉、

5　這番話見於《商君書》〈更法〉。《史記》〈商君列傳〉亦記其大旨。〈趙世家〉記趙武靈王十九年［周赧王八年，西元前 307 年］下令變法，使全國君民改著胡服，習騎射，也遭其叔父公子成及大臣趙文等反對。他們之間的對白幾乎和衛鞅與甘龍、杜摯之辯雷同。商鞅說秦王雖然稍先，但《商君書》〈更法〉寫成之時不詳。無論如何，「聖人」立法之說早已流行，並非衛鞅新見。

〈錯法〉「塞〔使〕民以法」而廣土勝敵。〈畫策〉所以法之目的只在協助施行政策。在當時而言就是導民於農戰，使國家富強。

法之特性

與其他規範相比，法有若干特性，包括：

（一）因為法令是「聖人」制訂的，所以有特殊的地位，常人不得變動。商君說已制定的法令皆錄成二份，一份存在天子的殿中，[6] 一份存於特別為法令而建的「禁室」中。常人不得擅入禁室看法令，任何人偷改法令的一個字，都「罪死不赦」。〈定分〉當然，法令並非神旨，在特殊的情況下是可以改變的，但是必需由「聖人」為之，已見上述。

（二）法既立之後，即為最高規範，不容許以其他標準加以議論、評價。商君說「法已定矣，不以善言害法」，〈靳令〉「故明主慎法制，言不中法者，不聽也」，〈君臣〉他甚至要禁止其他規範的傳播，所以主張要去「六蝨」。

（三）道德等規範的內涵廣泛而不確切，法的條文則該「簡明」。「簡」者指法之數。商君說「法詳則刑繁，法簡則刑省」，〈說民〉如果法令對於許多個別的情事都依其性質、輕重、環境等等因素，個別地規定了不同的處理方法，條文就很繁雜，人們動輒得咎，受到懲罰，刑事案件就很多了。反之如果法令簡略，只將性質相近的行為，大大小小都歸入一類（例如傷害人身為一類，侵奪財產為一類），一概加以嚴懲，人們便會對可能屬於這幾類的行為有所警惕，不敢去做，刑事案件就較少了。「明」者指法之義。商君說「法者，國之權衡也」。

6　〈定分〉稱「一副天子之殿中」。商君之時周天子早已失勢，各邦國自行立法，是否以副本送周廷不詳。或許此篇所謂之「天子」，實為邦君。

〈修權〉度量長短輕重的工具應該明白確定，法判定情事的可否也應如此，所以他指出「先王懸權衡，立尺寸，而至今法之，其分明也」，〈修權〉又說「夫微妙意志之言，上知之所難也……故夫知者而後能知之，不可以為法……故聖人為法，必使之明白易知。」〈定分〉

（四）各種規範都在釐定行為的妥當與否，法尤其嚴格地設立了「名分」來標明在特定的情勢裏一個人該不該有之利益及該不該做之行為。人人都明白了法令標明的「名分」，就知道如何舉止，不至於發生糾紛。商君作了一個譬喻說「一兔走，百人逐之，非以兔也。夫賣者滿市，而盜不敢取，由名分已定也。故名分未定，堯、舜、禹、湯且皆如鶩焉而逐之；名分已定，貪盜不取……故聖人必為法令……所以定名分地。名分定則大詐貞信，民皆願愨而各自治也，故夫名分定，勢治之道也；名分不定，勢亂之道也。」〈定分〉

（五）規範之能有效果或因內心的認可，或因外力的促使。要取得人們內心的認可，往往需要相當時間的教育薰陶，道德禮俗之效便有賴於此。外力的促使則全賴其力之強弱。雖然符合情理之法易被認可，但是絕大部分的法未必如此，而要靠國家的力量推行。此力的表現為賞罰。商君說「立法分明，中程者賞之，毀公者誅之」。〈修權〉對人民而言，國家確實具有巨大的力量，商君對於這種力量具有異常的信心，認為不僅可以左右人的行為，甚至可以改變人的情性，已見上述。

（六）一般人論法，都提到法的獎懲與人的行為應該輕重相當，認為這是法的一個必要的內在特性。商君也談「當」，但是只指法之所賞應與人民對於國家所作貢獻相當，例如國家之賞為官爵，法令應規定農民可以輸粟入官而得之，〈靳令〉兵士可以斬獲敵首而得之。〈境內〉他沒有說刑與罪應該相當，而指出「夫過有厚薄，則刑有輕重……世之常用也」，然而「行刑重其重者，輕其輕者，輕者不止，

則重者無從止矣；重其輕者，輕者不生則重者無從至矣。」〈說民〉

（七）常人認為刑罰是為已成的行為而設。商君不同意這種想法，說「刑加於罪所終則奸不去」，事後的處分效果有限，就治安而言，重要的是預防犯罪，所以「王者刑用於將過」。〈開塞〉什麼是「將過」之事？既然尚未發生，當然不是可見的行為，或許可以包括具體的計劃，但是也可能只是意圖。這些計劃、意圖只有極近之人才可能知悉。他們不說出來，國家就無法得知，無法加以預防。因此商君指出「國皆有法，而無使法必行之法。國皆有禁奸邪、刑盜賊之法，而無使奸邪盜賊必得之法。為奸邪盜賊者死刑，而奸邪盜賊不止者，不必得也」。〈畫策〉如何能必得？他要求知悉這種「將過」的計劃、意圖的人，將它揭發出來。他稱之為「告奸」。為了要使此要求有效，他制訂了法令使民定居，組成什伍，互相監視、隨時向政府報告「將過」之事。知而不告者，「重刑而連其罪，則民不敢試」。〈墾令〉、〈賞刑〉

▍ 政策與法令之施行 ▍

法官及其工作

執行法令，推行政策，當然先要甄選、訓練、任命適當之人為法官。商君說要選「足以知法之謂」，可以「為天下正者」，置為法官，直屬天子者三人，在殿中者一人，隸屬御史、丞相、諸侯、郡縣者各一人，受禁室之法令。先使學者讀之，定期考試，中式者可於法官出缺時遞補。法官與學法者皆應切記法令文字，如敢損益一字，罪死不赦。〈定分〉

商君談到法官的工作有三類，其一是解釋法令。諸官吏人民可以主動地向法官詢問有關法令的問題，法官應該明白回答他們，並且作一尺六寸之符，書明年月日時及所問之法令，分為左右二券，左券

給予吏民之問法令者，右券由主法令之吏謹藏於木柙，置於禁室中，封以法令之長印，以後便依此券書處理相關事務。法官不為答覆並解釋者，以所問法令之罪罪之。商君認為這些辦法可以使「天下之吏民無不知法者。吏明知民知法令也，故吏不敢以非法遇民，民不敢犯法以干官也……天下之吏民，雖有賢良辯慧，不敢開一言以枉法，雖有千金，不敢用一銖 [以賄賂求變異法令之所謂]」。〈定分〉

法官的第二類工作是偵察違法事故。商君說這工作的目的是「求過不求善」，〈開塞〉、〈靳令〉因為他說治國者應將人民都看成「姦民」。〈去強〉法官是國家統治集團的分子，當然應該盡量求人民之過而懲處之。

法官的第三類工作是適用法令。此一工作有若干應注意之點。

（一）要維持法令的至尊性。社會有許多規範，法令之外還有道德、習俗、禮儀等等，一般人往往加以衡量，分為高下。在處理特定事件之時，如果將某些規範看得比法令高，法令的施行便受到障礙。商君認為法官對於這種看法應加排斥，不僅不允許當事人這麼辯說，自己也不可以在私中有此看法。他說「世之為治者，多釋法而任私議，此之所以亂也」，「夫廢法度而好私議……秩官之吏隱下而漁百姓，此民之蠹也……有蠹而不亡者天下鮮矣，是故明王任法去私」。〈修權〉

（二）要維持法的絕對性。在若干情形人們雖不爭論法令的良窳，但是認為可以由於某些因素（例如當事人以往的行為）而調整其適用程度。商君反對此見而主張「任法」，特別是執行刑法之時，不可「法制設而私善行」，以致「民不畏刑」，〈靳令〉而應該絕對機械性地遵守條文的規定。這就是他所謂的「壹刑」，不僅指用刑不問官民，無分等級，而且強調「有功於前，有敗於後，不為損刑；有善於前，有過於後，不為虧法。忠臣、孝子有過，必以其數 [輕重程度] 斷。守法守職之吏，有不行王法 [此令] 者，罪死不赦」。〈賞刑〉

（三）要多刑少賞。施行法令雖可用刑或用賞。商君指出這兩個手段的功能有很大的差異，代價也有不同。為了用賞政府必須耗資，而獲賞者往往望多不已，所以商君雖然鼓勵告奸，沒有細說對於一般告奸之人如何給賞；對於農民輸粟入官，雖說可以得賞，但不過免除其勞役；對於對外戰爭獲勝的將士，則賞以從敵國奪取所得的財物、土地、俘虜，「盡城而有之，盡賓〔城內之人〕而致〔賜與〕之」，〈賞刑〉所賞雖厚，於政府資源並無耗損。至於罰，不僅用來處分違反法令之人，並且可以警戒有此意圖之輩，無論那一種刑，執行起來都很少花費，所以商君主說「王者刑九而賞一，削國賞九而刑一」。〈開塞〉為了使「刑多」，不僅處罰細故，而且加諸「將過」，刑當然就多了。

（四）用刑要重。商君指出「夫先王之禁刺殺，斷人之足，黥人之面，非求傷民也，以禁奸止過也」。〈賞刑〉所以他說「行刑，重其輕者，輕者不生，重者不來」，〈去強〉又說「行刑，重其輕者，則重者無從至矣……行刑重其重者，輕其輕者，輕者不止，則重者無從止矣……故重輕，則刑去事成，國強；重重而輕輕，則刑至而事出，國削」，〈說民〉又說「行罰，重其輕者，輕者不至，重者不來，此謂以刑去刑，刑去事成；罪重刑輕，刑至事生，此謂以刑致刑」，〈靳令〉反覆強調「以刑去刑，雖重刑可也」。〈畫策〉、〈去強〉、〈靳令〉果然能「細故不失，大邪不生」，則「國無刑民，故曰明刑不戮」，〈賞刑〉是所謂「效刑之反於德」，是使「至德復立」之道。〈開塞〉

▌ 至治之世 ▌

此前所述諸子皆在提出其治國的想法之後，描繪出一幅「至治」之世的境界。商君亦然。他先指出社會的演化經歷過三個階段：

　　天地設，而民生之。當此之時也，民知其母而不知其父，其道親親而愛私。親親則別，愛私則險，民眾而以別險為務，則民亂。當此時也，民務勝而力征。務勝則爭，力征則訟，訟而無正，則莫得其性也。故賢者立中正，設無私，而民說仁。當此時也，親親廢，上賢立矣。凡仁者以愛利為務，而賢者以相出為道。民眾而無制，久而相出為道，則有亂。故聖人承之，作為土地貨財男女之分。分定而無制，不可，故立禁。禁立而莫之司，不可，故立官。官設而莫之一，不可，故立君。既立君，則上賢廢，而貴貴立矣。然則上世親親而愛私，中世上賢而說仁，下世貴貴而尊官。〈開塞〉

　　這段話當然只是臆想。大意說上古之時，人們只知愛其近親，為他們冒險犯難，竭力尋求其私利，不免與他人爭訟，引起動亂。後來有些賢慧的人出來訂立了公平正直的行為準則，人們便不再偏私親近的人，而推舉這些賢人作為領袖。這些賢人強調仁愛互助，但是人口增加了，仁愛互助而沒有分寸，就又產生了動亂。若干具有大智慧大見識的人見到這種狀況，出來對物質資源加以區劃，分配給人們，並且設立了處罰違反這種區分的官司以及統轄這些官吏的君主。這時敬崇賢人的制度就被廢除，而開始尊貴官爵制度了。

　　自從「貴貴」制度建立之後，君王如何統治人民？商君說「民愚，則知可以王；世知，則力可以王」。早期人民都很笨，所以「神農教耕而王天下，師其知也」。後來民知漸多，以知相爭，統治者只有靠其威力去制服他們，所以「湯武致強而征諸侯，服其力也」。到了戰國之時，各邦國的統治者更需要「搏力」、「殺力」，才可以使人民順從，所以商君說「主所以尊者，力也」。〈慎法〉但是他又指出「凡

人主，德行非出人也，知非出人也，勇力非過人也，然民雖有聖知弗敢我謀，勇力弗敢我殺，雖眾不敢勝其主，雖民至億萬之數，懸重賞而民不敢爭，行罰而民不敢怨者，法也」。〈畫策〉「法」本來是統治者的命令，後來因為它被鑄在鼎上公佈於眾，要求全國上下共同遵守而使它幾乎神聖化了。雖然在實質上它仍是統治者意圖的反映，形式上卻變成了一種制度——「法制」。它的施行不再完全依賴統治者個人的力量，而靠它自身規定的一套方法——賞和刑。因為可以用來作賞的莫大於國家的資源，可以用來行刑的莫甚於國家的暴力，有此二者的支持，「法制」便享有了其他制度所沒有的力量。君主掌握了「法制」，特別是其中刑罰的功能，便有了可以有效地控制、驅使臣民之力。所以他說「刑生力，力生強，強生威」。〈説民〉

這種由「法」所生之「力」與「法」互為表裏，君主如能妥善使用，便可或王或霸。所以商君強調要「任法而治」，一再反復說要使法令內涵明確，施行嚴格，絕不可讓任何人依據其他的規範、價值加以私議，否則法便如虛設，臣民結黨自利，君主垂危，國家削亡。〈慎法〉、〈錯法〉、〈禁使〉、〈弱民〉、〈畫策〉、〈君臣〉、〈算地〉、〈一言〉、〈開塞〉、〈靳令〉、〈修權〉

商君認為法令切實施行之後，國家便會進入一種「至治」的境界，其表徵之一是人民自治，二是政府無為。關於前者他說：

> 國治：斷家王，斷官強，斷君弱。重輕刑去，常官則治。省刑要保，賞不可倍也。有奸必告之，則民斷於心。上令而民知所以應，器成於家而行於官，則事斷於家。故王者刑賞斷於民心，器用斷於家。治明則同，治闇則異。同則行，異則止。行則治，止則亂。治則家斷，亂則君斷……治國貴下斷，故以十里斷者弱，以五里斷者強，家斷則有餘，故曰日治者王。官斷則不足，故曰夜治者強。

君斷則亂，故曰宿治者削。故有道之國，治不聽君，民不
從官。〈說民〉

　　他的大意是：當人民知曉法令之後，明白什麼事會受賞或受罰，
而且知道刑罰重其輕者，非常嚴酷，就可以在一個非法之事發生之
後，很快地由家庭或小地區裏的人們作成正確的決斷，無待官吏偵查
審判，拖延時日，橫生枝節。若需要君主才能加以決斷，國家就更紛
亂不堪了。所以說在治理得很好的國家裏，人民不需聽從君主和官吏
的審斷，就可以將違法事件處理得妥當無誤。

　　人民可以「自斷」，政府乃可「無為」──至少君主就沒有什麼
事要做了。所以商君說在這樣的情況下，「群臣不敢為奸，百姓不敢
為非，是以人主處匡床之上，聽絲竹之聲，而天下治。」〈畫策〉對統
治者而言，這真是美夢成真，對一般人而言這也是一大慰藉，因為人
人依照法令生活，安分守己，人與人之間沒有過分的期望，無需努力
以維持各種特定的關係，一切當然而然，如商君所說「治主無忠臣，
慈父無孝子，欲無善言」，〈畫策〉至於夫妻親友之間，更如陌生人無
異，「不能相隱」。這樣的生活沒有難斷的是非，沒有擾心的感情，
井然有序，極其安寧，應該是處於大動亂時代的人所嚮往的。

▎ 貢獻和問題 ▎

　　先秦諸子無不希望其學說可以平亂。在他們之前曾有不少人以
實際的行動做過此種努力，包括周公制定封建和宗法，維持了一段時
間的安寧；東周以後動亂日甚，管仲相齊，僅僅暫時恢復了一些秩
序；其後的稱霸者對於大局的維繫，績效皆屬有限；子產是英才，但
只能在弱小的鄭國企圖「救世」而已。諸子之中孔、老等人未曾主

政，影響自不顯著。商君得秦孝公支持，振衰致強，在其有生之年雖未平定海內，但在其身後數十年，荀子至秦，見其國內官民各務本業，肅然安寧，與商君之治應該有關。他的治道在乎用「法」。「法」與道德、禮儀、習俗等都是社會規範，自古以來治國者無不兼而用之，而他則尊重法令，鄙棄仁義，可謂獨樹一幟，因此《商君書》作出了一些特殊的貢獻，也引起了許多困難的問題。

《商君書》主要的貢獻在關於「法」與「治」的理論。前述孔、老、墨、莊、孟、荀等人都不重視「人為法」，很少加以論述。商君則對法的由來、基礎、目的、功能、內涵、形式、施行以及它與其它規範的關係等等皆有研究，與此前諸子之說，《尚書》、《左傳》、《國語》等古籍裏的記載，以及若干近代出土文物中所見的零星資料相比，《商君書》提出的是一套有系統的理論，是對法學的一種貢獻。

此前所述，諸子除莊子主張放任自由外，都曾談到「治」，大多強調「德治」。此外有些人講「任勢」（由世襲或篡奪而得的政治權威）來懾服臣民；有的人講「用術」（偵測、詐誘、矇蔽、突擊等技巧）來愚弄臣民。此處要說的是商君倡言的「力治」——用赤裸的威力來「弱民」、「辱民」、「勝民」、「制民」。他所謂的「力」不是統治者一己之力，而是靠法制所設的刑賞誘引、逼迫出來的人民的力量。他將這種力量凝聚起來（「摶力」），然後加以利用（「殺力」），用來尋求國家的富強，打擊內在的「六蝨」和外在的敵國，並且消滅人民可能的反叛。政治學的研究大多先注意於政府的組織、功能的分配等現象，進一步才去探討這些現象背後的核心問題——權力的產生、依據、運作等等。《商君書》論「力治」，觸及這些問題，可以說是對政治學的一種貢獻。

商君所談的「法治」和「力治」有許多問題，茲擇其大者略論如下。

　　關於「法治」，他說法應該由具有獨特之知和堅強意志的「明主」制訂。問題是這樣的人可遇而不可求。其次關於法的依據，他說在於時俗、國本、民情。問題是他所說的與一般人的了解不同──「時俗」不是歷久形成的傳統，只是一時流行的風尚；「國本」不包括文化，僅在於農業和戰力；「民情」無關道義，專指反應切身利害的本能。據此而立之法如何能使人民服從？他說因為人皆趨利避害，法令可以提供大利去引誘，規定重罰去威脅，迫使他們改變其本性，使他們遵守法令。問題是以利誘人乃是傭徒鬻賣之道，而政府能給的利是有限的；至於用刑罰以逼迫人，政府雖然可以假法令之名致人於死，甚至連坐其親友，但是當人民不堪生，不畏死之時，死刑便失去效用了。更基本的是雖然許多人趨利避害，也有不少人另有理想，不為利害所動，如何去改變他們的本性？他說可以將一切不服從法令的行為視為奸行，制定告奸、連坐之法，以壓制這種奸民，使他們不能將不貪利不怕死的心態表達出來，影響別人，造成動亂。問題是為什麼會有「奸民」不服從法令？這問題涉及法令的目的和施行的方法。他說法令的目的在促進國家的富強。果然，在戰國之時國家富強不僅可以避免受外國侵略而削亡，而且可以侵略外國而壯大，最後統一天下，使人人處於一個以力佐法來愚民、弱民、辱民、勝民、制民的極權統治之下。這就是法治的終極目的嗎？至於施行法令的方法，他說要少賞多刑，因為「賞善猶賞不盜」，沒有必要。刑則越多越好，種種細過皆加處罰，並且是用重刑，不必求當，不必追究犯行出於故意、過失或不可抵抗的外力，也不必考慮任何可以寬恕的因素，結果會使細過不生，大罪不起，以刑止刑，乃至於無刑，這是愛民至極的方法。問題是輕罪重罰，會不會使人挺而走險，或者心懷不平，積怨成仇，終於爆發為叛亂、革命？

　　在商君的至治之世只有法令沒有其他的規範如仁義禮俗，人們

對於法的認知僅僅限於條文，不容許依據情理加以申述，法令的適用可以完全機械化，猶如以尺寸量物，人人可得正確的結果，所以違法事件不必司法審理而可以「家斷」。問題是如果人都那麼認知、遵循法律，豈不成了沒有意志、情感的木偶，或者是機器裏的零件？人與人之間失去了自然的紐帶，只被法令緊密地鎖定在一起，互相牽制，以致不得不重足而立，探聽監視，平時被迫告奸、出賣親友，戰時以死相勸，逼人為狼。這樣的存在是人希望得到，能夠忍受的嗎？這些問題都顯而易見，其答案也不難知。最令人困惑的是商君的極力聲斥「六蝨」，顯然認為他們的去留是他政策成敗的一個重要的關鍵，因為他們的存在會引誘人民逃避農戰，因而妨礙了他所尋求的國家富強。但是雖然他說他們「輩輩成群」，事實上人數不可能很多，而且一般人也不可能學習他們而得食避農。至於避戰則更屬難能，因為當時大約除了官吏、有爵貴族、流動人口，以及受此輩庇護的人之外，一般人民皆需服役。事實上幾次大戰，用兵動輒數萬，可見能夠避戰之人不多。商君那麼痛斥「六蝨」，真正的原因何在？何況他自己不也是一個遊說求仕之士嗎？

　　《史記》稱商君曾先以「帝道」、「王道」說秦孝公，但是《商君書》裏沒有一絲仁愛忠恕之意，其旨則厲，其說則戾，其氣則肅殺，所以司馬遷說商君對秦孝公講的只是「挾持浮說」，並非出於其「質」[本性]之言。究其原因似在他是一個沒落的貴族而力圖重入政府，基本上只想到統治者的利益，從未真正考慮一般人民的福祉。對他而言，他們只是野獸、家畜，問題只在如何加以制服、利用（以他自己的話說，他們只是礦石、陶土，要加以火熔錘煉，磨研塑埴），以達成統治者的目的。《史記》說他是「天資克薄人也」，誠是，誠是！

　　欲圖治世者，不能循乎情理，只為了圖一己之利，一時之功而創立一套理論來支持其作為，結果必然偏頗失敗。治理國家不能只賴

法令（尤其是沒有道德依據，不顧民情人倫的法令），更不可以用暴力強制加以施行；不能將人看作野獸、家畜，要將人看作與己相同的人，以同情同理與之相對待。趙良引《詩》說「得人者興，失人者崩」，誠屬至理。荀子說「天之生民，非為君也；天之立君，以為民也。」政府是因人民的需要而建立的，應該為人民服務。如果統治者忘卻了此點，制定法令，所據只是自己的意願，不合人情事理，又用暴力加以施行，是為「以法而治」，人民可以勉強忍受一時，但是不能變異其本性，成為牛羊或餓狼，終於會爆發革命。水可載舟，亦可覆舟。商君無見於此，而說「明君之治，任其力不任其德」，更說「以刑去刑」，「刑反於德」，「德生於刑」，實屬乖戾之論。其實求國之富強，並無不是，但是富強只是一時之計，法令不是唯一之策，國家應該有高遠目標和長治久安的計劃和規範，徒務近功者，終有後難。趙良以此諫之，商君不聽，果然敗亡，而且使無數人民為之犧牲。後世為政者應以此為鑑！

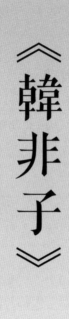

《韓非子》

▎ 韓非 ▎

《史記》有〈老子韓非列傳〉。以此為據，參考後人的著述大約可得韓非生平梗概如下：他是韓國宗室的旁枝，生年不詳，大約後於商君五十餘年，曾受業於荀子，在韓王安 [西元前 239—230 年] 時嘗數次上書諫事，未被採納，乃退而著述，作「孤憤」、「五蠹」等篇。人或傳其文至秦，秦王嬴政見後說「嗟乎，寡人得見此人與之遊，死不恨矣！」因李斯說該書是韓非之作，秦王乃急攻韓。韓王遣韓非使秦，見秦王，秦王悅之，但未予信用。韓非曾批評秦權臣姚賈不肖，不足與計國事，致姚賈含恨。李斯曾與韓非俱事荀子而自以為不如，於是與姚賈共謀害韓非，對秦王說「韓非，韓之諸公子也。今王欲併諸侯，非終為韓不為秦，此人之情也。今王不用，久留而歸之，此自遺患也，不如以過法誅之。」秦王以為然，下吏究治。李斯使人送毒藥給韓非令其自盡。韓非想親自陳訴於秦王，但不得見。秦王後悔，使人赦韓非，但是他已死了，時在秦王十四年 [西元前 233 年]，其壽約近六十。

《韓非子》

《史記》說韓非「為人口吃，不能道說，而善著書」。又用了一段話說明他寫作的動機、主旨和若干篇名：

> 韓非疾治國不務修明其法制，執勢以禦其臣下，富國彊兵而以求人任賢，反舉浮淫之蠹而加之於功實之上。以為儒者用文亂法，而俠者以武犯禁。寬則寵名譽之人，急則用介冑之士。今者所養非所用，所用非所養。悲廉直不容於邪枉之臣，觀往者得失之變，故作〈孤憤〉、〈五蠹〉、〈內外儲〉、〈說林〉、〈說難〉十餘萬言。

細讀今存《韓非子》，深感司馬遷之說扼要精確。但是此書諸篇有的顯然不是韓非之作（如〈初見秦〉），有的與全書主旨不盡相合（如〈安危〉明據先王，必定堯舜），有的與前人之書幾乎雷同（如〈飭令〉與《商君書》之〈靳令〉），可能是後人羼入。另有若干篇所論不是單純的法家言，而在宣述道家意志（如〈主道〉、〈揚權〉、〈大體〉、〈觀行〉、〈解老〉、〈喻老〉）。司馬遷說韓非「喜刑名法術之學，而其歸本於黃老」，「引繩墨，切事情，明是非，其極慘礉少恩，皆原於道德之意」。雖然他接着說與韓非相比「老子深遠矣」，但是《韓非子》內這些篇章對於了解韓非的若干關鍵性的觀點很有幫助。

此書用了極多當時傳說的歷史故事和若干似乎是韓非創作的寓言，來說明其主旨，雖然對若干問題的分析和推論比較詳細，但殊為冗長，結果反而使得其主旨不清，不如《商君書》的簡潔明瞭。

韓非之前有不少人主張治國不能依賴人民的善性和道德，而要靠政府的力量強制人民順從一定的規範，趨向一定的目標。其事跡稍

有可述的如周初的齊太公呂望[1]，東周的甫侯[2]，春秋時的管仲[3]、子產[4]，戰國時的李悝[5]、吳起[6]、申不害[7]、商鞅、慎到[8]，後人皆歸之於「法家」。因為他們大多沒有著作留存至今，依照現有的一些資料以及《韓非子》裏的敘說，可見他們除了上述一點共同的信念之外，對於個如何去實現它並無一致的看法——有的認為單純憑藉執政者的權勢，就可以為所欲為；有的認為執政者要善用若干技術使臣民屈服；有的認為執政者應該將其意圖轉化成法律，給以高出其他一切規範的崇高地位，然後以它來控制臣民。韓非綜觀這些意見，尋找出了一套他自己的治國之道。《韓非子》的主要目的便在陳述此道。

▌ 世亂之因 ▌

韓非之時在戰國晚期（下距秦朝統一僅二十餘年），其時邦國之間戰爭劇烈（自三家分晉之後大戰四五十次，死傷軍民動輒數萬甚至

1　呂望封於齊，當時有狂矞、華士兄弟二人「耕作而食，掘井而飲，不臣天子，不友諸侯，無求於人」，呂望初至國即執而殺之，説「先王之所以使其臣民者，非爵祿則刑罰也」，他們二人不仰祿，不求功，他無法支配他們，「恐其亂法易教，故以為首誅」（見《韓非子》〈外儲説右上〉）。

2　甫侯可能是《尚書》〈呂刑〉作者。

3　管仲相齊桓公（西元前 685-643 年），「通貨積財，富國強兵」（見《史記》〈管晏列傳〉），多藉法令，所以到戰國末年「境內之民皆言治，藏商、管之法者家有之」（見《韓非子》〈五蠹〉）。

4　子產相鄭（西元前 543-519 年）鑄刑書。

5　李悝（李克），戰國時魏文侯（西元前 445-396 年）師，集諸國法典，造《法經》（見《晉書》〈刑法志〉，《唐律疏義》），比各國刑書為詳。

6　吳起為楚悼王（西元前 402- 前 381 年）相，「明法審令」（見《史記》〈孫子吳起列傳〉），「卑減大臣之威重，罷無能，廢無用，損不急之官，塞私門之請……使馳説之士無所開其口，禁朋黨以勵百姓……」（見《史記》〈范睢蔡澤列傳〉）

7　申不害以學術干韓昭侯（西元前 363-333 年），為相十五年，國治兵強。其學「本於黃老而重刑名」（見《史記》〈老子韓非列傳〉）。主張用「術」治國（見《韓非子》〈定法〉）。

8　慎到為齊宣王（西元前 319-301 年）時稷下先生，「學黃老道德之術」（見《史記》〈孟子荀卿列傳〉），主張以「勢」治國（見《韓非子》〈難勢〉）。

數十萬），各國內政變頻仍（君主被弒者五，貴族權臣互相攻擊謀害者無數）。韓非稱先秦諸子對於世亂之因各有所見。他自己所見似可分成兩類，一類近乎自然，一類多屬人為。前者主要的是人口的增長、人的自私心理和勤惰不同的天性，它們造成了資源的不足和爭奪。後者包括對於若干問題的錯誤認識，它們引發了各種邪說，使君主受其迷惑而作成了錯誤的決策，又使奸人籍以掩護施行其狡計。

人口的增加

人口的增加是前人沒有注意的一個問題。韓非指出「古者，丈夫不耕，草木之實足食也；婦人不織，禽獸之皮足衣也。不事力而養足，人民少而財有餘……今人有五子不為多，子又有五子，大父未死而有二十五孫，是以人民眾而貨財寡」。〈五蠹〉的確，以有限的物資分配給不斷增加的人口，各人的所得必然降低，因而引發爭奪。古時沒有這種爭奪，堯、舜甚至有禪讓之舉，並非由於他們仁而愛人，而是因為一則當時人口較少，物資尚多；二則當時分工不細，人人都要勞動才能生活，即使是處於領導地位的人亦然，並沒有享受到太特別的待遇。據韓非說「堯之王天下也，茅茨不剪，采椽不斫，糲粢之食，藜藿之羹，冬日麑裘，夏日葛衣」，生活得十分艱辛，比後世的一個守門小吏也不如，而「禹之王天下下也，身執耒臿，以為民先，股無胈，脛不生毛」，工作得非常勤苦，一般的奴僕也不過如此，因而他說「古之讓天子者，是去監門之養，而離臣虜之勞」；相對而言，後世的一個縣令，「一日身死，子孫累世絜駕 [有馬車可乘]」，生前的奢華當然可想而知了。無怪他說「人之於讓也，輕釋古之天子，難去今之縣令……輕辭天子，非高也，勢薄也；重爭士橐，非下也，權重也」，又說「古之易財，非仁也，財多也；今之爭奪，非鄙也，財寡也」。〈五蠹〉

勤惰的天性

　　因為生活簡樸，古時之人較少爭奪，只要能努力工作，便可取得足夠的資材。為什麼後世變得「財寡」？據韓非說「今夫與人相若也，無豐年旁入之利，而獨以完給者，非力則儉也；與人相若也，無饑饉疾疚禍罪之殃，獨以貧窮者，非侈則惰也」。〈顯學〉換句話說，個人的所得與其勤惰、儉侈的天性有關。因為這種想法，他對於貧苦之人很少同情。

自私的心理

　　另一個引發爭奪的自然原因是「人情」。什麼是「人情」？韓非說「安利者就之，危害者去之，此人之情也」。〈奸劫弒臣〉為什麼人情如此？他指出了一項生理的基礎：「人無羽毛，不衣則不犯 [耐] 寒。上不屬天，而下不着地，以腸胃為根本，不食則不能活，是以不免於欲利之心」。〈解老〉這種求生之心會使人做出一些不尋常的行為，例如「鱔似蛇，蠶似燭。人見蛇則驚駭，見蠋則毛起。然而婦人拾蠶，漁者握鱔，利之所在，則忘其所惡，皆為賁、諸 [孟賁、專諸，皆勇士]」。〈內儲說上〉、〈說林下〉他認為人情可用，便出於此見。

　　人之求利，大多是為己。但也未必，因為人也可以有共同之利。韓非卻不以為然而指出幾乎在一切情況裏，各人的利都是相異的，所以人人都盡量維護一己之利。他承認有些人的行為似乎不然，他說那是因為這行為於自己的利並無大損，所以「穰歲之秋，疏客必食」，但是如果有損，就不免「饑歲之春，幼弟不饢」。〈五蠹〉另外有些人的行為則表面似乎寬厚無私，他說其實仍是為己，例如地主買庸播耕，給以厚酬美食，「非愛庸客也」而因為如此則庸工「耕且深，耨且熟也」。又如吳起為魏將而攻中山，軍人有病疽者，吳起「跪而

自吮其膿」，不是愛其人，而是要使他為吳起賣命。〈外儲說左上〉

除了以上那些似屬例外的情況，利害相異而人皆自顧其利的原則甚至顯示在最親密的人際關係裏。韓非曾說了一則寓言：「衛人有夫妻禱者，而祝曰：使我無故，得百束布。其夫曰：何少也？對曰：益是，子將買妾」。〈內儲說下─六微〉他又說「父母之於子也，產男則相賀，產女則殺之。此俱出父母之懷袵，然男子受賀，女子殺之者，慮其後便，計之長利也。故父母之於子也，猶用計算之心以相待也，而況無父子之澤乎？」〈六反〉所以「輿人成輿，則欲人之富貴；匠人成棺，則欲人之夭死。非輿人仁而匠人賊也，人不貴則輿不售，人不死則棺不買，情非憎人也，利在於人之死也」，「後妃夫人，嫡子為太子者，或有欲其君之早死者……夫妻者非有骨肉之恩也，愛則親，不愛則疏……丈夫年五十而好色未解，婦人年三十而美色衰矣。以衰美之婦人事好色之丈夫，則身疑見疏賤，而子疑不為後，此後妃夫人之所以冀其君之死者也。唯母為后而子為主，則令無不行，禁無不止，男女之樂不減於先君，而擅萬乘不疑，此鴆毒扼昧之所以用也。」〈備內〉

夫妻親子之間尚且如此以計算之心相待，君臣之間就更不用說了。韓非一再說「君臣相與，非有父子之親也」，〈奸劫弑臣〉、〈難一〉「臣、主之利，與相異者也……主利在有能而官，臣利在無能而得事；主利在有勞而爵祿，臣利在無功而富貴」，〈孤憤〉「君臣之利異，故臣利立而主利滅」。〈內儲說下〉所以君臣之間「以計合者也」，「君以計畜臣，臣以計事君」。〈飾邪〉

簡而言之，人口增多，資財不足，人人自私自利，貪得無厭，這是「自然」地造成「大爭」的原因。

邪說

　　另一些原因是「人為」的，其中最重要的是：人們對爭亂的成因認識不清，忽視客觀的事實而盲從主觀的臆想。韓非指出當時人還相信鬼神，認為治亂是祂們所定；另一些人認為爭奪是人們道德淪喪所致。有些人更捏造出了許多說法來支持這兩個觀念——對於前者鼓吹占卜，對於後者倡言仁義。韓非認為鑿龜數筴殊不可靠，他舉了一些其前的一些戰事說「龜、筴、鬼、神，不足以舉勝……然而持之，愚莫大焉」，因此他稱之為「邪」，應加以「飭〔戒〕」。〈飾邪〉

　　韓非提到占卜，因為當時仍有巫史用事，但已不重要，所以他沒有對此輩之事多加駁斥。他最憎惡的是一群新起的遊說之徒。他們的「邪說」或據於不可考證的傳聞，或出於無法實現的幻想，雖然虛妄，卻能惑人視聽，亂人心意。其中影響最大的是儒、墨兩家之說，韓非稱之為「顯學」，提出了兩點主要的批評：一是它們動輒引述古代聖王以諷刺時君。他先指出孔子、墨子皆稱道堯、舜，而「取捨不同，皆自謂真堯、舜」，接着問「堯、舜不復生，將誰便定儒、墨之誠乎？」其次他指出孔、墨的弟子派別甚多，而各派傳述孔、墨的言行也「取捨相反不同，而皆自謂真孔、墨」，因而他又問「孔、墨不可復生，將誰使定後世之學乎？」最後他指出孔、墨距戰國後期約七百餘年，堯、舜距孔、墨之時約二千餘年。時人已不能判斷孔、墨之真偽，而竟然要奢談三千年前的堯、舜之事，全無考據而言之鑿鑿，豈非癡妄？所以他說「故明據先王，必定堯、舜者，非愚則誣也。」〈顯學〉為了譏刺這種無稽之談，他說了一個故事：「客有為齊王畫者，齊王問曰：畫孰最難者？曰：犬馬最難。孰為最易者？曰：鬼魅最易。夫犬馬，人所知也，旦暮罄於前，不可類之，故難；鬼魅，無形者，不罄於前，故易之也。」〈外儲說左上〉換句話說，那些稱道堯、

舜、孔、墨的，都是畫鬼之徒。

但是韓非也談古代先王，他對儒、墨的第二個批評是他們主張恢復古人所行的仁義治國。他說「上古之世，人民少而禽獸眾，人民不勝禽獸蟲蛇」。後來有聖人教民構木巢居而避害，鑽燧取火而熟食。中古之世，天下大水而鯀、禹決瀆。近古之世，桀、紂暴亂而湯、武征伐。〈五蠹〉那些聖人都以愛心為民尋求福祉，受人民的擁戴而王天下，可見古代仁愛足以治國。但是那些做法到了後代便不適用了，因為「古者，寡事而備簡，樸陋而不盡，故有挑銚 [以蚌殼芸草] 而推車 [以人力推車] 者。古者，人寡而相親，物多而輕利易讓，故有揖讓而傳天下者。然則行揖讓，高慈惠，而道仁厚，皆推政也[9]。」到了「中世」[殷、周時期]，便不再重德而重智。及至「今世」，人皆以力相爭。戰國之時「寡事之器，非智者之備也」，「揖讓之軌，非聖人之治也。故智者不乘推車，聖人不行推政也。」〈八說〉假如此時「有美堯、舜、禹、湯、武之道者，必為新聖笑矣。是以聖人「不期循古，不法常行，論世之事，因為之備。當大爭之世，而循揖讓之軌，非聖人之治也」。為了說明此理他又作了一個比喻：「宋人有耕者，田中有株，兔走觸株，折頸而死。因釋其耒而守株，冀復得兔。兔不可復得而身為宋國笑。今欲以先王之政治當世之民，皆守株類也。」〈五蠹〉

以仁愛為治不僅不合時宜，而且有悖情理。韓非指出世間的愛莫過於母之愛子。儒墨都說先王兼愛天下，視民如父母之視子。但是他說「夫以君臣如父子則必治，推是言之，是無亂父子也……今先王之愛民，不過父母之愛子，子未必不亂也，則民奚遽治哉！」〈五

---

9 此處所謂「推政」，可以簡單地指像是以人力推車那種古代的做法，或許也可以解釋為將古時人少物多，人輕利易讓的仁厚之心推己及人的做法。

事實上「慈母之於弱子也，愛不可為前」，但是子有僻行，母「積愛而令窮」，不能改之，乃致作奸犯科，不僅自身受戮，而且禍及家族。君主以仁愛待臣民，莫非是「施於貧困」，「不忍誅罰」，但是因為在正常情形下，人民的貧富決諸於勤惰。施於貧困是使無功者受祿，民乃「外不當敵，內不力田」；不認誅罰會使有罪者不憚，「奸私之臣愈眾，暴亂之徒愈勝」。〈奸劫弒臣〉所以他問「母不能以愛存家，君安能以愛持國？」然後他將仁、暴對比說「仁者慈惠而輕財者也，暴者心毅而易誅者也。慈惠則不忍，輕財則好與；心毅則憎心見於下，易誅則妄殺加於人。不忍則罰多宥赦，好與則賞多無功；憎心見則下怨其上，妄誅則民將背叛。故仁人在位，下肆而輕狂禁法，偷幸而望於上；暴人在位則法令妄而臣主乖，民怨而亂心生。故曰：仁、暴者，皆亡國者也。」最後他說「不能具美食而勸餓人飯，不為能活餓者也……今學者之言也，不務本作而好末事，知道虛聖以說 [悅] 民，此勸飯之說。」〈八說〉為了說明此理，他又作了一個比喻：「夫嬰兒相與戲也，以塵為飯，以塗為羹，以木為戲，然至日晚必歸饢者，塵飯塗羹可以戲而不可食也。夫稱上古之傳頌，辯而不慤，道先王仁義而不能正國者，此亦可以戲而不可以為治也。」〈外儲說左上〉

　　古人的言行之不可信奉以為圭臬，還因為它們互相「雜反」。韓非指出「墨者之葬也，冬日冬服，夏日夏服，桐棺三寸，服喪三月……儒者破家而葬，賃子而償，服喪三年，大毀扶杖……夫是墨子之儉將非孔子之侈也；是孔子之孝，將非墨子之戾也。」〈顯學〉又如儒者說舜曾經教農者不侵畔，漁者不爭坻，陶者器牢，孔子曾稱之為「聖人之德」。有人問那時候堯在何處。儒者答堯為天子。韓非說堯既為聖人，「聖人明察在上位，將使天下無奸也」，應該不會有奸民，何需舜去德化？需要舜去「救敗」，就顯示堯有過失，因此「賢舜則去堯之明察，聖堯則去舜之德化」。隨後他提出了有名的寓言：

「楚人有鬻楯與矛者，譽之曰：吾楯之堅，物莫能陷也。又譽其矛曰：吾矛之利，於物無不陷也。或曰：以子之矛，陷子之楯，何如？其人弗能應也。夫不可陷之楯與無不陷之矛，不可同世而立，今堯、舜之不可兩譽，矛楯之說也。」〈難一〉

　　當時似乎曾有些人認為堯、舜並未禪讓，而是「舜偪堯，禹偪舜」，又認為湯「讓王」一事是個騙局，說「湯伐桀，而恐天下言己為貪也，因乃讓天下於務光，而恐務光之受之也，乃使人說務光曰：湯殺君，而欲傳惡聲於子，故讓天下於子。務光因自投於河。」此二說見於〈說疑〉、〈說林上〉，未見有韓非的「參驗」否定，或許他或《韓非子》的纂輯者也相信可能如此吧。

　　古人的言行既已不合時宜，又可能有矛盾，甚至其用意未必真純，施諸於大爭之世不僅可笑而且會有嚴重的後果。韓非提出了兩個史事為例。其一說明以仁義治事之弊——春秋時宋襄公與楚軍戰於涿穀。[10] 宋軍已成列，楚軍尚未全部渡過泓水。宋右司馬購強進言攻擊，襄公說「寡人聞君子曰：不重傷，不擒二毛 [髮色斑白]，不推人於險，不迫人於阸，不鼓不成列。今楚未濟而擊之，害義，請使楚人畢涉成陳而後鼓士進之。」右司馬說「君不愛宋民，腹心不完，特為義耳。」襄公斥使歸伍，待楚軍成陣後才交戰，宋軍人少，大敗，襄公傷股，三日而死。〈外儲說左上〉、《史記》〈宋微子世家〉另一個例子說明禪讓只能行於古代——戰國時燕王噲寵信其相子之，又受人唆使欲禪以王位，[11] 結果國內大亂，構難數月，死者數萬，子之逃亡，燕王噲死於亂中。〈二柄〉、〈外儲說右下〉、《史記》〈燕召公世家〉

10　見《左傳》僖二十二年 [周襄王五十年，西元前 638 年]。

11　《史記》〈燕召公世家〉記此事於周顯王四十八年 [西元前 321 年]。

　　戰國時的遊說之士還有許多「邪說」對於常人的觀念產生了不當的影響。韓非指出最基本的是他們對「聖」、「賢」、「仁」、「智」、「正」、「廉」、「忠」、「勇」、「傑」、「窶」、「愚」、「怯」、「陋」、「不肖」等詞給了不同的定義，[12] 又進一步對於許多人所作與傳統意義相合或相悖的行為，給了不同的評價，[13] 因而造成了極大的混淆。

　　這種混淆，顯然是韓非將當時許多人的想法與他認為正當的想法相比而展示出來的。為什麼人們會有不當的想法？他認為不僅由於遊說之士的熒惑，還因為當時的君主受了他們的欺蒙，失去了判斷是非的能力，信其所說，給以爵祿，以致天下紛紛相從。韓非舉例說趙襄主用「身修、學博」之士二人為中大夫，予之田宅。「中牟之人棄其田耘，賣其宅圃，而隨文學者，邑之半」。〈外儲說左上〉此說似是誇辭，但是春秋戰國時期棄農就學的人確實有之，因為當時傳統貴族多

12　例如〈詭使〉稱：夫立名號所以為尊也，今有賤名輕實者，世謂之「高」。設爵位所以為賤貴基也，而簡上不求見者，世謂之「賢」。威利所以行令也，而無利輕威者，世謂之「重」。法令所以為治也，而不從法令、為私善者，世謂之「忠」。官爵所以勸民也，而好名義、不進仕者，世謂之「烈士」。刑罰所以擅威也，而輕法、不避刑戮死亡之罪者，世謂之「勇夫」……今下而聽其上，上之所急也。而悖愨純信、用心怯言，則謂之「窶」。守法固、聽令審，則謂之「愚」。敬上畏罪，則謂之「怯」。言時節，行中適，則謂之「不肖」。無二心私學，聽吏從教者，則謂之「陋」。難致謂之「正」。難予謂之「廉」。難禁謂之「齊」。有令不聽從謂之「勇」。無利於上謂之「願」。少欲寬惠行德謂之「仁」。重厚自尊謂之「長者」。私學成群謂之「師徒」。閑靜安居謂之「有思」。損仁逐利謂之「疾」。險躁佻反覆謂之「智」。先為人而後自為，類名號，汎愛天下，謂之「聖」。言大本稱而不可用，行而乘於世者，謂之「大人」。賤爵祿，不撓上者，謂之「傑」。

13　例如〈八說〉稱：為故人行私謂之「不棄」，以公財分施謂之「仁人」，輕祿重身謂之「君子」，枉法曲親謂之「有行」，棄官寵交謂之「有俠」，離世遁上謂之「高傲」，交爭逆令謂之「剛材」，行惠取眾謂之「得民」。〈六反〉稱：畏死難，降北之民也，而世尊之曰「貴生之士」；學道立方，離法之民也，而世尊之曰「文學之士」；遊居厚養，牟食之民也，而世尊之曰「有能之士」；語曲牟知，偽詐之民也，而世尊之曰「辯智之士」；行劍攻殺，暴憿之民也，而世尊之曰「磏勇之士」。此六民者，世之所譽也。赴險殉誠，死節之民，而世少之曰「失計之民」也；寡聞從令，全法之民也，而世少之曰「樸陋之民」也；力作而食，生利之民也，而世少之曰「寡能之民」也；嘉厚純粹，整穀之民也，而世少之曰「愚戇之民」也；重命畏事，尊上之民也，而世少之曰「怯懾之民」也；挫賊遏姦，明上之民也，而世少之曰「諂讒之民」也。此六民者，世之所毀也。姦偽無益之民六，而世譽之如彼；耕戰有益之民六，而世毀之如此；此之謂「六反」。

腐化無能，執政者乃起用士子，如齊國稷下招徠了各地遊學之輩，時而達千有餘人，皆予廩給，著名者開第康莊之衢，高門大屋，不治而議論。此外各國權貴如齊孟嘗君、趙平原君、魏信陵君、楚春申君、秦呂不韋等也多養士，其中蛇龍混雜，但是以古諷今者不在少數。他們既受權威者尊崇，其說雖與常識有悖，人民往往附庸風雅，以致有上述各種錯誤之見，導致大亂，所以韓非說「故世之所以不治者，非下之罪，上失其道也」。〈詭使〉

庸主

除了信用「邪說」，當時國君們還有若干共同的過失，造成了國家的動亂。韓非用了許多篇章來陳明此點。他在〈亡徵〉裏列出了四十七條可以使國家危亡的原因，其中二十七條是君主的過錯。略加分析，包括其性格（柔茹寡斷，好惡無決，愎諫好勝，輕為自信，淺薄易見，不能周密）；其個人的行為（好宮室臺榭，煎靡貨財，務以仁義自飾，簡侮大臣，聽信親近不加參驗）；其內務（賤后妻而貴婢妾，卑太子而尊庶子）；其用人（用一人為門戶而壅塞見聞，不以功伐課試而好以名問舉錯，近諂妄而遠正直，忽視大臣父兄之內黨外援，聽任覊旅僑士之上閱謀計下與民事）；其大政（見大利而不趨，聞禍端而不備，貴私行而賤公功，慕匹夫之孝，不顧社稷之利）；其外交（不料境內之資而易其敵，無禮而侮鄰，貪愎而拙交，持交援而簡近邦）；其國防（地不固，城郭惡，無畜積，財物寡，守戰之備不足而輕攻伐）；其法制（好以智矯法，時以私雜公，法禁變易，號令數下，屢行不法，濫賞奸佞，殺戮無辜，自恃多能而不以法度從事，簡法禁而務謀慮，喜淫刑而不周於法）。

其他許多篇也一再提到君主的過失，如〈十過〉所說大多與〈亡

徵〉所列相同或相近；[14]〈顯學〉指出他「兼聽雜學」，不知其矛盾，不辨其是非，已見前述；〈五蠹〉指出他「兼禮」思想行為與國家利害相悖之人。[15]

刁民

因為君主有這麼多過失，臣民自然會有其反應。先說一般人民。其中有的不屑君主所為而避世，見利不喜，雖厚賞無以勸之，臨難不恐，雖嚴刑無以威之，是為「不令之民」，為數不多。〈說疑〉絕大多數的人民則因君主不辨是非，乃各圖其私——「其學者，稱先王之道以籍仁義，積容服而飾辯說，以疑當世之法，而貳人主之心；其言談者，偽設詐稱，借於外力，以成其私，而遺社稷之利；其帶劍者，聚徒屬，立節操，以顯其名，而犯五官之禁；其禦 [君主之僕役] 者，積於私門，盡貨賂，而用重人之謁，退汗馬之勞；其商工之民，修治苦窳之器，聚靡之財，蓄積待時，而侔農夫之利」——所以韓非稱之為「蠹」。因為這他們都受君主容忍甚至尊重，易於得利，而農事特別辛苦，所以人民都盡可能避農。〈五蠹〉

此外還有不少奸詐之民，利用了君主好奇輕信的性格去矇騙他。韓非說了很多故事，其中之一說燕王好微巧，一個衛國人說他能在棘刺的尖端雕刻母 [獼] 猴，燕王很高興，就給以五乘之俸。有一天燕王說要看看刻成的獼猴，衛人說「人主欲觀之，必半歲不入宮，不飲酒食肉」，在「雨霽日出」之時，「視之晏陰之間」。燕王無法那麼做，只好繼續養着他。鄭國有一個鐵匠來見燕王說「臣為削者也。

〈十過〉：一曰行小忠；二曰顧小利；三曰行僻自用，無禮諸侯；四曰不務聽治，而好五音；五曰貪愎喜利；六曰耽於女樂，不顧國政；七曰離內遠遊，而忽於諫士；八曰過而不聽於忠臣，而獨行其意；九曰加量力，外恃諸侯；十曰小國無禮，不用諫臣。

15 〈五蠹〉：儒以文亂法，俠以武犯禁，而人主兼禮之，此所以亂也。

諸微物必以削削之，而所削必大於削。今棘刺之端不容削鋒……王試觀客之削，能與不能可知也」。燕王要看衛人的削刀，衛人就逃走了。〈外儲說左上〉另一個故事說「齊宣王使人吹竽，必三百人。南郭處士請為王吹竽，宣王悅之，廩食以數百人〔給以數百人的廩食〕。宣王死，湣王立，好一一聽之，處士逃。」〈內儲說上〉這些故事當然可笑，但是當時欺矇君主以謀私利的刁民大約為數確實不少。

奸臣

其次說到官吏的反應，有的會對君主「強諫」，使「聖王皆不能忍」；有的忠心事君，「進善言，通道法，而不敢矜其善；有成功立事，而不敢伐其勞」。但是此二者皆極少，〈說疑〉其他的是許多奸臣，用了種種計謀來取得君主的信賴，增加自己的利益，甚至奪取政權，劫弒君主。韓非說他們的奸術有八──「同牀」、「在旁」、「父兄」、「養殃」、「民萌」、「流行」、「威強」、「四方」。〈八奸〉[16] 簡而言之，就是

---

16 〈八奸〉：凡人臣之所道成奸者有八術：一曰「同床」。何謂同床？曰：貴夫人，愛孺子，便僻好色，此人主之所惑也。託於燕處之虞，乘醉飽之時，而求其所欲，此必聽之術也。為人臣者內事之以金玉，使惑其主，此之謂同床。二曰「在旁」。何謂在旁？曰：優笑侏儒，左右近習，此人主未使而唯唯，未使而諾諾，先意承旨，觀貌察色以先主心者也。此皆俱進俱退，皆應皆對，一辭同軌以移主心者也。為人臣者內事之以金玉玩好，外為之行不法，使之化其主，此之謂在旁。三曰「父兄」。何謂父兄？曰：側室公子，人主之所親愛也，大臣廷吏，人主之所與度計也。此皆盡力畢議，人主之所必聽也。為人臣者事公子側室以音聲子女，收大臣廷吏以辭言，處約言事，事成則進爵益祿，以勸其心使犯其主，此之謂父兄。四曰「養殃」。何謂養殃？曰：人主樂美宮室臺池、好飾子女狗馬以娛其心，此人主之殃也。為人臣者盡民力以美宮室臺池，重賦歛以飾子女狗馬，以娛其主而亂其心，從其所欲，而樹私利其間，此謂養殃。五曰「民萌」。何謂民萌？曰：為人臣者散公財以說民人，行小惠以取百姓，使朝廷市井皆勸譽己，以塞其主而成其所欲，此之謂民萌。六曰「流行」。何謂流行？曰：人主者，固壅其言談，希於聽論議，易移以辯說。為人臣者求諸侯之辯士、養國中之能說者，使之以語其私，為巧文之言，流行之辭，示之以利勢，懼之以患害，施屬虛辭以壞其主，此之謂流行。七曰「威強」。何謂威強？曰：君人者，以群臣百姓為威強者也。群臣百姓之所善則君善之，非群臣百姓之所善則君不善之。為人臣者，聚帶劍之客、養必死之士以彰其威，明為己者必利，不為己者必死，以恐其群臣百姓而行其私，此之謂威強。八曰「四方」。何謂四方？曰：君人者，國小則事大國，兵弱則畏強兵，大國之所索，小國必聽，強兵之所加，弱兵必服。為人臣者，重賦歛，盡府庫，虛其國以事大國，而用其威求誘其君；甚者舉兵以聚邊境而制歛於內，薄者數內大使以震其君，使之恐懼，此之謂四方。凡此八者，人臣之所以道成奸，世主所以壅劫，失其所有也，不可不察焉。

利用各種動作、事物以親近君主人，引誘他胡作非為；收買人民及遊說之士為他們造勢；培植私人武力以恐嚇君民；重賂外國來支持他們的奸計。此外韓非又說「臣有五奸」[17]，造成了許多結黨危上的「比周之臣」和「諂諛之臣」；〈說疑〉「無令而擅為，虧法以利私，耗國以便家，力能得其君」的「重人」或「當塗之人」；〈孤憤〉以及劫國弒君的「奸劫弒臣」。〈奸劫弒臣〉

為什麼會有這麼多的奸臣？因為如前所述「君臣利異」。韓非在這一點上舉出了極多實例，如子產忠心為國，其父子國告誡他說「介異於人臣而獨忠於主……汝已離於群臣……則必危汝身矣，非徒危己也，又且危父矣」。〈外儲說左下〉又如魏、楚將戰，戰則必不兩存。魏將宋石寫信給楚將衛君說「此乃兩主之事也。與子無私怨，善相避也。」〈內作者說下六微〉因為在這種公私利害的衝突之中，君主掌握了隨意生殺之權（如吳王夫差賜死伍子胥，越王勾踐賜死大夫種），臣子為了自保，乃訴諸各種計謀。〈說疑〉篇舉出了齊國的田恆、宋國的子罕、燕國的子之等人，說他們「皆朋黨比周以事其君，隱正道而行私曲，上逼君，下亂治，援外以撓內，親下以謀上」，又舉出了齊國的豎刁、易牙等人，說他們「皆思小利而忘法義，進則揜蔽賢良而陰闇其主，退則撓亂百官而為禍難」。〈內儲說下〉裏甚至說周文王給費仲財物，使他「遊於紂之旁，令之間紂而亂其心」，又一再說奸臣往往為了一己之利而賣國，例如公叔相韓而善齊，引齊軍入韓以劫其君；魏相白圭對韓相暴譴說「子以韓輔我於魏，我請以魏持子於韓，臣長用魏，子長用韓」。在這些人之中，最甚者莫如田恆、子罕與子

---

17 〈說疑〉：人臣有五姦：有侈用貨財，賂以取譽者；有務慶賞賜予，以移眾者；有務朋黨，徇智導士，以擅逞者；有務解免，赦罪獄，以事威者；有務奉下，直曲怪言，偉服瑰稱，以眩民者。

之——田恆「請爵祿而行於群臣，下大斗斛而施於百姓」，終於由其後代田和篡奪了姜齊；〈二柄〉、〈十過〉、〈說林上〉、〈外儲說右上〉、〈說疑〉、〈難言〉子罕勸宋君行賞而自己行罰，進而殺君奪政；子之為了要奪取燕王子噲之位，僱了齊國使臣蘇代、隱者潘壽，去蠱惑子噲，使他禪讓。〈外儲說右下〉——其處心積慮與君主鬥爭至於此極！

惡果

臣民各謀私利，罔顧公益；君主昏闇，不知禁止，結果如何？〈五蠹〉裏曾概括地說是「法之所非，君之所取；吏之所誅，上之所養。法、取、上、下，四相反也，而無所定」。〈詭使〉則描述出了一番極其混亂的形象：

> 凡上所以治者刑罰也，今有私行義者尊。社稷之所以立者安靜也，而謀險讒諛者任。四封之內所以聽從者信與德也，而陂知傾覆者使。令之所以行、威之所以立者恭儉聽上，而嚴居非世者顯。倉廩之所以實者耕農之本務也，而綦組錦繡刻劃為末作者富。名之所以成、城池之所以廣者戰士也，今死士之孤飢餓乞於道，而優笑酒徒之屬乘車衣絲。賞祿所以盡民力易下死也，今戰勝攻取之士勞而賞不霑，而蔔筮視手理狐蟲為順辭於前者日賜。上握度量所以擅生殺之柄也，今守度奉量之士欲以忠嬰上而不得見，巧言利辭行奸軌以倖偷世者數御。據法直言、名刑相當、循繩墨、誅奸人所以為上治也而愈疏遠，諂施順意從欲以危世者近。習悉租稅、專民力所以備難充倉府也，而士卒之逃事狀匿附託有威之門以避傜賦、而上不得者萬數。夫

陳善田利宅所以戰士卒也，而斷頭裂腹播骨乎平原野者，無宅容身，身死田奪，而女妹有色、大臣左右無功者，擇宅而受，擇田而食。賞利一從上出、所以擅削下也，而戰介之士不得職，而閒居之士尊顯。上以此為教，名安得無卑，位安得無危。夫卑名位者，必下之不從法令、有二心無私學、反逆世者也，而不禁其行，不破其群，以散其黨，又從而尊之，用事者過矣。上世之所以立廉恥者，所以屬下也；今士大夫不羞污泥醜辱而宦，女妹私義之門不待次而宦。賞賜之所以為重也，而戰鬥有功之士貧賤，而便辟優徒超級。名號誠信，所以通威也，而主揜障。近習女謁並行，百官主爵遷人，用事者過矣。大臣官人與下先謀比周，雖不法行，威利在下則主卑而大臣重矣。

一個國家被庸主、奸臣、刁民敗壞到這種地步，不落於衰亡者幾希？韓非有見於此，發憤著述，將其因果指出，警惕世人。

▍去除亂說 ▍

仁義

如何脫出此種亂世？當時無人不在思考這個問題。儒、墨主張行仁義，其理論被韓非譏為塵飯塗羹。他又說這些人道上古，譽先王，自稱可以使人主成王霸之業，就像巫祝說可以使人「千秋萬歲」，〈顯學〉皆係虛妄之言。他還指出近世少數實行仁義的執政者，如徐偃王、〈五蠹〉宋襄公，〈外儲說左上〉無不失敗，遺害社稷，貽笑大方，已見前述。

此外有人僅就民生經濟觀點而說「上不愛民，賦歛常重，則用

不足而下怨上，故天下大亂」，以為「足其財用以加愛焉，雖輕刑罰可以治也。」韓非說不然，此前已經提到他說人之貧富主要由於其勤惰，他又指出「夫富家之愛子，財貨足用。財貨足用則輕用，輕用則侈泰。親愛之則不忍，不忍則驕恣。侈泰則家貧，驕恣則行暴。此雖財足而厚愛，輕刑之患也。」而且人心多不知足，「君人者雖足民，不能足使為天子……則雖足民，何以為治也？……故明主之治國也……使民以力得富，以事致貴，以過受罪，以功致賞……而不念慈惠之賜。」〈六反〉

虛辭

　　儒墨之外，當時的遊說之士中有一些專門教人主如何用兵、制民，固君權，拓疆土之術，很受若干國君歡迎。其中講究縱橫捭闔以結與國禦強敵者，特別引人注目，如公孫衍、蘇秦、張儀，時而掛五六國相印，叱吒風雲，但是韓非指出「世人多言從橫。言從者曰從成必霸，而言橫者曰橫成必王。山東之言從橫未嘗一日而止也，然而功名不成，王霸不立者，虛言非所以治也。」〈忠孝〉

處勢

　　此外另有一些說者教君主以威勢、權術、法制為治，分別以慎到，申不害、商鞅為其代表。韓非基本上認同這些人的看法，但是認為他們各有所偏差不足。為了說明此點，他用了許多篇幅陳述了一段虛擬的對話。首先他說慎到認為治理國家並不困難，只要掌握着「勢」就行。「勢」是什麼？慎到說「飛龍乘雲，螣蛇遊霧。雲罷，霧霽，而龍蛇與蚯蚓同矣，則失其所乘也。」依照此說「勢」是一種事物或力量，可以支持人到一個特定地位，讓他超越在常人以上而行使很大的權威。它是外在的，與人的才能無關。所以他接着說「故賢人

而詘於不肖者，則權輕位卑也；不肖而能服賢者，則權重位尊也……堯為匹夫不能治三人，而桀為天子，能亂天下……堯教於隸屬而民不聽，至於南面而王天下，令則行，禁則止。由此觀之，賢智未足以服眾，而勢位足以詘賢也。」〈難勢〉

慎到這番話問題很多，有人反駁說勢位雖然有用，但並非任何人都能善用，所以說「夫有雲霧之勢而能乘遊之者，龍蛇之材美也。夫有盛雲醲霧而不能乘遊者，螾螘之材薄也。」而且即使能用勢，也未必能致治——堯之勢無異於桀之勢，「賢者用之則天下治，不肖者用之則天下亂……專言勢之足以治天下者，則其智之所至者淺矣」。〈難勢〉

然而又有人似乎為慎到作辯，說「勢」有許多種類，其一指某種特定情況，如聖賢或暴虐之人掌握了統治權。該辯者稱這種情況為「自然之勢」（偶然發生的情況），例如「堯、舜生而在上位」，或者「桀、紂生而在上位」。在前一情況，「雖有十桀、紂，不能亂」，他稱之為「勢治」；在後一情況，「雖有十堯、舜，不能治」，他稱之為「勢亂」。堯舜、桀紂猶如「不可陷之楯與無不陷之矛」，不可能並存，因此也不必多論。至於一般的賢人也需要勢，則不可否認，如果堯、舜不在上位，即使「戶說而人辯之，不能治三家」。但是一定要「待賢」得勢才能致治，亦非確論，因為堯、舜千世而一出，而世人「百日不食，以待粱肉，則餓者不活。今待堯、舜之賢，乃治當世之民，是猶待粱肉而救餓之說也。」因此這位辯者說「吾所為言勢者，言人之所設也」，不是偶然的「自然之勢」而是一種常人可以有所作為的情況。他又進一步說「吾所以為言勢者，中也。中者，上不及堯、舜，而下亦不為桀、紂」。這種統治者既非大賢，亦非大惡。他們所處之世既非太平，亦非大亂。假如他們能「抱法、處勢」就可以致治去亂，不必等待賢者。所以求治無需等待堯、舜，猶如趕路不必

等待像古代王良那樣的駕御高手，只要「良馬固車，五十而一置，使中手御之，追速致遠，可以及也，而千里可日致也」。最後這位辯者指出那些強調要待賢者得勢而治，不然就會讓惡人因勢而亂的說法，就如說吃東西，「非飴、蜜也，必苦菜、亭歷 [葶藶，味惡] 也」，乃是「兩末之議」──趨於兩個極端的議論。〈難勢〉

　　這位為慎到辯護的人大約就是韓非。他在此除了區別「自然之勢」與「人為之勢」，還提出了「中主」治國猶如「中手」御車的觀念。什麼是「中主」的「良馬固車」？他說是「法」和「勢」。這是他對慎到僅僅重「勢」之說的一個補正。

用術

　　除了「法」與「勢」之外，傳統的「法家」還講究「術」，以申不害為代表。據韓非說「術」是「人主之所以執」，〈說疑〉由他「藏諸於胸中，以偶眾端，而潛禦群臣」，〈難三〉「因任而授官，循名而責實，操生殺之柄，課群臣之能」〈定法〉的一套手段。〈內儲說上七術〉特別提到申不害教韓昭侯用「術」，昭侯「佯亡一爪，求之甚急，左右因割其爪而效 [獻] 之，昭侯以此察左右之不誠」，他又使人出城巡視，回來時問見到了什麼。使者說沒有什麼大事。他問看到什麼小事。使者說「南門之外，有黃犢食苗道左者。」他教使者不要洩漏這些問答，然後下令說前已有令當禾苗生長時，不准牛馬入田中，而有違令者甚多，今令各地吏員將違令之事一一申報。於東、北、西三門外鄉申報之後，他說「未盡也」，令再查，才得南門黃犢。於是「吏以昭侯為明察，皆悚懼其所，而不敢為非」。韓非稱這些術為「挾知而問」。他又提到許多國君曾用此「術」，並且還在同一篇裏舉出了若干其他之「術」，包括「詭使」（例如魏嗣公使人為客過關市，關吏苛難之，因事關吏以金，關吏乃捨之。嗣公謂關吏曰「某時有客過

而所，與汝金，汝因而遣之。」關吏乃大恐，而以嗣公為明察）、「倒言反是」（例如有相訟者，子產隔離兩造而分別聽之，然後倒其一造之言責之另一造，乃得實）。其他許多篇裏也提到若干「術」，例如〈八經〉篇內「立道」一節舉出了「參言以知其誠」、「論反以得陰奸」、「作鬥以散朋黨」等十餘條；「起亂」一節提出了控制大臣的「三節」（質其親戚妻子，鎮之以爵祿，固之以參伍責怒）。〈八奸〉內更具體地說：

> 明君之於內也，娛其色而不行其謁，不使私請。其於左右也，使其身必責其言，不使益辭。其於父兄大臣也，聽其言也必使以罰任於後，不令妄舉。其於觀樂玩好也，必令之有所出，不使擅進不使擅退，群臣虞其意。其於德施也，縱禁財，發墳倉，利於民者，必出於君，不使人臣私其德。其於說議也，稱譽者所善，毀疵者所惡，必實其能、察其過，不使群臣相為語。其於勇力之士也，軍旅之功無踰賞，邑鬥之勇無赦罪，不使群臣行私財。其於諸侯之求索也，法則聽之，不法則距之。

君臣利異，上下一日百戰，在這種鬥爭中雙方所用之術不可勝記，韓非知此，在再三申述若干「術」後，提出了最重要的一點：君主用術必需隱密。他指出「人臣者窺覘其君心也，無須臾之休」，〈備內〉所以「君見 [顯] 其所欲，臣自將雕琢；君見其意，臣將自表異。故曰去好去惡，臣乃見素」，〈立道〉「故明主之行制也天，其用人也鬼」，〈八經因情〉如此莫測高深，使群臣時時在懸疑驚恐之中，才可切實控制他們。要如此用術，必需要有相當的機智和自製力。韓昭侯將決大事「未嘗不獨寢，恐夢言而使人知其謀也」〈外儲說右上〉，這不是

一般君主所能做到的。

定法

　　有鑑於用術之不易，韓非提出了另一個辦法使「中主」可以控制群臣。他先指出做事應該預定一個目標，不可盲目為之，猶如射箭，無的而妄發，「其端未嘗不中秋毫」。君主應以「功用為的」來評斷臣工的言行。〈外儲說左上〉「功用」如何設定？他說要立「度」。「度」指度量事物的準則、規矩。他指出「巧匠目意中繩，然必先以規矩為度」。在國家而言這個規矩就是「法度」。「法」是商君特別強調的，已見前述。韓非也重法，認為有了法度君主便可「抱法處勢」而治，不必太費心用術了。〈有度〉篇說：

　　　　夫人臣之侵其主也，如地形焉，即漸以往，使人主失端、東西易面而不自知。故先王立司南以端朝夕。故明主使其群臣不遊意於法之外，不為惠於法之內，動無非法。峻法所以禁過外私也，嚴刑所以遂令懲下也。威不貸錯，制不共門。威制共則眾邪彰矣，法不信則君行危矣，刑不斷則邪不勝矣。故曰：巧匠目意中繩，然必先以規矩為度；上智捷舉中事，必以先王之法為比。故繩直而枉木斲，準夷而高科削，權衡縣而重益輕，斗石設而多益少。故以法治國，舉措而已矣。法不阿貴，繩不撓曲。法之所加，智者弗能辭，勇者弗敢爭。刑過不避大臣，賞善不遺匹夫。故矯上之失，詰下之邪，治亂決繆，絀羨齊非，一民之軌，莫如法。屬官威民，退淫殆，止詐偽，莫如刑。刑重則不敢以貴易賤，法審則上尊而不侵，上尊而不侵則主

強，而守要，故先王貴之而傳之。人主釋法用私，則上下
不別矣。

▌ 治世之道 ▌

勢、術、法三者並用

如此說來，就治國而言，「勢」是必要的，「法」與「術」孰重？
在討論法家三派的主張之後，就有人問「申不害、公孫鞅，二家之
言，孰急於國？」韓非回答說：

> 是不可程也。人不食，十日則死；大寒之隆，不衣
> 亦死。謂之衣食孰急於人，則是不可一無也，皆養生之具
> 也。今申不害言術，而公孫鞅為法。術者，因任而授官，
> 循名而責實，操殺生之柄，課群臣之能者也，此人主之所
> 執也。法者，憲令著於官府，刑罰必於民心，賞存乎慎
> 法，而罰加乎奸令者也，此臣之所師也。君無術則弊於
> 上，臣無法則亂於下，此不可一無，皆帝王之具也。

有人又問為什麼不可以只有術而沒有法，或只有法而沒有術。
韓非回答說：

> 申不害，韓昭侯之佐也。韓者，晉之別國也。晉之故
> 法未息，而韓之新法又生；先君之令未收，而後君之令又
> 下。申不害不擅其法，不一其憲令則奸多故 —— 利在故
> 法前令則道之，利在新法後令則道之，利在故新相反，前
> 後相勃，則申不害雖十使昭侯用術，而奸臣猶有所譎其辭

矣 —— 故託萬乘之勁韓，七十年而不至於霸王者，雖用術於上，法不勤飾於官之患也。公孫鞅之治秦也，設告相坐而責其實，連什伍而同其罪，賞厚而信，刑重而必，是以其民用力勞而不休，逐敵危而不卻，故其國富而兵強，然而無術以知奸，則以其富強也資人臣而已矣。及孝公、商君死，惠王即位，秦法未敗也，而張儀以秦殉韓、魏。惠王死，武王即位，甘茂以秦殉周。武王死，昭襄王即位，穰侯越韓、魏而東攻齊，五年而秦不益尺土之地，乃成其陶邑之封。應侯攻韓八年，成其汝南之封。自是以來，諸用秦者皆應、穰之類也。故戰勝則大臣尊，益地則私封立，主無術以知奸也。商君雖十飾其法，人臣反用其資。故乘強秦之資，數十年而不至於帝王者，法不勤飾於官，主無術於上之患也。〈定法〉

這番談話說明了韓非對「勢」、「術」、「法」的見解。簡而言之，他認為三者各有利弊，為了治國，缺一不可，因此以前的重勢、重術、重法之說皆屬偏頗。他主張三者並重，適當地同時運用，才是有效的救世之道。

‖ 立法行法 ‖

韓非主張「勢」、「術」、「法」並用以救世，並進而實現其理想，然而對於「勢」所述不多；對於「術」雖然反覆申論，並未列舉所有之「術」，更沒有說出一套簡易而必然有效的用「術」之道；對於「法」則有許多重要的見解，應該進一步加以討論。

立法者及其目的

首先說立法者，韓非認為法應由聖人「審於是非之實，察於治亂之情」而制定。「是非」、「治亂」都是極其複雜的問題，非一般人所能明瞭。為了說明此點，他作了一個比喻說「民智之不可用，猶嬰兒之心也。夫嬰兒不剔首則復痛，不副痤則寖益，剔首副痤，必一人抱之，慈母治之，然猶啼呼不止。嬰兒不知犯其所小苦，致其所大利也……昔禹決江濬河，而民聚瓦石；子產開畝樹桑，鄭人謗訾。禹利天下，子產存鄭，皆以受謗。夫民智之不足用亦明矣」〈顯學〉民智既不可用，只有靠聖人的獨特之見來立法，所以他說「民愚而不知亂，上儒而不能更，是治之失也。」作為人主的應該要「明能知治，嚴必行之。故雖拂於民心，立其治。」〈南面〉又說「聖人為法於國者，必逆於世，而順於道德。」〈姦劫弒臣〉

聖人有立法之責，而所立之法「必逆於世」，那麼立法之目的是什麼？韓非曾說「聖人之治民，度於本，不從其欲，期於利民而已」，〈心度〉又說聖人立法是為了「救群生之亂，去天下之禍，使強不陵弱，眾不暴寡，耆老得遂，幼孤得長，邊境不侵，君臣相親，父子相保，而無死亡繫虜之患」。〈姦劫弒臣〉這些話都很空泛。他又一再說「上古競於德（仁義），中古逐於智，今世爭於力」，〈五蠹〉、〈八說〉「國多力而天下莫之能侵也」，〈飾令〉「力多則人朝，力寡則朝於人」，〈顯學〉可見他認為國家求生存、圖發展，便是為政之「本」；使人民免於外侮，便是民之大「利」，這應該是治國的大目標。為了此一目標，他主張要國富兵強。富強要靠人民盡力於田畦，效命於疆場。他知道二者皆是辛苦危險之事，人民都想逃避，但是「戰士怠於行陣者，則兵弱也；農夫惰於田者，則國貧也。兵弱於敵，國貧於內，而不亡者，未之有也。」〈外儲說左上〉所以他說政府不能順從民之所欲，而要一方面以利祿引誘兵農，一方面要以刑罰禁止商工遊食之民。這種做法雖

然「逆於世」，但是終於可以「利民」，因此如何設定利祿、刑罰，應該是立法之目的。

然而韓非又說聖人立法雖然可以「逆於世」，「拂於民心」，但是以需「順於道德」，所以「道德」應該是立法終極的依歸嗎？他在此所說的「道德」不能是儒墨所說的仁義，因為他認定它們不足以治理「大爭之世」。他對這個問題沒有直接的答案，但是在仔細探討他所說法的種種特性和施行的方法之後，可以看出一些端倪。

法的特性

法有若干特性。第一，它與常人所說的仁義不同，不是一種主觀規範，而是一種客觀的準則。商君將它比作繩墨、規矩、權衡、斗石、尺寸等等度量的工具，韓非同意此一看法，說「巧匠目意中繩，然必先以規矩為度；上智捷舉中事，必以先王之法為比。故繩直而枉木斲，準夷而高科削，權衡懸而重益輕，斗石設而多益少。故以法治國，舉措而已矣。」〈有度〉

第二，韓非又將法比作「椎鍛」、「榜檠」，說「椎鍛者所以平不夷也，榜檠者所以矯不直也。聖人之為法也，所以平不夷，矯不直也。」〈外儲說右下〉可見他認為法的功能不像權衡、斗石等一樣僅在於靜態、消極的度量，而且要作動態、積極的糾正（「椎鍛」、「榜檠」都是極為強勁的工具，其改變物件性質、形狀的力量非常巨大），這是他獨特的見解。

第三，平不夷，矯不直，已是事後之舉。刑法應重視事前的警阻。韓非說「禁奸之法，太上禁其心，其次禁其言，其次禁其事。」〈說疑〉心思被禁，便不敢言其計，更不致行其事了。

第四，法為一般人民而立，人民睿智者少，蠢愚者多，所以法應該明白易知。韓非說「為眾人法，而以上智之所難知，則民無從

識之矣。」〈五蠹〉不僅此也，一般統治者也未必多智，所以他說「立法……所以使庸主能止盜蹠也」。〈守道〉繩墨、尺寸等都是簡單易用的，立法也應如此，使庸主可以確切掌握。

　　第五，法不僅應明白，而且對於所規範之事應有詳細、確切的界定，以免用法者揣測、探究，而生錯誤。韓非說「書約 [簡] 而弟子辯，法省而民萌訟。是以聖人之書必著論，明主之法必詳事。盡思慮，揣得失，智者之所難也；無思無慮，絜前言而責後功，愚者之所易也。明主慮愚者之所易，以責智者之所難。」〈八說〉

　　第六，要使君民知而行之，法應該固定有常。韓非說「法莫如固，使民知之」，〈五蠹〉「治大國而數變法，則民苦矣。是以有道之君貴虛靜而重變法。故曰治大國者若烹小鮮」，〈解老〉「法禁變易，號令數下者，可亡也」。〈亡徵〉為了說明此點，他作了一個比喻：「執鏡清而無事，美惡從而比焉；衡執而無事，輕重從而載焉。夫搖鏡則不得為明，搖衡則不得為正，法之謂也」，〈飾邪〉又引用了一句俗語：「家有常業，雖饑 [遭遇饑荒] 不餓。國有常法，雖危不亡」，〈飾邪〉然後歸結說「法已定矣，不以善言害法。」〈飭令〉

　　第七，為求確切固定，法令一定要成文，而且要明顯地公佈。韓非說「法者編著之圖籍，設之於官府，而布之於百姓者也……故法莫如顯。」〈難三〉

　　第八，法是治世之具，而世情時變，所以法不可僵化。韓非說「安國之法，若饑而食，寒而衣，不令而自然也。先王寄理於竹帛 [據理而立法]，其道順，故後世服」，〈安危〉「故治民無常，唯治為法。法與時轉則治，治與世宜則有功。故民樸而禁之以名則治，世知維之以刑則從。時移而治不易者亂……故聖人之治民，法與時移」。〈心度〉又說「不知治者必曰無變古，毋易常……然則在常、古之可與不可……民愚而不知亂，上儒而不能更，是治之失也。」〈南面〉

　　第九，法令應互相融合，無論新舊，不可矛盾衝突。韓非用了一個比喻說延陵卓子馭馬，「鉤飾在前，錯錣在後。馬欲進則鉤飾禁之，欲退則錯錣貫之，馬因旁出。造父過而為之泣涕曰：古之治人亦然矣。夫賞，所以勸之，而毀存焉；罰，所以禁之，而譽加焉。民中立而不知所由，此亦聖人之所為泣也」。〈外儲說右下〉

　　第十，法不可立標過高，強求人所不能或難能。韓非說「人主立難為而罪不及，則私怨生。人臣失所長而奉難給，則伏怨結」，所以「明主立可為之賞，設可避之罰，其教易知……其法易為。」〈用人〉

　　第十一，法的規定不可能絕對有利無害，立法只能求功而不求全。韓非指出「法所以制事，事所以名功也。法立而有難，權其難而事成則立之；事成而有害，權其害而功多則為之。無難之法，無害之功，天下無有也。是以拔千丈之都，敗十萬之眾，死傷者軍之乘 [半]，甲兵折挫，士卒死傷，而賀戰勝得地者，出其小害計其大利也。夫沐者有棄髮，除者傷血肉，為人見其難，因釋其業，是無術之士也。先聖有言曰：規有摩，而水有波，我欲更之，無奈之何！此通權之言也。」〈八說〉

　　第十二，法令應比其他規範享有較高的地位。商君曾說「明主治國，言不中法者不聽，行不中法者不為」，韓非更進一步說「故明主之國無書簡 [詩、書] 之文，以法為教；無先王之語，以吏為師……是以境內之民，其言談者必軌於法……超五帝，侔三王者，必此法也。」〈五蠹〉

　　從以上所述諸點可以看出韓非認為「法」自有其一套內在的準則，合之者為良法，不合者為惡法或缺誤之法。這套準則可以說是「法」應該依順的「道德」，與尋常所稱的仁、義等等外在的準則不同。

法與賞罰

為什麼法可以享有比其他規範較高的地位？ 因為它能夠比較有效地取得其預期的結果。事實上任何一種規範無不望其有效，因而都設定了一些獎勵和禁止以及實際施行勸懲的辦法，例如道德多靠師長的教化，習俗多靠社團成員的支持，但是成效都很有限。法令的施行則賴政府的威勢，以具體的賞罰出之，產生了強大的驅策力。韓非舉了一個實例說「今有不才之子，父母怒之弗為改，鄉人譙之弗為動，師長教之弗為變。夫以父母之愛，鄉人之行，師長之智，三美加焉，而終不動其脛毛。州部之吏，操官兵，推公法，而求索奸人，然後恐懼，變其節，易其行矣」，〈五蠹〉所以他說「慈母之於弱子也，愛不可為前，然而弱子有僻行，使之隨師；有惡病，使之事醫。不隨師則陷於刑，不事醫則疑於死。慈母雖愛，無益於振刑救死，則存子者非愛也……母不能以愛存家，君安能以愛持國？」〈八說〉因此他強調賞罰（尤其是罰）是使法令比其他規範有效的主要因素。

關於賞罰，韓非有許多看法。首先說為什麼賞罰有用。他曾說「凡治天下，必因人情。人情者有好惡，故賞罰可用。賞罰可用則禁令可立，而治道具矣。」〈八經〉他也承認賞罰的效力並非絕對，因為有的人像許由那樣不受禪讓，也有人像盜蹠那樣不畏誅罰，是所謂「天下太上之士，不可以賞勸也，天下太下之士，不可以刑禁也。」但是那樣的人極少，絕大多數的人都畏誅罰而利慶賞，所以他說「為太上士不設賞，為太下士不設刑，則治國用民之道失矣。」〈忠孝〉

其次，韓非討論了法令裏應該有怎樣的賞罰。常人都說賞罰的輕重應該與所受之人的行為功過大小相當。他也曾一再地說「功當事，事當言，則賞」，否則即誅。〈主道〉、〈難二〉、〈二柄〉又說「殺必當」，〈備內〉「賞罰當符」。〈用人〉但是他所謂的「當」是指「應當」，而不是「相當」，所以他說「凡治之大者，非謂其賞罰之當也。賞無功之人，罰

不辜之民，非所謂明也。」他強調的是「賞有功，罰有罪，而不失其人」，〈說疑〉特別是對於該罰的行為，無論其輕重、多少，一概加刑。為了說明此理他舉了一例：齊景公問晏子市場貨物貴賤。晏子回答說「踊貴而屨賤」。因為是時景公之刑繁，受刑者多。聽了晏子之說，景公乃減損受刑行為之數及半。韓非以為此舉不妥，說「刑當 [該罰]無多，不當無少」。〈難二〉換句話說，賞罰與功罪應當有確切的關係，無功不賞，有罪必罰。

至於如何賞，如何罰，則是另一個問題。如果賞罰由法令定之，則「賞莫如厚而信，使民利之；罰莫如重而必，使民畏之。」〈五蠹〉事實上以法定賞的情況較少，以法定罰的情況較多，因為二者相比，罰比賞省費而有效。韓非舉了一例說魯人燒積澤而引起大火，將燒至王宮，魯哀公親自帶領人民往救，但是沒有人跟從，而許多人去追捕逃火之獸。孔子說救火險而無賞，逐獸樂而無罰，所以人民不從。目前事急，不及賞，而且對救火者一概給賞，則國財不足，請徒行罰，於是下令：不救火者比降北之罪；逐獸者比入禁之罪。令下未遍，而火已救矣。〈內儲說上七術〉

「降北」、「入禁」都應受重刑，可見重刑可驅民。但是有人會問「重刑傷民。輕刑可以止奸，何必於重哉？」韓非駁道：

> 此不察於治者也。夫以重止者，未必以輕止也；以輕止者，必以重止矣。是以上設重刑者而奸盡止，奸盡止則此奚傷於民也？所謂重刑者，奸之所利者細，而上之所加焉者大也；民不以小利蒙大罪，故奸必止者也。所謂輕刑者，奸之所利者大，上之所加焉者小也；民慕其利而傲其罪，故奸不止也。故先聖有諺曰：「不躓於山，而躓於垤。」山者大、故人順之，垤微小、故人易之也。今輕刑罰，民

必易之。犯而不誅，是驅國而棄之也；犯而誅之，是為民
設陷也。是故輕罪者，民之埒也。是以輕罪之為民道也，
非亂國也則設民陷也，此則可謂傷民矣！〈六反〉

「不蹷於山而蹷於垤」，是韓非主張輕罪重刑的理論基礎。此外
他還有一套特殊的說詞：「夫重刑者，非為罪人也。明主之法，揆 [殺]
也。治賊，非治所揆也；治所揆也者，是治死人也。刑盜，非治所刑
也；治所刑也者，是治胥靡也。故曰重一奸之罪而止境內之邪，此所
以為治也。重罰者，盜賊也；而悼懼者，良民也；欲治者奚疑於重
刑！」〈六反〉 他的意思是：重刑不是為已經犯罪的人而設。處死一個
殺人者，並不是為了懲治他個人，因為他已將被殺而成一個死人，不
必懲治了；將一個竊盜處以奴役，也不是為了懲治他個人，因為他即
將成為一個奴隸，奴隸不是人而只是物，人可以隨意外置它，無所謂
治與不治。懲罰罪行之目的是在於警告未犯罪之人，使他們不犯罪。
誠然，則用法令規定重刑，有何不可？為了說明此理他又舉了一個
例：殷之法，棄灰於公道者，斷其手。子貢說「棄灰之罪輕，斬手之
罰重，古人何太毅 [狠] 也？」孔子說「無棄灰，所易也；斬手，所惡
也。行所易，不關 [犯] 所惡，古人以為易，故行之」。此外韓非又稱
讚商君說「公孫鞅之法也，重輕罪。重罪者，人之所難犯也，而小過
者，人之所易去也。使人去其易，無離 [罹] 所難，此治之道。夫小過
不生，大罪不至，是人無罪而亂不生也。」〈內儲說上七術〉

總之，韓非認為法令猶如「椎鍛」、「榜檠」，是用來錘擊、曲
屈人民，使其就範之具，而賞罰則是實際用來產生此一後果的辦法，
其目的不在獎、懲於事後，而在鼓勵、遏阻於事前。為此目的，立法
應該設定厚賞重罰，但是因為賞耗費國財，所以主要應用刑，而且愈
重愈好。商君主張輕罪重刑，以刑去刑，韓非顯然完全同意，所以說

「禁奸之法，太上禁其心，其次禁其言，其次禁其事。」〈説疑〉

行法

　　立法應設定「賞、罰」，行法則應注意於如何實施賞罰。賞罰可以影響人的行為，所以韓非稱它們為人主控制臣民的「二柄」，說「明主之所道制其臣者，二柄而已矣。二柄者刑德也。何謂刑德？曰殺戮之謂刑，慶賞之謂德。為人臣者，畏誅罰而利慶賞，故人主自用其刑德，則群臣畏其威而歸其利矣。」〈二柄〉但是人主如何用此「二柄」來行法，殊非易事。韓非提出了許多應注意之處。首先如前所述，應將法與勢、術並用，以下所列諸點也多與勢、術相關。

　　第一，行法之權，尤其是使用賞罰之威勢，應該完全掌控在君主之手。韓非稱此為二柄，又將它們比作虎的爪牙，說「使虎釋其爪牙而使狗用之，則虎反服於狗矣。」他又稱賞罰為「利器」，「君操之以制臣，臣待之以壅主。故君先見所賞〔表示有意將賞什麼〕，則臣鬻之以為德〔奸臣透露此意以賣好於人〕；君先見所罰，則臣鬻之以為威。故曰國之利器不可以示人。」〈內儲説下六微〉、〈喻老〉他又舉了幾個實例：其一說齊國田常「上請爵祿而行之群臣，下大斗斛而施於百姓，此簡公失德而田常用之也，故簡公見弒。」〈二柄〉其二說「子罕謂宋君曰：夫慶賞賜予者，民之所喜也，君自行之；殺戮刑罰者，民之所惡也，臣請當之。於是宋君失刑而子罕用之，故宋君見劫。」〈二柄〉、〈外儲説右下〉其三說魯國用民工築長溝，子路為縣令，以自己的秩粟為漿飯，置於大道以供民食。孔子聞之，使子貢往覆其飯，擊毀其器。子路去向孔子抗議，說他「所學於夫子者，仁義也……其不可，何也？」孔子說「女之飡之，為愛之也。夫禮，天子愛天下，諸侯愛境內……過其所愛曰侵。今魯君有民，而子擅愛之，是子侵也。」言未卒，而國相季孫使者至，責怪孔子說「肥也起民而使之，先生使弟子令徒役而

湌之,將奪肥之民邪?」孔子就被迫離開了魯國。〈外儲說右上〉

　　第二,行法者應遵循條文而不用個人之智能。韓非指出「巧匠
目意中繩,然必先以規想矩為度。上智捷舉中事,必以先王之法為
比。」為什麼?因為人的智能有限,尤其在君主而言,「上用目則下
飾觀,上用耳則下飾聲,上用慮則下飾辭」,〈有度〉極難顧得周到。
解決之道是用法。法是客觀、確定、易用的準則,「懸衡而知平,設
規而知圓,萬全之道也。」〈飾邪〉所以他說明主治國「不遊意於法之
外,不為惠於法之內,動無非法。」〈有度〉又進一步說:

　　　　古之全大體者:望天地,觀江海,因山谷,日月所照,
　　四時所行,雲布風動;不以智累心,不以私累己;寄治亂
　　於法術,託是非於賞罰,屬輕重於權衡;不逆天理,不傷
　　情性;不吹毛而求小疵,不洗垢而察難知;不引繩之外,
　　不推繩之內;不急法之外,不緩法之內;守成理,因自然;
　　禍福生乎道法而不出乎愛惡,榮辱之責在乎己,而不在乎
　　人。〈大體〉

　　第三,行法者應該充分掌握應被衡量之事物,否則結果不免偏
頗。但是他的知能有限,所以韓非說人主要「以一國目視,以一國耳
聽」。〈定法〉要得到這種結果的辦法是令人告奸,規定「告過者免罪
受賞,失奸者必誅連罰」,〈制分〉於是「使天下不得不為己視,天下
不得不為己聽,故身在深宮之中,而明照四海之內,而天下弗能蔽,
弗能欺。」〈奸劫弒臣〉

　　第四,行法者得到了充分的資訊之後應該仔細去「聽」。韓非說
「聽言之道,溶若甚醉,唇乎齒乎,吾不為始乎……彼自離之,吾因
以知之……參之以比物,伍之以合虛。」〈揚權〉意思是聽者不以己意

干擾，任由言者自陳其說，顯出其是否合乎情理。除了「聽」之外行法者還要「察」，其方法為「參伍」。「參」是將許多事物參雜在一起，「伍」是將它們排列成伍，然後加以觀察，將事情物理的真象分析出來，是所謂「眾端參觀」。其後還要「比」，將事物與既定的標準，特別是法，來作比較，以釐定是非、功過，是所謂「循名責實」。

第五，是非、功過既定，行法者便應決定賞罰。倘若法令已有明白規定，自應遵行，不然則需另行裁斷，其原則在使是者、有功者得賞；非者、有過者受罰。犯此原則，或至於濫賞，使「戰介之士不得職」，而「女妹有色」、「左右近習者」得「日賜」〈詭使〉；或至於濫刑，使「罪生甲，禍歸乙」，〈用人〉甚至「妄殺」。〈八說〉因為「用賞過者失民，用刑過者民不畏」，犯了這種「過」，會使「有賞不足以勸，有刑不足以禁」，〈飾邪〉得賞者自知其為僥幸，所以不會因而努力；受刑者怨恨其為無辜，所以不會悔改。

第六，為了行法而用罰，應該用重刑以止輕罪，已見前文。至於給賞，韓非主張絕不宜多，即使是極微細之賞，也不可無故輕賜。為此他舉了兩個他認為妥當之例，其一說韓昭侯有一條敝褲，藏着不肯賜給左右小臣，聲稱「吾必待有功者」。〈內儲說上〉其二說秦國大饑，應侯請昭襄王發王室五苑之蔬果以活民。昭襄王說「吾秦法，使民有功而受賞，有罪而受誅。今發五苑之蔬草者，使民有功與無功俱賞也……此亂之道也。夫發五苑而亂，不如棄棗蔬而治……夫生而亂，不如死而治。」〈外儲說右下〉

第七，行法應公平齊一。韓非指出自古以來，「犯法為逆以成大奸者，未嘗不從尊貴之臣也，而法令之所以備，刑罰之所以誅，常於卑賤。是以其民絕望，無所告愬。」他認為應該改正，使「法不阿貴，繩不撓曲。法之所加，智者弗能辭，勇者弗敢爭。刑過不避大臣，賞善不遺匹夫。」〈有度〉他用了一個事例來說明此點：晉文公行

獵，下令從者以日中為期，後期者以軍法用事。其愛臣顛頡後期，文公揮淚由吏斬顛頡之脊，百姓乃大懼，相顧而說「君於顛頡之貴重如彼也，而君猶行法焉，況於我則何有矣！」於是法大行，晉乃稱霸。〈外儲說右上〉

第八，行法應「必」。如果立法規定應該如何，行法者不認真要求，人們便存僥倖之心，蔑視法令，任意妄為，結果不僅猶如無法，而且使立法、行法者皆失威信，造成動亂，所以韓非一再強調行法要必賞、必誅。〈奸劫弒臣〉、〈飾邪〉為此他舉了幾個事例：其一說董閼於為趙上地守，見山中深澗，兩壁如牆，深百仞。附近居民說從來沒有人或犬馬豬牛曾進入此澗而能生還。董閼於聽後說「吾能治矣，使吾法之無赦，猶入澗之必死也，則人莫之敢犯也，何為不治？」其二說「荊南之地，麗水之中生金。人多竊采金。采金之禁，得而輒辜磔於市甚眾，壅離［迺，塞］其水也，而人竊金不止。夫罪莫重辜磔於市，猶不止者，不必得也。故今有於此曰：予汝天下而殺汝身。庸人不為也。夫有天下，大利也，猶不為者，知必死。故不必得也，則雖辜磔，竊金不止；知必死，雖予之天下，不為也。」〈內儲說上〉其三說衛國一個奴隸逃到魏國，魏後用以為醫。衛嗣君使人至魏以五十金買他，去了五次魏王皆不允。衛嗣君提議用衛國一個名為左氏的都城給魏作為交易。衛國群臣皆以為不可。衛嗣君說「非子之所知也。夫治無小而亂無大，法不立而誅不必，雖有十左氏無益也；法立而誅必，雖失十左氏無害也。」〈內儲說上〉

第九，行法要「忍」。什麼是「忍」？韓非將它與「仁」相比，指剛毅果斷不為情緒所亂。他說「古者有諺：為政猶沐也，雖有棄髮必為之。愛棄髮之費，而忘長髮之利，不知權者也。夫彈痤者痛，飲藥者苦。為苦憊之故不彈痤、飲藥，則身不活，病不已矣」。〈六反〉又說「今家人之治產也，相忍以飢寒，相強以勞苦。雖犯軍旅之

難，飢饉之患，溫衣美食者，必是家也；相憐以衣食，相惠以佚樂，天飢歲荒，嫁妻賣子者，必是家也。故法之為道，前苦而長利；仁之為道，偷樂而後窮。聖人權其輕重，出其大利，故用法之相忍，而棄仁之相憐也。」〈六反〉此外他又用了一個故事來說明：卜皮對魏惠王說人們多認為他慈惠。惠王很高興地問慈惠可以有怎樣的結果。卜皮說會導致亡國。惠王驚訝地問為什麼。卜皮說「夫慈者不忍，而惠者好予也。不忍者不誅有過，好予者則不待有功而賞。有過不罪，無功受賞，雖亡不可乎？」〈內儲說上〉又韓非自己也說「不忍誅罰則暴亂者不止……不亡何待？」〈奸劫弒臣〉然後指出「忍」與此相反，對於犯罪者斷然加刑，不予寬恕。有人說古時「司寇行刑，君為之不舉樂，聞死刑之報，君為流涕。」韓非說「夫垂涕不欲刑者仁也，然而不可不刑者法也。先王勝其法不聽其泣，則仁之不可以為治亦明矣。」〈五蠹〉他又說「凡奸者，行久而成積，積成而力多，力多而能殺，故明君早絕之。」人主不忍誅殺罪臣，必將反害己身，如晉厲公三日而夷三卿，不忍復誅同罪之人。長魚矯說「今不忍之，彼將忍公」，公不聽，三月後諸卿作難，殺厲公而分其地，〈外儲說左下〉又如田常陰謀篡奪，齊簡公未能及早處罰禁阻，姜齊終於被田齊所代。〈外儲說右上〉

第十，用賞罰行法之人必需對其目的有一清楚的認識。依照韓非的理論，法與其他規範不同，其目的在於維護國家的安寧，促進其富強。至於是否能夠改善個人的德性，乃其餘事。然而當時談論規範的儒、墨二家，有許多相背的主張，皆與法之宗旨有異，他指出「儒以文亂法〔儒家稱先王之仁義非議法制〕，俠以武犯禁〔墨者以俠義之行違背禁令〕，而人主兼禮之，此所以亂也。」他又舉了兩個實的來說明：其一說楚國有個正直的人，其父竊羊，他告發於吏，楚令尹以為此人「直於君而屈於父」，是為不孝，就下令將他處死。其二說魯國有一個人，三次從君作戰，三次敗逃。孔子問他為什麼如此。他說「吾有老父，身

死莫之養」。孔子以他為孝，不僅不加處罰，還「舉而上之」。後果是「令尹誅而楚奸不上聞，仲尼賞而魯民易降北」。因此他得到了一個結論：「以是觀之，夫父之孝子，君之背臣也」。誠然，公私所求，原多相背，執政者不顧國家的大利而遷就私人的小德，乃是致亂的主因。此前提到〈詭使〉裏所列應賞應罰之人及事，與實際受賞罰之人及事，往往相悖，便在顯示當時執政者對於法之目的認識不清，所用賞罰造成混亂，「法、取、上、下，四相反，而無所定」。韓非說在此情形「雖有十黃帝，不能治也！」

┃ 法治之極 ┃

執政者如能適當立法、行法，便可使國家成為一個「至治之國」，世界進入一個「至安之世」。依照韓非的描繪：

> 至治之國，有賞罰，而無喜怒，故聖人極；有刑法，
> 而死無蝥毒，故奸人服。發矢中的，賞罰當符……則君高
> 枕而臣樂業，道蔽天地，德極萬世矣。〈用人〉
> 至安之世，法如朝露，純樸不散；心無結怨，口無煩
> 言。故車馬不疲弊於遠路，旌旗不亂於大澤，萬民不失命
> 於寇戎，雄駿不創壽於旗幢；豪傑不著名於圖書，不錄功
> 於盤盂，記年之牒空虛。〈大體〉

這兩段的大意是如果執政者將國家的法令，訂定得像朝露一般明白清楚，使人民知所趨避；行法時不用私意去破壞法之純樸，自然就簡易無失。在得賞受罰之人而言，因為自知應該如此，就不覺得僥倖或感到不平，於是百姓各事本業，不必奔走競爭，乃無寇戎之禍；

豪傑不必捨命於疆場，乃無功績可言；君臣上下安寧無事，共用太平，史冊上沒有什麼可以記錄。

　　這種理想的境界是先秦諸子共同響往的。至於如何達到，儒、墨都強調用一套合乎情理的準則（仁、義）以教化所有的人。道家主張只要人們都遵循一套自然的規律（道、德）就可以無為而自治。「仁」、「義」是從人際關係裏發展出來的規範，要旨在推己及人。「道」、「德」則不然。《韓非子》〈解老〉篇說「道者，萬物之所然也，萬理之所稽也。理者，成物之文也；道者萬物之所以成也⋯⋯萬事興廢焉，天得之以高，地得之以藏⋯⋯日月得之以恆其光⋯⋯四時得之以禦其變氣⋯⋯萬物得之以死，得之以生；萬事得之以敗，得之以成。」簡而言之，一切事物之所以然（生、死、成、敗）都各有其「理」，這些「理」的總和就是「道」，「道」是一套自然定律。至於「德」，該篇裏說「德者，道之功⋯⋯仁者，德之光⋯⋯義者，仁之事也⋯⋯禮者，義之文也。」其意大概是：「德」是「道」表現出來的一部分，「仁」是「德」光輝的一面，「義」是「仁」在人事上的表現，「禮」是「義」的一種文飾。由此可見「德」只是「道」的一些表像，「道」才是最基本的原則，此一原則不是人為而是自然的。「自然」的一切都有一個特質——無所謂是非、善惡，不涉及喜怒、愛憎。韓非論法，雖然強調它應該確立一套是非、善惡，指出一個價值導向，但是他顯然以為在法令制定之後，可以將它看作像尺寸、權衡，不涉情感地加以施行，就如適用自然律一樣。有了這樣的了解，再來看此前提到的一個問題——聖人立法、行法，「必逆於世情，而順於道德」——就可以回答了：此處所謂「道德」，不是常人所想的「仁義」，而是一種「必然之理」，是「物理」之律，適用者不必有所愛憎，得益或受害者也不會感到喜怒。以韓非的話說，「今成功者必賞，賞者不德君，力之所致也；有罪者必誅，誅者不怨上，

罪之所生也。民知賞罰之皆起於身也。」〈難三〉所以韓非的「至治之國」、「至安之世」，幾乎是一個道家的理想境界。了解了他所論之法，實「歸本於黃老」，對於他所說的法猶如自然律，立法、行法之道應順乎「道德」而無涉於情感，便可明白了。

┃ 貢獻和問題 ┃

亂因

先秦諸子無不為去亂返治立說，但對亂因之認定各有不同。韓非指出人口的增長、人性自私及社會價值的紛歧諸點，誠有所見。關於人口，的確，古來的戰亂，多數都由於人口增長，資源不足。關於人性，他指出了一項生理的基礎，較孟子、荀子所說為切實。但是他認為人性完全自私自利，而且各人之利害必然互相衝突，顯然與事實不符。社會之所以存在，就是因為人們有許多共同的利害，因而能分工合作。固然，有些人的利害是相異的，所以社會需要一套大體一致的價值觀念，作為其發展的依據。當時有許多人提出不同的觀念，舉其大者，有的還嚮往傳統的依靠仁義所維持的秩序，有的主張用國家權勢來重建一種新秩序，有的認為一切人為的秩序皆弊多益少。執政者不知道在此諸說之中作一選擇，乃致人民無所適從，確實是一大亂因。

返治

如何去亂返治？先秦諸子也各有所見。儒、墨倡「仁愛」，老、莊言「道德」，慎到主「勢」，申不害主「術」，商鞅主「法」。韓非譏仁愛為塵飯塗羹，說「仁」者施與貧困，「愛」者哀憐百姓。施於貧困是使無功得賞，哀憐百姓是使有罪不罰，不僅無益，甚且有害，

引起禍亂。至於「道德」一說，韓非似頗贊成，但是老、莊之說實不盡同。二者最大的差別在於莊子要人們了解束縛他們的規範制度皆係「偽聖」所創，並無絕對價值，所以在認清此點之後，可以恍然回歸自然，重穫自由，假如人際仍有差異，也無關緊要，可以「上如標枝，民如野鹿」，各別自得其樂。老子也要人們回歸自然，但不是放任他們自己去回去，而是由聖人用許多方法誘導他們跟他走，先走到一個中途站──一個個寡民的小國──該處仍有政治權威，隨時準備用「無名之樸」去鎮壓「欲作」之人，所以人民雖然「樂其俗」，但是並非真正自由。韓非的「至治之國」係由聖人據「勢」，用「術」，行「法」而建成，其過程與老子的聖人所為近似。他寫了「解老」、「喻老」二篇，以說明其妙旨，然而他自己的理想殊為不及，雖然將「法」比作自然律，但其施行結果則極不自然。

術、勢、法

慎到、申不害、商鞅之說各有闕誤。韓非分別批評之後強調三者並重，可以說是對於「法家」的理論作了一番整合。他很重視「術」，但是它需因應外在情況而變化無窮，無法列述，所以一再強調一些用術的原則，包括周密如鬼神。

對於「勢」他說得較多，十分強調它的重要，說「勢重者，人君之淵也……故曰魚不可脫於淵。」〈喻老〉但是更重要的是因為此點涉及一個基本問題──權勢的必要、功能和實際行使的效果──所以他假借了幾個人之口反覆辯說。他當時執政者所掌之「勢」大多由世襲或篡奪而得，但是根究其源，權勢實由社會需要而生。莊子想像在原始的世界裏，人們可以自食其力，實際上人的能力極為微弱，而其欲求甚為繁多，必需在人群之中分工合作從事生產，並合理地分配生產所得，才能生存。荀子說「勢位齊而欲惡同，物不能澹則必爭，爭

則必亂」，「勢齊則不一，眾齊則不使」，因而在此求生的過程裏，不得不有領導者與隨從者之分，前者行使權勢，後者服從權勢。由此可知依據事理而論，權勢乃屬必要，所謂「堯為匹夫不能正三家」，誠非虛語。其次就其功能而言，權勢乃「器械」，可以幫助人製作、處理各種事物。它沒有自己的屬性，只有良窳，無所謂善惡。它的效果完全其使用者來決定，可以為善，也可以為惡。所以說「賢者用之則天下治，不肖者用之則天下亂」。這一點常引起爭議。中國諺語說「有權必濫」，西方也有類似的說法，[18] 但是都沒有提出證據支持其結論。然而韓非所說是一原則，並且也非無據。孟子說描述古時中國不適合人們居處生活，由堯、舜、禹、益、後稷、契、皋陶等辛勤率民治水、力田，加以教養。韓非說他們有「臣虜之勞」而「受監門之養」。諸語雖然未必盡實，但是沒有說他們如何濫權，大約不是故為隱晦。此外還有一些掌權而不濫之例，如子產、管仲，皆被孔子讚為仁人，後世的賢相、循吏也不在少數，所以「必濫」之說只是觀察一些事實而生的感慨，用來斷然一概而論，有失偏頗。

韓非最重視的是「法」，說只要有適當的法，「中主」也可用來治國。因此他對「法」說得很多，引起的問題也很多。茲擇其要者陳述數點於下。

第一，關於法之由來。韓非說「法」是「聖人」制定的，但是沒有說這種人如何產生。莊子根本不信人為之法可以為善，當然沒有追究立法的聖人由何處來。孔子說人能好學、反省，便可近聖。孟子說人性本善，只要反求諸己，人皆可以為堯、舜。荀子強調勤學、苦

---

18 英國十九世紀的 Lord John Dealberg-Acton 曾說 "Power tends to corrupt, and absolute power corrupts absolutely." ("Letter to Bishop Mandell Creighton, April 5, 1887" collected in J.N. Figgins and R.V. Laurence, ed. *Historical Essays and Studies*, [London: Macmillian, 1907])

修，人皆可以為禹。墨子相信天志愛人，能夠服膺天志者便是聖賢。老子說聖人「不出戶知天下，不窺牖見天道」，可見是天生的。韓非的聖人，不知如何得來，也只能說是天生的。他說這種聖人「千世一出」〈顯學〉，十分很難得，他又說人事變動不已，「法」應該隨時轉變。聖人固然可以見常人所未見，但是一時之聖也只能見到當前及稍後之事，所以用「上古」、「中古」、「近古」的先聖之法於後世，必為「新聖笑」〈五蠹〉。既然一時之聖不能盡知將來之變，如何能預先為之一一立法？若須新聖為之，世變頻仍，人們要到何處，用什麼方法去找到那麼多新聖即時出來應急？

第二，關於法之依據。法是人為了處理人際事務而制定的，人有情緒，有思想，有意志，與物不同，所以人事十分複雜，與物理不同，處理人事的人為法與描述物理的自然法有異。在極簡單的層次上，人也遵循自然法，例如飢而需食，寒而需衣，但是對於要什麼食，什麼衣，怎樣去取得等等稍進一步的問題，就有無數不同的答案。要尋找一個比較容易被接受的答案，務必要以這種基本需求為依據。韓非說聖人為法者「必逆於世」。的確，時勢不斷變化，一般人未必都知道如何應付，而有遠見之人提出的建議不一定被大眾接受。但是如果其法「拂於民心」，他所依據的是什麼？韓非說是求利避害，自私自利的「人情」。然而人情不可能完全自私自利，因為有些利害是許多人共同的，為了要尋求這種利，排除這種害，人們必需分工合作。要使人能分工合作，除了要先對共同的利害有共同的認識，人們還需有同情心，因而能推己及人，相互體諒、容忍、信賴、尊重，己立立人，己達達人，甚至捨己為人。這些心態、意願以及因之而生的行為，就是儒、墨所說的仁義等等的立身處世之道。社會依據此道建立起來，也要靠它才能繼續存在、發展。抹殺了它們，而只注意於個人的利害，以計算之心相待，結果不僅使人難於分工合作，而

且必將不奪不厭。立法、行法應依此為據嗎？

第三，關於法的性質和功能。法家談法，多將它比作規矩、斗衡等用來度量的工具。此一說法的問題是，那些工具都只能用於固定而易於量化的事物，而涉及人的事情，往往因為有情緒、意志等因素的介入，使之變得複雜不定，難以用死板的工具去度量。更重要的是，這些工具本出於人們一時之意，並非必需如此或應當如此。換句話說，它們沒有物理上的「必然性」（如「日月不得不明」），也很少人情上的「當然性」（如「殺人者死，傷人及盜抵罪」）。它們之所以被廣泛使用，只因約定俗成。在這一點上法與它們相似──它完全沒有必然性，雖然某些法似乎有一些當然性，但是為數極少，絕大多數之法都要靠外在的，人們實際生活經驗，來決定其當否。這些經驗大多已經提煉出來，成為了傳統的規範，包括仁、義、信、恕等等，因此成為了判斷法是否正當的基準。韓非抹殺了它們，武斷地獨尊少數人所定之法，實為不妥。而且法本來是為糾正、防止侵損社會安寧秩序而立，其內涵自始就很狹小。韓非說「夫懸衡而知平，設規而知圓，萬全之道也」，〈飾邪〉未免誇張。他又說仁義等不足用而且有害，要用法來取代那些規範，來處理一切人事，更是偏激。

韓非又將法比作椎鍛、榜檠，其功用不僅在於度量，而更可以用來「平不夷，矯不直」。的確，法令可以有若干強制性的規定，問題在於什麼是「不夷」、「不直」，先要有一個標準來判斷。由權威所定之法既不能自證其正當，便不能先用來判斷其他事物的是非，又用來加以糾正。是所謂自行其是，難為情理認可。

第四，關於法之施行。儒、墨皆主張施行規範之道首在教化。韓非襲商君之說，也講行法之前要使人們知法。但是他們只要法吏告訴人民法令如何規定而已，不必講解其所據的人情、事理，甚至自身的邏輯。這種教育對於法之施行當然很少幫助，然而法家並不在乎，

因為他們認為人民一則不足以知道法之深義，二則也不必知道，只要單純地服從即可。為了使他們服從，韓非附和商君都主張要盡早發現不服從的行為甚至這種行為的傾向，以便扼止於未萌。具體的辦法是規定人民告奸。這一辦法會引起許多可以預期的惡果，已經一再析述於前，然而韓非未予理會。

在「奸」被揭發之後，如何依法定罪？韓非說司法者應嚴格遵守條文，不用私意出入。在法有明文的情形下，誠然應該如此。但是在許多情形法令並不明確，或者事實上有若干因素會使得機械地適用法條的結果變得不合情理，所以孟子說「徒法不能自行」。然則該怎麼辦？荀子說「不知法之義而正法之數者，雖博，臨事必亂」，「故法而不議，則法之所不至者必廢」。怎麼來「議法」？在比較簡單的情形，只需分析法之文義，或進而探究立法的旨意。在法條明顯「不至者」的情形，後世認為如係刑事則應遵從「法所不禁者不罰」的原則；中國傳統將影響社會安寧秩序之事大分為二類，輕微者由民間依習俗、情理解決，重大者由政府依法會處斷。因為人情萬變，法令有限，對於雖無明文禁止，而同類之事已有禁令者，允許司法者「比附援引」，而說明其理。這是比較深入的「議法」，做此工作的人必需深知人情事理、高遠的社會理想以及與之相關的各種其他規範。荀子稱他們為「君子」，是「法之原」，說「故有君子，則法雖省，足以遍矣；無君子，則法雖具，失先後之施，不能應事之變，足以亂矣」。韓非顯然沒有接受他老師的智慧，而將法看作死板的度量工具，一味強調機械地適用，大約只是為了投時君之所好，才這麼說吧。

事發之前如何預防，事發之後如何處分？韓非都說只要用賞以引誘，刑以懲罰。但是如荀子所說，以賞誘人，乃是「傭徒鬻賣之道」，走這條路的人見到別處有更多的賞便豁然而去。至於罰，最重的不過於死。老子指出人到了覺得生無可戀之時，便不畏死，奈何以

死懼之？韓非未加討論。

　　以上說的是關於韓非論法的一些問題。此外他的理論中還有兩點需要檢討。其一有關他的理想世界，其二有關它的實現。

理想世界

　　說起社會國家的理想，當然應該指全體成員的願景而言。韓非說國家應求富強。在他所謂的「大爭之世」，要免於滅亡，邦國自當力圖富強。但是韓非沒有像商君那樣提出任何實際富國強兵的政策和法令，也沒有像荀子那樣要求一國「上下俱富」。他甚至反對救濟困苦之人，說人之貧窮是因侈、惰所致，政府「徵斂於富人，以布施貧家，是奪力儉而與侈惰也」〈顯學〉。所以他稱讚秦王拒絕發五苑之蔬果以救災民。再者，他所說的富強不是為了國防，而是用以併吞他國，所以他只要求人民竭力於田畦，效命於疆場，結果農民、兵士能分享到的富強之利甚為有限。這一點在〈詭使〉、〈五蠹〉等篇裏已一再說明。〈初見秦〉篇裏稱「今天下之府庫不盈，囷倉空虛，悉其士民，張軍數十百萬……白刃在前，斧質在後……出其父母懷衽之中，生未嘗見寇耳，聞戰，頓足徒裼，犯白刃，蹈鑪炭，斷死於前。」[19] 這絕不可能是秦國人民共同的願望。〈六反〉篇說「法之為道，前苦而長利」，所以聖人「權輕重，用法之忍」，使人民平時刻苦節儉使國富強。但是秦國富強之後不斷對外侵略，久戰之後，「甲兵頓，士民病，蓄積索，田疇荒，囷窖虛」〈初見秦〉，而「戰勝則大臣尊，益地則私封立」〈定法〉，可見國家富強，未必是一般人民之福。韓非更明白地說「君上之於民也，有難則用其死，安平則盡其力……君以無愛

19　此篇非韓非所著，但所述諸點顯然與當時情況相近。

利，求民之死力而令行。明主知之，故不養恩愛之心，而增威嚴之勢。」〈六反〉

社會理想應該還涉及許多方面，很明顯的至少有人們的精神生活和人際關係兩點，其重要性不言可喻。精神生活包括對於知識的追尋、對美的欣賞與對善的感受等等。這些就是所謂「文化」，是人們用來對粗糙、原始的，僅僅為了滿足生理需求的生活方式加以優美化、合情化、合理化而作努力的成果。韓非對於這些全不在意，甚至有意抹殺，將倡導它們的人稱為「五蠹」。以求知一事而言，他說「明主之國，無書簡之文，以法為教；無先王之語，以吏為師」。他甚至將法家之作也包括在內，說當時「境內之民皆言治，藏商、管之法者，家有之，而國愈貧」〈五蠹〉。當然，假如所藏者只是商鞅、管仲所訂的法令，似乎不能作為人們的精神食糧，因為法令之目的甚為狹窄，只在維持秩序，不足以論其他，連法令自身的基礎（政治、經濟、人情、事理等等）也不見於條文，更以之為教，自然也不可能說明涉及「法之義」的問題（例如為什麼要訂定某一條法令），只能機械地解釋法令的文字，說不上「教化」。因此在他的理想國裏，人們的精神生活裏求知的部分是十分貧乏的，至於求美，求善，因為他要求人們竭力於農戰，互相告奸，當然就更談不上了。

人生在世最重要的對外關係一是對萬物，一是對他人，二者都會影響自己的生活和生存。現在只談人際的關係，其中最明顯的是親友、鄰佑、君民之間的互動。韓非指出人性自私，公私異利，人人以計算之心相待。大體而言，這些觀察並非無據，但是他沒有說應該如何改變這種顯然在他認為是有問題的現象（如宣揚推己及人之理、知足自制之智），反而利用它來作為他的理論基礎，說明人之自利、相侵為正常，甚至正當。最嚴重的是他過分強調國家社會的秩序，極端重視防止破壞它的人與事，主張人人相互監視，告奸者得賞，失察者

連坐，因而使得人際喪失互信，猜忌中傷，無所不為。這種情況在君
臣之間，尤其特出，上下相處，一日百戰，猶如毒蛇猛獸之於沼澤叢
林。對於這種現象他不僅不以為非，而用了無數篇幅，教君主如何用
勢、術、法來制服臣民。此外，他還提出了一種絕對君權的觀念，並
用了一個故事加以說明：

> 費仲說紂曰：西伯昌賢，百姓悦之，諸侯附焉，不可
> 不誅，不誅必為殷患。紂曰：子言義主 [你所說的是仁義之君主]，
> 何可誅？費仲曰：冠雖穿弊，必戴於頭；履雖五采，必踐
> 之於地。今西伯昌，人臣也，修義而人向之，卒為天下
> 患，其必昌乎！……非可不誅也。且主而誅臣，焉有過？
> 紂曰：夫仁義者，上所以勸下也。今昌好仁義，誅之不可。
> 三說不用，故亡。〈外儲說左下〉

　　君主無論如何腐敗，都應該盤踞國家社會的頂端，將人民踐踏
於腳下，這是極端的人治，所以韓非強調的「抱法」而治，其實只是
「以法」而治。此外，他又從這「冠」、「履」的觀念引申出了「臣事
君，子事父，妻事夫，三者順則天下治，三者逆則天下亂，此天下之
常道也，明王賢臣而弗易也」〈忠孝〉之說，將君權擴張至父與夫，成
了後世所謂「三綱」的張本。依照此說，權威者專橫在上，其他人或
是竦懼乎下，或是以奸計圖謀私利，相互之間無法信賴、親愛而充滿
了緊張、鬥爭的氣氛，他所說的「法如朝露，純樸 不散」，「有賞罰
而無喜怒……君高枕而臣樂業」的狀況，猶如海市蜃樓，鏡花水月。
如此的「至治之國」、「至安之世」，是人們所期望的嗎？

理想的實現

關於其理想世界，韓非自己提出了一個難題：誰去實現它？他認為當時的執政者，包括各國君主和大臣們皆不足以擔負此一重任，因為他們雖然掌握了權勢，但是一則因為他們大多是舊貴族，居於深宮巨宅，與世情隔閡，不知確當地處理新發生的情事，二則因為他們的利害往往相悖，君主無不要獨尊專制，而往往闇昧無能，不能控制群臣；臣工則無不想取得更多的權利，大多在暗中求賄貪污，使「府庫空虛於上，百姓貧餓於下」，而得以「中飽」。〈外儲說右下〉其甚者更各別或連合起來，用種種計謀以詐欺、控制、篡代國君，是所謂「奸、劫、弒」之臣。韓非又稱此輩為「重人」、「當塗之臣」。這些君臣原屬鄙陋，當然不可能一起來實現什麼理想。因為當時國君無論賢不肖，都被認定是一國之主，因而新起的士人皆需依靠他們，借他們之力來奪取「重人」的權勢，所以韓非一再警告人君對重人不可寬恕，要用其能而責其功，絕不容許他們比周成黨，要像馴鳥者那樣「斷其下翎」，〈外儲說右上〉使牠們不能自行有所作為，而不得不依賴君主以得利祿。但是要除去重人很是不易，因為他們猶如「社鼠」[築穴於國家神廟地基下的野鼠]。韓非說齊桓公問管仲「治國何患？」管仲說「最苦社鼠……君亦見夫為社者乎？樹木而塗之，鼠穿其間，掘穴託其中。燻之則恐焚木，灌之則恐塗弛，此社鼠之所以不得也。今人君之左右，出則為勢重而收利於民，入則比周而蔽惡於君，日閒主之情以告外。外內為重，諸臣百吏以為富。吏不誅則亂法，誅之則君不安，據而有之，此亦國之社鼠也」。〈外儲說右上〉

韓非又引用了一個故事將「重人」比作猛犬說「宋人有酤酒者，升概甚平，遇客甚謹，為酒甚美，縣幟甚高，然而不售，酒酸。怪其故，問其所知閭長者楊倩。倩曰：汝狗猛邪？曰：狗猛，則酒何故而

不售？曰：人畏焉。或令孺子懷錢絜壺甕而往酤，而狗迓而齕之。此酒之所以酸而不售也。夫國亦有狗。有道之士，懷其術而欲以明萬乘之主，大臣為猛狗，迎而齕之，此人主之所以蔽脅，而有道之士所以不用也。」〈外儲說右上〉

　　將「重人」比作社鼠說明他們善於藏匿於君主、貴族的庇護之下而難以去除，因而能長期作惡自利，但是似乎還不致於立即使國家崩潰。將他們比作猛犬嚇跑了「有道之士」，使君主得不到良佐，對於國家的危害便更大了，因為「有道之士」才是實現理想世界所需之人。

　　什麼是「有道之士」？他們大約都不是大貴族，而是新起的「士人」，但是與一般「詩、書遊說之士」不同，是特別有理想的少數人。韓非說他們「知道理」，「肯問知而聽能」。〈解老〉所謂「道理」是指萬事萬物之理，當然包括治國之道。這種人能「遠見而明察」，所以也稱為「智術之士」。他們堅守道法，「剛毅而勁直」，所以又稱為「能法之士」。〈孤憤〉他們的志向在「效度數之言，上明主法，下困奸臣，以尊主安國」，所以又稱為「有術者」、〈奸劫弒臣〉「賢者」、〈才度〉「法術之士」。〈人主〉韓非的理想世界之實現，就靠這些非常之人。他說他們如能入仕，就會盡心盡力，為君主效忠，「北面委質，無有二心。朝廷不敢辭賤，軍旅不敢言難。順上之為，從主之法，虛心以待令，而無是非也。故有口不以私言，有目不以私視……譬之若手，上以修頭，下以修足，清暖寒熱，不得不救入；鏌邪傅體，不敢弗搏。」〈有度〉他舉了皋陶、伊尹、管仲、范蠡等人為例，說他們「皆夙興夜寐，卑身賤體，竦心白意……以事其君，進善言，通道法，而不敢矜其善；有成功立事，而不敢伐其勞。不難破家以便國，殺身以安主。以其主為高天泰山之尊，而以其身為壑谷鬴洧之卑。」〈說疑〉

　　「有道之士」為什麼會這麼做？韓非用了一段他與堂谿公之間假設的對話來說明：

堂谿公謂韓子曰：臣聞服禮辭讓，全之術也；修行退智，遂之道也。今先生立法術，設度數，臣竊以為危於身而殆於軀。何以效之？所聞先生術曰：楚不用吳起而削亂，秦行商君而富彊，二子之言已當矣，然而吳起支解而商君車裂者，不逢世遇主之患也。逢遇不可必也，患禍不可斥也，夫舍乎全遂之道而肆乎危殆之行，竊為先生無取焉。韓子曰：臣明先生之言矣。夫治天下之柄，齊民萌之度，甚未易處也。然所以廢先王之教，而行賤臣之所取者，竊以為立法術，設度數，所以利民萌便眾庶之道也。故不憚亂主闇上之患禍，而必思以齊民萌之資利者，仁智之行也。憚亂主闇上之患禍，而避乎死亡之害，知明夫身而不見民萌之資利者，貪鄙之為也。臣不忍嚮貪鄙之為，不敢傷仁智之行。先生有幸臣之意，然有大傷臣之實。〈問田〉[20]

韓非欲「立法術，設度數，所以利民萌便眾庶」，自係「法術之士」。但是其他以「法術」求售之輩似乎並非如此，其著者如商君視人民如畜牲，而欲弱之，辱之，驅之於農戰。及其失勢，還企圖驅使無辜的商邑兵民以侵鄭而救其個人之權位。所以韓非之志非常人所能及，而且其情背乎他的人性自利之說，因此他可以說是出世之異類。

可惜像韓非這樣志行高尚的非常之人不僅極少，而且大多不能實現其理想，主要因為他們必定會遭遇到兩重困難：一是難以說服一般執政的君主。為此韓非寫了〈難言〉、〈說難〉二篇。在〈難言〉裏指出「度量雖正，未必聽也；義理雖全，未必用也」，並且舉了伊

20　按堂谿公為韓昭侯（西元前 363-333 年）時人，較韓非之時為早，且文內稱韓非為韓子，似是其後學所作。

尹說商湯一事說「湯至聖也，伊尹至智也，夫至智說至聖，然且七十
說而不受，身執鼎俎為庖宰，昵近習親，而湯乃僅知其賢而用之。」
此外他還提到許多不幸的人，如傅說、孫臏、吳起等，「皆世之仁賢
忠良有道術之士也，不幸而遇悖亂闇惑之主而死」。在〈說難〉裏
他教導人何說執政者：第一要知分寸，「強以其所不能為，止以其所
不能已，如此者身危」。其次要「知所說〔被說者〕之心」，「彼有私急
也，必以公義示而強之；其意有下也，然而不能已，說者因為之飾其
美，而少其不為也；其心有高也，而實不能及，說者為之舉其過而
見其惡，而多其不行也……欲內相存之言，則必以美名明之，而微
見其合於私利也；欲陳危害之事，則顯其毀誹，而微見其合於私患
也……。」簡而言之，人主都有其私心〔私下的欲惡愛憎〕，不願被人發
現。說者如能暗中知悉，不予揭露，而表面上公正地稱讚其愛欲者，
批評其憎惡者，使人主藉以得逞，而不覺得被說者擺佈，就會對說者
感激，而加以信賴。等到「曠日彌久，而周澤既渥，深計而不疑，引
爭而不罪，則明割利害以致其功，直指是非以飾其身，以此相持，此
說之成也。」所以說者之術，先在順人主之意以取得其寵，然後才進
以箴言。這種委屈求售的做法，即使法術之士不以為恥，恐怕不是潔
身自好之人所屑為。更重要的是人主之信賴難以確保，一旦被毀，法
術之士便可能失勢喪生。韓非一再提到的吳起、大夫種等人的悲慘下
場便是實例。

　　法術之士的第二個困難是「重人」的阻撓。韓非指出所有的法術
之士皆因「明察」、「勁直」，以「燭重人之陰情」，「矯重人之奸行」，
「故智術、能法之士用，則貴重之臣必在繩之外矣。是智法之士與當
塗之人，不可兩存之仇也。」〈孤憤〉不幸的是二者相爭，當塗之臣有
「五勝之資」，而法術之士處「五不勝之勢」。「五勝之資」指重人與
人主親近，長久以來相處成習，養成了共同的嗜好。他們佔有了貴重

的職位，又結黨比周相互援引。「五不勝」指法術之士與人主關係疏遠，沒有共同的習慣、嗜好。他們本無重要的職位，也沒有朋黨的支援，「以疏遠與近愛信爭，以新旅與習故爭，以反主意與同好爭，以輕賤與貴重爭，以一口與一國爭」，而「欲以法術之言，矯人主阿辟之心，是與人主相反也……是以明法術而逆主上者，不僇於吏誅，必死於私劍」。〈孤憤〉

所以要實現韓非的理想，不僅要有法術之士，還要有能起用他們的君主。他稱這種君主為「明君」、「明主」。與一般的統治者相比他們有若干特出之處。此前已提到他應該知道如何乘「勢」，用「術」，行「法」，特別是用術要周密如鬼神，說「有道之主，不求清潔之吏，而務必知之術」，〈八說〉「明主者不恃其不我叛也，恃吾不可叛也；不恃其不我欺也，恃吾不可欺也」。〈外儲說左下〉這樣的君主當然不是守成的「中主」，如果他要進一步求勝於「大爭之世」，他還要能夠起用法術之士。為此，他首先要能知人。戰國之時，世襲的貴族大臣還掌握着很大的權勢，但是大多抱殘守闕，沒有遠見和知識來應付當時社會、經濟、軍事、政治的急劇變化，而且還繼續互相鬥爭。新興的士族雖多人才，但是出身微賤，不可能在現有的體系裏逐步上升至統治階層。人主要有獨特之智才能在眾庶之中察見其才其志。這絕不是「中主」所能做的事。

人主得知賢人之後要能排除他人的非議而加重用。韓非說堯知舜賢，欲傳位於他，鯀與共工反對，堯殺了他們，於是天下沒有人再敢反對。對於此事韓非之評是「不以其所疑敗其所察則難也。」〈外儲說右上〉既用之後，應加信任，不可另作計較。為此他又舉了一例：衛嗣公以薄疑賢，欲授為上卿，薄疑說他母親很器重他，但是他凡有建言，他母親必定再與她所信賴的蔡嫗商量，才作決定。接着他說「今疑之於人主也，非子母之親也，而人主皆有蔡嫗，必其重人也。」〈外

儲說右上〉重人之利害與他的有異，則衛嗣公不必用他的政策，所以他不願受職。

最重要的一點是人主需知自制。有獨特之智而起用了法術之士的明君，可以排除眾議，但是可能不免自以為是而加以干擾。韓非強調人主雖有智能，卻不宜自用。因為「矜而好能，下之所欺」，〈揚權〉所以說「人主之道靜退以為寶。不自操事」，要「智而不以慮……觀臣下之所因，是故去智而有明，去賢而有功……使智者盡其慮，而君因以斷事」，使「君不窮於智。賢者效其材，君因而任之，故君不窮於能。有功則君有其賢，有過則臣任其罪，故君不窮於名……故曰寂乎其無位而處，漻乎莫得其所，明君無為於上，群臣竦懼乎下。」〈主道〉

總之，要實現韓非的理想，既要有法術之士，又要有明君。他很明白此點，說古之王天下，霸諸侯者，皆「非專君之力也，又非專臣之力也」，〈難二〉而是君臣合作的成果，如湯之得伊尹，齊桓公之得管仲。〈奸劫弒臣〉但是這些都是曠世奇遇，不是一般中主及一般士人所能期望的，他們只能在尋常之時，「抱法處世」而求治，然而韓非所處的是「大爭之世」，如何能找到明君和法術之士，並且使他們相輔相成來實現他的理想？這是一個無可逃避的問題，但是韓非沒有提出一個答案。

後世之人可能惋惜韓非懷才不遇，所以在《韓非子》內屬入了他與堂谿公的一段對話，但是他於韓王安六年 ［秦王嬴政十四年，西元前 233 年］ 為韓使秦，說秦伐趙、魏、齊、楚，而存韓。〈存韓〉可見他之所為雖然明為秦謀，實有私計，並非純粹的「利民萌，便眾庶」的「仁智之行」。秦王雖因其說支持專制極權，有助於統治秦國，征服天下，而愛其才，但是不免存疑，所以未予即用。旋因李斯指出其說之弊，並聯合重人姚賈加害，使他毒死獄中。對他個人而言固然是一悲劇，

但是對於此一後果他早已預見，而明知故犯，雖不能說是求仁得仁，但是也不能說是出其意外。可悲的是他的主張導致了政治權威的集中以及人際關係的冷酷。前者造成了此後中國政治上的專制、暴戾；後者使人們為求自保，難於合作，社會乃如一盤散沙。如果他在九泉有知，不知有何感想。

一 結 語 一

　　此前八章的工作着重在將「八典」及其相關資料分析歸納，找出其理路，組合成為「八哲」各別的政法理論，可以說是以他們的立場寫的。但恐失於繁瑣，現在再提綱挈領地說一次，雖然不免有些重複，但是一則希望乞正於大方，二則希望能引起較多的人對於「八哲」的思想深入研究發明，使之合乎時宜，有助於今後個人自立而互助，社會富庶而文明，國家茁壯而和睦，文化穩健而日新。

　　自古至今一直困擾人們的基本問題是：人應該怎樣生存？人有若干生理和心理的需求，哪些必需滿足，哪些可以限制，應該如何分別處理，在此過程中個人和團體各該做些什麼，應當如何自立、相處，走到盡頭將是一個怎樣的境界，有無到達的可能？如果生活不很順利，便會引起一個直接的問題：什麼是當前的困難？它由何而起？該如何排除？先秦諸子都曾思考過這些問題。「八哲」前後相隔數百年，其間情勢多變，因其不同的知識、經驗、感受、智慧、意志和希望，得到了相近或相異的答案。

　　孔子之時周初所建的規範、制度已經式微，但是還沒有被完全廢棄。《論語》裏可以看出他很清楚其優劣。他首先肯定了人們長期努力而發展出來的各種物質和精神文化的價值，尤其稱許周代的「禮」和階層性的政治體系，認為是促進個人優良行為的規範和維護社會妥善秩序的制度；其次他指出後世之亂乃是人們僭越這種規範、破壞這種制度的結果，使它們失去了實質意義，徒存形式。由於這兩

點見解他想竭力將那些規範和制度刮垢磨光，重建起來，聲稱如果能得用於世，他的目標不是創造一個虛玄的仙境，而是「為東周」──重建一個像周公所立的井然有序、和祥安寧的國家社會。

孔子知道那些規範制度並非出於自然，需要學習才能了解並遵行，所以他強調教育，認為人性可塑，可以學得孝、弟、忠、信等等規範，接受各有本分的階級制度。但是他又有一種深切的看法，認為規範不限於約束行為，而應善化情性，使人消極地己所不欲勿施人，積極地己立立人，己達達人；制度不止於區別等級，而應釐定本分，使君臣父子、治理國務的君子、從事農工的小人，各任其職，各負其責。

然而規範有高下之分，孔子為之排列了一個等級，但是承認在特殊的情況下人們可以有不同的做法，如伯夷、柳下惠、令尹子文等皆獨立特行，不循俗禮，管仲雖不知禮，但是尊王攘夷，使中國之人免於披髮左衽，皆受孔子稱許。他自己對付不知禮的孺悲、霸而且狡的陽貨的做法，皆屬不「直」，他主張父子之間應該互相容隱，更非一般人認為的正直之舉。為什麼他有這樣的言行？因為他見到事理的許多層次，洞徹表裏，乃可不拘一見，甚至「無可無不可」，認為只要大德不踰閑，小德可以出入。這一點也表現在他對制度的看法上，認為制度有良窳之別，可以改變──季氏竊制，八佾舞於庭，雖不可忍，但因是小節，所以他並未公開責難；三桓制魯則是大事，所以他要墮三都；公山弗擾、佛肸謀叛，他都準備應召，想藉此改革制度，實現其理想，所以他會大行不顧細謹，甚至知其不可而為之，用心可謂良苦。

他的這些看法和做法常人不易了解（特別是規範、制度皆可因人、因時、因地而變異），因而不免疑惑，甚至加以批評、譏諷。他沒有反駁，也沒有氣餒，而繼續努力從事教育，希望培育出能適當

辨別規範高下、制度良窳的「君子」，由他們以身作則來領導一般的人，走一條既可使個人立身處世保持其本分權義，發揮其才能，又可以使國家社會和諧富足，尋求共同理想之路。但是他沒有將它說成平直的馳道，因為他知道此路十分漫長，途中有許多障礙。他也沒有教人另尋蹊徑，因為他知道小道會引向歧途，落入更大的困境。這種周詳的思考和慎重的態度使他不妄言其不知（「怪力亂神」、「天」、「命」），對其所知則陳其要旨，不誇不佞，所以其理論不偏不倚，情理兼顧，乃能普遍被人接受，成為中華文化之主幹，數千年來影響了中國人的思想和行為，後人稱之為「大聖」、「素王」，誠非虛譽。

　　墨子去孔子不遠，初習儒道，見到了它的許多缺點，其中最重要的是不知世亂之主因在於原始之時「一人一義」，沒有共同的是非善惡觀念。這只是一個假設，他沒有提出任何證明就說夏、商、周三代之始皆曾釐定這些觀念，但是因為沒有果決維持，歷時稍久即行混淆，所以他說止亂之術在於如何「一統天下之義」，他想出的具體辦法是由一個「聖人」出來迫使天下之人接受他所認定的觀念。為此目的，「聖人」需先建立一套指揮體制，將他的信徒佈置於各階層，領導民眾逐步「上同」於他，並且鼓勵告密以得悉民眾的言行而讓他得以迅速作出獎懲，防止分歧再生。其次「聖人」要將他所定的觀念宣傳成為「天志」，說「天」愛民，會用鬼神來使之實現。然而當時的人們已對鬼神懷疑，而相信宿命，所以《墨子》有「非命」篇，竭力攻擊此說。此外當時還有若干邪說愚行，如罔顧現實的高論，矯揉造作的禮儀，浪費破家，縱慾傷身等等，確實是不少權貴及「小人儒」所為，孔子已有批評，墨子則更感不屑，痛加駁斥，認為應「究言」以三標，「考行」以功用。這是他對推理和求證方法上的貢獻。他主張非戰、節用、禁葬、久喪，都合乎這些原則。但是他強調凡言行「加費而不加民利者」，皆不可為，以至非樂，乃是不當的擴張了此

一原則。他又認為損人莫非為了利己，是另一個亂源，所以提倡「兼愛」，希望能人人「愛人若愛其身，視人之室若其室，視人之國若其國」，果能如此則不相攻，不相亂，盜賊無有，君臣父子皆能孝慈，天下乃可大治。

這些想法有的確實是對於時弊的針砭，但是有的不免過分或不及，如「增產」、「節用」只顧到改善物質生活，「非樂」抹殺了精神需求；有的不切實際，如「兼愛」忽視了人際自然的親疏關係，不免也流於虛言；「天志」雖稱愛民，但是難以捉摸，實際上只是「天子」一人之志。此外他的「尚賢」之說強調要將「不肖者抑而廢之，以為徒役」，有破除世襲職官之意，可謂創見，但是任廢之權全在君主之手，非有「聖王」難施行。總之，墨子將天下治亂寄於一人，此人乃「天」所選，人民對之沒有任何方法表示意見，只能絕對服從。此說為專制極權提供了理論依據，與他摩頂放踵救濟小民於水火的初衷大相逕庭。究其原因，大致在於其希圖近功，因而未能顧及完整的人生意義和理想以及切實的亂因，提出了缺乏事理依據的前提假設和偏頗的解決方法。

先看其假設，固然，人們沒有共同的是非善惡觀念會產生紛亂，但是要看所涉為何，倘若只是瑣細小事，即使「一人一義」也無關大局；真正嚴重的是對於少數關鍵性的問題（如生活資源應如何生產、分配）許多人堅持着分歧的主張（如資本主義、共產主義），形成了明顯的黨派，互不相容，便會造成鬥爭。這後果該如何處理？墨子說只有靠掌握最大實力之人壓制眾說，然後用各種權術將一黨甚至一己之見強加於人。他將這種人稱為「聖王」猶如將他奉為「教主」，將他的意見說成神旨、「天志」。然而因為並非人人都是這「聖王」的信徒，所以他要課人以告密之責，但是此計行之稍久即將使人際失去互信，欲「一統天下之義」，反而將使社會分崩離析。孔子已

經指出此一惡果，墨子沒有領悟。在這至為關鍵之點上，可見孔、墨理論的優劣十分明顯。然而墨子對自己的主張勇於身體力行，赴湯蹈火在所不辭，孔子雖被譏為知其不可而為之，但是遇到逆境往往卷而懷之，二者之行為對於後世之影響（儒者守仁輔政，墨者仗義行俠）各有短長。

　　孟子晚孔子逾百年，當時戰亂益甚，他也亟欲救世，但是與孔子一樣，立論比較謹慎，沒有臆想太古的情形，只說堯、舜之時洪水氾濫於中國，五穀不登，禽獸逼人，堯、舜等治之，人民才得安生。他又指出一人之身，百工之所為備，為了生存人們必需分工合作以生產資源，然後加以適當分配。在此過程中必需有人決斷，有人服從，因而成為兩個階層。然而有些人卻無視於此，或不肯合作，或濫事分配。據孟子說當時有楊朱主張「為我」，墨翟主張「兼愛」，分別為前後兩種人的代表。他指出「楊氏為我是無君也，墨氏兼愛習是無父也。無父無君是禽獸也」，破壞了社會組織的最基本原則，社會當然逐步瓦解，這是世亂的真正原因，所以這兩種「邪說」必需加以剷除。除此之外還有當時執政者的荒淫奢侈、橫徵暴斂以及相互之間爭城爭地的戰爭，是另一致亂之因，應該禁止。

　　至於實際該怎麼做，孟子不寄望於墨子的「聖王」而像孔子一樣，認為要有健全的社會先要有健全的個人，所以注重人的教養。但是他雖強調「謹庠序之教」，並沒有詳述教學的項目和方法，因為他相信人性本善，只要將有礙其自然發展的故障除去，便能辨別是非、避惡趨善，再加發揚光大則人人皆可為堯舜，其次亦可為救國濟民的「名世者」。這樣的人甚少，但是孟子卻以此自許。他的目標遠大，想要「王天下」。為此他建議了若干辦法，上以輔君，下以撫民。他對君主的要求不多，只要他以己度人，推恩眾庶，與民同樂即可。至於人民，他說一般人皆需有恆產才能有恆心，所以首先要使他們取得

一分土地，不奪其時，讓他們生產必需的物資，保障其基本的生活，然後加以教育，便可使之敬老育幼，抵禦外侮，國家社會乃能富強康樂。

這樣的關鍵人物如何得來？孟子認為並非由於苦學，而在善養大志及浩然之氣，不事小節而以天下為己任。為此目的這種人應該入仕，非為利祿，而為行道，所以未仕之前不受召，而要君主以禮邀請，學而後臣之；入仕之後不屈從，而犯顏直諫，不合則去。當時世官貴族大多腐敗無能，而士人中不乏知多識廣者，執政者亟欲起用，故以寬厚待之，孟子乃能後車數十乘，從者數百人，以傳食於諸侯，放言高論。但是他只談一些「仁政」的「大略」，將具體措施則推與執政君臣，所以他們對他也敬而遠之，未嘗付以重要的實職。這使得有些弟子感到疑惑不解，所以他費許多口舌，不僅為自己辯護（如稱自己守先王之道以教育後之學者，因而獲酬是為「食功」乃理所當然；稱不奉齊王之召是不願「枉尺而直尋」；稱去齊三宿而出境是為了期待齊王挽留而用他，不僅安齊且安天下），並且舉出若干先聖先賢為例（如舜不告而娶，封象於有庳；孔子待孺悲、陽貨不直，未得燔肉不稅冕而行），聲稱「君子之所為，眾人固不識也」。他又鄙薄若干為常人尊崇者（如貶尊王攘夷的管仲僅足致霸，譏潔身自愛的陳仲子不如蚯蚓），出人意外。

孟子對個人與國家、臣民與君主之間關係的言論更是驚人——他說「天下之本在國，國之本在家，家之本在身」，所以「民為貴，社稷次之，君為輕」。君主臣民各有其本分而對當的關係，所以「君之視臣如手足，則臣視君如腹心；君之視臣如犬馬，則臣視君如國人；君之視臣如土芥，則臣視君如寇讎」。君不能治，大臣可以使之「易位」，如有大過，暴虐無道，是為「一夫」，人民可加放伐甚至誅戮。此說申述了孔子君君、臣臣相對關係之旨，使之明白透徹。先秦

及後世士無人敢公開如此主張，固然因為孟子之時士氣高昂，然而更反映了他個人的性格和勇氣，掃除了一般儒者柔弱之風。此點可能是後人敬佩他的主要原因。

可惜孟子的理論也有不少問題，首先他僅述抽象原則不談具體辦法，特別是如何產生「名世者」，怎樣培養「浩然之氣」，使人雖不能為堯舜，仍能成為「從其大體」，「居仁由義」的「大人」，「貧賤不能移，富貴不能淫，威武不能屈」的「大丈夫」來止亂求治。其次，他與孔子一樣認為規範有高下層次，但是說得甚玄，有「非禮之禮，非義之義」之語，使一般人無法了解，不知所從，而「大人」則可以用獨特的解釋自行其是。再次，他為了強調其道可行，提出了「性善」為其前提假設，但是只證實了人有「怵惕惻隱」的同情心，隨即說人又有「羞惡、辭讓、是非」之心，四者分別是仁、義、禮、智「之端」。此說既無所據也無必要，而他費了許多筆墨駁斥他人之說，誠為「好辯」。雖然他深得孔子要旨而且有所發明，但是言之過激過繁，不免偏頗勉強，遜於孔子的中正平和。

荀子晚孟子約五十年，其世更亂。他對於孔、孟以及墨子救世之說了解甚深，所以他的理論大多回應諸說，有些批評，但更多發明。首先關於世亂之因，他指出不是「一人一義」，而是人們「欲惡同物」而物資不足。他又借堯舜問答說明「人情甚不美」，忘恩負義，自私好利。由於這些外在的現實和內在的心理，人們乃爭奪致亂。他同意人需「群」而互助合作以生產必要的物資，並加以合理的分配。「群而無分」是另一致亂之因，要平亂就要使人合群有分，有的人領導，有的人服從。這是自古以來就有的現象，一般人們皆習以為常，很少追問為什麼某些人歸入某一階層。孔、孟雖然未必滿意當時的分級，但是只強調處於不同地位的人應有不同的職責。荀子則進步追究「分」是由誰，依據什麼準則訂定。

　　對於第一點荀子說「宇中萬物生人之屬，待聖人然後分也」。此是遁辭，因為一說到「聖人」，其他問題就無可究詰了，他選擇什麼人為君，為臣，為官，為民，便如天定。然而他又說人君是「管分」者，「論德而定次」，使人「各載其事，各得其所宜。上賢使之為三公，次賢使之為諸侯，下賢使之為士大夫」，「王公士大夫之子孫不能屬於禮義，則歸之庶人；庶人之子孫積文學，正身行，能屬於禮義，則歸之卿相士大夫」。所以實際上人的「分」可以由君主調整，並非一成不變。此說打破了世襲制度，可以說是創見，但是沒有具體說明君主該怎麼做，而且這種合乎情理的階層間的流動顯然不適用於君主，所以沒有明智正直的君主，這「管分」的工作便無法做好。

　　荀子似乎有見於此，所以退而求其次，寄望於實際從事各種事務之人，特別是各等級的領導人，希望他們是智德兼備的「成人」。他說這類人並非天生，乃由學習及自修而成。因為他假設人「性惡」，不能像孟子所說的發展其平旦之氣而成「大丈夫」，必需透過十分辛勤地學習來探悉人情事理。幸好「千萬人之情，一人之情之也」，古來的聖君已洞察此情而制定了規範各種行為之「禮」，著於經典，所以後人之「學」，只要「始乎誦經，終乎學禮」即可，之後如能謹而行之，便可成為「大人」，甚至可以為禹。

　　但是這方法太簡單，完全是靜態的記憶工作，不重視經驗（如孔子所說的「能近取譬」）、內省（如孟子所重的「自反」）及其他知識來源（如墨子強調的「三表」），恐怕不足使人擔起治國的重任，所以荀子又提出了一個辦法：「法先王」及「後王之粲然者」。然而對於想要這麼做的人而言，這辦法仍有兩個困難，一則「先王」之「禮」（規範制度）雖稱周密，但是經典不能盡載，學者難窺全豹，二則規範有等次，行為多變化（荀子承襲孔孟「大德」、「小德」、甚至「非義之義」、「非禮之禮」之說，而稱有「大節」、「小節」、「大行」、

「中行」、「小行」、「大忠」、「次忠」、「小忠」），使人不易辨別遵從。當未嘗聞見之事突然發生，「俗人」、「俗儒」，甚至「雅儒」皆不知所措，只有「大儒」才能重新探究人心，樹立新的規範制度來應付，因為他們知識廣博，遇到新奇之事可以與已有之事歸類，依據他們所掌握的規範制度的精義而加處理，可以「無所儗作」，「晻然若合符節」，由他們執政當然可致「政教之極」。但是這樣的人不是誦經讀禮可得，所以極少，荀子只舉出了周公一例。他顯然也明白此點，然而認為這種人所據的原則（大儒之道）係屬必要，否則執政者至多只能使國家富強稱霸，「懸之以王者之功名則倜倜然其不及遠矣」。什麼是「王者之功」？荀子曾分析權威之類別（道德之威、暴察之威、狂妄之威），「兼人」之術（以德、以力、以財），治國之道（王、霸、偷、姦）及其結果（榮國、辱國、亂國、傷國），對此點敘述頗詳。但是即使有「大儒」在世，能否被統治者僱用而致「王者之功」，無法預期，這是荀子之說的一大漏洞。

　　此外荀子之說還有若干突出之處，也牽涉到一些難解的問題。第一，他對於法之功效及缺點、人治與法治的關係，申述極為精到，不偏不倚，為其他諸子所不及，但是他又說「元惡不待教而誅」，與他強調的「不教而誅則刑繁而邪不勝」相悖，尤其是他將「心達而險、行辟而堅、言偽而辯、記醜而博、順非而澤」，「居處足以聚徒成群，言談足以飾邪熒眾，強足以友是獨立」之輩稱為「小人之桀雄」，非獨不予教誨，甚且不加審理，即加誅罰，更屬不當。第二，他為了鼓勵人盡其力而提出的「天論」，確是一大創見，可以振聾發聵。但是他又說「遇不遇者時也」，「死生者命也」，沒有分析因果關係，是一闕佚。然而他強調人要「敬其在己」以「制天」，「用時」，可見並非宿命論者。對於「不遇時」之人，他說要如「芷蘭生於深林，非以無人而不芳」，強調人生自有其意義，不僅在濟世，卻有深

意。第三，他的理想世界意境高遠，希望個人能成為「成人」，社會井然有序，國家富強安寧。但是他提出的辦法卻如孔、孟一般，多屬原則而少細節，難以實踐。第四，世間最難處理之事莫過於人際關係，尤其是不同階層之間的，最為不易。如果在上位者一意孤行，在下位者該如何回應？荀子建議遵行較高的規範，並且舉出了在若干具體的情況之下可以「從道不從君，從義不從父」，以避免國和家的重大危機。他稱這麼做的人為「爭臣」、「爭子」。他又特別指出大臣要「諫、爭、輔、拂」。如果無效，他提出了君舟民水之喻，說百姓可以顛覆君主，因為「天之生民非為君也，天之立君以為民也」。然而戰國之時君主雖然仍需士人之助壓制世官，但已懂得自己是士人的僱主而趨霸橫，士人逐漸失去了「說大人則藐之」，「格君心之非」的豪氣。因此荀子又提出了另一些做法，指出君主有聖、中、暴之分，當時多暴君，放肆邪僻，喜怒無常，臣民待之應非常謹慎，「若馭樸馬，若養赤子，若食食委人，故因其懼也而改其過，因其憂也而辨其故，因其喜也而入其道，因其怒也而除其怨」。這種辦法可以說是「枉尺而直尋」，不如孟子說的那麼剛正，但是如果不能「覆舟」，不得已而圖「曲得」，雖然委屈，仍較諂媚、作偽為佳。

　　總之，荀子沒有像孔子那樣知其不可而為之，也沒有像孟子那大言以天下為己任，但是盡其所能探究道理，以供世人參考，實與孔、孟晚年所為相同。雖然他們都沒有赫赫之功，但是其理論對人們的思想行為所生之影響，巨大深遠，不可忽視。無論如何，荀子教人求知修德，盡力做才能可及之事，不能舒展其抱負則卷而懷之，潔身自好，實是一般人合乎情理的可行之道。人們自古篳路藍縷，跌跌撞撞走來，創造了今日的文化，雖然良莠錯雜，但是相當大的一部分（如醫藥、舟車）確實有其價值。後世不滿現狀之輩或者借釋老之說遁入虛妄自欺欺人，或者恃盲目之勇暴虎憑河喪身敗事。清季之人心

懷憤激，尤喜危言聳聽，如譚嗣同者稱「兩千之政，秦政也，皆大盜也；兩千年之學，荀學也，皆鄉愿也。唯大盜利用鄉愿，唯鄉愿工媚於大道」，乃不知而言，不足論荀學之短長，如尹士之鄙薄孟子，乃「小丈夫」意氣之辭而已。

自古就有人不贊同一般人所走，而為孔、墨、孟、荀之輩支持的進取之路，主張應該退回去一些，甚至回到原點。《老子》輯集了古時一些智者之語，代表了一種與儒、墨二家相背的思想，認為人的能力有限，難以改變自然環境以適合自己想要的生活，勉強去做往往得不及失。

老子沒有確實地描述遠古之世，似乎說在那裏萬物可以自然生長（大道氾兮，萬物恃之以生），自然約制（損有餘而補不足），但是人們卻追逐無窮的慾望，不免損人利己（損不足而奉有餘），乃致禍亂。所以他認為去禍除亂必需制欲，知足，知止。為此他不僅指出縱欲之患（五色令人目盲、五音令人耳聾、五味令人口爽、甚愛必大費、多藏必厚亡），更進一步說明自然界絕無過分現象（飄風不終朝，驟雨不終日），事物的常態（根）皆避極守靜，多動則易遇艱險（不知常，妄作兇）。這是自然之律，是「大道」。此道猶如一張極大的網，籠罩着天下，萬物受其約制，沒有一個被疏漏（天網恢恢，疏而不失）。此道被廢之後就產生了種種人為的規範（仁、義）制度（尚賢、食稅），引發了種種禍患。老子沒有明言它們產生的過程，但是顯然認為出於若干小智之人的「妄作」，治絲益棼，遂成大亂。所以他主張人應該重返大道，守靜篤，歸根本。具體而言就是控制慾望，維持最基本的生活。

對一般人而言要這麼做極為不易，所以需要老子的「聖人」來幫助，「實其腹，強其骨，虛其心，弱其志」。為了免於他們的懷疑和抗拒，「聖人」必需顯得柔弱不爭，不圖私利，以贏得他們的信任，

乃能「後其身而身先」來引導他們，「以其無私故能成其私」。他的「私」的確不在自利而在「救人」，所以他「生而不有，為而不恃，長而不宰」，只希望帶領人們避免落入陷阱。但是這麼做時他不能順從他們的心願，而要「慄慄為天下渾其心」，使他們歸於純樸，猶如嬰兒一般「悶悶沌沌，僅貴食母」，然後由他「孩之」。

老子所說的「孩之」其實就是「愚之」。因為人們已經有知，所以他的「聖人」先要認清「知」之源是那些毀廢大道之人（可以說是偽聖）及其制訂的規範制度，然後故意暴露他們的作為（將欲歙之，必固張之；將欲廢之，必固興之），使人們見到此輩所作所為的惡果而改變了心態，自願地也盲目地跟隨老子的真「聖人」走到一個「小國寡民」的地方，放棄了大部分他們以往努力創造的文化，回到比較原始簡樸的生活狀態，心清欲寡，和平安寧。可見老子的「聖人」並沒有帶領人們走向一個真正奇妙的理想世界，而是退回到此前已經走過之路的某一處。

然而此說有許多問題：（一）要人們將可以節省勞力的佰什人之器，甚至舟車，都廢棄不用，不合情理。（二）在無饑荒、戰爭的情形下人口會以幾何級數自然成長（韓非指出此點，老子不可能不知），要「寡民」不得不限制生育，難免產生殘忍難測的後果。（三）「智慧出，有大偽」，智慧如何，為何而出？老子沒有說明。智與知相關但不相同，非僅學習可得而需有天賦，如果具有這種天賦的人將其潛能發揮出來怎麼辦？老子說「聖人」將鎮之以「無名之樸」。它是什麼？老子也沒有說明。倘若「聖人」需抓住它隨時備用，豈不緊張忙碌，怎麼又能「無為」而治天下？（四）「聖人」的做法似乎不直。老子提出了二說作辯，第一，「聖人」遵循的是「大道」，是自然之律，與人世情理不同，甚至顯得相反，所以說「反為道之動」，「正言若反」，但是他又說其道「甚易知，甚易行，天下莫能知莫能

行」，可見其說之詭譎。第二，「聖人」替天行道，「天地不仁以萬物為芻狗」，所以「聖人不仁以百姓為芻狗」，不必愛惜。這種想法有助於聖人達成其目的，但是不宜明白說出來，所以說「魚不可脫於深淵，邦之利器不可以借人」。老子對此「利器」有很多陳述，簡而言之就是要在表面上虛靜無為，實際上使民愚而易使，聽任統治者「無為而無不為」，並且「皆謂我自然」。這是「治術」，與儒家的「治道」有異，荀子稱之為「偷道」。此道為後世統治者所重，並受商、韓之輩法家理論支持。然而待人不直而且愚之，終難持久。西諺說 You can fool all the people some of the time, and some of the people all the time, but you cannot fool all the people all the time. 誠是！誠是！

世人常將老、莊並稱。二者確有許多同處，但是也有一些重要的差異。所同的是他們對世事都有深入而異於常識的看法，都認為世人走錯了路，應該改轅易轍。不同之處最明顯的是《老子》精簡，沒有詳確的理論結構，人們對其前提假設、推理和結論皆需揣摩而可以有不同的了解。《莊子》則用了許多話反覆說明了莊子之意，理論結構嚴甚為周密。

莊子的前提假設是在遠古之時存在着一個美好的自然世界，那裏萬物群生，草木遂長，人獸共遊，同乎無知，沒有大小、長短、高下、美醜、是非、善惡、貧富、夢覺、生死、榮辱、喜怒、哀樂。他用了許多「寓言」、「卮言」、「重言」指出這些區別都是後世人們由其主觀所生的見識、感覺和評價，沒有確定的意義，僅為相對之說。然而他明白此說不可贊同，否則人人各是其是而非其非，會導致鬥爭，將弱肉強食視為正常。所以他又指出在自然界裏螻蟻、稊稗，皆可各依其本性、本能（天機）而生存，互相容忍，平安共處。他稱此為「道」、「理」，是自然之律，人們也應該遵循。不幸有人不信此律，想要生活得更容易一些，於是去「性」而求「知」，用其「知」

創造出了一些可以省時省力的器物（如桔槔），以及若干有關的規範和制度（如仁義、刑政）。此輩不僅自以為是，洋洋得意，而且想教他人也來採用遵奉這些東西。但是其知極其渺小，不合天理（日月之明、山川之精、四時之施），有悖人情（重外物而忘身體，倒置本末），倘若強加於人，即使出於善意，結果也將如魯侯養鳥，儵、忽為渾沌鑿竅，釀成悲劇；倘若別有所圖，則如伯樂馴馬，使之失其性情，為人奴役，更屬可惡。

不僅此也，莊子又進一步指出此輩所創的規範、制度多屬無謂（如禮樂），易被濫用（以仁愛呴濡，以賞罰驅策），或致傷身（殉仁義），或致害國（大盜竊宗廟）。凡此種種皆因小知之輩（燧人、伏羲、堯、舜、禹）背棄了大道，教人以「機事」圖謀小利，使人失去了以其「天機」生存的本性而發生了「機心」，背本逐末，成了「倒置之民」，乃致「愚知相欺，善否相非，天下脊脊大亂」，猶如觸動了蜂窩，使群蜂紛出，各尋生路。此乃自以為是的「聖人」妄「攖人心」的結果。

如何去亂？莊子說要靠「大聖」出來「搖蕩民心」。「搖蕩」與「攖」不同，不是亂觸而是要使人掃除其有害的小知（舉滅其賊心）恢復其自然的本性（若性之自為）。具體一點說，他也像老子一樣主張絕聖棄知，但是他們所用的方法和所尋的目標有異。莊子不以術愚民而坦直地指出了人們主觀的錯誤，用許多話比喻、引申，幫助他們了解以狹窄的一己之見評斷事物並且強求他人同意的非理和惡果，因而使人們自行覺悟而改變其心態和行為。他想做的是引導人們從來路上轉身，走回原始境界，而不像老子半途而止，雖然或許只是五十步與百步之差，但是畢竟大大不同。

然而他們也有相同的問題，第一，人總難免生病受傷而希望恢復健康，所以需有醫藥。以此類推，許多人為的文化也有其價值。在

沒有它們的原始境界裏，人們的生活必然相當困難。因此老、莊以
自然美滿的原始境界既作為前提假設，又作為終極理想，其理論實
難成立。第二，那種境界即使存在，也很難維持。在老子的「小國」
裏「聖人」必需隨時準備鎮壓「化而欲作」的叛逆分子。莊子則說君
子可能會「不得已而蒞臨天下」。為什麼？是否因為在絕聖去知，剖
斗折衡之後人們又用智求知？果然如此君子將如何應付？莊子沒有說
要加以鎮壓，而說只要「無為」。「無為」究竟是什麼意思，倘若是
完全不做什麼，為何要君子「蒞臨」？莊子的答案是治世如植禾，不
可「鹵莽，滅裂」，而要「深其耕而熟擾之」。這就是君子的「無為
而治」──不以己意干擾而讓人民各任其事，負其責，不貪得，不懼
威，知足知止（如善卷之日出而作，日入而息，辭舜之讓王，消遙於
天地之間；屠羊說之辭三旌之位，返屠羊之肆），天下乃可返歸理想
的自然境界，「上如標枝，民如野鹿」，各得其所，平安共存。

　　莊子比較能自「圓」其說，不像老子那樣留下許多闕佚，更可貴
的是他能自「行」其道，迭次辭卻權勢之誘，不作犧牛，寧為孤犢，
不圖供奉於廟堂，而願曳尾於塗中，居於窮閭，織屨為生。亂世之人
能奉其說，循其途，雖不能返回「至德之世」，應該可以「保其真」，
並且稍得「自由」，比進入「小國寡民」之境受「無名之樸」的鎮壓，
實勝數籌。

　　儒、道求治皆自個人着手，墨子較重團體，法家則幾乎完全忽
視個人的價值，認為個人應為團體而生存。他們想追尋的是一個井然
有序的社會，富強無患的國家。為此目的商鞅提出了一套人群進化的
理論說人皆自私而無知，不免為利害是非相爭，需智者為之立中正，
定分際。智者日多而所知各異，紛爭便會再起，必需有人處斷並以實
力強制施行其決定，所以要止爭必需靠強力，由掌握最強力量者在上
為君主，將在下者逐級分層，組成一個統治體系，以維持安寧。此說

別無新意，不過強調政治權威之重要而已。

權威如屬初創，其基礎重在個人的智能，商鞅說此人應能見「萬物之要」，即其「必然之理」。他認為一般人皆欲名利，惡勞苦，這便是民心之「要」，統治者如能誘之以更大之利，懲之以更重之苦，人民比較輕重便不得不服從其指使，這便是治國之「理」。除了個人的智能之外，權威還需群眾力量的支持。此力如何產生？商鞅說要「摶力」，將群眾的力量凝聚起來，使之在內揮汗於田畦，對外灑血於疆場。因為農事苦，所以商鞅說統治者要一方面積極地引誘一般人民，一方面消極地壓抑非農民眾（詩書談說之士、商賈工藝之徒）。前一策並不難行，只要給以土地，免其賦役；後一計則甚不易，因為此輩繫資於身，周遊天下（天下一宅而寰身資），比一般人見識較多，思慮較深，知道溫飽之外人生還可以有若干其他目的，因而不易盲從執政者的指使，所以要用法令嚴加束縛。《商君書》內所列之「墾草令」，大多為控制此輩吞噬農產，「一出而民數年不食」的「蠹、蝝、螟螣」而立。

然而以農儲力於民，民生逸樂，會產生許多患害（毒），最甚者為內亂，所以「摶力」之後又要「殺力」，攻擊外國，一則將「毒」輸出於敵，二則可奪取其土地人民，使本國更為富強。具體該怎麼做？商鞅說要用「一教」、「一賞」鼓勵人民從軍，使他們以「不得，無返」相誡，以致「民之見戰也，如餓狼之見肉」。

基於這些主張商鞅為秦國制定了若干具體的政策和法令，許多與傳統不合。然而他又說聖人應「觀俗立法」，是否矛盾？他辯稱他所說的「俗」並非習俗，而是更根本的趨利避害的「人性」，而且一般人民皆無思考深遠事理的能力，「可與樂成，不可與慮始」，所以統治者只要抓住這兩點，就可不顧人民的其他意願，憑他獨特之知而立法，無需顧慮。但是商鞅知道未必人人皆愚，所以他一再要其「聖

人」、「明主」從事於「愚民」（壓制詩書之士，禁止遊學），使之易治。此外他還有一個特別的觀念：人民由於尋求自利，會與群體利害衝突。所以君主應將他們皆視為「姦民」而治之，要「勝民」，「弱民」，「制民」，「辱民」，使之完全匍伏如奴。這些話誠然驚人，但是其他圖治之人也想以不同的辦法或多或少使人民就範。商鞅的特出之處是要用「法」來達成其目的。

法是一種規範，自古有之，但是許多思想家都認為它有許多缺點，其等級比道德、禮節、甚至習俗為低。《左傳》所記叔向給子產的誡語便是此說的代表。商鞅則大反此說，強調（一）法應該是定分止爭，至上唯一的規範（法已定，不以善言善行害之，言行不中法者不聽不用）。（二）法應可溯及既往以罰已犯之罪，又應鼓勵告姦以懲將過之心。（三）法應多刑少賞，輕罪重罰，並使平人與犯者連坐。他相信訂立了這種法令之後，廢棄仁義、禮樂，強力行法，人人知法而不敢犯，結果便可以刑止刑（聖人立，天下無死於刑者）。這幾點雖非他的創見，但是公然明白道出，似始見於其書。

由此諸點他又引申出了另一個獨特的見解：如果民皆知法，能依法判斷是非（斷於心，斷於家）毋需官府審理（官斷），就使細過悉止，大邪不生，國家社會乃可大治。所以他說「斷家王，斷官強，斷君弱……有道之國治不聽君，民不從官」，「治主無忠臣，慈父無孝子，欲無善言，皆以法相司也」。此說似乎在彌補他自己理論上的一個缺點，指出法雖然必需由「聖人」以其獨特之知制訂，但是司法則甚容易，因為「法」猶如老、莊的自然律，人人都會幾乎無意識地遵循。當然這是一種妄想，因實際上「法」是權威者武斷而定的規範，其缺點已由叔向、荀卿等人析之甚詳，最重要的是如何能使臣民皆信其為是。強制的「一教」、「一刑」只能使人表面屈從；要他們能「心斷」而得到統治者所期之結果，幾無可能。這是主張去除人們獨立思

考而接受「法」為絕對客觀，無所不適，無可改進的唯一規範而盲目遵從之說的致命傷。

　　商鞅涉及君民關係之說還有一點更為特出。他說「明主」為了「殺力」，必需在國內不斷剷除異己，對外國不斷從事侵略。這種做法將使統治者變成了饕餮，人民變成了魚肉，雖然秦國信奉其說屢屢擊敗外敵，但是並沒有清除國內鬥爭之源，僅僅加以鎮壓，終致爆發，所以商鞅受戮車裂，二世旋踵即亡。此乃治國以「力」必然的結果。

　　商鞅身負實際政治之責，無暇詳述其理論。韓非所遇不合，未曾執政，沒有提出具體的政策而專心思考，補正了此前法家的若干缺失，發展出了比較可以自圓的理論。他的前提是人皆「以腸胃為根本」，只知尋求物資以滿足其欲。如果物資不足，人人都會以「計算之心」相待，自私自利，冷酷無情，甚至餓弟、殺女，全無倫理仁義可言。君臣之間則更殘忍，因為君主世襲，臣民無從加以約束，只得訴諸奸計，使自己變成「重人」、「社鼠」，用「八術」以欺君，始圖「中飽」，終將篡弒。君主有見於此就需以「勢」、「術」、「法」予以制裁，斷其羽翮，散其朋黨，甚至「數披其木」，橫加誅戮，所以說「君臣上下一日百戰」。

　　以前的「法家」有重勢、重術、重法之分，韓非花了許多筆墨闡明三者應該並重，並無新意。他對於「法」的析述則較精詳。第一，他說立法之前先應貶斥其他規範，指出它們不僅全無實用（猶如塵飯塗羹、脂澤粉黛）而且因為種類、階層繁多（忠、孝、慈、惠、廉、節、勇、直等等），導向不一，甚至矛盾，使人無所適從，用之有害家（慈母有敗子）、國（使無功受賞，有罪不罰，政令混淆，民不從上）。

　　第二，他說治國應以法為至上唯一之圭臬，因而分析了法的依據、特性、功能、目的，並且建議了若干立法、司法的原則，在若干

點上提出了獨特的見解，但也引起了不少問題，包括（一）法應「順
於道德」，然而不是常人所稱的仁義等等，而是像老、莊所說基於人
情（飢而欲食，寒而欲衣等等）的自然規則，順之則可使民「不令而
自然」。（二）法應合乎「世宜」，然而不是常人之所宜，因為民愚而
不知亂，所以應是聖人明察事理所得之宜，即使「逆於世」，「拂於
民心」，亦無不可。（三）法應如尺寸、規矩、權秤、斗斛，可以斷
定長短是非；又應如榜檠、椎鍛，可以用來強制人的思想行為。（四）
法應確定但不僵化，因為治國若烹小鮮，法令迭變則如頻加翻弄，必
致骨肉散爛，又如搖衡則不得輕重之正，搖鏡則不得影像之正，所以
治國應有常法。然而「常」有不可者，聖人明能知治，應該不拘常而
變之，以免於亂。（五）法應求功不求全，因為法為治事而設，遭遇
困難則應權其害而求其功，如醫瘡者除血肉，戰爭者死士卒。無難之
法，無害之功，天下無有，所以聖人立法應忍其小害而求大利。（六）
法應明白易行，如太奧僻則民難知難從，法立難為而罪不及則民生
怨。所以明主不為「太上」、「太下」之士立法，而定可為之賞，設
可避之罰。（七）法之主要目的在去亂，不在導善，所以聖人立法要
以強力鎮暴，輕罪重罰。

　　第三，為了「行法」，韓非又建議了若干技術，包括（一）「勢」、
「術」、「法」三者並用，不可偏廢，因為「勢」是人主之爪牙，但可
能為「不肖人」所乘而亂天下；「術」為人主藏於胸中潛御臣民之技，
但是如果沒有確定目的，輒應情勢而變，可能前後不一，錯亂矛盾；
「法」為工具，可以被執法者濫用，君主無術以知姦，將受其反制。
（二）行法之要在用刑賞，因為人情有好惡，故可用獎使其有為，以
罰使其知止，因為國家貲財有限，所以應多罰少賞。（三）刑賞乃治
國之「二柄」，應由人主獨執，如被他人竊用，即有太阿倒持之禍，
如田氏代齊，子之篡燕。（四）獎賞在促進有益國家之行為，否則即

謬，如商君之法以官爵獎斬首之功，猶如使善殺人者為醫、匠，必致敗事。（五）刑罰在阻遏有害國家之行為，不可在危害已成之後才用，應該盡速並必然拘獲「欲犯」之人，施誅心之罰，所以應要求人民告奸，對匿而不告者處以連坐。（六）被告者既獲，應即謹慎審理，令犯、證各別呈詞，不准通同串供。司法者應虛心以聽，「溶溶若醉」，不顯喜怒、成見以誘之，然後「眾端參觀」，使「是非輻湊」，事理清晰，「不吹毛而求小疵，不洗垢而察難知」，掌握重點作判。（七）定罪之後，應據法量刑，「不捨常法而從私意」，「不遊意於法之外，不為惠於法之內」，不仁不暴，順於當然，便可使人「以罪受誅，不怨於上」。（八）用刑應平。古來犯法者多為尊貴之輩，而法令之所備，刑罰之所誅，常於卑賤，是以人民絕望，無所告愬，所以應「刑過不避大臣」。（九）常人稱刑罪應該相「當」，輕罪用輕刑，重罪用重刑。此為「以刑致刑」，陷民之道，因為犯輕罪者得縱，乃有僥倖之心而再犯，至於個人被戮，社會受創。執法者應知「人不躓於山而躓於垤」，加重刑於輕罪，則輕罪不生，重罪必止，是為「以刑去刑」，救民之道。（十）殺人者死，傷人及盜者為奴，對於此等犯人而言，後果既屬已定，被獲之後依法治之，無異於「治死人」、「治胥靡」，對社會而言沒有多少意義。用刑之目的意義應在殺雞儆猴，使犯者受到重刑，良民產生「悼懼」而不敢效猶，所以殷法斷棄灰於道者之手，孔子不以為過。

　　上述諸術似非無理，但是實際用之則困難叢生。主要的原因有四：其一是韓非對法的了解不足——法之闕佚荀子言之極為透徹，在此只複述一點：法並非「萬全」之器，不可能自動適用於「萬變」的人事。其二是他對刑賞的迷信——以賞誘人，使人以計較之心，選擇給賞多者從之，荀子稱為「偷道」；以刑禁民，至多不過處死，老子指出「民不畏死，如何以死畏之？」。其三是他對「中主」的幻

想——以為中等才能之君主「上雖不及堯舜，下亦不為桀紂」，可以「抱法處勢」而治。但是法既有闕佚，抱之仍不免失誤。更重要的是君臣利異，上下一日百戰，中主如何能以「法」應付「重人」、「社鼠」？「勢」只是襯托之力，猶如雲霧，需有龍蛇之美材才能乘之，因世襲而在位的中主，雖生而有勢，能否繼續乘之不被侵奪，實難預料。所以韓非的「中主」實際上應該是他所說的「明主」，此人雖然非「聖」，但有足以知「臣之忠詐」之智，可使臣民「為我用而不我叛」之術，又有能在關鍵時刻作出重大的決定的剛毅性格（如齊魏韓三國之兵侵秦，秦王果斷割地講和）。其四是他對「法術之士」的厚望——明主雖有常人所不及的才能，要用之於實務仍屬不易，所以尚需「法術之士」的幫助與「當塗之人」搏鬥，「譬諸若手，上以修頭，下以修足，鎮邪傳體，不敢弗搏」。此輩如能得志，其功業將如伊尹、管仲之盛而不敢矜其善，伐其勞，「以其主為高天泰山之尊，而以其身為壑谷釜洧之卑」，這樣的人當然極為難得。

　　除了實施其法、術的困難之外韓非之說還有一項更重大的缺點：它極度扭曲了君民之間的關係。他引用了費仲的君臣冠履之說加以辯護，並稱「臣事君，子事父、妻事夫，三者順則天下治」，成為後世「三綱」的張本，與孔、孟、荀之尊重各階層之人的「分」，墨子之強調執政者愛民、莊子的標枝野鹿之喻相比較，韓非之說獨為君主所喜，用之以擴張其權而致專制。然而韓非又強調「法治」，似乎認為可以藉此避免權威之被濫用，因而反對其師荀子重視君子治國之說。這是無的放矢，因為荀子說治國者應該「有法者以法行，無法者以類舉」，沒有否定法的重要，僅僅指出法不能自行，得其人則存，失其人則亡。韓非則說「道法萬全，智能多失，釋法術而任心治，堯舜不能正一國，堯舜千世而一出，待之而治猶待越人之善海游者救中國之溺人」，極力低估執法者的智能，與他強調治國有賴「明主」與「法

術之士」的說法相矛盾。《老子》說「天網恢恢，疏而不失」，意謂自然之律雖似疏濶，但是萬物沒有能逃過它的約束。韓非將人為法織成了一張「法網」，用來罩住全國人民，但是留了一個漏洞，讓吞舟之魚（君主）任意出入。支持「人治」莫此為甚！

韓非讚許老子，同意聖人不仁之說，稱自己主張執政者極力行法，正賞罰而無喜怒，以罪受誅人不怨上，以功受賞臣不德君，君不仁，臣不忠，是「守自然之道」。《史記》將老子與韓非列入一傳，所見甚為深切。然而韓非的理想境界實與老子嚮往者不同。老子的「小國」雖然靜寂，大約仍有一些活動，所以人們需要「結繩」紀事。韓非的「至安之世」裏最顯著的現象是「車馬不疲弊於遠路，旌旗不亂於大澤，萬民不失性命於寇戎，雄駿不創壽於旗幢，豪傑不著名於圖書，不錄功於盤盂，記年之牒空虛」，特別強調沒有紛爭，人們渾渾噩噩地過日子，所以也沒有值得記述之事。此外，韓非曾說「聖人治國正明法，陳嚴刑，將以救群生之亂，去天下之禍，使強不凌弱，眾不暴寡，耆老得遂，幼孤得長，邊境不侵，君臣相親，父子相保，而無死亡係虜之患」，也只着眼於個人的生存和社會的安寧，沒有說人生還有其他的意義和價值。可見韓非基本上和商鞅一樣，只重視群體，將個人看作蜂蟻，其理想頗為低微。

依據以上所述，可見「八哲」對於當時的情勢皆感不滿，思考過許多問題，提出了相近或不同的建議。大致而言，認為現狀還不到無可挽救，並且對其前因後果思慮較深者，會主張設法恢復以前比較妥善的狀況；認為以前並非盡善而人的能力有限，就主張只做部分性的改進；認為當前惡劣的情勢既係人為的結果，就主張應該可用人力大幅變革。孔子可以說是第一類人的代表，強調以教育增進個人的品德才能，使之可以走出一條穩當的路。此路漫長而無終點，但是每走一步可以使人站得更高，看得更遠，發現新的辦法以滋養其個人的身

心，使之更為豐富；調整人際的關係，使之更能和諧合作。所以每一步都自有其意義和價值。孟、荀皆支持此說，只在細節上有些差異：孟子重視自修以發揮個人的潛能，荀子重視學習，使人能更有才力，更多知識，鍥而不捨繼續向前走。墨子是「別儒」，基本上也教人走這條路，但是因為見到權勢者的奢侈和好戰，所以特別注重節用、非戰、增產，以救民於飢寒匱乏，目標較為狹窄，所以屬於第二類。老、莊可以說也屬此類，想帶領人們走回頭路，其手段雖有不同，其目的皆是一個安寧甚至「自然」的境界，然後靜止在那裏。商、韓則明顯屬於第三類人。因為當時動亂劇烈，他們又認為一般的人沒有能力自救，以致弱肉強食，所以主張應將愚蠢微弱的人們組成一個壯大的戰鬥群體，由一些智多識廣，意志堅強，善用權術的人來領導，不斷地對內壓制，對外侵略，以求生存。他們希望以戰止戰，進入一個沒有紛爭，人人遵循一套鐵定的法律，過着像蜂蟻一樣的群體生活，沒有任何個人的意願和理想，除了共存以外也沒有其他明顯的群體目的。他們沒有說明這樣的生存有什麼意義。

理論之優劣，除了其假設、推理、目標和理想之外，還要看其實踐的可能性。八哲之中除了商鞅之外，都未能將其理論實踐。原因是它們（包括商鞅之說）都需要一個「聖人」、「明主」。商鞅有幸遇到了秦孝公而得售其策，其諸子皆無此佳運，固屬不幸，但是理論必需有十分卓越才能之人作為統治者才能實踐，即是一個極大的缺點。固然，愚劣之人不可能將任何理論妥善實踐，但是才能十分卓越之人可遇而不可求，尤其在君主世襲制度之下，真正的「中主」已很難得，幸而有之，仍需防止其昏聵濫權。商、韓之外其他諸子都曾考慮及此，但是都沒有想出切實可行的辦法使統治者與人民之間的利益合理調適，後人對於這個問題也都沒有找到妥當的答案。若干「小人儒」（如董仲舒、司馬光之輩）不僅沒有努力尋找，反而替專制極權

張目，將君主謅諛為神聖，實在可恥可悲！

　　為了能在日益不利的環境裏生存，人們不得不集成群體共同努力，因而社會不得分階層，國家不能沒有領袖。然而群體固然重要，畢竟係由個體組成，除了避免飢寒與橫死之外，即使是下愚之人也有一些其他的意願，希望能有機會使之實現，為此他不能一味服從領袖的主宰，而必需有相當程度的自由，可以讓他盡力以求。雖然與巨大群體的生存相比，此事較為微小，但是抹殺了此點，使個人沒入群體之中，像許多小零件那樣依賴外力（統治者的意向）推動而在一個大機器裏運轉，不免會感到苦悶無趣，不知生活有何意義，生命有何價值，因而失去了求生的意願。如何能兼顧個體和群體的利益和理想，協調各階層（尤其是統治者與人民）之間的關係，便是最重要的問題。儒、墨、道三家的對策因為時勢變遷，當然未必可用於後世。清季以來國人受了西方影響，力主廢除政府集權專制，而以民主憲政來維持個人與群體之間的平衡。然而西方自有其特殊的歷史、地理、思想、文化背景，自其宗教改革、文藝復興所生的理論並非放諸四海皆準的至善之道，近來許多事實證明即使在歐美諸國，付諸實施時也發生了種種弊害。沒有類似傳統的國家勉強仿效，大多畫虎不成，反致大亂。所以國人不可迷信西說，盲從其行，而應該回顧一下本國的情形。中國文化歷經數千年繼續發展，雖然曾有外來因素加入，但皆匯入浩闊的主流，未嘗使之易道改向，更沒有使之決裂斷絕，而能一脈相承至今。與世界其他重要文化系統相比，這是一個非常的現象。有了此一醒悟，就該進一步仔細探究，找出中國文化如此恢宏壯碩，強韌不折的緣故，然後在此基礎上，因應時勢，建立起一套比較更有效而少弊病的政治理論和實踐體制。為此目的，細讀「八典」，研究「八哲」理論，可以是一起點。至於如何去蕪存菁，發揚光大，開闢出一條日新又新的康莊之路引向此目的，則有待國人深思。

一 跋 一

　　當我在寫以上諸章時，對此工作的意義很有信心，因為如序內所說，人世存在着許多重要的法理和哲理的問題，古今中外的人一直在尋求適當的答案，「八哲」曾對它們提出了若干見解，值得參考。但是他們生於兩千多年前，所處的環境與後世差異甚大，而且後人對於他們的思想又有許多註釋、引申、摻雜、糅合，結果與其原意未必盡合。近世情勢的變遷更是劇烈，人們震恐之餘，又受了那些後人的影響，對於「八典」的精義不一定能夠了解或願意接受，所以我曾化了許多筆墨在諸章之後寫了三章「餘敘」，企圖說明「八典」理論在現代的意義。為了表明不只是自己的臆想，我舉出了許多史實作證有些人曾想借「八哲」的智慧來尋求治國安民之道，也有些人明顯的誤解了「八典」的精義，甚至加以扭曲，對國家社會造成了許多傷害。其次我對今日的世局作了一些分析，說明清季以來有些人對於西方關於民主、自由、人權、法治等等理論，知一昧二，提出的建議不足解決中國的問題。最後我又再三思考「八哲」的思想，覺得在許多方面，恰可補正西說之闕誤，值得強調。所以想寫一些出來，並且把此書副名改為「先秦政法理論及其現代意義」。但是我寫得愈多，愈覺得掛一漏萬。諍友梁治平及金敏皆指出此點，建議我將已經寫出的部分另行發表。我很感激他們的批評，又由於自己的一點覺悟——曾經認真讀過「八典」的學者，一定會看出「八哲」對上述種種法理和哲理問題有許多卓越見解，無需我作贅述——使我決定將此三章「餘

敘」悉行刪除，並將此副名定為「先秦政法理論芻議」，以示只是我一己之見，提出來就教於大方，並希望能拋磚引玉，藉此引起學者們能對「八典」及更廣闊的先秦思想進一步研討，去蕪存菁，並且將它們與近世的思想並列，展示出來供世人深思，使人們能擇其善者而從之，以古今中外人們共同的理想為指標，繼續努力，終究應該可以尋找出一條新的治平「大道」。誠能如此，我猶如在這條路上的一個開道役夫，所作的一點工作便可以說不是白費了。